改訂 保育者のための
教育と福祉の事典

大嶋 恭二・岡本 富郎・倉戸 直実・松本 峰雄・三神 敬子
編

建帛社
KENPAKUSHA

ま え が き

　少子化の進行に加えて，児童虐待の増加に典型的にみられる，家庭の養育機能の脆弱化，地域社会の教育力の低下・連帯意識の希薄化など，子どもの健全な育ちを保障する環境はますます厳しくなっています。

　2012（平成24）年3月，国の少子化社会対策会議で決定された保育所と幼稚園を一体化し，新たな施設を創設することを中心とした「子ども・子育て新システムに関する基本制度」の冒頭には，「親の経済状況や幼少期の成育環境によって格差が生じることがないなど，子どもの最善の利益を考慮し，幼児期の学校教育・保育のさらなる充実・向上を図るとともに，すべての子どもが尊重され，その育ちが等しく確実に保障されるように取り組まなければならない。」と，示されています。格差社会の一層の進展という近年の子どもと家庭をとりまく状況の一部が垣間みえますが，激動する今日の教育・福祉をとりまく状況を冷静に，また客観的にとらえる必要性がますます強くなっていることの認識の下に，本事典を刊行することにしました。

　本書の編纂にあたって留意したことは，第一に，それぞれの事項について，原則，見開き2ページで完結することとし，左ページに基本解説文，右ページに基本解説文中の重要タームの説明，用語の解説，人物の紹介等を入れることとしました。

　第二は，知性から感性へ，理論から実践へ，基礎から応用へのスムーズな流れと双方のバランスよい融合や連携を意識しながら，知りたいことが的確に把握できること，初めて保育を学ぶ学生にとって，わかりやすく役に立つことなどを意図しました。

　第三は，盛り込むべき内容について，保育士試験科目（社会福祉・

児童家庭福祉・保育の心理学・子どもの保健・子どもの食と栄養・保育原理・教育原理・社会的養護・保育実習理論)，あるいは，厚生労働省告示による保育士養成課程科目を準拠枠とし，それ以外の領域・分野まで拡大しないように配慮しました。

　本書が幼児教育，保育・福祉の実践に携わっている人，また学ぶ人にとって少しでも役に立つことを願って編纂しました。一読頂ければ幸いです。

　2012年4月

編　者　　大嶋恭二

岡本富郎

倉戸直実

松本峰雄

三神敬子

改訂にあたって

　本書の初版刊行から6年近くが経過しました。2017（平成29）年には，約10年ぶりに幼稚園教育要領，保育所保育指針が改訂・改定され，2014（平成26）年に新たに告示された幼保連携型認定こども園教育・保育要領も同時改訂されています。またこの間には，児童福祉法の大幅改正も行われました。その他，さまざまな社会情勢の変化を反映させ，ここに改訂版を上梓します。

　この6年の間に，編者の大嶋恭二先生ほか，4名の執筆の先生方が鬼籍に入られました。紙面をお借りして，あらためてご冥福をお祈り申し上げます。

　2018年3月

編　者

編著者一覧 (五十音順) （2018年3月現在）

▶編 者

大嶋　恭二（元 共立女子大学）
岡本　富郎（明星大学 名誉教授）
倉戸　直実（大阪芸術大学短期大学部 名誉教授）
松本　峰雄（元 千葉敬愛短期大学）
三神　敬子（山梨学院短期大学 名誉教授）

▶著 者

阿部　孝志（千葉敬愛短期大学）
石井　章仁（千葉明徳短期大学）
石田　一彦（元 尚絅学院大学）
市毛　愛子（大阪芸術大学短期大学部）
今西　博嗣（社会福祉法人専心会くすのきこども園）
太田　敬子（鎌倉女子大学短期大学部）
小野澤　昇（育英短期大学）
小原　敏郎（共立女子大学）
加藤　忠明（元 国立成育医療研究センター）
金森　三枝（東洋英和女学院大学）
金子　恵美（日本社会事業大学）
神里　博武（かみざと社会福祉研究所）
川勝　泰介（ユマニテク短期大学）
河津　英彦（淑徳大学）
岸井　慶子（青山学院女子短期大学）
小池　庸生（育英短期大学）
神戸　信行（青葉学園，福島学院大学）
後藤　昌彦（元 藤女子大学）
小沼　　肇（小田原短期大学）
佐久間美智雄（東北文教大学短期大学部）
佐藤　信雄（北海道文教大学）
塩野　敬祐（淑徳大学短期大学部）
鴨原　晶子（東京教育専門学校）
嶋野　重行（盛岡大学短期大学部）
清水　益治（帝塚山大学）
白石　淑江（愛知淑徳大学）

鈴岡　昌宏（元 大阪芸術大学短期大学部）

鈴木　　力（元 関東学院大学）

鈴木　正敏（兵庫教育大学）

髙橋　貴志（白百合女子大学）

田口　鉄久（鈴鹿大学）

橘　　セツ（神戸山手大学）

橘　　弘文（大阪観光大学）

千葉　武夫（聖和短期大学）

戸江　茂博（神戸親和女子大学）

戸田　隆一（元 福島学院大学）

内藤　知美（東京都市大学）

直島　正樹（相愛大学）

中西さやか（名寄市立大学）

中西　利恵（相愛大学）

橋本　好市（神戸常盤大学）

林　　悠子（佛教大学）

韓　　在熙（四天王寺大学短期大学部）

廣嶋龍太郎（明星大学）

藤　　京子（元 千葉敬愛短期大学）

古橋　和夫（常葉大学）

松川　秀夫（明星大学）

松本　　敦（大阪城南女子短期大学）

松本　晴美（山梨学院大学）

真宮美奈子（鎌倉女子大学）

師岡　　章（白梅学園大学）

山内　淳子（山梨学院短期大学）

山岸　道子（社会福祉法人小百合会児童発達支援センターアグネス園）

山田　勝美（社会福祉法人山梨立正光生園児童養護施設）

山本真由美（徳島大学）

横倉　　聡（東洋英和女学院大学）

横堀　昌子（青山学院女子短期大学）

吉村真理子（千葉敬愛短期大学）

淀澤　郁代（たつの市立小宅北幼稚園）

淀澤　勝治（兵庫教育大学）

渡邉のゆり（プール学院大学短期大学部 名誉教授）

目　次

I. 基　本　編

▶子どもと保育・教育・福祉 2
   1　人間観と子ども観　*2*
   2　保育観　*4*
   3　教育観　*6*
   4　福祉観　*8*
▶子どもと法 10
   5　法にみる子ども観　*10*
▶子どもの教育・福祉のための機関 12
   6　学校についての考え方　*12*
   7　児童福祉施設・機関についての考え方　*14*
▶子どもの発達 16
   8　発達と教育　*16*
   9　情緒・性格・知能の発達　*18*
  10　知能検査　*20*
  11　発達論　*22*
  12　障害児と保育　*24*
  13　問題行動　*26*
▶子どもをとりまく社会環境と自然環境 28
  14　子どもをとりまく社会環境　*28*
  15　子どもをとりまく自然環境　*30*
  16　親子関係　*32*
  17　遊　び　*34*
  18　児童文化（1）　*36*
  19　児童文化（2）　*38*
  20　児童文化（3）　*40*
  21　児童文化（4）　*42*

II. 教　育　編

▶保育所の保育・幼稚園の教育 48
  22　保育所保育と幼稚園教育　*48*
▶保育の原理 50
  23　保育の目標　*50*

	24	保育の方法	52	
	25	保育の環境	54	
▶ 保育内容				58
	26	保育内容（保育所）	58	
	27	保育内容（幼稚園）	60	
	28	養護に関するねらいと内容	62	
	29	教育に関するねらいと内容　5領域	64	
	30	乳児にかかわる保育内容	68	
	31	3歳未満児の保育内容	72	
	32	3歳以上児の保育内容	74	
	33	子どもの遊びと生活（1）	76	
	34	子どもの遊びと生活（2）	78	
	35	保育にかかわる配慮	84	
	36	特別支援が必要な子どもの保育	88	
	37	医療保育	90	
	38	預かり保育，延長保育	94	
▶ 保育の方法・形態				96
	39	保育方法の基本原理	96	
	40	保育形態（自由活動形態と一斉活動形態）	100	
	41	保育形態のいろいろ	102	
▶ 保育の計画				108
	42	保育の計画	108	
	43	指導計画作成上の留意事項	116	
▶ 保育の評価				120
	44	保育者の自己評価	120	
	45	保育所，幼稚園等の自己評価	122	
	46	保育所，幼稚園等の外部評価，第三者評価	126	
▶ 子どもの健康および安全				128
	47	子どもの健康支援	128	
▶ 衛生管理，安全管理				132
	48	環境および衛生管理	132	
	49	事故防止と安全対策	134	
▶ 食育の推進				138
	50	食育の目標	138	
	51	食育の計画	142	
	52	食育のための環境づくり	144	
	53	特別な配慮が必要な子どもへの対応	146	

目　次

　　　54　食を通した保護者への支援　　　*148*
▶**小学校との連携，幼小連携**······················150
　　　55　連携の前提　　　*150*
　　　56　連携のあり方　　　*152*
▶**家庭との連携**······················158
　　　57　保護者との協力・連携　　　*158*
▶**専門機関・地域との連携**······················160
　　　58　保健・医療における連携　　　*160*
　　　59　障害のある子どもに関する連携　　　*162*
　　　60　虐待防止に関する連携　　　*164*
　　　61　災害等の発生時の連携　　　*166*
▶**諸外国の就学前教育**······················168
　　　62　アジア・オセアニア　　　*168*
　　　63　ヨーロッパ　　　*172*
　　　64　アメリカ　　　*176*
▶**養成校学習到達の目安**······················178
　　　65　保育所保育士　　　*178*
　　　66　児童養護施設保育士　　　*180*
　　　67　専門的施設保育士　　　*182*
　　　68　幼稚園　　　*184*
▶**職場職務到達の目安**······················186
　　　69　保育所　　　*186*
　　　70　幼稚園　　　*188*
　　　71　児童福祉施設　　　*190*
▶**学校とは**······················192
　　　72　子どもと学校　　　*192*
▶**保育所・学校の歴史と現状**······················194
　　　73　保育所の歴史と現状　　　*194*
　　　74　幼稚園の歴史と現状　　　*196*
　　　75　学校の歴史と現状　　　*198*
▶**子どもと保育士・教諭**······················200
　　　76　保育士の資質と役割　　　*200*
　　　77　幼稚園教諭の資質と役割　　　*202*
　　　78　教師の資質と役割　　　*204*
▶**保育所保育・学校教育の内容**······················206
　　　79　基本となる法令　　　*206*
　　　80　保育・教育内容　　　*208*

— *vii* —

Ⅲ. 福祉・養護編

▶保育における児童福祉 ⋯⋯⋯⋯⋯⋯⋯⋯⋯⋯⋯⋯⋯⋯⋯ **214**
  81 児童の権利保障   *214*
  82 子育て支援   *216*

▶現代社会と児童・家庭 ⋯⋯⋯⋯⋯⋯⋯⋯⋯⋯⋯⋯⋯⋯⋯⋯ **218**
  83 家庭の現代的特質   *218*
  84 家庭の質の変容   *220*
  85 家庭機能の変容   *222*

▶児童福祉の意義とその歴史的展開 ⋯⋯⋯⋯⋯⋯⋯⋯⋯⋯ **224**
  86 児童福祉の概念   *224*
  87 児童福祉の理念   *226*
  88 児童福祉の歴史的展開   *228*

▶児童福祉に関する法制度と実施体制 ⋯⋯⋯⋯⋯⋯⋯⋯⋯ **230**
  89 児童福祉の法体系   *230*
  90 児童福祉の実施体制   *232*
  91 児童福祉の費用   *234*

▶児童福祉従事者と児童福祉の実践 ⋯⋯⋯⋯⋯⋯⋯⋯⋯⋯ **236**
  92 児童福祉の専門職   *236*
  93 児童福祉の専門援助技術   *238*
  94 児童福祉サービス関係機関施設との連携 *240*

▶児童福祉施策の現状と課題 ⋯⋯⋯⋯⋯⋯⋯⋯⋯⋯⋯⋯⋯ **242**
  95 少子化と子育て支援サービス   *242*
  96 健全育成   *244*
  97 母子保健   *246*
  98 保 育   *248*
  99 要保護児童施策と虐待の防止   *250*

▶児童福祉援助活動の実際 ⋯⋯⋯⋯⋯⋯⋯⋯⋯⋯⋯⋯⋯⋯ **252**
  100 相談援助   *252*
  101 地域子育て支援   *254*

▶現代社会と社会福祉 ⋯⋯⋯⋯⋯⋯⋯⋯⋯⋯⋯⋯⋯⋯⋯⋯ **256**
  102 社会福祉の概念と理念   *256*
  103 社会福祉の対象と主体   *258*
  104 社会福祉における保育   *260*

▶社会福祉の歴史 ⋯⋯⋯⋯⋯⋯⋯⋯⋯⋯⋯⋯⋯⋯⋯⋯⋯⋯ **262**
  105 欧米における社会福祉の歴史   *262*

目　次

106　日本における社会福祉の歴史　264

▶社会福祉制度とその体系　266
107　社会福祉の制度体系　266
108　社会福祉のサービス実施体制　268
109　社会福祉のサービス評価と情報提供・実施体制　270
110　社会福祉の財政と費用負担　272
111　社会福祉サービスにおける公私の役割　274
112　社会保障および関連制度の概要　276

▶社会福祉従事者　278
113　社会福祉従事者の現状と新しい資格制度　278
114　社会福祉従事者の専門性と倫理　280
115　保健・医療関係分野の専門職との連携　282

▶社会福祉援助技術　284
116　社会福祉援助技術の基本的枠組み　284
117　社会福祉援助技術の形成と発展　286
118　社会福祉援助技術の形態と方法　288
119　相談援助の動向　290

▶社会福祉の動向　292
120　少子高齢社会への対応　292
121　地域福祉・在宅福祉　294
122　社会福祉基礎構造改革　296
123　ボランティア活動の推進　298

▶今後の社会福祉　300
124　社会福祉改革の展開　300

▶児童養護の基本的な考え方　302
125　児童養護とは何か　302
126　児童養護の体系　304
127　施設養護の目的・理念　306

▶児童養護の歴史　308
128　第二次世界大戦前の施設養護　308
129　第二次世界大戦後の施設養護　310

▶施設における児童養護　312
130　施設養護の目標と機能　312
131　養育環境に対応した子どものための施設　314
132　心身に障害のある子どものための施設　316
133　情緒・行動に問題のある子ども
　　　および健全育成のための施設　318

▶施設養護の基本原理 ································· 320

134	人間尊重と人間性回復の原理	*320*
135	個性の尊重と家族関係の調整	*322*
136	集団力学の活用原理	*324*
137	社会参加と自立支援	*326*

▶施設養護の機能 ································· 328

138	施設の居住環境	*328*
139	施設養護の機能	*330*
140	アドミッションケア・インケア・リービングケア・アフターケア	*332*

▶施設における養護内容 ································· 334

141	生活リズムと日課	*334*
142	しつけと健康管理	*336*
143	学習指導とレクリエーション活動	*338*
144	他職種・他機関との連携・協働	*340*

▶施設養護における基本的な援助技術（方法）··········· 342

145	ケアワーク	*342*
146	カウンセリングと心理療法	*344*
147	療育・リハビリテーション	*346*

▶施設養護の職員 ································· 348

148	施設職員の基本的要件および適性	*348*
149	施設職員の研修と研究	*350*
150	施設職員の資質と役割	*352*

▶施設の運営・管理 ································· 354

| 151 | 物的管理と保健・安全 | *354* |
| 152 | 施設の運営・管理と財源・費用 | *356* |

▶施設養護の今日的課題 ································· 358

| 153 | 施設で暮らす子どもの権利擁護 | *358* |
| 154 | 専門性の向上と地域支援 | *360* |

■人名・事項索引 ································· 365

───────── **本事典の基本的な構成と凡例** ─────────

　本事典は，保育者を目指す初学者を念頭におき，保育者にとって必須の知識・情報を全154項目にコンパクトにまとめた。

（1）　各項目の解説は，原則として見開き2頁で完結する。

　　　（一部の項目については4頁，6頁，8頁構成のものもある）。

（2）　左頁は，各項目の基本的・概略的な解説。

（3）　右頁は，左頁の内容をより深く理解するために以下の要素で構成した。

　　①　図表

　　② 📖　　　：補足的な解説

　　③ ***word***　：テクニカルタームの解説

　　④ ***person***　：人物紹介

　　⑤　コラム

（4）　解説文中で＊を付したターム，人物名は項目内に別箇に詳しい説明がある。

（5）　解説文中の☞p.○は関連する他項目の頁を指示している。

— *xi* —

I.基本編

▶ 子どもと保育・教育・福祉

1 人間観と子ども観

1．人間とはどのような存在か

　人間は遠くギリシアの時代から，自らがいかなる存在であるかを模索してきた。保育・教育・福祉の対象としての人間や子どもを正しく理解し，適切なかかわりをもつためにはその問いが重要であるのだが，人間が何であり，子どもが何であるかを知ることはそう簡単ではない。

　ここでいう「人間観」「子ども観」とは，人間や子どもを観て，「人間や子どもがどのような存在であるか」という考え方を指す。しかしながら，その内容は時代や社会によっても異なるので，ここでは，ひとまず教育との関係に限定して考えてみることにする。

2．人間存在への問いと教育との関係

　ポルトマンによる「生理的早産」*の概念や「人間は教育されなければならない唯一の被造物である」と述べたカント*に倣えば，「人間とは生成する存在である」とも表現できる。人間は，生きるための力を何ももたないで生まれてくるが，生まれた後の周囲からの働きかけによって「生成」，つまり変化し続けることによって「人間となっていく」存在なのである。ここに，「教育」が「人間が何であるか」という問いと密接につながり，人間が「人間となっていく」ための根本的な働きをもつことが見出せるのである。

3．子ども観の変遷

　ギリシア・ローマ時代には，子どもは国家の維持，発展のための存在とみなされていたが，キリスト教の時代になって，子どもは神から与えられた尊い存在として認められるようになり，それ以降の子ども観の底流となった。

　近世以降，とくにルソー*の子ども観は「子どもの発見」ともいわれた。ルソーは，おとなと違って子ども期の独自性を明らかにし，子ども期は単におとなになる準備期ではないとした。

　その後，ペスタロッチー*やフレーベル*などによって子ども期の遊びの重要性が説かれるようになり，現在では，子どもは一人の独立した権利をもった主体として理解されるようになっている。

—2—

1 人間観と子ども観

📖人間の定義

いくつかの人間についての定義を紹介しよう。

①理性的動物　②工作的動物　③直立歩行する動物　④火を使う動物　⑤言葉を操る動物　⑥宗教心をもつ動物　⑦旅をする動物　⑧遊ぶ動物　⑨教育を必要とする動物

📖子どもと遊び

人間としての子どもの特徴は，遊びながら生きる力を身につけようとしている点である。したがって，遊びは「生命活動」といってよい。その遊びに含まれる要素とでもいうべき主な特徴は，①自由性，②おもしろさ，③真剣さ，④無目的性，⑤疑似性，である。①は子どもが自由にやりたいことを選ぶということ，②はやっていることがおもしろいということ，③は真剣にやる，また緊張感をもってやるということ，④はやっていることがそれ以外の何かの目的を達成することを考えないということ，⑤はやっていることが真似であって，それを現実の生活に直接役立てることを意識しないということ，である。

word

＊生理的早産

スイスの生物学者ポルトマン（Portmann, A. 1897-1982）は，人間の子どもが何もできない未熟な形のまま生まれてくることから，そのことがもつ意味と人間としての子どもの特徴を明らかにした。主著『人間はどこまで動物か』

person

＊カント（Kant, I. 1724-1804）

プロイセン王国（現ロシア領カリーニングラード）出身の哲学者。近代哲学の巨人。主著『教育学講義』

＊ルソー（Rousseau, J-J. 1712-1778）

スイス生まれの思想家，作家。フランス革命以降の教育・社会思想に多大な影響を与えた。主著『エミール』（☞p.13）

＊ペスタロッチー（Pestalozzi, J. H. 1746-1827）

スイスの教育実践・思想家。直感教育思想で有名。主著『隠者の夕暮れ』

＊フレーベル（Fröbel, F. W. A. 1782-1852）

ドイツの教育者，教育思想家。世界幼稚園創設者。主著『人間の教育』

▶ 子どもと保育・教育・福祉

2 保育観

1. 保育観とは何か

　保育観とは，ひとことでいえば，「保育とは何かについての考え方」のことである。そこで，ここではまず，保育とは何かについて考えてみよう。

　保育で大切なことは，第一に，子どもとはどのような存在か，すなわち子ども観を基本に子どもの特徴を理解することである。第二に，どのような子どもになってほしいかという子ども像を的確に描くことである。そのためには，現在の社会状況とこれからの時代をみすえて，どのような人間になってほしいかを考えることが大切である。第三には，どのような内容で子どもを保育するのかという保育内容について具体的に考えることである。第四に，どのような方法で保育を行えばよいかという，保育方法についてもより具体的に考えることが大事である。

　最後に，保育とは何かを考えるにあたって留意すべきことは，保育においては保育者も人間として子どもとともに成長していく，という点である。

2. 保育観の重要性

　保育観の重要性について，ここでは保育所保育を例にとって考えてみよう。

　保育所という施設で保育を行う者は，正しい保育観をもって保育することが求められる。このことは，保育を受ける側の子どもたちだけでなく，保護者からも，さらにいえば地域や社会からも求められているということでもある。無力のまま生まれてくる人間の子どもは，周囲のかかわりによって生きる力を身につけながら育っていく。周囲のかかわり方によっては，子どもの育ちの内容も大いに異なってくるのである。

　したがって保育者は，子どもがどのような特徴をもって，どのような発達段階を経て育っているのかという，保育観の基本を常におさえておかなければならないのである。

　この保育観の基本をもって保育を進める保育者になりたい。

—4—

📖 保育・子育て・育児

　保育と似ている言葉に，子育て，育児等がある。保育という用語は保護と養育の2つの意味を含んで成立している用語であり，どちらかというと，幼稚園や保育所等の施設内で用いられる用語である。一方，子育てや育児は家庭内で用いられる用語である。現在では，保育と子育て・育児が連携してなされることが重視されている。

📖 発達の概念

　ランゲフェルド*によれば「発達とは，人間的な存在可能性の実現である」。単に何かができるようになる，ということではなく，人間の存在の意味や価値を重視して発達を考えている。

　発達は，英語のdevelopmentの訳として用いられているが，本来「de」は「ほどく」，「velop」は「包む」を指すので，「development」は，正確には「包みをほどく」という意味になる。すなわち「発達」とは，子どものなかに包まれている能力が，ほどかれることによって，現れて見えるようになることを意味しているのである。

word ───────────────

◆調和的発達

　ペスタロッチー（☞p.3）が唱えたもので，心の側面を基本として知的・技術的な側面，行動的な側面の三者が調和的に発達することを意味する。

person ───────────────

＊ランゲフェルド（Langeveld, M. J. 1905-1989）

　オランダの教育学者。「子どもの人間学」の提唱者。主著『教育の理論と現実—教育科学の位置と反省』

「保育」という文字の由来

　偏の「イ」は人を表し，旁の「呆」は子どもにおしめをあてる形，つまり子どもの世話をすることを意味する。育の上の部首の「云」の上の「二」は二本の手，下の「ム」は生まれてくる子どもの「頭」を表す。これは頭を二本の手で覆って生まれてくる乳児の姿を表現している。「月」は肉月を表し，生まれた乳児に栄養を与えて大きくすることを意味する。

Ｉ. 基本編

子どもと保育・教育・福祉

3 教 育 観

1．教育とは何か

　教育観とは，「教育とは何かについての考え方」のことである。

　教育とは，語源的には，ならうこと，知識などを上から軽く叩きながら施し，かつ栄養を与えて養育することを意味するが，総じて，身体を成長させ，知識・技能を施して，生きていくことができる，幸せになることができるように働きかける機能である。いいかえれば，一定の目的，目標，ねらい，内容をもって意図的に働きかける機能でもある。

　無力のまま生まれた人間の子どもが，周囲からのさまざまな働きかけを受けながら生きる力を自分のものにしていくためには，教育が必要である。

2．教育の機能と連携

　教育には，子ども自らが考え，判断し，行動できる力を育成するための個人的機能と，社会の考え方や秩序を子どもに伝え，身につけさせるための社会・国家的機能がある。

　また，教育が行われる場によって，家庭教育，学校教育，社会教育とに分けられるが，これら三者が個別になされていては効果は発揮できない。子どもの教育を健全に推進していくためには，『幼稚園教育要領』，『保育所保育指針』，『教育基本法』（☞p.11，204）にも謳われているように，家庭，保育所，幼稚園，学校，地域社会それぞれの緊密な連携が重要なのである。

3．子どもの幸せと教育観

　『日本国憲法』のもとで保障されている教育が，本当に子どもの幸せにつながっているかを考えることが大事である。

　現在，学校の勉強が苦痛で学校嫌いになったり，成績面のみの判断によって劣等感に陥ってしまう子どもが多い。

　教育は，子ども一人ひとりが異なり，一人の独立した個性ある人間であることに配慮してなされなければならないし，何よりも子どもの幸せをよく理解して進められなければならない。これが教育観の根本である，ともいえるのである。

—6—

3 教育観

📖学　制

1872（明治5）年，殖産興業と富国強兵の二大政策実現のため，能力の高い人材を育成することが急務となり，まず学校に関する制度として「学制」を作った。この制度の説明書として天皇が出した『学事奨励に関する被仰出書』には，どの村にも学ばない家がないように，また，どの家にも学ばない子どもがいないように，と書かれている。当時の国家の教育に対する意気込みを感じる。これ以降，国家が国作りのために教育を位置づけて，教育のさまざまな制度を決めて運用してきたことを知ることができる。

📖教育，福祉，医療の統合

現在，これまでの教育の考え方だけでは，教育が成立しにくい現象が起こっている。例えば，貧困など家庭の事情で学校に登校できない子どもや，虐待を受けていて登校できない，また，登校する気になれない子どもに対しては，福祉的な対応が求められる。また，障害のある子どもには，その障害に応じて医療を駆使しながら子どもにかかわり，援助する必要がある。さらに，病気で登校できない子どもや入院している子どもに対しても，院内教育としての教育的側面から援助する必要がある。このように，さまざまな境遇の子どもたちに対して，教育，福祉，医療が統合的にとらえられて推進される必要に迫られているのである。

📖基本的な権利の保障

どの子どもも，人間としての基本的な権利をもっている。その権利は，どのような状態にある子どもに対しても保障されなければならない。保育，教育に携わる者はこのことを考えの基本としてもっていなければならない。

「教育」という文字の由来

「教」の偏は「孝」を意味し，旁は「攵」と読み，軽く叩く，上から施すという意味である。「育」の上は云であり，赤ちゃんが両手で頭を覆って生まれてくるときの様（「二」は二本の手，「ム」は頭）を表す。下の「月」は肉月を意味し，生まれてきた乳児に栄養を与えて大きくすることを意味する。つまり「養育」のことである。

▶ 子どもと保育・教育・福祉

4 福 祉 観

1．福祉観とは何か

　福祉観とは福祉とは何かについて考えることであり，福祉の心，福祉の哲学などへと繋がるものである。福祉（ふくし）とは，もともと「しあわせ（幸福）」というほどのことを意味する言葉であるが，人間の社会では，いつの時代，どこの社会でも，客観的にみて「しあわせ（幸福）」に生きていくことが困難な状況におかれている人びとがいる。一方で，そのような人びとに対して，いつの時代，どこの社会でも手をさしのべる人，助ける人もいる。

2．慈善，社会事業，社会福祉

　人が他人の不幸や困難をみて救いの手をさしのべるという人間としての本源的な行為は，いつの時代にもあり，それがヨーロッパにおけるキリスト教やわが国の仏教などの宗教的なものと結びついたものが慈善的，慈悲的行為，いわゆる慈善である。この不幸や困難の原因が個人の責任ではなく，社会の仕組みにあるとの認識の結果として，社会で対応する段階が社会事業であり，今日の社会福祉はそのことを前提として，さらに進んで社会のなかの一人ひとりがよりよく（「しあわせ（幸福）」に）生きることができるような条件，環境を整えることである。

3．今日の「福祉観」

　今日の社会福祉をリードする理念はノーマライゼーション（normalization）である。バンク-ミケルセン*の「障害者の生活条件を可能な限り健常者の生活条件に近づける」との提唱から始まったもので，障害のある人も障害のない人と同じような生活をすることが当たり前とする考え方である。このような福祉観，ノーマライゼーション理念の育成の基盤は教育にあるが，そのひとつは，乳幼児期からの保育所，幼稚園における障害児との統合保育である。統合保育では児童をしてさまざまな個性をもった存在として互いに認め合う機会となっていることが証明されている。したがって大切なことは，小さな時期のそのような感覚，意識が小学校，中学校，高等学校さらにはその上の段階までも続いていくことである。

—8—

4 福祉観

I. 基本編

📖 わが国における生活上の困難への対応の考え方の変遷

　わが国の人びとの生活上の困難への対応は，古くは仏教の慈悲として，聖徳太子やその後の光明皇后の時代に身寄りのない子どもを預かるための悲田院にそれをみることができる。また，わが国古来の家族・親族，近隣が日常生活のなかで，相互に助け合うとする「親族相救・隣保相扶」の考え方は，1874（明治7）年のわが国最初の救貧制度『恤救規則』や1929（昭和4）年の『救護法』のなかにみることができる（☞p.309）。しかし，これらの考え方は福祉観というようなものではなく，人びとの困難の原因が個人にあるとし，その解決は家族や住民の相互の助け合いや仏教の慈悲などによるものとしていた。第二次世界大戦終了後の『日本国憲法』のなかで，すべての国民の基本的な権利が保障され，その後1981（昭和56）年の国際連合の障害者年を契機として，ノーマライゼーションの理念が浸透しはじめ，今日に至っている。

person

＊バンク-ミケルセン（Bank-Mikkelsen, N. E. 1919-1990）

　デンマークの行政官で，ノーマライゼーションの理念を世界で最初に提起した。知的障害者の親の会の「いかなる人びともノーマル（当たり前）な生活を保障することこそが人権の保障」という願いをノーマライゼーションという言葉で明示し，デンマークの『1959年法』の制定に力を尽くした。

◆ニーリエ（Nirje, B. 1924-）

　デンマークのノーマライゼーションの概念を，いち早くスウェーデンに導入した。ノーマライゼーションの8つの原理，すなわち，①一日のノーマルなリズム，②1週間のノーマルなリズム，③1年間のノーマルなリズム，④ライフサイクルでのノーマルな経験，⑤ノーマルな要求の尊重，⑥ノーマルな異性との関係，⑦ノーマルな経済的水準，⑧ノーマルな住環境水準を提示した。

◆糸賀一雄（いとがかずお，1914-1968）

　第二次世界大戦後，知的障害児の福祉と教育に一生を捧げた。彼の思想と実践はノーマライゼーションにつながるものであり，重症心身障害児の存在そのものが，社会にとって生産的であることを認め合える社会になることを主張した。

—9—

▶ 子どもと法

5 法にみる子ども観

1．歴史的にみた子どもと法の誕生

　長い間子どもは，人間としての存在を軽くみられ続けてきた。力の弱い存在であるがゆえに社会のいうがまま支配されてきたのである。時代の移り変わりのなかで，子どもの人権も徐々に認められるようになり，子どもそのものに関する考え方も変化してきたが，依然，子どもの人間としての存在を軽視し続ける人も多かった。

　そのような風潮に対して，拘束力のある「法律」によって，子どもについての考え方を変えようとする動きが生まれてきたのである。むろん，個々の子どもに関する考え方を細かく規制するのではなく，人間としての基本的な内容について，規定を作り，守ってもらうことがその趣旨であった。

2．わが国の法制度と子ども

　まず『日本国憲法』において，おとなと同じように子どもの基本的人権を認めている。

　そして，子ども独自の存在，すなわち子どもが未だ発達途上にある未熟な存在であることに鑑み，そうした内容を尊重した形で『児童福祉法』が定められている（『児童福祉法』とあわせて，国民の各界の代表者によって定められた『児童憲章』の存在も知っておきたい）。

　また，未発達の子どもがさまざまなことを学んで，自立して生きていくことができるようになるため『教育基本法』が制定されている。この『教育基本法』に基づいて教育が具体的に進められるように定められたのが『学校教育法』である。

3．『児童の権利に関する条約』

　世界の子どもたちのために，国際連合において『児童の権利に関する条約』が制定されたが，この条約によって，世界は子どもの人間としての基本的人権や多様な子どもの権利を保障することが義務づけられることになったのである。今後は，さらに条約の内容を細やかに実現することが課題である。

　この条約の基本的精神は，子どもは単に保護される存在ではなく，自分の「最善の利益」のために自分の権利を主張できることである。

—10—

5　法にみる子ども観

📖『日本国憲法』

1946（昭和21）年11月に制定。第26条に「教育を受ける権利」について「すべて国民は，法律の定めるところにより，その能力に応じて，ひとしく教育を受ける権利を有する。2　すべて国民は，法律の定めるところにより，その保護する子女に普通教育を受けさせる義務を負ふ。義務教育はこれを無償とする」と規定されている。

📖『児童福祉法』

1947（昭和22）年12月に制定。第1条に「全て児童は，児童の権利に関する条約の精神にのつとり，適切に養育されること，その生活を保障されること，愛され，保護されること，その心身の健やかな成長及び発達並びにその自立が図られることその他の福祉を等しく保障される権利を有する。」とあり，第2条では国，地方公共団体も児童の健全育成の責任があることを規定している（☞p.215）。この法律に基づいて，すべての子どもが健やかに生まれ，育成されるように，保育所や他の児童福祉施設が作られている。

📖『教育基本法』と『学校教育法』

『教育基本法』は，1947（昭和22）年3月に制定。教育の憲法ともいわれ，教育によって民主的で文化的な国家を発展させ，さらに世界の平和と人類の福祉の向上に貢献することを願って作成された法律である。教育の目的として「教育は，人格の完成を目指し」と明記されている。『学校教育法』はこれを具体化したものである。

📖『児童の権利に関する条約』

1989（昭和64）年，国連総会において採択され，わが国では1994（平成6）年5月に条約として発効した。18歳未満の「児童の権利」「最善の利益」を保障するための内容が多岐にわたって規定されている。

📖『児童憲章』

1951（昭和26）年5月5日に制定。これは，国民が子どものために努力すべき努力目標であって，法令ではない。『日本国憲法』に規定されている「基本的人権」の内容を受けており，国家と国民が児童に対して施策を考えるときの指針ともなる。前書きに相当する箇所に，3本の柱として，児童が人として尊重され，社会の一員として重視され，よい環境のなかで育てられることが記されている。

— 11 —

▶ 子どもの教育・福祉のための機関

6 学校についての考え方

1．学校とは

　学ぶ人と教える人がいて，教育目的を目指して一定の教育内容に基づいて教育が行われる場を学校と呼ぶ。

　学校は英語でschoolというが，その語源はギリシア語の「スコレー」で「暇」という意味である（☞p.198）。労働しない貴族階級の子弟が，暇な時間を使ってさまざまな教養を学んだことに発している。学校は，国家が制度的に規定しているものであるが，その制度においては教える内容や量といったものから，教える人の資格要件に至るまで，事細かに定められている。

2．子どもと学校

　学校は，子どもにとって「権利」として存在している。無力のまま生まれてきた人間の子どもは，学校教育を受けることによって生きる力を身につけることができるのである。

　現在でこそ学校は，子どもが自立して，幸せに生きていくことができるように国家が制度的に保障する学びの場であるが，歴史的にみると，近代国家が国家の維持・発展のために学校を作ったように，学校のあり方は時代の変遷とともに変わってきた。とくに，有形無形に政治・経済・社会的な影響を受けてきたことも知っておきたい。そこで考えたいことは，学校は国家や社会，経済の影響を受けながらも，あくまでも「子どもの最善の利益」のために存在すべきであるということである。子どもたちが自分の人生の主人公として，自分らしい人生を送るために学校は存在しなければならない。そのために学校は，子どもにとって楽しく，よりよい「居場所」でなければならないのである。

　現在，学校においては多様な問題が発生している。不登校，いじめ，引きこもり，学級崩壊などである。そこで，学校が果たして子どもにとって，安心して過ごせる場になっているかを総点検しなければならない。また，内容的にいうと，『教育基本法』に明記されている「人格の完成」を目指す教育が行われているか，学校教育で子どもの幸せが意識されているかを検証する必要がある。

—12—

6 学校についての考え方

📖 学校の定義

『学校教育法』第1条に「学校とは，幼稚園，小学校，中学校，義務教育学校，高等学校，中等教育学校，特別支援学校，大学及び高等専門学校」と規定されている。

📖 義務教育

『日本国憲法』第26条第2項に明記されている小学校6年間，中学校3年間の計9年間の教育のこと。子どもの「教育を受ける権利」が子どもが生きていくための基本的な人権であることを深く認識しておきたい。

📖 一貫教育の是非論

小学校と中学校，あるいは高等学校に至る一貫教育が注目されて久しいが，この一貫教育がどのような考え方に基づいていて，何を目指しているのかが実はみえにくいのである。また，小学生の有名中学校進学ブーム，いわゆる「お受験」の動向も，本来の学校のあり方を考える場合，見逃すことができない。

📖 児童の最善の利益

『児童の権利に関する条約』第3条に規定されているが，「最善の利益」は，各国の文化，習慣，価値観でその内容が異なるので，決めつけ，押しつけるような内容は明記されていない。私たちが知っておきたいことは，この「児童の最善の利益」は児童個人はもちろん，集団としての児童に関係する活動も含まれる，ということ，そして，『児童の権利に関する条約』の一般原則のひとつに位置づけられている，ということである。

⚫ 『エミール』と学校教育 ⚫

ルソー（☞p.3）は名著『エミール』中で次のように述べている。「父親たちよ，死があなたがたの子どもを待ちかまえている時を，あなたがたは知っているのか。自然がかれらにあたえている短い時をうばいさって，あとでくやむようなことをしてはならない。子どもが生きる喜びを感じ取ることができるようになったら，できるだけ人生を楽しませるがいい。いつ神に呼ばれても，人生を味わうこともなく死んでいくことがないようにするがいい」。学校教育を子どもが生きているうちに人生を味わう，という視点で考えることの重要性を説いている。

— 13 —

▶ 子どもの教育・福祉のための機関

7 児童福祉施設・機関についての考え方

1．児童福祉の行政機関

　『児童福祉法』第2条は，「国及び地方公共団体は，児童の保護者とともに，児童を心身ともに健やかに育成する責任を負う。」とし，保護者の養育責任を第一義としながら，社会が，保護者とともに児童の健全育成の責任をもっていることを明示している。

　わが国の児童福祉の行政機関の中心は，厚生労働省児童家庭局であり，児童福祉施策に関する総合的な企画・立案，予算の配分，地方行政等の指導などを行っている。また，地方公共団体においても，福祉局（部）等がおかれ，児童福祉の企画・立案，予算の執行，児童扶養手当や特別児童扶養手当の支給事務，児童福祉施設の指導監査などの業務を行っている。また，児童福祉専門の行政機関として，児童相談所，福祉事務所（家庭児童相談室），保健所等がある。

2．児童福祉施設

　児童福祉施設は，保護・養育・訓練・育成等を行うことによって児童の福祉を図ることを目的とするものである。『児童福祉法』第7条では，「助産施設，乳児院，母子生活支援施設，保育所，幼保連携型認定こども園，児童厚生施設，児童養護施設，障害児入所施設，児童発達支援センター，児童心理治療施設，児童自立支援施設及び児童家庭支援センター」の12種類とされるが，実際には政・省令などにより，さらに細分化されて21種類になっている。2012（平成24）年4月の『児童福祉法』の一部改正・施行に伴い，障害種別の通園・入所施設がそれぞれ「一元化」され，通園施設は児童発達支援センターに，入所施設は障害児入所施設にくくられる。利用形態別では，乳児院や児童養護施設のような入所型施設，保育所のような通所型施設，児童館のような利用型施設に分けることができる。また，入所の形態では，行政機関の措置によるもの（児童養護施設等）と，利用者の選択によるもの（保育所等）がある。さらに，『社会福祉法』の分類では，24時間児童の生活そのものを保障する入所型の施設の多くが第1種社会福祉事業，通所・利用型の施設の多くが第2種社会福祉事業となっている。

— 14 —

7 児童福祉施設・機関についての考え方

📖児童福祉の行政機関

児童相談所は，家庭その他からの相談や通告により，児童・家庭の福祉的ニーズを把握するとともにその充足のための方策を講じ，児童の福祉を図っていくための中枢的役割を果たしている専門機関である。児童・家庭の問題等に対して，調査，診断，判定等を行い，指導や施設入所の措置等の手続きを行っている。また，必要に応じて児童の一時保護を行う。このほか，親権者の親権喪失および停止の宣告請求，後見人の選任および解任の請求等を家庭裁判所に対して行っている。

福祉事務所は，『社会福祉法』によって「福祉に関する事務所」として，都道府県，市および特別区に設置が義務づけられている。社会福祉の六法を担当する総合的な社会福祉機関である。

家庭に対する相談指導の機能を強化，充実するため，福祉事務所に「家庭児童相談室」が設置され，家庭相談員，社会福祉主事などが配置されている。

保健所は，地域住民の健康や衛生を図るための第一線の行政機関である。『地域保健法』に基づき都道府県，政令指定都市，中核市その他指定された市または特別区が設置している。児童福祉に関しては，妊産婦の保健や児童の健康診査などの母子保健や，身体障害のある子どもへの療育指導などの分野において大きな役割を果たしている。

このほか，市区町村においても，児童課や保育課等がおかれ，児童の健全育成事業，児童館の設置・運営，保育所等の設置・運営，児童に関する各種手当の支給事務等を行っている。

word
◆児童福祉審議会

児童福祉に関する制度や施策を決定する際には，一般市民，有識者，専門家など，広く意見を聴きながら進めることが要求される。このため「児童，妊産婦及び知的障害者の福祉に関する事項を調査審議する」機関として，国にあっては中央社会保障審議会が，都道府県・指定都市にあっては児童福祉審議会または地方社会福祉審議会児童福祉専門分科会がおかれている。市町村は任意設置である。児童福祉審議会は行政機関の諮問に答えるとともに，行政機関に対して意見を具申したり，児童福祉文化財の推薦，勧告等を行っている。

▶ 子どもの発達

8 発達と教育

1. 乳幼児から高齢者

　発達（development）とは、「受精から誕生，乳児期・幼児期・児童期・青年期・成人期を経て老年期に至るまでの，人生のすべての時期にわたって現れる，心身の構造的・機能的変化の過程」と定義される。こうした定義に基づく一般的な変化を特徴づけた区分を「発達段階」，それぞれの発達段階においてクリアすべき課題を「発達課題」と呼んでいる。一般に「発達」というと「成長」「進化」し続けるプラスイメージが強いが，心理学においては，老化も発達の一過程であり，生物学においては退化も進化の一過程である。とくに近年の高齢化社会にあっては，人生のすべての時期にわたって現れる成長と減退の変化の様相を「生涯発達」として位置づけ，高齢者の発達課題や社会支援の研究・取組みが進んでいる。

　また，『保育所保育指針』では，就学前の保育内容の発達過程区分を，乳児（1歳未満児），1歳以上3歳未満児，3歳以上児に分け，それぞれのねらいと内容を示している。

2. 発達課題（developmental task）

　発達のそれぞれの段階において，達成すべき課題をいう。各課題を適切に達成できれば健全な成長につながるが，達成できない場合には，後の段階で多くの適応の障害が生じることになる。発達課題は，ハヴィガースト*（☞p.23）が，エリクソン*（☞p.23）の心理社会的発達の理論を基に提唱した概念である。

　彼は各課題について，①身体的な成熟（生物学的な基礎），②社会からの要求や圧力（文化的な基礎），そして③個人の達成しようとする目標や努力（心理学的な基礎），の3つの観点から述べている。また，その内容は，非常に具体的・実践的であり，教育目標を定め，適時性を示し，発達過程を評価するのに役立つとの評価がある一方，彼の時代の社会的・文化的価値観によって影響されているとの批判もある。

— 16 —

8 発達と教育

📖発達の最近接領域（zoon of proximal development）

ロシアの心理学者，ヴィゴツキー＊は，子どもの知的発達の水準を次の２つに分けて概念化した。ひとつは，子どもが自力で問題解決できる現在の発達水準であり，もうひとつは，大人の指導や能力の高い者からの援助や協同によって達成が可能になる水準である。これは，その子がいずれは１人で解決できる課題範囲であり，その子どもの潜在領域のことを意味している。ヴィゴツキーはこの範囲を発達の最近接領域とよんだ。

📖家庭の育児と野生児（feral child・wild boy）

野生児とは，なんらかの原因により人間社会から隔離された環境で育った少年・少女のことであり，次の３タイプがある。

①動物化した子ども。動物によって育てられたとする場合。狼に育てられた「アマラとカマラ」が代表的な事例。

②孤独な子ども。ある程度は成長した子どもが森林などで遭難したり捨てられたりして，他の人間とほとんど接触することなく生存していた場合。「アヴェロンの野生児」が代表的な事例。

③放置された子ども，孤立児。幼少の頃に適切な養育を受けることなく，長期間にわたって幽閉あるいは，放置されていた場合。「カスパー・ハウザー」が代表的な事例。

いずれのタイプも，人間の発達における幼児体験・初期経験，対人相互作用の重要さを示し，家庭的養育・母性的養育の必要性を示している。

person

＊ハヴィガースト（Havighurst, R. 1900-1991）

アメリカ生まれの教育学者。個人の健全な発達のための課題を提唱。主著『人間の発達課題と教育』

＊エリクソン（Erikson, E. 1902-1994）

ドイツ生まれの発達心理学者。「アイデンティティ」概念は，社会科学などの学問分野に大きな影響を与えた。主著『幼児期と社会』

＊ヴィゴツキー（Vygotsky, L. 1896-1934）

旧ソビエト連邦の心理学者。人間の高次の発達について，独創的な理論を構築。主著『思考と言語』

I.
基本編

▶ 子どもの発達

9 情緒・性格・知能の発達

1．情緒と性格の発達

　喜び，悲しみ，怒りのような心の状態を表す用語に，感情，情緒，情動などがあるが，必ずしも厳密には区別されていない。

　新生児の情緒は，未分化な興奮状態から最初に快と不快が現われ，2歳くらいから次第に複雑な情緒に分化すると考えられていたが，実際にはより早い段階からいろいろな情緒の表現を観察することができる。単なる生理的反応のように受け止められてきた表情や声の変化などにも，周囲のおとなや子どもに対する情緒的表現，コミュニケーションのツールとして理解することができる場合がある。こうした情緒的反応は，母親を中心とする家族やおとな，周囲の子どもたちとのかかわり，相互のなかで豊かに育っていく。

　赤ちゃんには，運動量の多さや，音や光などの刺激への反応の多さなどのいろいろな面に大きな個人差がある。赤ちゃんは，気質としての個性をもって生まれてくる。その気質を基礎として，育ってゆく環境のなかでのおとなや子ども，あるいは動物たちとのかかわりのなかで子どもの性格は形成されていく。

　情緒・性格はいずれも遺伝的資質の基盤の上に，環境・経験・教育・個人の経験などのさまざまな影響を受けながら発達すると考えられる。

2．知能の発達

　新しい研究方法が開発されるたびに，赤ちゃんは環境を知るための驚くべき認知能力をもっていることが明らかになっている。子どもは周囲のいろいろなものを見たり，触れたり，感じたりしながら，さらに環境を探検し，環境に働きかけ，いろいろな試みを繰り返しながら，自身と自分の周囲の世界を知るための認知能力を発達させる。こうした過程を通じて，次第に「知能」と呼ばれる論理的に思考する力，課題を解決する力，抽象的な思考をする能力などが発達していく。

　知能の発達も，情緒・性格の発達と同様に，個々人の資質と養育環境での影響を受けながら発達していく。

9 情緒・性格・知能の発達

I.
基
本
編

📖自己中心性（egocentrism）

ピアジェ*は子どもとの対話と簡単な実験による臨床的方法により，前操作期（2〜7歳）の子どもの認知の特徴は「自己中心性」にあると考えた。

📖アニミズム（animism）

無生物や植物にも心があると感じること。

📖人工論（artificialism）

主に前操作期の子どもにみられる「自然界のものすべては人の手によって作られたもの，または人間が作るもの」という考え方。

📖実念論（realism）

心的なものと物理的なもの，主体と客体の未分化により現実と想像が混同され，空想や夢の内容，童話などの主観的なものが客観的に存在するととらえる考え方。

📖相貌的知覚

生命のない事物に人間と同様の感情や表情があるように感じることで，幼児，未開人などに顕著にみられる認知の様式としてウェルナーが提唱した。

📖具体的思考

思考は，知覚や記憶の働きに加え，問題の理解や解決に向けて理解や行動を決定する精神活動である。具体的思考とは，具体的な物についての思考である。

person

＊ピアジェ（Piajet, J. 1896-1980）

スイス出身の発達心理学の大家。子どもの知能や発達について画期的な理論を発表。主著『思考の心理学』『知能の心理学』『発生的認識論』

word

◆アニマ（anima）

ラテン語で心や魂を意味するアニマ（anima）という言葉が，動物を意味するアニマル（animal），絵が活動するように見えるアニメーション（animetion），自然の事物や現象に霊魂や精霊の存在を認めるアニミズム（animism）といった用語のもとになった。

—19—

▶ 子どもの発達

10 知能検査

1．知能とは

　知能とは，人間の能力を，知能，性格，情緒などに分けたときの知的な部分をいう。知能検査（intelligence test）とは，この知能を科学的・客観的に計測する検査をいう。知能の定義には次のようなものがある。

　フランスのビネー*とシモンは，「知能は唯一のものでできているのではない。それは記憶・判断・推理などが介入するところの複合物であり，その割合は状況によって変化するものである」といい，なかでも本質的な活動は判断力であるという[1]。

　イギリスのスピアマンは，知能は，「第1：経験の原理，経験したことの意味を理解し，つぎにそのような事態に遭遇したときは先に経験したことを思いだす。第2：関係の原理　2つの事態が生じた時その関係を抽出する。第3：相関の原理　何らかの性質とその関係が示されるとただちにその相関がわかる」[2]としている。

　アメリカのウェックスラーは「知能は，各個人が目的的に行動し，合理的に思考し，かつ，能率的に自分の環境を処理し得る総合的または総体的能力である」[3]という。

2．知能検査

　ビネーとシモンは，1905年に，世界最初の知能検査として，「異常児の知的水準を診断するための新しい方法」を作成した。その目的は，「子どもの知能の測定基準を作成し，正常児であるか知的障害児であるかを調べることである」[1]として，30問の規準を作成した（コラム参照）。

図表10-1　知能検査の種類

知能検査	一般知能検査	個人式知能検査	（例：ビネー式知能検査〈1905〉）
		集団式知能検査	言語式検査（A式〈1917〉） 非言語式検査（B式〈1917〉）
	診断式知能検査	個人式知能検査	（例：WB〈1939〉，WISC〈1949〉，WAIS〈1955〉，WPPSI〈1974〉）
		集団式知能検査	知能検査（言語・図形混合式） 非言語式・カルチャーフリー検査

10　知能検査

I. 基本編

📖個人式知能検査

　知能検査には，一般知能検査と診断式知能検査がある。一般知能検査の個人式検査は，1905年にビネーとシモンによって作成されたビネー式検査が最初であり，ドイツやアメリカで自国向けに改訂された。日本では鈴木ビネー検査（1930年），田中ビネー式知能検査（1947年），武政ビネー検査法（1952年），診断式知能検査にはWISC（1949年），WPPSI（1974年）などが標準化され用いられている。幼稚園や保育所で幼児に実施する場合は個人式検査が多い。

📖集団式知能検査

　1917年にアメリカが第一次世界大戦に参戦すると，短期間に多数の志願者を能率的に検査選別する必要が生じてきた。そこで，解答を紙に書くペーパー方式の集団知能検査が開発された。この軍隊式の検査はα（アルファー）-式検査とβ（ベータ）-式検査があり，α-式検査は言語的問題で構成されていることから，言語式（A式）知能検査ともよばれ，β-式検査は，非言語式（B式）知能検査といわれている。

　現在では集団式知能検査は数十種類発行されており，学校や企業の適性判断の一助としても用いられている。それらは，言語能力，動作性能力などが診断できるように作成されている検査が多い。

　集団式知能検査は，小学3年生くらいから実施できる。

person

＊ビネー（Binet, A. 1857-1911）

　フランスの心理学者。世界で最初の知能検査をシモン（Simon, Th. 1873-1961）と1905年に作成。

知能検査の内容　問題例

　1.凝視，2.触覚把握動作，3.視覚把握動作，4.食物認識，5.食物探索，6.命令実行・動作摸倣，7.事物認識，8.絵画認識，9.名前を言う，10.長さの直接比較，11.3数字反唱，12.重さ比較，13.被暗示性，14.言葉定義，15.文章反唱，16.事物相違，17.絵画記憶，18.図形描画，19.数字反唱，20.類似点，21.長さ比較，22.重さ弁別，23.重さ推定，24.単語の韻の合致，25.文章の空所を埋める，26.3つの単語を使って文章作成，27.抽象的な質問，28.時計の針の逆転，29.紙の切り抜き推測，30.抽象語の定義

— 21 —

▶子どもの発達

11 発 達 論

1．発達論を学ぶ意義

　保育者にとって発達論を学ぶ意義とは何かを考えてみよう。保育者が自ら担当する子どもたちの発達の様子と発達論の間にはどのような関係があるのだろうか。『保育所保育指針』の第1章総則1「保育所保育の基本原則」-(3)保育の方法」には「ウ　子どもの発達について理解し，一人一人の発達過程に応じて保育すること。その際，子どもの個人差に十分配慮すること。」とある。「発達」や「発達過程」を理解することは，保育士としての義務である。しかしそれだけでは保育はできない。なぜなら，子どもの発達と保育者のかかわりをつなぐものがないからである。このつなぎにあたるものこそが発達論なのである。保育者として，子どもにどのようにかかわるのか，さらに保護者にどのように支援や指導をするのか。このような問いに対する答えを発達論は提供してくれる。そこで，発達論を学ぶ意義とは何かという冒頭の問いに対する答えは，「保育者としてのかかわりに理論的な裏付けをもたせるため」となる。

2．発達論の動向

　認知科学や心理学の発展に伴い，さまざまな発達に関するモデルが提唱されてきている。とくに，学校教育の分野では「どのような発達段階があり，各段階がどのように違うかを，認知科学レベルの詳細さをもって知ることができれば，ある段階から次の段階へ子どもが進むのを支援するような指導を工夫することができる」（ブルーアー，1993）として，幼稚園から大学までの範囲にわたる，それぞれの学校で行われているさまざまな課題に対して，研究が積み重ねられてきている（ソーヤー，2006）。

　これらのモデルや研究について学ぶことは，保育の分野における指導の工夫にも繋がる。

　p.23で保育に関して古くから重視されてきている4つの発達論の概略を簡単に紹介する。さまざまな発達論について，詳しく知れば知るほど，どのようなかかわりが適切かを深く考えることができ，自信をもったかかわりや工夫したかかわりをすることができる。

—22—

11 発達論

I. 基本編

📖フロイト*の発達論

　ヒステリーの症状の誘因には小児期に起こった出来事に由来するものが多かったことから，乳幼児期のかかわりの重要性を示唆した。

📖エリクソンの発達論 （☞p.17）

　人間には8つの発達段階があり（図表11-1），各段階で，感覚の二者択一が求められると主張した。

📖ハヴィガーストの発達論 （☞p.17）

　発達の各段階における課題「発達課題」を示した。

📖ゲゼル*の発達論

　民主主義的な育児が可能になると述べた。

person

＊フロイト（Freud, S. 1856-1939）

　オーストリア出身の精神科医。精神分析を学問として確立。主著『精神分析入門』『夢判断』

＊ゲゼル（Gesell, A. 1880-1961）

　アメリカの小児科医。発達心理学者へ成熟有意説を提唱。主著『今日の文化の中での乳幼児』。

図表11-1　エリクソンの図式

Ⅷ	円熟期								自我の統合 対 絶望
Ⅶ	成年期							生殖性 対 停滞	
Ⅵ	若い成年期						親密さ 対 孤独		
Ⅴ	思春期と青年期					同一性 対 役割混乱			
Ⅳ	潜在期				勤勉 対 劣等感				
Ⅲ	移動性器期			自発性 対 罪悪感					
Ⅱ	筋肉肛門期		自立 対 恥と疑惑						
Ⅰ	口唇感覚期	基本的信頼 対 不信							

-23-

子どもの発達

12 障害児と保育

1．障害のある子どもの保育の場

　障害のある子どもの保育には，①保育所や幼稚園などで障害のない子どもと一緒に保育する統合保育と，②児童発達支援センターや特別支援学校の幼稚部などで障害のある子どもを中心に，障害に応じて，きめ細かい，手厚い保育や必要な訓練を実施する分離保育がある。保育所における障害のある子どもの保育が国の制度として位置づけられたのは1974（昭和49）年からである。1980年代のノーマライゼーションやインテグレーションなどの理念のもと，徐々に制度が整備され現在に至っている。さらにインクルージョンの考えに基づく保育も始められている。障害には知的障害を中心に，肢体不自由，聴覚障害，視覚障害，言語障害，自閉症，てんかん，それらを併せもつ重複障害などがあり，医療的ケアの必要な子どももいる。また，『発達障害者支援法』〔2005（平成17）年〕や特別支援教育では，注意欠陥（欠如）／多動性障害*，高機能自閉症*，アスペルガー症候群*，学習障害*などの発達障害の子どもへの支援も謳われている。

2．保育者の役割

　障害の治療や軽減については医師や理学療法士，言語聴覚士など他の療育スタッフによる点も大きいが，保育者はそれらのスタッフと連携を図りながら，障害のある子どもを一人の子どもとして育てるのが役割である。視覚的支援などコミュニケーション方法を工夫し，教材や教具を開発して子どもが主体的に遊べる環境を構成し，基本的生活習慣が無理なく身につくよう個別支援を行う。保護者の悩みや願いを理解し，子どもの成長をともに喜び合う姿勢が保護者の障害受容の手助けにもつながる。また，発達障害の子どもは注意散漫で動きが激しい，人の気持ちを理解しにくい，集団になじめない，こだわりがあるなど，かかわりの難しいことも多いが，障害特性から独特の行動をとらざるを得ないのである。きつく叱責するのではなく，納得をとりつけて皆が気持ちよく園生活ができる方法を工夫することで，仲間外れにされたり，成功感を味わえない自己否

定感による二次的障害を防ぐことができる。

word

＊注意欠陥（欠如）／多動性障害（Attention-Deficit / Hyperactivity Disorder: AD/HD）

　文部科学省によると，年齢あるいは発達に不釣り合いな注意力，衝動性，多動性を特徴とする行動の障害で，社会的な活動や学習の機能に支障をきたすものであるとされている。DSM-5（アメリカ精神医学界精神疾患の診断と統計マニュアル第5版）の日本語版では注意欠如・多動性障害としている。注意欠如・多動症ともいう。

＊高機能自閉症

　文部科学省によると，3歳くらいまでに現れ，①他人との社会的関係の形成の困難さ，②言葉の発達の遅れ，③興味や関心が狭く特定のものにこだわることを特徴とする行動の障害である自閉症のうち，知的発達の遅れを伴わないものをいう。

＊アスペルガー症候群

　文部科学省によると，知的発達の遅れを伴わず，かつ，自閉症の特徴のうち言葉の発達の遅れを伴わないものであるとされている。ICD-10（国際疾病分類第10版）にも記載されている。DSM-5では自閉症を知的発達の遅れのある自閉症，遅れのない高機能自閉症やアスペルガー症候群などと分割して考えるのではなく，症状の濃淡のつながり（連続体）としてとらえ，自閉症スペクトラム障害と診断している。自閉スペクトラム症ともいう。

＊学習障害（Learning Disorder：LD）

　文部科学省によると，全般的な知的発達に遅れはないが，聞く，話す，読む，書く，計算する，推論する能力のうち，特定のものの習得と使用に著しい困難を示すさまざまな状態であるとされている。

障害のある子どもの保育と指導

　『保育所保育指針』や『幼稚園教育要領』の記述をまとめると，障害のある子どもの保育や指導にあたっては，個々の子どもの発達過程や障害の状態を把握し，集団のなかで他の子どもとの生活を通してともに成長，発達できるよう，個別の指導計画や支援計画を作成するなど適切な対応をとることとされている。個に応じた指導内容や指導方法を工夫し，家庭や地域をはじめ，医療，福祉，教育，保健などの関係機関とも連携した支援を図るよういわれている。

▶子どもの発達

13 問題行動

1．いじめ

『いじめ防止対策推進法』の施行に伴い2013（平成25）年度から，いじめは「『児童生徒に対して，当該児童生徒が在籍する学校に在籍している等当該児童生徒と一定の人的関係のある他の児童生徒が行う心理的又は物理的な影響を与える行為（インターネットを通じて行われるものも含む。）であって，当該行為の対象となった児童生徒が心身の苦痛を感じているもの。』とする。なお，起こった場所は学校の内外を問わない。」と定義している。被害者・加害者共に対人関係の未熟さがあったり，加害者は家庭や学校にストレスを抱えていたりする。日常生活のなかで子どもの特性と生活環境状況を把握し，社会性，集団行動の発達を促すようなかかわりを心がける。

2．不登校（図表13-2）

文部科学省は，不登校の児童生徒を「何らかの心理的，情緒的，身体的あるいは社会的要因・背景により，登校しない，あるいはしたくともできない状況にあるため年間30日以上欠席した者のうち，病気や経済的な理由による者を除いたもの」と定義している。

不登校の背景にある要因や直接的きっかけはさまざまで，要因や背景は複合していたり，特定することができなかったりする。発達障害や脱抑制型対人交流障害が関係する場合もあるので，養育者と家族の関係性に配慮し，要因を検討した対応を心がける。

3．リストカット

リストカットは自傷行為の一種であり，医学的には「手首自傷症候群」といわれる。図表13-3に示す意味があり，多くは不快感情に対処するためである。心理的苦痛からの解放を目的として繰り返して行われる行為であるが，死に至ることもある。リストカットが低年齢化しているのは，安心して自分の気持ちを表現できる場が減少したからであろう。保育者は環境にしっかり目を配り，家庭内の過剰なしつけ，きょうだい間差別などがみられる場合は，よく観察し，保育者同士が連携して対応し，予防を心がける。

13 問題行動

図表13-1 いじめの4層構造

被害者：いじめられっ子で1人の場合が多い。
加害者：いじめっ子で複数の場合が多い。以前，いじめられたことがあり，現在立場が逆転していることもある。
観　衆：はやし立てたり，面白がって見ている子どもたち。いじめっ子に同調・追従し，いじめを助長する。
傍観者：見て見ぬふりをする。人がいじめられているのを無視することは，直接的にいじめに荷担することではないが，いじめっ子側には暗黙の了解と解釈され，結果的にはいじめを助長する可能性がある。

(森田洋司・清永賢二（1994）．新訂版　いじめ　教室の病い　金子書房　p.51より作成)

図表13-2 不登校のタイプ

型	内　容
① 母子分離不安型	小学校低学年に多く，母親から離れると強い不安が起こる。母親がそばにいると，友だちと一緒に遊んだり元気に過ごすことができる。
② 情緒混乱型	気分の落ち込みや，混乱が強く，頭痛や腹痛などの身体症状が起こる。真面目で几帳面，神経質で完璧思考がある。学校を休むことへの罪悪感が強く，家に閉じこもりがちである。
③ 混合型	基本的な生活習慣が十分身についていないため，生活リズムが乱れがちである。落ち込んでいるときもあるが，好きなことや楽しいことはできる。逃避，回避的傾向が強く，何かを最後までやり遂げた経験が少ない。
④ 無気力型	何事にも無気力で，登校することにあまり義務感を感じていない。家では比較的元気で，インターネットやゲームなど，自分の好きなことをして過ごす。
⑤ 人間関係型	いじめや転校など，人間関係上の明確な問題により登校できなくなる。頭痛や腹痛などの身体症状を訴える場合がある。
⑥ ストレスによる神経症を伴う型	主観的なこだわりをもっており，自分の内的な世界にこもる。摂食障害や自傷行為などを伴うこともある。まれに精神疾患の初期症状として症状が起こっている場合がある。
⑦ 発達障害・学習障害を伴う型	極端に不得意な教科（分野）があるため，学習に対する抵抗感を強くもっている。クラスメートとうまくコミュニケーションがとれず，孤立している場合がある。不安や葛藤，怒りをうまく処理できず，パニックを起こすことがある。

図表13-3 自傷行為に対する理解

① 自傷行為は自殺行為ではない。
② 自傷行為は自殺関連行為である。
③ 自傷行為は無感覚状態からの回復をもたらす。
④ 自傷をする若年者は援助希求能力が乏しい。

▶子どもをとりまく社会環境と自然環境

14 子どもをとりまく社会環境

1．高度情報化社会

　現代の日本では夫婦と子ども二人という家族の形態が減少し，夫婦と子ども一人や，親一人と子ども一人という家族が増えている。子どもたちの生活は都市化され，近隣との関係は希薄になりつつある。一方で，子どもたちは情報化社会との関係を深めつつある。

　高度情報化社会と呼ばれる現代社会では，新聞や雑誌，書物，テレビ，ラジオなどの従来からあるメディアから，インターネット，パソコン，携帯電話，スマートフォン，ゲーム機などの新しいメディアまで，私たちは数多くのメディアに囲まれて生活している。2000（平成12）年以降の子どもたちは，インターネットや携帯電話が身のまわりにある社会環境に生きている。

　インターネットやパソコンは，ほとんどの職業において必要な道具となっており，学校教育のなかでもそれらは新しい学習の道具として使用されはじめている。携帯電話，スマートフォン，ゲーム機は，家族や友人同士のつながりを強め，新たな友人との出会いの場を提供する。しかし，他方でそれらのメディアは家族からの孤立をもたらしたり，友人関係を壊す道具として用いられることもある。高度情報化社会は，子どもたちをヴァーチャル空間に閉じ込めているというよりも，むしろ新しいメディアを通した人間関係の形成の方法という難しい問題に子どもたちを直面させているといえよう。

2．学校化社会

　現代の日本社会には，学校的価値が社会の全領域をおおう学校化社会という特色がみられる。人びとは学校価値に基づく評価をさまざまな局面で受けざるを得なくなっている。受験競争と習いごとは，年々低年齢化し，現在では有名幼稚園の受験予備校まで出現している。子どもたちが遊ぶ原っぱが消失したことなどの自然環境の変化や家族構成の変化や遊び回る子どもたちを見守る地域社会のつながりが変貌したことなども学校化社会の要因となっている。有名幼稚園から有名大学の受験までの過密な競争をくぐりぬけた後にも就職試験や成果主義に基づく職場内の評価が待ち受けている。

—28—

📖メディアリテラシーの重要性

　21世紀に入り，人びとはインターネットで多様な情報を得るようになっている。テレビ，新聞，雑誌などのマスメディアの場合，情報の発信者は一部の専門家に委ねられているが，インターネットではインターネットにつながる人なら誰でも発信者になることができる。しかし，インターネットにはネット上での他者に対する攻撃や権力による乱用の可能性など問題点も多い。インターネットの使用に関しては，マスメディアに対してより以上にメディアリテラシー（メディアの読み書き能力）が必要とされる。

📖携帯電話（スマートフォン）

　内閣府の「平成26年度青少年のインターネット利用環境実態調査」では，小学生のおよそ1/3，中学生のおよそ2/3，高校生の95％以上が携帯電話（学年が上がるとスマートフォンの率が増加し，高校生では9割になる）を日常的に使用している[1]。

📖受験競争（有名園入学）

　1990年代以降，受験競争は幼稚園にまで波及し，幼稚園の予備校に通う親子もみられるようになる。1994（平成6）年にNHKで「お受験」というテレビドラマが放映され話題になり，入学競争の低年齢化や過熱化が改めて問題にされた。

📖塾

　江戸・明治期の塾に学んでいたのは青年であり，そこでは学問や思想が教えられたが，現代の塾で学ぶのは子どもたちであり，そこでは有名幼稚園，有名中学校・高校の入学試験に合格するための知識と技術が教えられている。一方，そうした受験とは別に，算数や読み書き能力を子どもに確実に身につけさせるための塾もある。

📖おけいこごと

　幼児のおけいこごと＝習いごとの種類は，スイミング，音楽教室，体操，サッカー，お絵かき教室，習字，そろばん，空手，剣道，英語など多岐にわたる。2015（平成27）年のBenesse教育研究開発センターの調査「第5回子育て生活基本調査（幼児版）」によれば，保育園児の約5割強（56.7％），幼稚園児の約7割（73％）が何らかのおけいこごとに通っている[2]。

▶子どもをとりまく社会環境と自然環境

15 子どもをとりまく自然環境

1．子どもをとりまく自然環境の変化

　都市の子どもをとりまく自然環境は大きく変化した。かつて高度経済成長期の都市には住宅地のなかに原っぱがあり，子どもたちの遊び場となっていたが，今は隙間なく建物が立ち並び，空き地は駐車場になっている。それでも子どもが五感を通して自然とかかわるなかで身につける感性は，人間が生きていく上で重要であるという考えから，保育園や学校は子どもが自然と親しむさまざまな機会を提供している。

2．里山という自然環境

　里山とは，「日本人が古代からの生活のなかで，身近な自然を利用しながら，さらに利用しやすいようにと造りあげてきた人工の自然」[1]である。里山は，具体的には，田や畑，そのわきを流れる川，山の裾野に広がる雑木林から山へとつづく風景から構成される。人間がほとんど立ち入ることのない奥山・深山に対して，人間が自然に働きかけ，いわば人間と自然との共同作業としてつくり上げてきた風景が里山である。里山の豊かな自然環境のなかで行われる保育は，しばしば「里山保育」と呼ばれ注目されている。

3．園内の自然

　都市の保育所や幼稚園の園内にさえ，四季を通じて変化する自然の姿，草花，樹木，セミ，ダンゴムシ，ミミズなどの昆虫など，子どもがかかわることのできる自然環境がある。保育者自身が，子どもが自然に抱く気持ちに共感しながら，そうした園内の身近な自然にかかわるならば，自然の一部として生きるという気持ちを子どもに感じさせることができるだろう。

　最近の保育の一潮流に，森のなかのまるごとの自然環境を園内にみたてて，保育を行う「森のようちえん　Waldkindergarten」の活動がある。「森のようちえん」は，1950年代のデンマークやドイツにおいて母親がわが子を含めた近所の子どもを森で保育したことから始まったとされる。日本では2005（平成17）年から「森のようちえん全国交流フォーラム」が開催されている。

― 30 ―

15 子どもをとりまく自然環境

📖自然を守る

人間の生活も維持し，そして自然も破壊しないという社会の実現を目指して，持続可能性（sustainability）ということばが環境問題の重要なキーワードになっている。ただむやみやたらに，あるいは感情的に自然を守るというのではない。人間の生活の多様性，生物の世界の多様性を配慮して，人間と自然の関係のバランスを守るという考えが重視されている。

word

◆ビオトープ

ドイツ語のbio（生物）とtop（場所）を合成した言葉で「生物の生息する空間」を意味する。ビオトープは人間と自然の共生を目指す里山の自然を人工的に作り出す試みである。ビオトープのタイプは，それを設置する環境によって，池，小川，樹林，草地など多様になる。

◆エコマーク

エコマーク制度は，日本環境協会が行う事業のひとつで，「生産」から「廃棄」にわたる全体を通して環境への負荷が少なく，環境保全に役立つと認められた商品に環境ラベルをつける制度である。この制度は，企業と消費者の双方が，持続可能な社会を形成していくことを目的としている。

◆たい肥作り（compost）

たい肥とは，生ごみや落ち葉を積み重ねて，発酵腐熟させて作る自給肥料のひとつ。保育所や幼稚園の園庭の畑で野菜などの植物を栽培する場合，肥料にたい肥を使うことは，子どもたちが自然の循環を学ぶ機会になる。

カーソンの「センス・オブ・ワンダー」と幼児教育者の重要性

アメリカの海洋生物学者レイチェル・カーソンは，子どもが自然とかかわるときに養われる「神秘さや不思議さに目をみはる感性」を「センス・オブ・ワンダー」と呼ぶ。カーソンによれば，「センス・オブ・ワンダー」は子どもといっしょに自然との関係に共感する大人がいて，子どもたちに伝えることができる。幼児教育者がその役割を期待されている。子どもは「センス・オブ・ワンダー」の経験を積み重ねるなかで，人間も自然の一部であり自然環境を守りながら生活していこうとするバランスのとれた市民へと成長することが期待できる。

Ⅰ. 基本編

▶子どもをとりまく社会環境と自然環境

16 親子関係

1．親 子

　親子関係には「実子」と「養子」の関係があり，子どもからは父，継父，母，継母になる。また，人工授精や代理出産なども考慮に入れなければならない。親は未成年の子に対して親権をもつ。

2．親子関係の発達

　次のような経過をたどるのが一般的である。

①依存：赤ちゃんは「自分だけでは生存出来ない。全面的な親の援助がないと育たない。」（ポルトマン，☞p.3）

②信頼・畏敬：「子どもが小さいときには，両親を自分の主君，絶対的な監督者と看做し，そういう者として両親を畏敬する。」（ロック）

③不信：10歳頃になると，親はオールマイティではないと気づき，親の矛盾点が目につき，親と自分は異なる人格であると反抗し始める。

④独立：12歳頃，親からの精神的依存からの独立と自我の確立を「心理的離乳」（ホーリングワース）という。この段階で，自分の価値観をもち，技術を身につけ，職業選択を考え，人生を送り，どのような価値観をもつかを模索しはじめる。

⑤和解：身体発育や，知識の面でも，「親を乗り越えた」という体験を感じる。「17歳の和解の時期・精神的受容期」といい，女子では16〜17歳，男子では17歳ごろからである。（ビューラー）

⑥共存：特徴や欠点を認め，それを受容してともに生活する。

3．子育て

　親子関係で必要なことは，「あいされていること―かわいがられていると感じさせることである。赤ちゃんは，かわいがられていると感じたときに，いろいろな技術を身につけ，自分のまわりの世界についてもっと学び，それをもっと楽しみたいという，生まれながらの欲求が深められ広げられるように，育てるべきだ。」とホワイト*はいう。

　親子関係が良好な場合に特別な「親子の絆」が結ばれたという。

—32—

16　親子関係

I. 基本編

📖家庭環境

　子どもが生まれてくる環境は，国によって，地域社会によって，また，家庭によって異なり，親子関係には対等的関係，補助的関係，交換的態度などがある。このように，「生まれる子どもは，自然の環境にはいるのではなく，おとなの生活がなされている文明の環境にはいる」（モンテッソーリ*）。「子どもは真空のなかで成長するものではない。彼は，家庭・学校・近隣社会を包む文化の中に没入している。彼の自我は，きょうだいや両親や友だちとの関係において形成せられ，発達する。また非常に多様の文化的要求との関連において形成される」（ゲゼル，☞p.23）のである。

📖英才教育・早期教育

　芸術やスポーツのトップエリート育成のための訓練教育のことである。2〜3歳頃から練習を始めて高い技術や知識・能力を身につける。子どもが自主的に行うこともあるし，親が積極的に行うこともある。

　早期に始めれば多くのことを高いレベルまで身につけることができ，後々，有利な立場に立てるのではないかという，将来についての親の強い期待が込められている場合もある。

📖ひとり親家庭

　母または父のどちらかと子どもから成る家庭をひとり親家庭（母子家庭，父子家庭）という。保育にあたっては，ひとり親家庭の存在を十分に認識し，母親と父親がいることを前提とすることのないように気をつける必要がある。また，ひとり親であることから派生する物理的，精神的，社会的，経済的問題等について理解し，共感的に支援していくことが求められている。このことは同時に，家庭や社会における性役割についての固定的観念・偏見に留意するということをも意味する。

person

＊ホワイト（White, B.L. 1929-）

　ハーバード大学教授。才能教育の「未就学児童教育」研究主任。主著『ホワイト博士の育児書』，テレビシリーズ『最初の3年間』

＊モンテッソーリ（Montessori, M. 1870-1952）

　ローマ大学で医学博士になる。知的障害児の教育的指導にある。1907年ローマのスラム街の改善を目指したアパートに「子どもの家」を最初に設置した。

—33—

▶ 子どもをとりまく社会環境と自然環境

17 遊び

1. 遊びとは

遊びとは，おとなの生活においては楽しみのためにする動作や自発的にある活動をすることを指し，「仕事」と「遊び」とは対比した意味で用いられることが多い。しかし，子どもの遊びについては，生活することそのものが遊びであり，さまざまな能力の獲得のためや学習の機会にもなっている。本人が，意図することのない状態であるが，遊びを通して自己が形成していく。「幼児教育」は遊びを通して行われるものである。

2. 『幼稚園教育要領』における遊び

『幼稚園教育要領』では，第1章総則第1幼稚園の基本において「幼児期の教育は，生涯にわたる人格形成の基礎を培う重要なものであり，幼稚園教育は，学校教育法に規定する目的及び目標を達成するため，幼児期の特性を踏まえ，環境を通して行うものであることを基本とする」とされ，さらにそのために，「幼児期にふさわしい生活が展開」「遊びを通しての指導」「幼児一人一人の特性に応じた指導」の3点を重視して教育を行うことを示している。

とくに，遊びの重要性について，「心身の調和のとれた発達の基礎を培う重要な学習であることを考慮して，遊びを通しての指導を中心としてねらいが総合的に達成されるようにすること」が示されている。

3. 『保育所保育指針』における遊び

『保育所保育指針』には，第1章総則1保育所保育に関する基本原則(3)保育の方法に「オ　子どもが自発的，意欲的に関われるような環境を構成し，子どもの主体的な活動や子ども相互の関わりを大切にすること。特に，乳幼児期にふさわしい体験が得られるように，生活や遊びを通して総合的に保育すること。」とあり，さらに続く(4)保育の環境において「保育の環境には，保育士等や子どもなどの人的環境，施設や遊具などの物的環境，更には自然や社会の事象などがある。」として，環境を通して保育することが示されている。

— 34 —

17 遊び

📖集団的な遊び

　子どもが家庭という小さな集団から離れて過ごす幼稚園・保育所・幼保連携型認定こども園における集団的な遊びの意義は大きく，子どもの発達に不可欠である。集団的な遊びのなかで，個人の能力を発揮しながら社会性などを身につけていくことが望まれるのである。

📖個人的な遊び

　まず，十分に個人で遊んでおくことが重要である。就学前の子どもの生活は，遊びそのものである。基本的生活習慣の獲得に関しても子どもの側からみれば遊びの延長線上にある。十分に身体を動かし，感覚を豊かにする遊び，探索活動を活発にする遊び，運動機能を促す遊び，言語機能を豊かにする遊びなどを積み重ねることが，生涯にわたって主体的に生きていくために必要な力の基礎を培うことにつながるのである。また，集団的な遊びを積極的に展開する時期においても，個人的な遊びは，自らの好奇心，探究心，思考力を育むもとになっている。個が重視されつつ，集団のなかでの自分の役割を認識し，時には折り合いをつけるためにも，個人的な遊びの果たす役割は大きい。集団的な遊びを発展させる機会となるために，その基礎的な役割ももっている。

● 遊びの理論 ●

　遊びの理論を内容別に区別すると，次のようなものがある。
①余剰エネルギー説：シラー，スペンサー，②準備説：グロース，③反復発生説：ギューリック，ホール，④本能説：マクドゥーガル，⑤浄化説：パトリック,ラツァルス，⑥精神分析説：フロイト，エリクソン，⑦その他：ホイジンガ，カイヨワ

● 遊びの発達 ●

　遊びをどのようにとらえるのかによってその内容は異なる。パーテンは，社会的行動発達の面から，①とりとめのない遊び，②一人遊び，③傍観者遊び，④並行遊び，⑤連合遊び，⑥協同遊びと分類している。ピアジェは，知的発達における同化を遊びとしてとらえ，①機能遊び，②象徴遊び，③規則遊びの順序性を示した。

I. 基本編

▶子どもをとりまく社会環境と自然環境

18 児童文化（1）

1．児童文化とは

　児童文化は主に2つの意味をもつ。ひとつは，子どもたちのあい
だで伝承される遊びや歌などをふくめた，子どもの期間に特有な生
活のしかた（a way of life）である。もうひとつは，社会が子ども
の心身の望ましい発達のために作った文化的な装置を意味する。学
校教育はその最たるものといえる。学校では授業に加えて運動会，
音楽会，学芸会，遠足などの行事，放課後のクラブ活動などを通し
て子どもの心身の発達を促進している。

　一方，社会は学校教育を補足する目的で，学校外にさまざまな文
化的装置を作り，子どもたちに文化的な情報を提供している。児童
文化センターや科学館などの公共施設や博物館は，学校教育を補う
だけでなく子どもに学ぶ楽しさを伝えてきた。

2．社会教育と子ども

　学校外の教育は社会教育といわれる。社会教育の対象は子どもだ
けに限定されるわけではないが，社会教育の場となるさまざまな文
化施設は子どもの利用を念頭においている。動物園や水族館などの
博物館は元来子ども向けの施設ではなかったが，現在ではほとんど
の博物館は子どもへ文化的な情報を伝える方法に工夫をこらしてい
る。それらの文化施設で子どもたちは学校ではできない体験をする。

　行政は社会教育で大きな役割を果たしてきた。日本初のプラネタ
リウムは大阪市立の科学館に設置された。また，公立の動物園や水
族館などの博物館が多くの入場者をあつめている。社会教育に対す
る行政の関与は，『社会教育法』などの法制度の整備とともに進め
られてきた。しかしながら，学校教育や行政主体の社会教育に批判
的な立場から，子どもたちに文化的な情報を伝えようとする運動も
みられた。

　学校制度をはじめとして児童文化にかかわる制度や施設の多く
は，西洋文化から移入された。動物園は18世紀末にフランスに誕
生し，水族館は19世紀後半にイギリスで最初に作られた。児童劇
や児童自由画は西洋文化の刺激を受けて展開した。

—36—

18　児童文化（1）

📖児童文化センター

1960（昭和35）年に，八幡市（現 北九州市）に日本初の児童文化センターが開館した。八幡市児童文化センターでは，書道・美術・工作・模型作成などの児童文化教室，子供映画会，スポーツ交歓会，星を見る会などの行事が行われた。現在，全国で約330の児童文化センターが開館している。

📖科学館

展示機器を操作して科学の原理を学習できる操作型の展示が科学館の特徴になっている。1937（昭和12）年開館の大阪市立電気科学館には，電気原理館や照明館などのほかに天象館（プラネタリウム）があった。

📖動物園

1882（明治15）年，上野公園に日本初の動物園が開園した。福沢諭吉が著書の『西洋事情』〔1866（慶応2）年刊行〕で，1828年にロンドンに開園したZoological Gardenを，「動物園」と翻訳し，以後その用語が定着した。近年，旭川市の旭山動物園では，来園者が動物の行動をさまざまな角度から見学できる「行動展示」が評判を呼び，多くの来園者を集めている。

📖水族館

日本初の水族館は，1882（明治15）年に上野動物園内に開設された観魚室（うおのぞき）である。現在，世界には約500の水族館があるが，そのうち日本におよそ100の水族館が開館している。

📖児童劇

巖谷小波は1903（明治36）年に子ども向けの戯曲「春若丸」を雑誌『少年世界』に発表し，同年，川上音二郎と貞奴が「狐の裁判」などの子ども向けの劇を上演した。後に子どもが演じる劇が行われ，そうした劇を坪内逍遙は「児童劇」と名づけた。

📖児童絵画展

山本鼎は，1919（大正8）年に長野県小県郡神川小学校で第1回「児童自由画展覧会」を開催した。1922（大正11）年に教育美術振興会が主催する児童画コンクール，「全国図画展」が始まる。第二次世界大戦後，同会による「教育美術展」が毎年開催されている。

—37—

▶子どもをとりまく社会環境と自然環境

19 児童文化（2）

1．子どもの発達と児童文化

　子どもの発達には，身体機能の発達をはじめ，情緒・性格・知能といった諸側面があるが，そのすべての発達過程において児童文化は大きな影響を与える。子どもは既存の文化に触れて育つが，同時に，おとなとは異なる特有の文化を作り出していく。

　とくに，「遊び」は子どもの発達を促す大事な要素であり，保育の主たる内容，方法となっている（『幼稚園教育要領』『保育所保育指針』）。子どもたちは，「遊び」を通していろいろなことを学ぶ。「遊び」は子どもの本性であり，子どもの生活はすべて「遊び」なのである（ただし，子どもの主体性によらない，例えば「運動遊び」であるとか「リズム遊び」などは，「遊び」とはいえないので留意が必要である）。

　子どもは，子どもたち独自の文化（遊び）のなかで情緒や感性が育まれ，生活に必要な技能を向上させていくのである。これらはまた，幼児期の発達課題としての「善悪を区別することの学習と良心を発達させること」（ハヴィガースト，☞p.17）でもある。

2．児童文化と絵本

　文学・絵画・彫刻・造形・建築・音楽などは大人を対象として創作され，それを鑑賞し，楽しみ，知識を得た。しかし，例えば聖書はヘブライ語やギリシア語で書かれ難解であったので，その内容を挿絵で説明し，礼拝堂の天井や壁面に壁画やステンドグラスで伝達しようとした。東洋では，寺の集会所などに天国と地獄絵が描かれ，見る人に真面目な生活をするように伝達しようとした。

　これらは，すべての年齢の人が理解できるとは限らない。とくに児童には難しい。そこで現れたのがチェコのコメニウスによって1658年に世界最初の「子どものための絵本」として書かれた『世界図絵』である。この絵本は，「世界の事物と人生の活動におけるすべての基礎を，絵によって表示し，名づけたものです」として，151枚の絵とそれぞれに250字ぐらいの説明がつけられている。これは視聴覚教材である。

—38—

19　児童文化（2）

📖 絵　本

絵が内容を伝えるように作られた本である。おとなが子どもに読むことを前提にしている。子どもは絵から内容を想像するのであるが，言葉によって，情景をより鮮明に思い描き，そのなかに自身を浸らせて夢中になれる。

📖 紙芝居

紙芝居は場面を舞台から引き抜いたり，差し込む効果を考えて作られている。演じ手は舞台の横に立って，観客と向き合い，その反応を見ながら，声色や台詞回し，場面を引き抜いたり差し込むタイミング，スピードなどを演じるのである。

📖 絵描き歌

歌詞に合わせて絵を描きながら歌う歌のことである。子どもは，歌から紡ぎ出される絵の思いがけない展開を，手品を見ているかのように喜ぶ。実習などで披露すれば，子どもたちと親しくなれる。

絵本の効果

「絵本や物語などに親しみ，保育士等や友達と心を通わせる」また，「絵本や物語などに親しみ，興味を持って聞き，想像する楽しさを味わう」（『保育所保育指針』）ことが絵本の用い方である。

そこでA保育園では，毎日1冊の絵本を読んでいる。12月の寒い日に『はたらきもののじょせつしゃ けいてぃー』(バージニア・リー・バートン文・絵，石井桃子訳（1943）．福音館書店）を4歳児クラスで読んだ。みんな真剣に聞いていたが，終わったときT君は「ぼく運転手になりたい」「なぜなりたいの」「けいてぃー運転して，みんなをたすけるの」と，心を通わせた。

図表19-1　絵描き歌（消防車）

— 39 —

▶ 子どもをとりまく社会環境と自然環境

20 児童文化（3）

1．伝承文学から創作文学へ

　明治初期より子ども向けに出版された読み物の多くは，「昔話」や「神話」を翻案したものであった。「子どものためのお話」の総称として広く一般的に使われてきた「童話」という言葉は，当初，「おとぎばなし」と並んで，子ども向けに翻案された昔話のことを呼ぶことが多かった。「グリム童話」と同じく，日本における「子どものためのお話」の文化は大昔から口伝えで伝わってきた「伝承文学」からスタートしたといえる。その後，個人の作家による子どものための文学が創作されるようになり，「伝承文学」から「創作文学」へと主流が代わっていく。とくに，「赤い鳥」〔1918（大正7）年創刊〕を中心にして，「子どものためのお話」の文化が，大正期から昭和初期にかけて花開いた。当初は対象年齢を設定せず，「子どものための」と一括されており，ストーリーは短く単純で，おとなから見た美しい「童心」や「郷愁」，子どもの生活風景の一部を描いたもの（「生活童話」），作家自身が自己表現として「童話」というスタイルを選んで書かれたものが中心であった。子どものための「文学」が，年齢別・発達段階別に子どもの理解力を考えて創作され始めたのは，昭和期に入ってからといわれている。

2．漫　画

　第二次世界大戦後には「漫画」が爆発的な人気を博すことになる。その多くが娯楽性を強調しているため，子どもに悪影響を与えると長く批判されてきたが，文字情報だけでは不可能な，連続した絵で登場人物の心情や物語の世界観を表現できる媒体として，芸術性に優れたものも存在し，現在では漫画とその延長線上にあるアニメーション作品ともに日本を代表する文化として世界的に高く評価されている。ただし漫画を読む際には，絵と文字情報を同時に理解しながらコマ絵の流れやページを追っていく必要があるため，基本的に文字の読めない幼児には不向きといえる。しかし，多くの漫画作品がアニメーション化されてテレビ放映されており，就学前の子どもたちにも受け入れられ，日常の遊びにも大きな影響を与えている。

20　児童文化（3）

📖伝承文学

　人間の文化のなかで，大昔から口伝えで伝わってきた物語。民族や地域など，創作者が特定されず，それぞれの社会のなかで自然発生的に人びとの間で語り継がれ，世界中に同じ構造をもつものが伝わっていることから，長い時間と世代を超えて，大切な部分だけが研ぎすまされた，いわば人間が本質的に求めている物語の原型といわれる。

　神話：世界中のそれぞれの民族や社会，文化，または事物の起源について，それぞれの民族や社会のなかで語り継がれてきたもの。

　昔話：民衆の生活のなかで生まれ，伝わってきたもの（民話とも呼ぶ）。定型として「昔々あるところに」と始まり，時代や場所を特定せず，登場人物も「爺婆，〇太郎」など記号的な特徴づけで語られる。

　伝説：特定の場所，時代，人物などについて，その由緒などを語ったもの。歴史上の人物や史跡などにまつわることが多いが，奇想天外な内容の場合もある。

　わらべ歌：親が子どもをあやしたり，子どもたちが遊んだりする際に歌い継がれてきた，各国・地方の言葉の抑揚に沿った旋律の歌。子守歌，手遊び歌，絵描き歌，数え歌，集団での遊び歌などがある。

📖幼年向け創作文学

　第二次世界大戦後，子どものための「文学」を改革しなければならないという風潮が強まり，1960（昭和35）年頃から，幼年向けであっても比較的長く，ストーリーも複雑で，子どものもつあるがままの心情の側から描いた作品が登場した。現在では，ナンセンステールやファンタジーなど，さまざまなジャンルへと広がっている。

📖漫　画

　人物の動作や表情，情景などをデフォルメして描いた絵に，吹き出しに入ったセリフ，擬音，モノローグ，説明文などの文字情報を加えて表現したもの。

　1コマのものもあるが，現在では，コマ絵を複数つなげ，動きやストーリーを表現したものが主流で，4つのコマで起承転結を表す「4コマ漫画」，大小さまざまな複数のコマ絵を数ページ続けて物語を表現する「ストーリー漫画」がある。

―41―

▶ 子どもをとりまく社会環境と自然環境

21 児童文化（4）

1．映像メディアと幼児の生活経験

　子どもをとりまく文化，とりわけ年齢の低い子どもたちのために
は絵本や紙芝居のような画像をともなったものや映画・テレビ・ア
ニメのような映像をともなったメディアが多い。

　本来，私たち人間にとっては，画像や映像をともなわない耳から
聞くお話（話し言葉）や目で見る文字（書き言葉）のほうが，イメー
ジを豊かに展開することができる。そのため，物語の世界もお話や
読み物のほうが，自由に想像力を駆使して楽しむことができるはず
である。しかし，生活経験の少ない幼い子どもたちにとっては，言
葉や文字による情報だけでは物語を十分にイメージ化することは極
めて難しい。例えば，昔話には現代の子どもたちが日常生活のなか
では経験しないようなものがたくさん出てくるし，外国を舞台にし
た物語でも同様に，知らないものが多く登場する。そのため，物語
の世界をよりわかりやすく伝えるためには，絵本や紙芝居のように
画像によって伝えたり，映画やテレビのように映像をともなうもの
が必要とされ，それらが経験の乏しい子どもたちの物語理解を支え
る役割を果たす。保育場面で，画像や映像をともなうメディアが多
く用いられるのは，このような理由からである。

2．子どもと映像メディアの問題

　その一方で，お話や文字に比べて，画像や映像は多くの情報量を
もつ。なかでも映画・テレビ・アニメのような映像メディアは，単
に動きをともなうだけでなく，背景や小道具などが詳細に描き込ま
れたりBGMが加わるなど，その情報量は膨大である。そのため，
視聴者はその圧倒的な情報に対してもっぱら受け身的になることが
多く，とりわけ幼い子どもたちには，よりリアルに描かれた映像と
現実の世界との違いが理解されないなどの問題もある。それゆえ
に，映画やテレビを通じて子どもたちに与えられる映像化作品の選
択には，与え手側のおとなの十分な吟味と配慮が必要となるであろ
うし，子どもが喜ぶからといった理由で，安易にこれらの映像メデ
ィアを与えっぱなしにすることは問題も多いといえよう。

—42—

21　児童文化（4）

📖映　画

映画とは19世紀に発明されたもので，フィルムの1コマ1コマに撮影された画像を連続して映写することで，残像効果により動いているように見せる映像作品をさす。その意味では「動画」と呼ばれるアニメと同じ原理である。初期においては「無声映画」であったが，1920年代に「トーキー」が発明され，さらにカラー化されるなど，20世紀に大きく発展し，「20世紀最大の娯楽」とまでいわれた。また今日では，フィルム映画は減少し，デジタル化され，コンピュータ・グラフィックス（CG）を用いた作品も多くなっている。

📖テレビ

テレビは20世紀初頭に発明され，日本では1953(昭和28)年2月にNHKが本放送を，8月には初の民放として日本テレビが放送を開始した。NHKの放送開始当初テレビの受信契約数はわずか866台であったが，1959(昭和34)年の皇太子ご成婚や1964(昭和39)年の東京オリンピックの開催をきっかけに急速に普及し，今日では一家に複数台所有するまでになっている。また2011(平成23)年7月にはデジタル放送に移行し，4Kや8Kなどのハイビジョン放送，双方向テレビなどテレビ技術の進歩は著しい。しかしその一方で，インターネットの普及とともに若者のテレビ離れの状況もみられるようになっている。

📖アニメ

アニメとは，アニメーション（animation）の略語であり，「動画」とも呼ばれる。静止画をコマ撮りするなどにより動きを作る技術であり，人形を用いたりコンピュータ・グラフィックスによるものなどもある。世界最初のカラー長編アニメ「白雪姫」をはじめ，これまでに数多くのアニメ作品を生み出してきたディズニーは，世界中に多くの熱狂的なファンを得ているが，その一方で，昔話の改作により，アニメのストーリーが原作であると思わせるといった弊害も生じている。一方，「となりのトトロ」や「千と千尋の神隠し」など宮崎駿とスタジオ・ジブリによって生み出された作品を代表とする日本のアニメは，海外にも多くの影響を与えており，また国産初のテレビアニメ「鉄腕アトム」をはじめとして，「サザエさん」「ドラえもん」「ちびまる子ちゃん」などの長寿テレビアニメ番組もある。

文　献

注：1) 　は引用文献
　　　・　は参考文献　を表す。

⑧
- 新井邦二郎（編著）（1997）．図でわかる発達心理学　福村出版
- 岡本夏木・清水御代明・村井潤一（監修）（1995）．発達心理学辞典　ミネルヴァ書房
- シング，J．中野善達・清水和子（訳）（1978）．狼に育てられた子―カマラとアマラの養育日記（野生児の記録1）福村出版
- 鈴木光太郎（2008）．オオカミ少女はいなかった　心理学の神話をめぐる冒険　新曜社
- 中村和夫（2004）．ヴィゴーツキー心理学完全読本―「最近接発達の領域」と「内言」の概念を読み解く　新読書社
- 中島義明（編著）（2006）．心理学辞典　有斐閣
- ヴィゴツキー，L．土井捷三・神谷栄司（訳）（2003）．「発達の最近接領域」の理論―教授・学習過程における子どもの発達　三学出版
- フォイエルバッハ，A．西村克彦（訳）（1991）．カスパー・ハウザー　福武文庫

⑨
- ピアジェ，J．・イネルデ，B．波多野完治（訳）（1969）．新しい児童心理学　白水社
- 中垣　啓（編）．波多野完治（監修）（1984）．ピアジェの発生的認識論　国土社
- フラベル，J．岸田弘・岸本紀子（訳）（1969）．ピアジェ心理学入門（上）（下）海外名著選3　明治図書

⑩
1) Binet A. & Simon T.H.　中野善達・大沢正子（訳）（1982）．知能の発達と評価　福村出版　58-88
2) Spearman C. *The nature of 'intelligence' and the principles of congnition.* Macmillan and co., limited　92.
3) Wechsler D.　児玉　省・品川不二郎（共著）（1963）．WISC　知能検査法　日本文化科学社　4

⑪
- フロイト，J．懸田克躬・小此木啓吾（訳）（1974）．フロイト著作集7　ヒステリー研究他　人文書院
- エリクソン，E.H．仁科弥生（訳）（1977）．幼児期と社会1　みすず書房
- ハヴィガースト，R.J．荘司雅子（監訳）（1995）．人間の発達課題と教育　玉川大学出版部
- ゲゼル，A．依田　新・岡　宏子（訳）（1967）．ゲゼル心理学シリーズⅠ　乳幼児の発達と指導　家政教育社

⑬
- 清田晃生・齊藤万比古（2006）．不登校の年齢的変化　精神科治療学　21，星和書店
- 文部科学省．いじめの定義の変遷（20170825検索）

― 44 ―

文　　献

<www.mext.go.jp/component/a_menu/education/detail/__icsFiles/afieldfile/2015/06/17/1302904_001.pdf>
・文部科学省．不登校の現状に関する認識（20170825検索）
　　<http://www.mext.go.jp/a_menu/shotou/futoukou/03070701/002.pdf>
・東京家学関西家学．不登校の7つのタイプ（20170825検索）
　　<https://tokyo-yagaku.jp/futoukou/type/>

14
1）内閣府（2015）．平成26年度青少年のインターネット利用環境実態調査
2）Benesse教育研究センター（2015）．第5回子育て生活基本調査（幼児版）
・寺本　潔・大西宏治（2004）．子どもの初航海　古今書院
・倉戸直実・岸本義博（編著）（2004）．コンピュータを活用した保育の実際　北大路書房
・藤川大祐・塩見真吾（編著）（2008）．楽しく学ぶメディアリテラシー教育，ネット・ケータイ，ゲーム，テレビとの正しいつきあい方　学事出版
・モバイル社会研究所（2009）．世界の子どもとケータイ・コミュニケーション5カ国比較調査　NTT出版
・水越　伸（編著）（2009）．メディアリテラシー・ワークショップ情報社会を学ぶ・遊ぶ・表現する　東京大学出版会
・北田暁大・大多和直樹（編著）（2007）．子どもとニューメディア　日本図書センター
・菅谷明子（2000）．メディア・リテラシー世界の現場から　岩波新書
・ヴァレンタイン，G．久保健太（訳）（2009）．子どもの遊び・自立と公共空間　明石書店
・小針　誠（2009）．〈お受験〉の社会史　都市新中間層と私立小学校　世織書房
・ドーア，R.P．松居弘道（訳）（1978）．学歴社会―新しい文明病　岩波書店
・清川輝基・内海裕美（2009）．「メディア漬け」で壊れる子どもたち　少年写真新聞社

15
1）有岡利幸（2004）．里山Ⅱ　法政大学出版局　203
・有岡利幸（2004）．里山Ⅰ　法政大学出版局
・今泉みね子・アンネッテ・マイザー（2003）．森の幼稚園―シュテルンバルトがくれたすてきなお話　合同出版
・岡部　翠（編著）（2007）．幼児のための環境教育―スウェーデンからの贈りもの「森のムッレ教室」　新評論
・斉藤道子（2009）．里山っ子が行く！　木更津社会館保育園の挑戦　農文協
・カーソン，R．上遠恵子（訳）（1996）．センス・オブ・ワンダー　新潮社
・財団法人キープ協会（2008）．森のようちえんのうた―八ヶ岳の森に育つ子どもたちの記憶　毎日新聞社
・松岡達英（2008）．野遊びを楽しむ里山百年図鑑　小学館
・鳩貝太郎（監修）（2001）．学校ビオトープ　東洋館出版社

- (16) ・ホワイト，B．　和久明生（訳）（1980）．最初の3年間をどう育てるか　クイックフォックス社
- ・ゲゼル，A．依田　新・岡　宏子（訳）（1967）．乳幼児の発達と指導　家政教育社
- ・アルボム，M．別宮貞徳（訳）（1998）．モリー先生との火曜日　Tuesdays With Morrie　NHK出版
- (17) ・文部科学省（2017）．幼稚園教育要領
- ・内閣府（2017）．幼保連携型認定こども園教育・保育要領
- ・厚生労働省（2017）．保育所保育指針
- ・黒田実郎（監修）（1985）．乳幼児発達事典　岩崎学術出版社
- ・土山牧笑（監修）（1992）．現代保育原理　建帛社
- (18) ・原　昌・片岡　輝（編）（2008）．児童文化　第2版　建帛社
- ・財団法人大阪科学振興協会（2008）．大阪市立電気科学館70年記念誌　日本の科学館は大阪から　財団法人大阪科学振興協会
- ・富田博之（1976）．日本児童演劇史　東京書籍
- ・宮川泰夫（2005）．農美運動と民芸運動―風土文化の深化と産業地域の革新―　比較社会文化，第11巻
- ・北九州市史編さん委員会（編）（1986）．北九州市史　近代・現代（教育・文化）　北九州市
- ・佐々木時雄（1987）．動物園の歴史―日本における動物園の成立―　講談社学術文庫
- ・鈴木克美・西源二郎（2005）．水族館学―水族館の望ましい発展のために　東海大学出版会
- ・Hoage, R. F., & Deiss, W. A.（Eds.）（1996）．*New Worlds, New Animals :From Menagerie to Zoological Park in the Nineteenth Century*. The JohnsHopkins University Press.
- (19) ・コメニウス，J. A．猪ノ口淳三（訳）（1988）．世界図絵　ミネルヴァ書房
- ・バートン，V．石井桃子（訳）（1943）．はたらきもののじょせつしゃ　けいてぃー　福音館書店
- (20) ・小澤俊夫（1997）．昔話入門　ぎょうせい
- ・鳥越　信（編）（2001）．はじめて学ぶ日本児童文学史　ミネルヴァ書房
- (21) ・川勝泰介（1999）．児童文化学研究序説　千手閣
- ・武田京子（編著）（2000）．子どもの生活と文化　樹村房
- ・皆川美恵子・武田京子（編著）（2006）．児童文化―子どものしあわせを考える学びの森　ななみ書房

Ⅱ.教育編

▶ 保育所の保育・幼稚園の教育

22 保育所保育と幼稚園教育

1．保育所保育

　保育所保育とは，『児童福祉法』第39条に規定される保育所における保育を指す。保育所の運営管理は厚生労働省が担当指導するが，保育内容は『保育所保育指針』に加えて各保育所の理念によって行われていく。保育所入所要件6項のうち，95％以上が仕事をもつ家庭の申請である。つまり「仕事も家庭も子育ても」を選択した家族を支え，その子どもたちを年間を通して主に日中預かり，個性を大事にしながら育てていくのが保育所である。

　対象児童は，0歳（乳児）から小学校就学の始期まで（幼児）の子どもたちである。機能的には親支援だが，保育内容は「子どもの最善の利益の保障」であり，「養護と教育の一体化」「子どもの主体性・自主性の尊重」を軸にしている。

2．幼稚園教育

　日本では子どもは「親によって育てられる」とされている。『民法』ではそれに伴い「親権」が定められている。しかし，3歳を迎え，愛着形成がいいかたちででき上がると，親や自宅以外での環境が必要になる。そこで親の事情に焦点を合わせた保育所とは異なり，子どもの発達の視点から用意されたのが『学校教育法』に基づく幼稚園である。

　幼稚園は子どもが家庭環境外の場で友だちや先生とともに生活するにふさわしい時間を定めている。それは年間220日，一日4時間程度とされ，保育所と機能を異にし，夏休みなど長期休暇があることが特徴である。

3．その他の子どもの生活の場

　子どもが生活する場として他に，保育所と幼稚園のそれぞれよいところを生かしながら両方の役割を果たすことができる「認定こども園」，待機児童の増加で保育所に入所できない場合に選択する「認可外保育所」（無許可保育所と呼称されることもある），障害のある子どものための「児童発達支援センター」，東京都が主に行う「認証保育所」，保育所の個人委託版の「保育ママ制度」もある。

—48—

保育所の役割

保育所は，厚生労働省の管轄で，「保育を必要とする乳児または幼児を保育することを目的とする施設」（『児童福祉法』第39条）であるが，その役割は，①受託乳幼児の保育，②保護者支援，③地域の子育て支援，の３本柱である。男女共同参画社会・自己実現などから両親が仕事をもつことを選択する家庭は今後さらに増加の傾向にあり，その需要は高まっている。

幼稚園の役割と生きる力

幼稚園は，文部科学省の管轄で，『学校教育法』に基づく「学校」である。その役割は家庭や地域と連携しながら，子どもの心身の発達を促す環境のもとで，子どもの主体的な活動としての「遊び」を通して社会性を育み，その後の学校教育における生活や学習につながる「生きる力」の基礎を身につけさせることにある。

「生きる力」とは何より自分で考え，自分で切り開く能力であり，『幼稚園教育要領』，『保育所保育指針』のいずれも随所でそのことが強調されている。『幼稚園教育要領』では「幼児にとって身近な環境とは，幼児が自分で直接かかわり，さまざまな感覚を通して，感じたり考えたりできる環境である」とし，「自然と触れ合える生活環境」のなかで育成されるとしている。よい自然環境を見出し，身近な自然環境を有効活用するためには，保育者がその視点や力をもつことが重要である。

認定こども園の保育・教育

2006（平成18）年制定の『就学前の子どもに関する教育，保育等の総合的な提供の推進に関する法律』（略称『認定こども園法』）により『幼保連携型認定こども園教育・保育要領』に基づき運営される。幼稚園と保育所の機能を併せもつ施設で，「親の事情によらず子どもたちがともに過ごす場」である。形態は，①幼保連携型，②幼稚園型，③保育所型，④地域裁量型，がある。ここではさまざまな配慮が求められる。知的障害児通園施設では，子どもたちが保育所などにそれぞれ措置されて統合保育されることがしばしばある。

▶ 保育の原理

23 保育の目標

1．人生の生涯にわたる幸せの基礎づくり

　人生の幸せは，一人ひとりの心が感じるものである。そして，人間関係の良し悪しが，人生の幸不幸に影響することも実感するところである。よい人間関係は，子どもたちが自分自身の未来を創り出し，社会の未来をもつくり出す大切な要素である。よい人間関係のもとで，子どもたちは学んだことを吸収し，楽しい体験や活動を通して，充実感を感じるのである。

　また，子どもたちは5歳くらいになると「やらなければならない」ことに出会うが，それには「いやでもしなければならないこと」が含まれる。しかし，「いや」を「楽しく」に置き換えられればそれに越したことはなく，成果も上がる。成果が上がれば自分も満足し，他者からの評価も高くなる。そして，それはある種の自己実現として人生の1ページを飾るとともに，どうすれば「いや」だったものを「楽しい」状態に転換できるのかという大切な学びをしていくことにもなる。その力こそが「未来を作り出す力」である。

2．保護者支援・保護者の意向の重視

　子を産む時の親の苦難と期待は大きい。そして成人まで親権をもって全責任を負う。その後も生涯深い関係がある。保育所や幼稚園や認定こども園はほんの一時のかかわりで，しかもその後の人生に責任ももたない。保育所や幼稚園は確かに専門機関ではあるが，そのことを謙虚に受け止めて，保護者が納得できるような，保護者の育てたい子どもへの期待に添うように育てるお手伝いをすることを重視しなければならない。保護者にとって乳幼児期の育児は大変ではあるが，保護者の人生のなかで最も意味の大きな時期でもあろう。それは，子どもが全幅の信頼と愛情をもって親を必要とするからである。保護者が少しでも「いい親・優しい親」として子どもの前に位置することができるように保育所や幼稚園，認定こども園が支援することが，「子どもの最善の利益」に役立つことである。

　親に問題を感じたとき，成熟した保育者は親を責めない。責めることは親の問題を増幅させるにすぎないことを自覚すべきである。

―50―

23　保育の目標

📖 『保育所保育指針』における保育の目標

　子どもが現在をよく生きることができることが将来の生きる力にもつながり，その軸となるところを『保育所保育指針』では6項目で表現している。第1章総則1−(2)保育の目標のア−（ア）〜（カ）のとりわけ（ア）の「十分に養護の生き届いた環境の下に，くつろいだ雰囲気の中で子どもの様々な欲求を満たし，生命の保持及び情緒の安定を図ること。」という部分は保育者のすべてにとって貴重な理念である。

　また，（イ）〜（カ）に表現されている部分は，第2章保育の内容の2（1歳以上3歳未満児）と3（3歳以上児）の(2)ねらい及び内容の「ア　健康」「イ　人間関係」「ウ　環境」「エ　言葉」「オ　表現」の理念となる点にそれぞれ表現されている。

　保育内容は子どもの発達に合わせて，子どもが興味をもって取り組める内容の準備をして適切なかかわりのもとに体験の機会を与えることでさまざまな可能性につなげていける保育の展開が好ましい。

📖「親権」の重みを知る

　『民法』の「親権」の一部が改正され，2011（平成23）年虐待による親権はく奪を，2年間に限定して行うことを可能にした。虐待する親への批判も子どもとの距離の必要性も強調されながら，改正されるまで永い歳月を要した。親権はそれほど重いものである。「子どもをこのように育てたい」と思う親へ，「権利と義務のすべてが与えられている」のが親権である。保育者はそのことを十分に踏まえ，安易に親の育児の仕方を批判したりしてはならない。

📖母親の生活を理解する

　仕事をもつ母親ももたない母親も，ともに異なる苦悩や迷いを感じている。それを好意的に理解（受容）し，話を十分に聞き（傾聴），根拠あるアドバイスをしてともに子を見守りその育ちを喜びあう（共感）ことが保育者に求められる役割といえよう。それが十分にできる保育者こそが専門職といえるのである。

　専業主婦には，自身の人生との関連や「孤育て」の日々のなかに悩みや迷いがある。仕事をもつ母親には，職場関係や時間のない日々からの悩みや迷いがある。

▶ 保育の原理

24 保育の方法

1．生活リズム

　保育の目標を達成するために，その方法は重要である。子どもを亡くした経験のある親は，その生命の尊さとはかなさを実感し，生物の原点である生命の保障，すなわち健康の大切さを訴える。その意味で「乳幼児を預かる施設」は，一人ひとりの子どもの生活リズムの保持を通して健康を大切にしたい。保育者は家庭のリズムを気にして批判しがちであるが，日中の10時間以上を過ごす保育所の生活を十分にして家庭をカバーする姿勢をもちたい。

　また，家庭生活を批判するときは，それぞれの家庭のもつ生活を十分理解し，その事情を温かく理解し根拠を示したい。

2．発達の理解

　「発達」をどうとらえるについては，ポイントがある。1つめは各年齢に一般的にみられる発達の姿であり，『保育所保育指針』で1．乳児，2．1歳以上3歳未満児，3．3歳以上児に分けてその姿を示している。それは本指針の「おおむね」を含むものである。2つめは「おおむね」の範囲を超えた特徴的な発達の姿がある特別支援児などの姿である。3つめは「その子どもの個性」という発達の姿である。この3点を理解してかかわることは，子どもの頭のなかや心のなかがよくみえて，言葉がけも適切になり，子どもも「育てられやすい」状態でストレスも少ない。

3．受容的かかわりと援助

　「ありのままの自分」を受け入れてもらえるということは，人間にとって最も心地よい。尊厳を保つことができるためである。子どもたちにとっても，また保護者にとって，保育者が温かな受容的援助の雰囲気を示すことが大きな支えとなる。たとえ保護者が理想の生活リズムを保ちにくい状態であってもそれをカバーする姿勢が重要である。「あなたはあなたのままですばらしい」と受け止められたと感じるとき，それが基盤になってプラス思考ですべてが始まるのである。「受け入れる側にも個性がある」ためである。

24 保育の方法

📖 家庭の生活リズムの指導

保育所に子どもを預ける保護者の仕事時間はまちまちである。自営業や夜勤のある世帯もある。その場合は当然，家庭の生活リズムをやむなく仕事に合わせることになる。自営業の場合，保育所はその役割の「保育を必要とする時間の保育」を十分にできていない。

しかし，工夫して利用しているのである。夜の遅い仕事の場合，朝は少々起床が遅くなる。毎晩遅い時間に帰宅する父親はちょっと子どもを起こしたりする。ささやかな父子の触れ合いを求める父親の気持ちも重要である。生活リズムは少々乱れるが，理解し保育所でカバーするぐらいの配慮をもちたい。

Ⅱ. 教育編

絵本にみる発達の姿

『ちょっとだけ』
（瀧村有子 作，鈴木永子 絵，福音館書店，2007）
 よい愛着形成（アタッチメント形成）ができた子どもの姿がよくわかる。

『あかがいちばん』
（キャシー・スティンスン 文，ロビン・ベアード・ルイス 絵，ふしみみさを 訳，ほるぷ出版，2005）
 人生で最も重要な「自己形成の始まり」の時期には，自分の意見が出てそれにこだわり主張するようになる。この絵本では，子どもの内面の様子がよく描かれている。

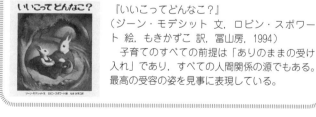

『いいこってどんなこ？』
（ジーン・モデシット 文，ロビン・スポワート 絵，もきかずこ 訳，冨山房，1994）
 子育てのすべての前提は「ありのままの受け入れ」であり，すべての人間関係の源でもある。最高の受容の姿を見事に表現している。

▶ 保育の原理

25 保育の環境

1．保育の環境

　「環境」とは，人や生物を取り巻く外界のすべて，周囲のあらゆる事物の総体のことをいう。人間の成長・発達は，遺伝や生まれながらの資質からよりも，まわりの人的環境や物的環境，さらには自然環境・社会環境に大きく影響される。『保育所保育指針』第1章総則1−(4)保育の環境　や『幼保連携型認定こども園教育・保育要領』第1章総則に保育の環境についての記載がある。

　『幼稚園教育要領』では，総則のなかで「幼児の主体的な活動が確保されるよう幼児一人一人の行動の理解と予想に基づき，計画的に環境を構成しなければならない」とし，「幼児と人や物とのかかわりが重要であることを踏まえ，物的・空間的環境を構成しなければならない」としている。

2．人的環境

　乳幼児の環境にとって，最も大きいのが人的環境である。なぜなら，乳幼児期は，すべての環境の選択そのものが保育者の選択によるからである。

　人的環境の第一は，保育者の雰囲気である。保育の目標にもなる「十分にくつろいだ雰囲気のなか」の雰囲気をもち合わせ作り出すことである。子どもたちは，保育者の優しい笑顔が何よりうれしい（幸せな）ことなのである。

　第二には，子どもたちに安全を確保しながらやりたいことをやりたいだけさせる（自主性・主体性）ことのできる能力をもつことである。

　第三は，自分（保育者）の発した言葉の意味の大きさを自覚したい。

　第四は，モデルとしての保育者自身という環境である。「人のふりみて」子どもは学ぶ。大好きな先生や親の影響は非常に大きい。ちょっとしたしぐさや言動も模倣していくので，子どもたちは大体，担当保育者や保護者に非常に似てくる。

　友だちに注意している子どもの言動は，担当保育士のミニチュア版である。

― 54 ―

25 保育の環境

📖「環境を通して行う」保育

『保育所保育指針解説』などでは，「環境を通して行う」保育の重要性をふまえ「子どもの生活が豊かなものとなるよう」保育の環境に関する以下のような4つの留意点をあげ「計画的に環境を構成し，工夫して保育しなければならない」としている。

①子ども自らが環境にかかわることができるよう配慮すること。
②保健的な環境や安全の確保に努めること。
③保育室が温かで生き生きとした活動の場となるよう配慮すること。
④子ども自らが人とかかわることができる環境を整えること。

📖「環境」の構成の意味

『幼稚園教育要領』では，「環境の構成において重要なことは，その環境を具体的なねらいや内容にふさわしいものとなるようにすることである」とし，「幼児が主体的に活動を行い，発達に必要な経験を積んでいくことができる状況を作りだすこと」の大切さを強調している。

📖保育者と人的環境とのかかわりの具体的様相

①保育者は，「ここまでは大丈夫，ここからはいけない（危ない）」といった状況に直面した時，判断を誤って子どもの育ちに悪影響を及ぼすことがないよう適切に対処する高い能力が求められる。

②保育者は，自ら発した言葉の重さをつねに自覚しておく必要がある。言葉ひとつで，子どもを幸せな気持ちにさせたり喜びで満たしてあげたり意欲的にさせる一方で，子どもの心を傷つけ意欲を損なわせ強いストレスをかけてしまうことがあることを忘れてはならない。

③保育者は，子ども同士が仲のよい状態でいることを求めるあまり，時に自己主張からぶつかり合ってしまう姿を「けんか」と判断して，すぐに仲介に入ったり形よく収めてしまったりすることがあるが，人的環境という側面から考えると好ましくない。子ども同士の「けんか」は「相手を知る」絶好の機会でもあるからである。子ども同士間の調整に保育者は大きな影響力をもっているため，そこでの働きかけが適切で，子どもたちが納得できるものであることが重要である。

—55—

3．物的環境

ハード面：園舎全体や保育室など，建築の段階ですでに固定されているものについて，保育者はそれを子どもたちのために有効に使いこなすことと，改築などの機会には積極的な提案をしていくことが重要である。しかし，通常は不便な点や不都合にあまりとらわれずに，「与えられた環境」を受け止めて生かしていくことを考えたい。

ソフト面：子どもたちの周囲には発達にふさわしい遊具や玩具などの物的環境が用意されていることが好ましい。子どもたちはそれをいち早く目にとめ，遊び，楽しみ，学び，身につける。日常的に目に触れることのできる環境である。なかでも保育室の壁面装飾は，子どもの将来的な表現能力の素地になるものといえる。したがって「子どもの落ち着いた日常」を形成するように，あまり「毎日がテーマパーク」のような華美な装飾は好ましくない。また，できるだけ優れた美しいものを選ぶことも重要で（画家の描いた絵を飾るなど），保育者の「手作り」にこだわるべきではない。保育者が壁面装飾を手作りにこだわるあまり，心のゆとりを失って子どもへの配慮や優しさに欠けたりする部分があるからである。このように，忙しいあまり安易に形づくった物的環境は，自己満足はあっても必ずしもよい環境といえない場合もあり，優れた物かどうか冷静に考えて環境整備を行うことが望ましい。

4．自然・社会事象

自然環境は，園舎周辺を含めて，自然の豊かさや大きさが感じられ，四季折々の変化に触れられることが好ましい。最近は園庭がなくても認可されるようになり，駅型保育など通勤の利便性の高い保育所は必ずしも豊かな自然環境に恵まれているとはいえないが，与えられた環境のなかで，工夫を凝らしていくことが大切である。最近は保育室に季節の植物を置くなどの配慮が評価されている。保護者に自然との触れ合いに心がけてもらえるようなメッセージも必要である。

また，周囲のさまざまな人とかかわる機会を設定することも，社会事象・社会環境への関心をうながすために重要な点である。

25 保育の環境

📖 物理的環境の基本

保育所の建物, 保育室:『児童福祉法』に基づいた『児童福祉施設の設備及び運営に関する基準』第5章保育所「設備の基準」(第32条) に定められている。保育者は, それらをしっかり理解しておくことが重要である。保育所の開設にあたっては, これらの基準を満たしていることが確認されて初めて認可を受けることができる。

保育教材など:一部は『児童福祉施設の設備及び運営に関する基準』で定められてはいるが, 与えられた予算の範囲で保育所で選択することができる。絵本や遊具, 玩具など, さまざまな角度から子どもの発達に見合ったものであるかを十分に吟味して購入し, 子どもたちの反応や発達への影響も確認したい。また, 空箱 (お菓子の箱や小さな小物のお土産の箱など) や包装紙・ひもなど, 家庭ではごみとして処理されているものが, 意外に子どもたちの自由時間の創作意欲をかきたてる素材ともなる。菓子箱のなかには, いろいろな大きさの台紙が入っていたりする。子どもたちはそれらの日用品を利用し, 驚くほど豊かな発想で遊びを展開するのである。「安全すぎる環境」のもつ発達へのマイナスも考慮すべきである。

📖 保育所の認可基準の緩和

1999 (平成11) 年の『児童福祉施設最低基準』(現『児童福祉施設の設備及び運営に関する基準』) の改正によって, 社会福祉法人以外の学校法人やNPO法人なども保育所の経営主体となることが認められるようになった (ただし, 社会福祉法人以外の経営主体には, 補助金交付がされない場合もあるので運営上留意が必要である)。

それとともに, 待機児童の解消目的に向けた取組みの一環として, 保育所内に園庭 (屋外遊技場) がない場合でも, 付近に利用可能な公園・広場・寺社境内などがあればそれに代えて差し支えない旨が規定された。

📖 社会環境とのふれあい

幼児期に, 地域にあるさまざまな施設を知り, 親しみをもてるようになることも環境の大きな柱のひとつである。図書館, 郵便局, 消防署, 交番といった地域で大切な役割を果たしている施設の機能に触れ, 子どもが生活することの実感を得るという点が重要である。

▶保育内容

26 保育内容（保育所）

1．保育の目標の具体化としての保育内容

　最初に，保育内容が保育実践に至る道すじのなかで占める位置を簡単に示しておきたい（図表26-1）。まず第一に，『学校教育法』，『児童福祉法』をはじめさまざまな法令や，各園ごとの子ども観・保育観などに基づいて保育目標が設定される。その実現に向けて子どもが活動や経験を積み重ね，どのような発達を目指すかという観点から，保育内容が構成される。

　次に，子どもの発達過程をふまえ，保育のねらいおよび内容が総合的に達成されるように保育計画が編成される。在園期間を見通した長期にわたる系統性，全体性をもった計画と，それを実践に備えて具体化した「指導計画」に分けられる。そうしていよいよ保育実践に向かうことになる。

図表26-1　保育実践に至る道すじ

2．「ねらい」と「内容」

　保育内容の柱となるのは，『保育所保育指針』と『幼稚園教育要領』，『幼保連携型認定こども園教育・保育要領』である。これらの保育内容はいずれも，「ねらい」と「内容」から構成され，3歳以上児については，ほぼ共通となっている。ここでは，『保育所保育指針』の文章をみてみよう。

　「ねらい」は，『保育所保育指針』第2章保育の内容に示された「保育の目標をより具体化したものであり，子どもが保育所において，安定した生活を送り，充実した活動ができるように，保育を通じて育みたい資質・能力を，子どもの生活する姿から捉えた」ものである。また「内容」は，「『ねらい』を達成するために，子どもの生活やその状況に応じて保育士等が適切に行う事項と，保育士等が援助して子どもが環境に関わって経験する事項」を示したものである。

—58—

26　保育内容（保育所）

📖養護と教育の一体化

『保育所保育指針』第1章総則1保育所保育に関する基本原則(1)保育所の役割に，保育が養護と教育から成り立つものであることが，次のように述べられている。

「イ　保育所は，その目的（子どもの健全な心身の発達を図ること―筆者注）を達成するために，保育に関する専門性を有する職員が，家庭との緊密な連携の下に，子どもの状況や発達過程を踏まえ，保育所における環境を通して，養護及び教育を一体的に行うことを特性としている。」

「養護」とは，子どもの生命の保持と情緒の安定を図るために保育者が行う援助やかかわりである。また「教育」とは子どもが健やかに成長し，その活動がより豊かに展開されるための発達の援助であり，健康，人間関係，環境，言葉，表現の5領域から構成される。

養護は，食事や排泄，睡眠など，保育者が子どもの生活の援助・世話を直接的に行うのであるが，そうしたかかわりを通して，子ども自身が心身ともに健やかに生きていく力を身につけるために援助するのが，教育である。それが同時並行的になされるのが，養護と教育の一体化である。

例えば，食事の習慣の形成を目指して，親や保育者が子どもにスプーンの使い方を身につけさせようとする。おとなの助けを借りながら，何度も試行錯誤を繰り返して，子どもはスプーンの使い方を自分のものにする。それは同時に，子どもがスプーンの使用を通して，ひとつの文化を習得していくプロセス（文化の内在化）でもある。

📖『保育所保育指針』の改定と告示化

『保育所保育指針』は2008（平成20）年3月の改定において，「通知」から「告示」へと変わった。従来は厚生省の児童家庭局長が示した「通知」であり，保育所における保育のガイドライン（指針）としての役割を果たしていたが，厚生労働大臣による「告示」となった。それにより，『保育所保育指針』は性格的にも内容的にも，『幼稚園教育要領』に極めて近いものとなった。また，2017（平成29）年3月の改定により両者のさらなる整合性が図られている。

― 59 ―

保育内容

27 保育内容（幼稚園）

1．保育の基本構造と保育内容

　日本ではほとんどの子どもたちは，就学前に幼稚園や保育所等に通う。一人ひとりの子どもは，園での日々の生活をを楽しみ，友だちと活動することを通して，さまざまな経験をし，心身ともに健やかな成長発達を遂げていく。そのような子どもたちの豊かな育ちを保障するのが，保育の営みであり，その主な担い手が保育者なのである。

　保育の基本的な構造の中心に位置し，保育の主体となるのは，いうまでもなく子どもである。子どもは同時に権利の主体でもある。その権利とは，人権をはじめ，人間らしく生きる権利を保障するものとしての「生存権」（『日本国憲法』第25条），教育を受ける権利としての「学習権」（同第26条），さらに「幸福追求権」（同第13条）などである。しかし子どもの多くは，そうした権利を有していることをまだ自覚できていない，あるいは自分一人で行使する力をもち合わせていない。そこで保護者が子どもの権利の実現を願って，保育の専門職である保育者に子どもの養育の一部を託すことになる。保育者は保護者の委託を受けて，日々の保育実践に当たる。これこそが，子どもの権利実現に向けての具体的な営みである。

2．幼稚園における保育内容の構成

　『幼稚園教育要領』の第2章ねらい及び内容には，「この章に示すねらいは，幼稚園教育において育みたい資質・能力を幼児の生活する姿から捉えたものであり，内容は，ねらいを達成するために指導する事項である。」と記されている。ねらいは，幼稚園における生活の全体を通じ，幼児が様々な体験を積み重ねる中で相互に関連をもちながら次第に達成に向かうものであり，内容は，幼児が環境に関わって展開する具体的な活動を通して総合的に指導されるものである。子どもの側からみると，ねらいは発達への方向づけであり，内容は発達に向かって蓄積していく経験ということになる。

　幼児期の成長は，「わかる―わからない」といった知識，「できる―できない」といった技能の到達度で示されるものではない。そこに至るまでのプロセス，発達への方向性こそが大切なのである。

27　保育内容（幼稚園）

📖『学校教育法』の改正

『学校教育法』第22条に，幼稚園の目的が記されている。

「幼稚園は，<u>義務教育及びその後の教育の基礎を培うものとして</u>，幼児を保育し，<u>幼児の健やかな成長のために</u>適当な環境を与えて，その心身の発達を助長することを目的とする。」（下線部筆者）

傍線部が2007（平成19）年の改正により，加筆された箇所である。そこには，幼稚園を小学校以降の教育の基礎と位置づけ，その後の子どもの発達を見通した保育が求められている。『幼稚園教育要領』第1章第3−5−(2)に記載されている「幼稚園教育と小学校教育との円滑な接続」は，その延長線上にあるといえる。

📖「環境を通して行う」教育

遊びを通しての指導を推し進めるために，1989（平成元）年，『幼稚園教育要領』が全面的に改訂された。その改訂の柱として，「環境を通して行う」教育が掲げられた。それは子どもを主体とする保育が前提とされている。言い換えれば，環境による教育の推進と子どもの主体的な活動の重視とは，表裏一体の関係なのである。

📖心情，意欲，態度—3つのねらい

1989（平成元）年の全面改訂は，子どもの側に立ち，幼児期には何を身につけたらよいかを，学習する側から考えてみようということであった。幼児期にはどの面が発達すればよいかという考え方に基づいて保育内容がまとめられた。そこから，子どもの発達の側面としての新たな「ねらい」，つまり心情，意欲，態度が生まれた。これは5領域を共通して貫いている。第一のねらいの心情は基盤的なもので，そこから子どもの活動が生まれる。自分らしさを発揮できる居心地のよい環境のもとで，子どもは充実感を味わう。それが第二のねらいの意欲につながる。子どもは自ら環境に働きかけるとともに，そこからさまざまな刺激を受ける。ここで大切なのは，自分のまわりの事物に対する興味や関心の喚起である。その結果として身につくのが，習慣や態度である。2017（平成29）年改訂においても，幼稚園教育において育みたい3つの資質・能力の1つに，「心情，意欲，態度が育つ中で，よりよい生活を営もうとする『学びに向かう力，人間性等』」と示されている。

▶ 保育内容

28 養護に関するねらいと内容

1．生命の保持

「生命の保持」に関する「ねらい」として次の4項目が示されている。
「①一人一人の子どもが，快適に生活できるようにする。

②一人一人の子どもが，健康で安全に過ごせるようにする。

③一人一人の子どもの生理的欲求が，十分に満たされるようにする。

④一人一人の子どもの健康増進が，積極的に図られるようにする。」

「内容」も「ねらい」と同じく4項目である（要約）。

①子どもの平常の健康状態や発育発達状態を的確に把握すること。

②子どもの疾病や事故防止に関する認識を深め，保健的で安全な保育環境の維持及び向上に努めること。

③清潔で安全な環境を整え，適切な援助や応答的な関わりを通して子どもの生理的欲求を満たしていくとともに，家庭と協力しながら，適切な生活リズムが作られていくようにすること。

④食事，排泄，衣類の着脱，身の回りを清潔にすることなどについて，子どもが意欲的に生活できるよう適切に援助すること。

2．情緒の安定

「情緒の安定」に関する「ねらい」として次の4項目が示されている。
「①一人一人の子どもが，安定感を持って過ごせるようにする。

②一人一人の子どもが，自分の気持ちを安心して表すことができるようにする。

③一人一人の子どもが，周囲から主体として受け止められ，主体として育ち，自分を肯定する気持ちが育まれていくようにする。

④一人一人の子どもがくつろいで共に過ごし，心身の疲れが癒されるようにする。」

「内容」も，「ねらい」と同様に4項目である（要約）。

①子どもの欲求を適切に満たしながら，応答的な触れ合いや言葉がけを行うこと。

②子どもの気持ちを受容，共感し，信頼関係を築いていくこと。

③子どもが自分への自信をもつことができるよう成長の過程を見守り，適切に働きかけること。

④子どもが適切な食事や休息がとれるようにすること。

📖『保育所保育指針』が意味するもの

　2008（平成20）年の改定により，指針全体が大きく変容した。それは「26　保育内容（保育所）」（☞p.58）でも言及しているように，内容が簡素化され，『幼稚園教育要領』に近いものとなった。それにともなって，保育の内容が「保育のねらい及び内容」として総括的にまとめられた。それが「養護に関わるねらい及び内容」と「教育に関わるねらい及び内容」に二分された。2008（平成20）年の改定の特徴のひとつがそこにある。しかしもちろん，それによって，養護的側面と教育的側面は，切り離されるものではない。養護と教育は相互に重なり合って機能しているのである。養護にかかわるねらいと内容における「生命の保持」と「情緒の安定」，教育にかかわるねらいと内容における5領域が，それぞれに関連をもち，折り重なりながら，日々の保育が一体的に展開されていく。

📖生命の保持に関する留意点

　ここでまず強調したいのは，「一人一人の子ども」という言葉が繰り返し使われていることである。これは，次の情緒の安定にも共通していえることである。あくまでも一人ひとりの子どもの生命と生活を守ろうという思いを感じることができる。個々の子どもが，快適にそして健康で安全に過ごせるようにするとともに，その生理的欲求が十分に満たされ，健康増進が積極的に図られるようにすることは，子ども一人ひとりの生存権を保障することでもある。それを日々の保育実践において実現を図っていくことになる。東日本大震災後，この「生命の保持」は，重要性を増している。

📖情緒の安定に関する留意点

　子どもが安定感をもって過ごし，自分の気持ちを安心して表すことができることは，子どもが一人の人間として成長していく上での基盤となる。まわりの人たちからかけがえのない存在として受けとめられ，認められ，自分らしさを発揮できるようになっていくことは，何よりも自信につながり，自分を肯定する心を育んでいく。そうしたことを通して，子どもは保育者や友だちとの信頼関係を深め，次第に自分の世界を広げていくのである。

▶ 保育内容

29 教育に関するねらいと内容　5領域

1．5領域

　1989（平成元）年3月，『幼稚園教育要領』が全面的に改訂され，翌年4月から施行された。4半世紀ぶりの保育内容の大改革であった。それにともない，それまでの6領域（健康，社会，自然，言語，音楽リズム，絵画製作）に代わって，5領域（健康，人間関係，環境，言葉，表現）が新たに登場することとなった。

2．健　康

　健康という名称だけがそれまでの6領域のなかから残ったため，従来通り体の健康と考えられがちである。しかしそれに加えて，心の健康を重視しようという考え方，もう一歩進めて心と体を一体的に理解しようとしたのが，新しい健康のとらえ方である。こうした観点から，「健康な心と体を育て，自ら健康で安全な生活をつくり出す力を養う」ことをこの領域の目標としている。

　大切なことは，子ども自身が自分の健康に関心をもち，自ら健康な生活を楽しみ維持し，さらに促進しようと努力して，健康で安全な生活を営む力を育てることである。このことから，3つのねらいが導き出されており，それらは幼児期に育てる重要なポイントを示している。10項目の内容は，ねらいを達成するために指導する事項，つまりねらいに向かって子どもが身につけるべき経験である。

3．人間関係

　人間関係が領域のひとつになったのは，近年の子どもを取り巻く家庭や社会環境の急激な変化に起因している。とくに問題なのは，子どもの生活における人間関係が貧弱になったことである。核家族化，小家族化，遊び場や遊び仲間の喪失で多様な人間関係を経験する機会が減少した。さらに機器や情報の氾濫がそれに拍車をかけた。こうした社会状況は，子どもだけでなく，人間関係全体を希薄にしている。

　そうした背景のもとで，「他の人々と親しみ，支え合って生活するために，自立心を育て，人と関わる力を養う」という目標を掲げた領域「人間関係」が誕生した。

— 64 —

29 教育に関するねらいと内容 5領域

📖 6領域から5領域へ

『幼稚園教育要領』の全面改訂に先だって1986（昭和61）年，「幼稚園教育要領に関する調査研究協力者会議」より「幼稚園教育の在り方について」という報告書が提出された。そこには改訂の基底となる理念が示されているが，領域そのものについては次のように指摘し，その改善を求めている。

「各領域に示される事項を小学校における教科内容と同様に受けとめた指導が行われる傾向もある。また，幼稚園教育の特質である生活を通しての総合的な指導の在り方についても共通理解が得られているとはいいがたい状況がある。」

そうした反省もあり，1989（平成元）年の改訂の際，「領域」という名称それ自体の変更が検討されたが，名称はそのまま存続されることになった。それだけに，教科的なつながりが想定される6領域ではなく，あくまでも「幼稚園教育の基本」に基づく5領域の特性が強調された。

📖 5領域の誕生のプロセス

5領域が登場する経緯については，以下のように説明されている。幼稚園生活を通じて子どもに育ってほしいものは何かということを，本来幼児期に育つものは何かを中心に，幼児の発達の実態やその後の見通しなどの観点から検討したところ，大きく分けて3つ，もう少し細かく分けて5つの側面が認められた。

この「大きく分けて3つ」というのは，「心身の健康」「周囲と関わる力」「感性と表現する力」のことである。さらに，「周囲と関わる力」が「人との関わり」と「自然や身近な環境との関わり」の2つに分かれ，「感性と表現する力」が「言葉」と「感性と表現」に二分されることによって，次のような領域が生まれた。

その考え方を図式化したものが，図表29-1（☞p.67）である。
①心身の健康に関する領域「健康」
②人との関わりに関する領域「人間関係」
③身近な環境との関わりに関する領域「環境」
④言葉の獲得に関する領域「言葉」
⑤感性と表現に関する領域「表現」

4．環 境

『幼稚園教育要領』では，幼稚園教育の基本は環境による教育であることが示されている。幼児の発達にとって環境が重要であることは，すでに『学校教育法』第22条（幼稚園の目的）にも明記されている。

領域「環境」は，こうした趣旨のもとに幼稚園における幼児の生活を具体的に展開させていく視点となる。環境とは，子どもの生活を取り巻き，影響を及ぼし合う事物，現象，空間，時間の流れ，雰囲気などのすべてを指す。この環境のなかに生まれ，成長とともにそれを受け入れると同時に働きかけていくのが，子どもの発達の姿である。

5．言 葉

言葉は，コミュニケーションの手段として大きな役割を果たしている。それは同時に，お互いの気持ちを通い合わせることでもある。子どもと養育者との豊かな心の伝え合いが基盤となって，豊かな言葉が生まれるといえる。子どもの言葉の獲得は，長い歴史のなかで，先人の言語活動を通して世界を表現するものとして形成されてきた言語体系のなかから，主として養育者の言葉を媒介としてなされるものである。したがって言葉には，その言葉を使い続けてきた人びとの心が凝縮されているといえる。豊かな言葉を学ぶことは，豊かな心を生み出すことになるのである。

6．表 現

領域「表現」は，「感性と表現に関する領域」である。表現という外へ向かって，感じたこと，考えたこと，伝えたいことを表すだけでなく，その前段階として，感性として自分を取り巻く世界に感覚を働かせて，さまざまなものを感受する力の豊かな育ちを重視している。子どもは五感を使ってまわりの物事を感受しながら育っていく力をもって生まれてくる。それが好奇心あふれる行動となり，とくに教えられなくても，言葉をはじめいろいろなことを覚え，自ら成長していく。豊かな感性や自己を表現する意欲は，幼児期に自然や人びとなど身近な環境とかかわるなかで，充実感を味わうことによって育てられる。

📖 5領域間の相互関係性

5領域についての考え方は、図表29-1のように示される。5つの領域がひとつの全体を構成し、相互に関係性を有している。

「心身の健康」は、子どもが活動する際の土台となる。「環境との関わり」を通して何かを感じ、それを表現せずにはいられない「感性と表現」が生まれる。つまり「環境」と「表現」は、表裏の関係なのである。次に「幼児を取り巻く状況のすべて」のうち、「人との関わり」がとくに大切なので「人間関係」として独立させた。「言葉」は、本来感性と表現の領域に含まれるべきものであるが、言葉は人間としての発達に極めて重要な部分を占めるため、領域「言葉」として独立させる必要があった。「人間関係」と「言葉」も表裏の関係にある。

これらの領域は、子どもが活動するに際して、教科のように単独ではなく、いくつかの領域が重なり合って展開される。ひとつの活動のなかに、複数の領域が組み込まれているのである。図表29-1にもあるように、5つの領域は相互の関連性が極めて高いといえる。

📖 5領域成立後の変遷

1998(平成10)年、『幼稚園教育要領』が改訂された。そこにはいくつか着目すべき変更点がみられた。

そのひとつは、5領域の冒頭の文章から観点の記述が消え、「○○する力を養う」と、ねらいが明確化された点である。

もうひとつは、領域「言葉」に文字指導の内容が加わった点である。それまでは「文字に関する系統的な指導は小学校から」(1989年版)となっていた。それが「文字などで伝える楽しさを味わう」(1998年版)となり、それは2008(平成20)年、2017(平成29)年の改訂に継承されている。

図表29-1 『幼稚園教育要領』『保育所保育指針』における5領域モデル

▶ 保育内容

30 乳児にかかわる保育内容

1．3歳児神話の整理

「3歳までは母親が育てないとよい子は育たない」という考え方はさまざまな評価や整理がされてもなお根強く残っている。少なくとも1歳半〔アタッチメント（愛着）形成前期〕までの子どもの，母（養育の中心者）と離れることへの激しい抵抗，他者に抱かれると苦悶状の表情でありったけの泣き声（叫び）で手を伸ばす，そして母に抱かれるといつの間にか母のあごなどを心地よさそうになめて満足気…。この状態を見て，子どもを母親と離すことを不憫に思わない人はなく，なんとなく成育に大きなマイナスがあるように感じる。

確かにこのときの子どもは「かわいそう」かもしれない。しかし，そのことと「成育にマイナス」かどうかは冷静な判断が必要である。例えば，1969（昭和44）年『乳児保育特別対策』（厚生省，現 厚生労働省）が出て，保育所で本格的な乳児保育が始まった。それから約50年がたち，現在50歳近い人を見ても，乳児保育で育ったかどうかを見極めることはできない。年齢ごとの確認でも同様である。

「3歳児神話」については，「想い」と「育つ姿」は分けて冷静にていねいに考えるべきである。

2．乳児期の発達に重要なことと保育所のあり方

人の発達には，「その時に重要なこと」と「時期のずれがさほど大きな問題ではないこと」とがある。また，この時期の子どもは，疾病に注意さえすれば自然成長の幅が大きい。そのなかで，この時期でなければならないこと，そして大人の配慮が必要なことは，「離乳食」と「愛着形成」である。

3．人生の食生活の基本としての離乳食

乳児期といっても，4ヵ月ごろからの離乳食なので，約8ヵ月の間しかこの時期はない。食生活もまた人生にとって大きなことで，とくに偏食の有無はこの期のできるだけ多い「摂取経験」によるともされる。家庭と保育所で，「食した品目」を記載し合い，点検しながら進めていくことが望ましい。

— 68 —

30　乳児にかかわる保育内容

乳児年齢のとらえ方

①『児童福祉法』第4条では，乳児は0歳児

②保育所の認可などでは，乳児は0・1歳児

③乳児院の入所では，乳児は0・1才児

④いくらか残る「乳児さん組」「幼児組」では3歳未満児を「乳児」ととらえる。

⑤『保育所保育指針』〔2017（平成29）年告示〕では区分が改められ，第2章保育の内容では，

　　1　乳児保育に関わるねらい及び内容

　　2　1歳以上3歳未満児の保育に関わるねらい及び内容

　　3　3歳以上児の保育に関わるねらい及び内容

とされている。保育内容の側面でみる場合，経営の側面からの対応で年齢区分が異なることに留意したい。

乳児の死亡率

　昭和40年代，日本は乳児死亡率が世界最低になった。疾病による死亡は医学や公衆衛生の進歩により激減した。

　したがって，保育所における乳児死亡はその多くが「午睡・昼寝中」に引き起こされる。この乳幼児突然死症候群（SIDS）は大きな課題となり，現在は5～10分おきに確認作業が行われているが，午睡時の乳児死亡率はあまり減少していない。午睡時のほとんどの保育士が業務をしたり，子どもと共に寝てしまったりの場合がわずかではあるがみられることも注視したい。

愛着形成理解

　乳児保育を専門とする場合「愛着理論のしっかりした学習」が重要である。多くの書籍などで学習することをすすめる。

---

person

◆**ボウルビィ**（Bowlby, J. 1907-1990）

　愛着理論研究の開拓者。「乳児にとって母親とは何か」「愛着形成過程」「愛着形成不可能な場合の4パターン」…など。

◆**スピッツ**（Spitz, R. 1887-1974）

　ウィーンの精神分析医。「3ヵ月の微笑」「8ヵ月の不安」…人見知りと愛着形成。

Ⅱ.
教育編

4．アタッチメント（愛着）形成

　乳児期に重要な愛着形成は，多くの「しつけ」を含む親からの教えを，幼児期に苦労なく身につけられるか否かの重要なポイントである。また，親からみれば「育てやすい子」であるかどうかにも大きく影響する。幼児期に身につける生活習慣をはじめ多くの学びを習得した子どもは，周囲からも褒められ，楽しく過ごせ，よい形で次のステップに進めるのである。

　そして人生にとって重要な「よい人間関係を含んだ幸せな人生」への道も開ける。愛着形成に必要なことは，「優しさ・笑顔とスキンシップ」である。

5．よい愛着形成への保育体制

　「3歳児神話」への正しい理解ができたら，乳児保育でのよい愛着形成への保育体制である。保育所においては，「仕方ない」として愛着形成を阻害しやすい状況がいくつかある。

　①早番・遅番といわれる時間帯の保育者交代，②年度途中にも可能性のある，園側の事情による保育者交代，③暦年齢による，4月新体制時の職員交代。これらは子どもの状況によって相当慎重な保育体制が求められる。しっかりした個別指導計画に基づき，そのような変更が最も好ましくない時期の乳児については万全の配慮が必要である。

　保育所は，保育士の職場であり，運営上の厳しい事情もある。しかし，「乳児保育」を行うからには相当の工夫の覚悟が必要である。一般の保護者には十分な知識がないので，その伝達も含め園側の責任がさらに問われる。社会は，「男性も女性も仕事も家庭も子育ても」の時代である。まだまだ保育所側に工夫の余地があると思われる。またその上で，制度上の配慮が必要な場合は，根拠を示して国への要望を出すことも「乳児保育」を行う者の責任といえる。例えば，乳児室に備える保育者用の「笑顔確認としての鏡」の設置も好ましい。

　適応保育（慣らし保育）の期間の調整，またこの時期に母の匂いのする布地などをもたせるのもよい工夫といえよう。

— 70 —

30 乳児にかかわる保育内容

📖 3歳児神話

　乳児保育を進める上で,この点についてあいまいなまま保育にあたると，他に要因がある乳児の情緒不安定などで簡単に親の仕事を控えるように促しやすく，保育所の役割を（誤った情報で）十分に果たさないことになる。成長して社会的問題を起こした場合，乳児保育の経験の有無などに心をとめる，または，そのような科学的資料に目をとめる必要がある。

📖 イクメンパパ

　父親の育児参加を積極的に推奨するものであり，男女共同参画社会以降，徐々に広がり，一定の定着をしている。この場合，総合的見地からのデメリットにも目を向けて，現場では慎重に臨むことが重要である。建前的理論ではある理想としても，それを現実に当てはめると，デメリットの多さがかえって困難な局面をもたらす。

①子ども，とくに3歳未満児にとって同じ空間に両親がいれば，母親に抱いてほしいのである。父と母の差は歴然としている。したがって，父親は母親がよい母親として育児ができる支えになることのほうが，ミルクを飲ませたりおむつ交換するより子どもには嬉しい。

②さまざまな職場環境がある。この運動が職場条件を変えていくことは重要であるが，変えられない現状のなかでは「夫婦喧嘩」「離婚」になりかねない。

③ひとり親（母子）家庭も多い。そこでは母親一人で育児をしている。「イクメンパパ」の存在が大きくなればなるほど，この世帯の母親は被害妄想的になったり，負担感も増して「イライラ」の原因にもなる。時には，昔多くの子どもを抱えて戦争などで夫を亡くした母親が立派に子育てをした歴史にも目を向けたい。

　以上のように，保育所はまさに「仕事をもつことを選択した家族」を支える児童福祉施設である。全家庭の様子を把握して，言葉かけに細心の注意を払うことが重要になる。

▶ 保育内容

31 3歳未満児の保育内容

1．乳児と1歳以上3歳未満児の発達を踏まえた保育

「乳児」と「1歳以上3歳未満児」の発達を踏まえて，保育を行う。

乳児は，①身体的発達，②社会的発達，③精神的発達の基盤を培う時期である。①身体を伸び伸びと動かすことで，心地よさや喜びを感じながら身体感覚を養い，また食事，睡眠などの基本的生活リズムを育む，②身近な人の受容的・応答的なかかわりを通して気持ちが通じ合い，特定の大人との愛情や信頼関係を育み，人とかかわろうとする力を育てる，③生活や遊びのなかで，さまざまなものに触れ，音，形，色，手触りなどに気付き，感覚を育てる，ことができるよう保育をする。1歳以上3歳未満児は，歩く，走る，跳ぶなどの基本的な運動機能，排泄の自立のための身体的機能，指先の機能，語彙が増加し，自分の意思を言葉で表出できるようになる。自分でできる事が増えていくことを喜びに感じながら，自分でしようとする気持ちを温かく見守ることが重要である。

2．保健・安全面への配慮と対応

3歳未満児は，身体の健康と自主性や意欲が深く結びついている。この時期は自分の状態を言葉で説明することが難しいため，周りの大人が，体の状態，機嫌，食欲などの日常の状態を十分に観察して，適切な保健的対応を心がける。水分補給，室温，湿度の調整，換気など心地よい環境を作る。感染症にかかりやすい時期でもあるので，感染症の知識をもち，手洗い・うがいを実施し，子どもの状態の変化によっては嘱託医や看護師などの指示を受けて対応する。積極的な探索行動がみられ，自我が形成される時期である。思わぬ事故につながることが多いので，子どもの自発的な活動を尊重しつつ，職員全体で保育環境を点検し，事故防止や安全確保に努める。

3．家庭や職員間の連携

担当の保育士が変わる場合は，子どもの生育歴や発達過程に留意し，職員間で協力して対応する。自我が芽生え，自己主張が強くなるこの時期は子どもとの関係に悩む保護者が多くなる。家庭での子どもの生活を理解しておくなど，日常的な連携が大切である。

31　3歳未満児の保育内容

📖子どもの観察

　3歳未満児の子どもの観察は注意深く行う。体温や便の状態などに加えて，①顔色，鼻水，目つき，むくみ，発疹，傷などの身体の状態，②元気があるか，笑顔があるか，よく泣くか，ぐずるかなどの機嫌や活動性，③食欲，④よく眠るか，眠りが浅いかなどの睡眠について，登園時に視診し，保育中にも十分注意を払う。睡眠中に起こる乳幼児突然死症候群（SIDS）には，とくに注意する。

📖子どもの感染症

　乳幼児期には感染症にかかることが多い。1998（平成10）年に『感染症の予防及び感染症の患者に対する医療に関する法律』が制定された。なお，学校において予防すべき感染症（「学校感染症」）は『学校保健安全法』において3種類に規定されている。

　第一種（非常に感染力が強く，重篤な状態をもたらすもの）：エボラ出血熱，クリミア・コンゴ出血熱，痘そう，南米出血熱，ペスト，マールブルグ病，ラッサ熱，急性灰白髄炎，ジフテリア，重症急性呼吸器症候群。

　第二種（主に飛沫感染によるもの）：インフルエンザ，百日咳，麻しん，流行性耳下腺炎，風しん，水痘，咽頭結膜熱，結核，髄膜炎菌性髄膜炎。

　第三種（上記以外のもの）：コレラ，細菌性赤痢，腸管出血性大腸菌感染症，腸チフス，パラチフス，流行性角結膜炎，急性出血性結膜炎，その他の感染症。

📖3歳未満児に多くみられる事故

　3歳未満児の死因で多いのは，「不慮の事故」である。各年齢における心身の発達に応じて，0歳児には，「窒息」「誤飲」，1歳児，2歳児には，「転倒」「転落」などが多い。不慮の事故を避けるために，施設の安全管理と点検を行い，事故防止に努める。

📖連絡帳（連絡ノート）

　園（主に保育者）と保護者との連絡に用いる交換ノートである。保護者は家庭での，保育者は園での，健康状態（体温，体調，機嫌など）や生活・遊びの様子を互いに知らせ合うことで，子どもに健康で無理のない生活を保障するとともに，互いの信頼関係を育む。

Ⅱ.
教
育
編

—73—

▶ 保育内容

32 3歳以上児の保育内容

1．生きる力の基礎を育む

　幼稚園・保育所等の教育要領・指針では，生きる力の基礎を育むために「育みたい資質・能力」を示している。それは①知識及び技能の基礎，②思考力，判断力，表現力等の基礎，③学びに向かう力，人間性の３つであり，これらは小学校，中学校の指導要領とも重なる。小中学校の教育へとつながることが意識されたといえる。

　また10の「幼児期の終わりまでに育ってほしい姿」が示されている。①健康な心と体，②自立心，③協同性，④道徳性・規範意識の芽生え，⑤社会生活との関わり，⑥思考力の芽生え，⑦自然との関わり・生命尊重，⑧数量や図形，標識や文字などへの関心・感覚，⑨言葉による伝え合い，⑩豊かな感性と表現である。これらは従来からの５領域に示された「ねらい及び内容」に基づく活動全体を通して一体的に育まれ，幼児教育施設として指導する際に共通に考慮されるべきものである。育ちの達成度を評価するものとしてとらえないようにすることが重要である。

2．幼児教育の基本を踏まえる

　幼児期は，信頼する保育者に支えられながら，身近な環境に主体的にかかわり行動することを通してさまざまなことを学ぶ。また，仲間の存在も重要な意味をもち真似たり競ったり協力したりしながら学ぶ。つまり，保育者との信頼関係を築くこと，環境を通して行うこと，幼児が主体的に環境にかかわり直接体験が得られる遊びを中心とした生活が展開されること，同じくらいの年齢発達の子ども同士が相互に刺激しあい育ちあうことが保障されること，一人ひとりの感じ方や考え方の違いを尊重し適切に応じること，などが保育内容を考えるうえで重要である。

3．「自分」と「自分たち」

　グループや学級全体で活動することも多くなり，友だちとの出会いが広がる。自分を表現し主張するだけでなく，次第に相手の気持ちや自分との違いに気づいていく。時には衝突や葛藤も体験する。そのなかで「自分」を知り「自分たち」へと意識世界が広がる。思

32 3歳以上児の保育内容

いやりや仲間意識が育まれ，目的に向かって協力する協同性が育つ。

📖自主的，主体的な生活行動への援助

子どもが自ら環境に働きかけ学ぶ能動的な存在であることを信じ（子ども観），子どものあるがままを肯定的に受け止める（受容的態度），子どもの興味・関心・気持ちをていねいに読み取る（幼児理解）は欠かせない。その上で発達の状況に応じ，より充実し満足できるような環境作りや援助を行う。子どもの自発性を重視するあまり放任になるのは間違いである。

📖基本的生活習慣の形成

子どもは，うがい，手洗い，排泄，片付け，衣服の着脱，食事など，基本的生活習慣を身につけ，自分への自信を深める。指導の際は，家庭との連携を図り，24時間の子どもの生活状況を考慮し，少しずつ無理なく繰り返しながら身につくようにする。子どもの気持ちや体の大きさ，動線を考え，自分でやりたくなる，やれるような物的環境への配慮も必要である。

一人でできるかどうかという結果よりも，やろうとする意欲やその子なりの考え，必要感，納得を尊重しながら指導する。パターン的行動を習慣的に繰り返すだけでなく，その場の状況を判断して柔軟に対応できるようにすることも大切である。

基本的生活習慣は，その行動部分だけを取り出して指導するのではなく，必然性のある生活の流れのなかで行うようにする。

📖創造的な思考の芽生えを養う

5歳の半ば前後になると，子どもなりに論理的に考えるようになる。「〜だから，〜だね」「〜だから，きっと〜になるよ」などの会話が聞かれることからもわかる。身の回りの事物や現象への興味・関心が高まり，疑問，発見，推理などを行い，論理的に納得・説明しようとする。保育者は，子どもがじっくり考え試行錯誤や創意工夫ができるよう見守ったり，共感し応答的にかかわったり，一緒に考えたりすると共に，十分な時間と多様な質の素材と出合える環境を用意する。また，子どもがどのような経験をしているか，その質に目を向け，とらえることが重要である。

Ⅱ. 教育編

▶ 保育内容

33 子どもの遊びと生活（1）

1．遊びと生活

　子どもは遊びや生活を通してさまざまなことを学ぶ。おとなの遊びは，仕事に対置するものであるが，それとは異なり，子どもにとって遊びは生活の中心であり特権であり学習活動である。しかし，「遊び」に教育的効果を過度に期待し，遊びを「手段」にするのは間違いである。子どもが自分から周囲の環境にかかわり生み出し夢中になって取り組む活動が「遊び」であり，そのプロセスにおいていろいろなことを体験し，成長していくのである。したがって，ときどき見かける「○○遊び」などおとなが「遊び」という名前を活動につけて子どもに与えても，子どもにとって本来の遊びにならないことが多々ある。また，遊びは子どもの自発的・主体的活動であるから，保育者が指導してはいけないと決めつけることも，子どもが遊びを通して体験することを貧しくする。まだ経験の少ない子どもにとって，遊びたくなるような環境の構成や，遊びが安全で楽しく充実するような，子どもの主体性を尊重される適切な援助が必要なことはいうまでもない。

2．遊びと仕事

　おとなは，ある「ひとまとまり」に「○○遊び」と命名しがちであるが，目立たない楽しみの姿にも「遊び」はあり，そのなかに密かに育つものがあることを忘れてはならない。

　子どもの生活のほとんどが遊びであるという考え方と，「遊び」といわれるもの以外に，個人の生活や集団での生活が快適になるために行われる「仕事」があるという考え方がある。仕事は，家庭における「お手伝い」の延長の活動ともいえる。ここで学ぶことは多く期待されるが，「やらなければならない活動」として子どもの負担感につながらないようにしなければならない。どこまでが遊びでどこまで仕事か区別しにくいのが子どもの生活である。子どもの意欲や，友だちが喜んでくれることへの満足感を基本にしたい。

　現代の子どもにとって，身体感覚に訴える直接体験が得られる遊びが重要である。これを踏まえて遊びを援助していく必要がある。

— 76 —

33 子どもの遊びと生活（1）

課題活動の定義と条件

　課題活動とは，保育者がねらいをもって子どもに課題を示し子どもが取り組む活動である。適切な課題活動は，新たな興味・関心や目的意識を引き出し，子どもの経験の幅を広げ，発達のきっかけとなる。保育者主導，子どもにとっては受け身，強制的な意味合いもある。しかし，たとえ保育者から与えられても，課題が子どもたちの発達要求や興味にそったものであれば，子ども自身が自己課題として受け止め，能動的な活動となる。また，他から与えられなくても子ども自身が課題を見つけ，課題活動となる場合もある。自分なりの課題や目的が見つかるような環境，保育者からの刺激や助言，友だち同士の刺激が必要である。

活動の連続性と積み重ね

　子どもの活動は家庭と園の生活の連続，イメージの連続，昨日の楽しみを今日から明日へつなぐ，などいろいろな連続の上に成り立っている。そして，活動は連続し繰り返され積み重なることで深まり，子どものなかに定着していく。子どもの遊びを理解する際にはこのことを忘れてはならない。偶発的に生み出される遊びの他に，全体的な計画（教育課程や長期指導計画など）に位置づけられ，毎年繰り返されながら新たな経験を積み上げている活動もある。

遊びと生活を通しての総合的指導

　子どもは遊びや生活全体を通して，さまざまな内容を学び身につけ，心身を発達させている。小学校以上の教育のように，各教科別に特定の内容を集中して学習しているのではない。

　例えば，小麦粉粘土で遊ぶA児は，粘土の色や感触を楽しみながら，イメージしたものを形に表現して遊んでいる。その姿をよくみると，造形表現に関する分野だけでなく，友だちと一緒に遊ぶ楽しさ（人間関係）や，言葉で自分の思いを表現すること（言葉）も学んでいる。遊び終わったら片付けて手を洗うなどの生活習慣も学ぶ。

　いろいろな内容が，相互に関連し合い総合的に子どものなかに育っていくのである。保育者は，どの子がいつ，何を一番深く体験し（楽しみ）発達させようとしているのかをとらえ，一人ひとりの状況に即して指導しなければならない。

Ⅱ. 教育編

> 保育内容

34 子どもの遊びと生活（2）

1．子どもの遊びの基本的なとらえ方

　幼児期の自発的な遊びは，心身の調和のとれた発達の基礎を培う重要な学習である。幼児は遊びを通じ，社会性，道徳性，運動能力，思考力，言語能力などを培い，人間形成の基盤をつくっていく。保育所や幼稚園等での遊びは，保育者によるねらいをもった設定としての遊び，子どもが好きな時間に行う自発的な遊びに分けられるが，子どもが主体的に行う活動という点でその根本は同じである。

　遊びの分類には，発達的側面，原理的側面，活動形態によるものなどがある。発達上の分類では，ピアジェ（☞p.19）の認識面からの分類（「機能遊び」「象徴遊び」「規則遊び」など）が代表的である[1]。原理的な分類では，カイヨワ*の「眩暈（めまい）」「運」「競争」「模倣」の分類が知られる[2]。活動形態では「外遊び」「室内遊び」，人数では「一人遊び」「集団遊び」と分類できる。

　2017（平成29）年告示の『幼稚園教育要領』『保育所保育指針』『幼保連携型認定こども園教育・保育要領』では，重要な学習としての遊びが「主体的・対話的で深い学び」となるように，保育者が指導していくことを求めている。新たに示された幼児期に「育みたい資質・能力」や「幼児期の終わりまでに育ってほしい姿」を念頭に置きつつ，遊びを通した総合的な指導を通して，小学校以降の学びの基礎を培っていくことが大切である。

2．表現活動としての遊び

　表現は，人が社会的に生きる上で欠くことのできない，人間的な行為である。日常的な生活や遊びのなかで生まれるさまざまな思いや考えなどが，何かを媒体することによって具体化される。

　幼児の日常的な姿は，絵を描く，土や砂，水，木の葉や実などの自然素材や，空き箱，ペットボトルなどの不用材を使った「造形遊び」，歌や童謡，リズムや演奏ごっこなどを楽しむ「音楽遊び」，そして，体を動かす，身体を使って表現するなどの「身体遊び」，これらの要素が組み合わさった劇遊び，ペープサート，エプロンシアターなどの「総合的な遊び」，「伝承遊び」など多岐にわたる。

34 子どもの遊びと生活（2）

📖 子どもの表現活動への保育者の援助

　話すよりも，絵を描くほうが自分をうまく表現できる子どももいれば，身体で表現することが得意な子どももいる。また，造形表現といっても，平面表現が得意な子ども，立体表現が得意な子どもなどさまざまであることも意識しておく必要がある。

　「表現」は表そうとする中身にふさわしい形式が選択されることが必要である。心身面の発達がまだ十分でない幼児の場合，思いや考えなどがまとまらないままに，混沌としている場合が多い。保育者は，その様子や活動の過程をもとに子どもの思いや考えを推察し，それを表現するために適した環境を整えることが重要である。

　一方，保育者が設定をして表現活動を行う場合がある。表現活動の経験が蓄積されることで，子ども自らふさわしい表現方法をみつけられるようにもなっていくことから，保育者がアイデアを提供していくことは必要である。しかしこの場合も，幼児期の子どもの発達や表現の特性を踏まえ，子どもの思いや願いなどが活かされるように表現活動の計画や支援を考えることが必要である。

person

＊カイヨワ（Caillois, R. 1913-1978）

　フランスの批評家，社会学者。聖なるもの，戦争，夢など，その研究は多岐にわたる。遊びの概念を定義した。主著『遊びと人間』

📖 表現活動としての遊びの事例

> #### ◉ 事例１：泥山での水遊びから，さまざまな遊びへ ◉
>
> 　園庭に数トンの粘土質の築山を設置してみたところ，子どもたちは，でこぼこした山に興味津々である。
>
> 　保育者の提案によって，山に登ってバケツで水を流す遊びが始まった。その過程で，子どもたちは，水が混ざることで，土が軟らかくなることに気づく。でこぼこの山が次第にやわらかく滑らかになると，子どもたちは，裸足になって泥の感触を味わう遊びに没頭し始める。
>
> 　次第に「A児はお団子作り」「B児，C児は動物作り」「D児は泥穴に足を入れて，ゴボッという音を出す遊び」「E児，F児，G児はヌルヌルした山を転ばずに歩くバランス遊び」へと展開し，泥土の粘性，可塑性を活かしたさまざまな遊びへと広がっていった。

3．音楽表現を中心とする遊び

　幼児の音楽表現は，日常的な遊びや生活のなかで生まれた魅力的な音色，リズムなどとのつながりが深い。例えば，遊びのなかで石と石をぶつけたときに偶然に出る音，雨だれの音などへの興味をきっかけとして，表現が生み出される。幼児の場合，身体的な動きを伴った音楽表現として現れることが多い。楽しそうに身体を動かしながら，歌やリズム遊びをする子どもの姿は，よくみられる。

　しかしながら，幼児の体験を音楽表現に高めるためには，保育者の意識的な環境づくりやかかわりが必要であることはいうまでもない。保育者は，子どもの日常のなかで生まれた音楽表現の萌芽を価値あるものとして取り上げ，音楽的な遊びとして具体化させていくことが必要である。さらには，保育者から楽しい歌やリズム遊びを提供することも不可欠である。

4．造形表現を中心とする遊び

　幼児の造形表現は，日常の生活から沸き起こる思いやイメージを，色や形として具体化していく遊びとして現れる。その内容はさまざまであるが，室内では，お絵かき遊び，塗り絵遊び，粘土遊び，工作，積み木遊びなどがあげられる。一方，屋外では，砂遊び，泥土遊び，水遊び，木工工作などがあげられる。

　これらの活動を活性化するには，遊びのなかで生まれた造形表現に対する関心の芽生えを受け止め，子どもの発想や意欲を活かすことのできる豊富な環境づくりをすることが望まれる。例えば，クワガタを子どもが描く場合，面の表現に適した絵の具と筆を用意するよりは，精密な表現ができる色鉛筆を整えた環境が望ましい。要は，子どもが表現したい思いやイメージが表現できる，ふさわしい環境をいかに整えられるかが重要になるといえる。

　また，自然素材を活かした造形活動を積極的に行うことも必要である。例えば，油粘土は，硬さが変わらず同じ状態で遊べる意味では好適な材料である。反面，自然土を用いた遊びのように，水分量や土の質を変えることで硬さを調整し，感触を楽しむ感覚的な遊びはできない。自然素材でのものづくりは，子どもの感覚を刺激する活動であり，季節の変化や自然そのものに目を向ける契機になる。

34 子どもの遊びと生活（2）

📖音楽表現を中心とする遊びの事例

事例2：水たまりでの音遊び

　4歳のH児とI児は，雨上がりの園庭にできた水たまりを発見し，お椀を落としては水しぶきがあがるのを楽しんでいた。すると偶然，お椀が水たまりの水面と平行に落ちて，「ぽわん」と音が鳴った。予想もしなかったおもしろい音が気に入ったH児とI児は，顔を見合わせて笑い，水たまりに何度もお椀を落とす音遊びが始まった。

事例3：ドングリを振って楽しむ音遊びから楽器づくりへ

　5歳児の子ども数名が，乾燥したドングリを両手で4〜6個持って手を振ると，カラカラと乾いたいい音が鳴ることを発見する。その音が気に入り，繰り返し鳴らしているうちに，J児は，ドングリをペットボトル（350mL）に入れて鳴らすことを思いつく。それを見た他児もJ児のアイデアに興味をもち，ペットボトルにドングリを入れたマラカス遊びへと発展する。

　遊びのなかで子どもたちは，ペットボトルの形状，ドングリの数や大きさによって，音が異なることを話している。その様子を見た保育者は，ドングリマラカスでの合奏を提案し，リズム遊びへと発展していった。さらに，ペットボトルにカラフルなテープを巻いて，オリジナルの楽器作りをする活動へとつながっていった。

📖造形表現を中心とする遊びの事例

事例4：泥土で作るアースケーキ[3]で身近な自然に興味をもったK児

　土を型抜きし，身近な植物を飾るアースケーキ遊びがある。この遊びを保育者が子どもたちに提案してみたところ，ケーキを飾るための雑草や草花集めにも興味をもって取り組み，それぞれ個性的なアースケーキができあがった。

　すると，K児が保育者に，自分の採ってきた小さな花の名前を尋ねてきた。これをきっかけに，他の子どもたちも，自分のアースケーキを飾る植物に興味をもち始め，図鑑による調べ学習へと発展した[3]。

Ⅱ.
教育編

― 81 ―

5．身体表現を中心とする遊び

　幼児の日常は，動的な活動に満ちあふれており，体を動かすこと自体が遊びとして成立していることも多い。保育者には，行動の観察から，子どもの興味を推察し，活動を意味づける力が必要となる。例えば，子どもが古タイヤに乗って身体を上下させている場合，名前はなくとも，立派な遊びであるとの認識をもつ必要がある。

　幼児の運動遊びでは，動的な活動を中心とした環境づくりやその援助に関心が向けられる傾向があるが，静的な要素を織りまぜれば，さらに意義深い遊びが展開できる。例えば，音楽に合わせて動き，曲が止まれば身体の動きを止めたり，ポーズをとったりするなどの展開が考えられる。その他，日常にはないゆっくりとした動作を含む太極拳ごっこ，園庭や固定遊具を活用した忍者ごっこ，ステージで発表し合うダンスごっこなど，質の異なる運動要素を含む遊びを提供することで，充実した内容を展開することができる。

6．総合的な表現としての遊び

　幼児の遊びは，さまざまな要素が入り交じった遊びとして具体化されることが多い。例えば，子どもたちが好む「お家ごっこ」は，多様な遊びの要素を含んでいる。家のなかでの人間関係を模すこの遊びは，身体や言葉の表現を伴った劇遊びとして，そのなかで使われる小道具や大道具類などは造形遊びとしてなど，複合的に展開される。その意味で，子どもの遊びは，総合的な表現遊びといえるだろう。

　保育者は，遊びに含まれる表現の内容を分析的にとらえ，子どもの興味に応じて適切に援助する必要がある。例えば，「お家ごっこ」の場合，子どもの意思疎通が不十分であれば，保育者が加わって言葉を補ったり，登場人物を担ったりすることがあげられる。必要に応じて，用具や材料を用意したり，アイデアを提供したりもする。あくまでも，子どもの要求や，興味の延長線上に位置づけられる援助や環境づくりをする必要がある。

　保育者からの提案によって遊びを発展させ，子どもの総合的な表現の場をつくる音楽発表会，作品展，運動会なども必要である。この場合でも，保育者からの押しつけではなく，子どもの日常的な遊びや，興味・関心事と関連させながら発展できる内容の提起が望ましい。

34 子どもの遊びと生活（2）

📖 身体活動を中心とする遊びの事例

事例5：忍者ごっこでさまざまな運動遊び

　4歳，5歳の男児が集団で遊んでいたところ，無目的に身体を動かす遊びに停滞してきた様子がうかがえた。そこで，保育者は，5歳児をリーダーに指名し，忍者遊びを提案する。そのルールは，リーダーは忍者修行の見本をメンバーに示すこと，新米忍者はリーダーと同じ動作をするというものである。

　その後，保育者は，園庭を修行場に見立て，一本線歩行，全力疾走，クルクル回る目くらまし，木や石になる擬態などの修行を提案した。すると，さまざまな運動を盛り込み，役割を決めたことで，子どもの遊びが目的をもった形で盛り上がった。

📖 総合的な表現としての遊びの事例

事例6：段ボールの家の距離を縮めることで協同的遊びへと発展

　5歳児クラスで，段ボールの家作りが始まった。数人のグループに分かれいろいろな家が作られた。しかし，保育者が安全を意識して家の距離を離したため，それぞれの家作りが単独の遊びになってしまった。保育者が家の間隔を1m程に縮めると，お互いの家を行き来する遊びが展開されるようになった。その様子を見て保育者は，家と家との間に，幅50cmくらいに細長く切った段ボールを置いた。子どもたちは，その段ボールを道に見立て，道を延ばし始めた。アイデアを出し合いながら，街をつくっていく協同的な遊びへと広がっていった。

事例7：泥団子作りから泥団子転がし，泥団子タウンへの発展

　5歳児クラスで泥団子作りが始まった。最初は作るだけの活動が続いたが，いくつも作っていらなくなった泥団子をL児が築山から転がし始めた。M児も一緒に転がし，次第にどちらが遠くまで転がるかの競争が始まった。さらにN児が参加して転がしたところ，築山のへこみに泥団子がはまり，止まってしまった。N児はそれを泥団子がお家で休憩していると見立てた。それを見たL児，M児を含む他児は，築山をお家に見立てて，泥団子タウン遊びへと発展させていった。

Ⅱ. 教育編

— 83 —

▶ 保育内容

35 保育にかかわる配慮

1．本当の配慮とは何か

　「配慮」という言葉の響きがよいせいか，個別指導計画，保育課程，保育日誌などには「配慮」という用語が頻繁に登場する。『保育所保育指針』の「配慮」の項目の通りに「～に配慮する」と書かれている場合が多い。しかし，「配慮」することは個別的な場面での個別的な表現である。したがって，「この子どもはこのような場面では～のために（ねらい）このような配慮（保育）が必要である」という意図があらかじめあって，それに沿った保育がなされ，結果としてその「配慮」が子どもの発達にプラスになっているという確認ができて初めて「配慮」したことになる。

　「配慮」とは，客観的検証を要するものなのである。保育の現場における「配慮」が子どもたちの発達にプラスになってこそ本当の「配慮」であり，「配慮」したつもりが逆効果になっていないかどうかの検証が重要である。また，計画の段階では具体的な示しが必要である。

2．子どもの心身への配慮

　ささいな身体の痛みもささいな心の痛みも，決して本人ほどにはわかりえないのが人間である。身体への配慮は当然のことながら，おろそかになりがちなのが心への配慮である。

　『保育所保育指針』も『幼稚園教育要領』『幼保連携型認定こども園教育・保育要領』も「子どもの心」についてはとても大切に考えている。とくに子どもが悲しい時・さみしい時・悔しい時・苦しい時，その気持ちを受け止めて，子どもの姿を決して見逃さないことが重要である。それは相手を想う気持ちがもたらす共感である。子どもの欲求をまず，正確にとらえる。その上で可能な限りしたいことはさせるし，どうしてもさせられないことがあればその理由をていねいに伝えるとともに可能なことに替えてあげるような配慮が重要である。子どもの問題のある行動は，しつけの仕方やストレスから生じる場合が多い。「共感的理解」を適切に行えることが，専門性の基本である。

—84—

35 保育にかかわる配慮

検証の重要性

①どの子どもの，どのような気持ちを，保育者がどう受け止めて，どう配慮したか，その結果として，その子どもは配慮があったために，〜のような状態（表情など）になった，という流れをきちんと観察して，記述ができて，初めて配慮ができたことになるのである。

②同じく「……決まりがあることの大切さに気付き，自ら判断して行動できるように配慮する」という表現がされるが，保育のどの場面で，子どもがすでに理解しているはずの決まりのある活動に関して，どのような場面で自分で判断できるようにタイミングを合わせてどのような配慮をし，その結果配慮がなかったらどうなっていただろうかという想定と，配慮したからできた結果とを，対照的に確認し記録しておくことが重要である。「配慮する」と計画に書いたことでは「配慮した」ことになっていない場合もある。

共感的理解

　相手の気持ちを共感的に理解することは，すべての保育の基本である。保育者は，うれしいこと，楽しいこと，感動的なことに対する共感は比較的得意である。子どもたちの「かわいさ」「素直さ」「あどけなさ」が好きで，保育者になりたいと思う動機ともなっている人が多いからかもしれない。

　しかし，「悲しい」「悔しい」「いやだ」という負の感情への共感は不得手なのではないだろうか。子どもの表情や言動にそれを感じたら，気配に触れるや否やその状態から解放させようとしないだろうか。「泣かないでね」「がんばろうね」「がんばってね」「謝っているから許してあげようね」……。子どもの感情に歩み寄り，負の感情をも含めて共有することが「共感的理解」であり，その上でどのように気持ちを受け止め，どのように寄り添い，どのように気持ちの整理をしていったらよいかの示唆を与えていくことが肝要である。

3．子どもの自発性の育みへの配慮

「自分で考え，自分で実行する」。それが可能なのがおとなである。成長するということは，社会への適応に向けて「教えられ，伝えられた」ことを身につけることであり，乳幼児の場合はその部分がとくに大きいといえる。しかし，「自我」が芽生え始めた時に，「自分で」したいという自発的な意欲がなければ，そのような基礎も身につかず，個性をもって豊かな人生を送ることはできない。

物事は，意欲をもって自発的に行えばこそ上達もする。まず，子どもが自発的にしたいということをできるだけ可能な環境をつくってさせること，そして教えようとすることが，その環境のなかで自発的にできるよう段取りをしていく工夫が重要である。そうすることによって，人間として大切なことを楽しくかつ充実感や手ごたえをもって身につけられるし，育てるほうも育つほうもともに楽しい子育てとなるのである。

4．子どもの人権への配慮

子どもにはおとなと同じように一人の人間として「人権」がある。しかしながら，近年，「虐待」をはじめとして子どもの「人権」にかかわる問題が深刻化しており，保育者にとって子どもの「人権」へ配慮することは最も重要な事項となっている。

まず保育者は，『日本国憲法』をはじめ，『児童福祉法』『児童憲章』『子どもの権利条約』などで，子どもの「人権」が法制度的に守られていることを理解しておく必要がある。その上で，日々の保育の営みのなかで子どもの人格を辱めることがないよう十分に心がけておかねばならない。

例えば，日常的なごくささいな場面での言葉のやりとりによって「人権」が損なわれる場合がある。子どもたちは身近な存在である保育者の日々の言葉づかいや振る舞いを敏感に受け止めやすく，子どもの言動に保育者が問題を感じた時に注意の仕方を誤ったり，繰り返される子どもの問題行動に対して感情的に言葉を発したりすると，子どもの発達に悪影響を与えてしまいかねない。したがって，どのような場面においても，子どもの「人権」に配慮しながら信頼関係を築いていけることが望ましい保育者の姿なのである。

35　保育にかかわる配慮

📖自発的であるということ

　子どもの自発的な行動に配慮を加えるためには，保育実践の場では繰り返し，振り返る作業をしなければならない。なぜなら，自発的であるということは，設定保育と異なり，子どもが保育士の想定していない活動に向かい言動を発するということであるから，保育者には比較的不得手な部分であると思われるからである。

　子どもが保育者の期待と異なる言動をした場合，「危ないよ」「お友だちのものをとってはだめよ」「おしゃべりしないで寝ようね」などと保育者が声かけすることをどのようにとらえたらよいのだろうか。

　子どもの自発的な言動のほとんどが保育者の想定外であることが多いことを承知して，受け止め方，かかわり方，とくに子どもの言動を抑える場合にはその根拠をしっかり判断して慎重に言葉を発することが重要である。そうでなければ，さまざまな個性や可能性をもっている子どもの自発性を育むことはできないのである。

📖子どもの人権への配慮に関する注意点

　言葉やしぐさや服装や色の好みなどの違いを理由に，「男の子らしさ」「女の子らしさ」を強調するなどして男の子と女の子を区別することは，容易に差別につながりやすく「人権」への配慮を欠いたかかわり方となるので十分に気をつけたい。

　給食の時間に栄養士が各クラスを回って「みんな食べているわね，おいしい？」と聞いた時に，ある子どもが「まずい」と言った場合，保育者はどのような対応をすべきだろうか。すぐに「ダメよ，まずいなんて言ったら。給食の先生は朝早くからみんなのために一所懸命作ってくださったのだから……」と叱るべきだろうか。はたまた「おいしい」と無理やりウソを言わせるべきだろうか。

　子どもが，おいしくないものを「おいしくない」「まずい」と思い感じたままを素直に表現することと，相手に対して感謝の気持ちをもつこととは，まったく別のことであるということを，子どもたちが理解できるようにていねいに教えることが，すなわち子どもの人権に配慮した保育といえるのである。

—87—

▶ 保育内容

36 特別支援が必要な子どもの保育

1．特殊教育から特別支援教育へ

　わが国の「特殊教育」「障害児教育」は，一人ひとりの特別な教育的ニーズに応じた適切な教育支援を行う「特別支援教育」に大転換された。特別支援教育は，2007（平成19）年に実施されたが，この教育は学校内外のさまざまな資源を活用し，学校職員のチームワークと地域機関のネットワークによって行われるものである。その背景には，インテグレーション*から一歩進んだインクルージョン*の理念がある。支援が必要な状況として，3つの発達障害が加わった。すなわち，①LD（学習障害），②AD/HD〔注意欠陥（欠如）／多動性障害〕，③高機能自閉症（またはアスペルガー症候群），である（☞p.25）。その結果，従来の「知的障害児」「自閉症児」「肢体不自由児」「病弱・身体虚弱児」「視覚障害児」「聴覚障害児」「言語障害児」「情緒障害児」とともに「特別支援が必要な子ども」として援助されることになったのである。

2．特別支援が必要な子どもの保育の理念と内容

　「特別」とは，他の多くの人と異なるところがあるということを意味するが，それは決して「普通より劣る」ということではなく，「特別」だから「迷惑がかかる，手がかかる，経費がかかる」といった見方や感情をいささかもさしはさんではならない。このことは，特別支援の必要な子どもたちに適切な保育をしていく場合に基本的に踏まえておかなければならないことである。

　また，同じような身体的・知的・精神的構造をもった多数の人びとを今まで「普通」や「健常」と呼び，それ以外の（少数の）人びとを「異常」や「障害」と呼んで区別してきたために，後者にすると，数が少ないことによってどうしても生活上の不利益や不便が生じてしまったことについても留意しておきたい。

　人間はみな違う。みな違うから「個性」なのである。どのような「障害」も一つの「個性」ととらえ，「特別なニーズをもつ子ども」の人格や主体性を尊重しながら，それぞれのニーズに見合った保育を展開していかなければならない。

— 88 —

📖特別支援教育の理念

文部科学省によれば，障害のある子どもの「自立や社会参加に向けた主体的な取り組みを支援するという視点に立って，一人ひとりの教育的ニーズを把握し，生活や学習上の困難を改善・克服するため，適切な指導及び必要な支援を行うもの」である。

📖保護者との相互理解

わが子が特別支援児であることを知り，そのための養育に日々を送る保護者に対しての配慮を以下にあげる。

①保護者の気持ちを十分すぎるくらいに受け止め，理解する。

②その子どもへのさまざま支援方法を吟味し，短期的・長期的に計画を立てる。

③支援計画をわかりやすく正確に保護者に示し，前向きな姿勢がとれるように支援していく。状況に合った養育を受けることの利点を，保護者に正しく伝える必要がある。

④保育者は十分な自己覚知を行い，不用意な言葉を使わない。

◉ 特別支援が必要な子どもの世界を知ろう ◉

人は擬似体験をすることによって理解を深めることができる。障害のある人への理解を疑似体験できる著書を紹介したい。

・『母よ嘆くなかれ』（パールバック，法政大学出版局）
・『くるま椅子の歌』（水上 勉，新潮文庫）
・『抄子に教えられて』（加古三枝子，草思社）
・『ダウン症の子をもって』（正村公宏，新潮文庫）
・『子供部屋』（阿部 昭，集英社文庫）
　『NHK障害福祉賞作品集』（NHK厚生事業団）

---

word

＊インテグレーション

心身に障害のある子どもとない子ども（健常児）を，同一の場所において教育すること。

＊インクルージョン

障害のあるなしということではなく，すべての子どもがそれぞれの教育的ニーズに応じた教育を受ける権利を保障しようという考え方。インテグレーションの延長上にある概念といえる。

▶ 保健内容

37 医療保育

　医療保育とは，通常の保育所や幼稚園での保育とは異なり，医療と密接にかかわる保育を総称している。24時間交代で勤務する医療職者の子どもの保育，また，医療を要する子どもが病院，診療所，病児保育室，児童福祉施設などで保育を受ける場合を指している。

1．病院内保育

　病院設置者が病院内，または病院隣接地に設置する保育施設で保育することをいう。一日3交代で病棟勤務する看護師が利用できる保育所が皆無であったため，病院が独自に設置したのが病院内保育の始まりであった。看護師不足に悩む病院などで設置が進んでいたが，2006（平成18）年に医師の研修制度が変わり，研修医の都市部への偏在による医師不足解消のため24時間保育する病院も増えている。

2．病児保育

　保育所入所児が病気になった時，保育所通所可能になるまで，昼間，保育・看護することを病児保育または病児デイケアという。病児保育には，病院・診療所など医療機関の併設型，単独の病児保育室，保育所併設型，乳児院併設型などがある。前二者は病気の急性期も入室可能であるが（狭義の病児保育），後二者は主として回復期のみ1～3日くらい預かっている（病後児保育，☞p.92）。しかし，利用者の季節的変動は大きく，行政からの助成がない場合，経営基盤は極めて不安定である。

　そこで，1994（平成6）年度から全国30ヵ所で病後児デイサービスモデル事業が始まった。1998（平成10）年度は乳幼児健康支援一時預かり事業と名称変更，さらに1999（平成11）年度は保育士や看護師が施設の空き部屋や自宅などを利用する派遣型も含め，450ヵ所で行われた。2000（平成12）年度は，保護者が病気などになった家庭や産後で体調不良である家庭に派遣対象を拡大した。また，小規模型（利用定員2人以上）を新設し，2004（平成16）年度は全国500市町村で実施された。2014（平成26）年度は，派遣型を除き病児・病後児保育事業として病児対応型698ヵ所，病後児対応型573ヵ所，体調不良児対応型563ヵ所，計1,271ヵ所となった。

— 90 —

37 医療保育

📖病児保育のニーズ

　共働きの家庭の乳幼児が病気になると母親の就労状況は著しく制限されるため，「病児保育制度は必要である」との回答割合は，保育所を利用している保護者80.6％，公立保育所72.0％，私立保育所62.6％，小児科医87.1％，保健師90.3％と高かった。したがって，人的配置や設備の充実など病児保育制度の充実が望まれる。また同時に，子どもが病気の時に，親が仕事を休んで子どもを看られる体制作り（看護休暇制度，育児休業制度の延長など）が必要である。

　小児保健関係者1,196名（小児科医が49.3％，看護師19.7％，保健師9.5％，重複回答）への調査結果を図表37-1，2に示す。

図表37-1　病児の望ましいケア

	人　数	％
祖父母など親戚の誰かがみる	826	69.1
友人・知人にみてもらう	367	30.7
ベビーシッターにみてもらう	265	22.2
職場に連れていく	46	3.8
自宅に一人でいてもらう	23	1.9
看護休暇制度を利用する	671	56.1
病児デイケア制度を利用する	653	54.6
他の保育施設を利用する	60	5.0
その他※	44	3.7
無記入	31	2.6

※　親が仕事を休むべき，しっかりしたものでないと不安，他人の家庭事情に口出ししない，など

図表37-2　病児保育の望ましい形態

	人　数	％
医療機関に併設	751	62.8
保育所に併設	693	57.9
資格者による在宅病児保育	230	19.2
単独の病児保育施設	131	11.0
乳児院に併設	74	6.2
他の児童福祉施設に併設	66	5.5
看護師宅などに預ける	49	4.1
その他※	26	2.2
無記入	36	3.0

※　病院内保育，医療機関・保育所合同，地域に合った方法で，など
（図表37-1，2ともに，加藤忠明（1995），病児保育のニーズと対応，小児科臨床
　　　　　第48巻増刊号，日本小児医事出版社，pp.1629-1635）

3．病後児保育

　乳幼児健康支援一時預かり事業のなかで，病後児保育の対象は，病気回復期にあり，医療機関による入院治療の必要はないが，安静の確保に配慮する必要がある集団保育が困難な保育所通所児で，かつ保護者の勤務の都合，傷病，事故，出産，冠婚葬祭など社会的に止むを得ない事由により家庭で育児を行うことが困難な児童である。なお，実施施設が病院，診療所の場合は，病気の回復期に至らない場合も含める。

　病後児保育における対象疾患の範囲は，感冒，消化不良症など乳幼児が日常罹患する疾患や，麻しん，水痘，風しんなどの感染性疾患，ぜんそくなどの慢性疾患，および骨折などの外傷性疾患である。

　派遣方式の実施場所は，児童福祉施設や医療機関などの余裕スペースの他，児童宅や保育士宅などで実施されるので，事故防止および衛生面に配慮するなど，病気回復期の乳幼児の養育に適した場所とする。

4．関係機関との連携

　障害などのある子どもに関する連携：医療機関や療育機関との連携が必要である。療育に携わる専門職から専門的な対応や知識・技術を学び，また保育所での日々の子どもの様子を伝え，情報交換を通じて，子どもへの理解を深める。

　虐待防止などに関する連携：保育現場において，不適切な養育や虐待などの疑いのある子どもや気になる子どもを発見したときは，速やかに市区町村の関係部門（保健センター，児童福祉部門），また，必要に応じて児童相談所に連絡し，早期に子どもの保護や保護者への対応にあたる。そして，地方自治体が設置する要保護児童対策地域協議会（子どもを守る地域ネットワーク）に保育所が積極的に参画し，協力したい。

　災害などの発生時における連携：保育所内外の事故発生，災害発生やその災害訓練時，および不審者の侵入などの事態に備え，日頃から保護者，近隣の住民，地域の医療機関，保健センターや保健所，警察，消防などとの密接な協力や支援にかかわる連携体制を整備することが必要である。

📖 病後児保育の職員配置基準

実施施設は、病気回復期の児童2名に職員1名の配置を基本とする。看護師の他、利用定員に応じて保育士などを配置する。

派遣方式においては、看護師または保育士など1名が担当する児童などは原則1名とする。市町村は実施にあたって、さまざまな病状にも対応でき、かつ、いつでも本事業ができるよう、多数の看護師および保育士などの確保に努める。

📖 日本の母子保健システム

『児童福祉法』により各種の児童福祉施設が設置され、また、『母子保健法』などによって乳幼児健康診査、新生児マススクリーニング、予防接種などが行われている。子どもの健康と安全を守っていくには、各施設のさまざまな職員の連携、また、専門機関・地域との連携を深めながら、各種行政サービスを効果的に利活用したい。

📖 院内保育

病院に入院している子どもを病院内で保育することであり、小児病院など一部の乳幼児病棟で行われている。慢性疾患があって入院している子どもにも「遊びと生活」を保障することが大切である。

病棟に常勤の保育士とプレイルームを設置している場合、診療報酬の加算が行われる。また、民間支援団体による病児訪問などの取組みが行われることもある。こうした取組みなどを通じて、入院治療を受けている慢性疾患のある子どもの発育・発達を支援する。

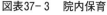

図表37-3　院内保育

▶ 保育内容

38 預かり保育，延長保育

1．預かり保育

　預かり保育とは，幼稚園等が，標準4時間とされる教育時間の前後（早朝や夕方）または長期休暇中に行う教育活動のことである。正規の教育課程のなかに組み込まれた教育活動ではないものの，教育課程内の教育活動をふまえ，それを担当する教諭と緊密な連携を図りながら，幼児期にふさわしい教育活動とすることが求められている。地域での幼児の生活を考慮し，地域の人びととの連携，地域資源の活用などにより，多様な体験ができるようにすることも望まれている。預かり保育の対象となる子どもは，園で長時間を過ごす。そのため，子どもの心身の負担，生活のリズムに十分配慮することが特に重視されている。預かり保育は，保護者の多様なニーズに応じた家庭支援のひとつであるが，情報交換など家庭との緊密な連携を図り，幼稚園等と共に子どもを育てるという保護者の意識が高まるようにすることも重要であるとされている。子ども・子育て支援新制度開始後は，この制度に位置づく幼稚園，認定こども園では，「一時預かり事業」として実施されている。

2．延長保育

　延長保育とは，保育が必要と認定された子どもに対し，通常の保育日・時間以外の日・時間に，保育所，認定こども園等が行う保育のことである。保護者の就労状況等により，11時間の保育が必要と認定された子どもの場合，それを超えて行われる保育が延長保育とみなされ，8時間の保育が必要と認定された子どもの場合，それを超えて行われる保育が延長保育とみなされる。条件を満たせば，対象となる子どもの居宅で実施することもできる。延長保育の実施においては，保護者の状況への配慮，家庭との連携・協力とともに，子どもの福祉の尊重を念頭におき，子どもの発達の状況，健康状態，生活習慣，生活リズム，情緒の安定を配慮することが重要であるとされている。

● 実践例紹介 ―アルテア子ども館（山梨学院幼稚園付設の子育て支援センター）の「預かり保育」―

アルテア子ども館の保育者たちは日頃から子どもたちに、「ここはみんなのもう一つのお家」であると話している。そのため、子どもたちは、「ただいま」と言い、保育者は「おかえり」と迎える。このさりげない挨拶が、子どもたちに、幼稚園とは別の「お家」に帰ってきたという安心感を与えている。家に帰れば子どもたちは上履きを履かない。だとしたら、ここでもそうさせてあげよう。上履きを脱いで過ごす空間は、すなわち、子どもが疲れてごろんと横になりたいときには、すぐにそうできる空間でもある。おままごとのコーナーには、柔らかいマットや、長い座布団がさりげなく敷かれている。冬にはこたつも出され、子どもたちは気持ちよさそうにその中にもぐりこむ。なかには、お昼寝が必要な子どももいる。そうした子どもたちは、他の子どもたちより少し早い時間に保育者が幼稚園に迎えに行く。他の子どもたちが来て賑やかになる前に、おやつを食べ、奥の和室のお布団で、保育者に添い寝されながら眠りにつく。一人ひとりの子どもの24時間を視野に入れ、それぞれに応じた休息が確保されている。

●保育者間の連携

保育者たちは、毎日すぐ隣の幼稚園に子どもたちを迎えに行くが、そこでは必ず、子どもたちの担任から引継ぎを受ける。昼間子どもたちがどのように過ごしたか、それぞれの子どもたちの心身の状態を把握し、必要に応じて、おやつの量を加減したり、休息をとらせたり、検温したり、スキンシップをふやしたりなど配慮する。昼間の活動がさらに発展するような活動を計画したりもする。

●保護者との連携

夕方のお迎え時には、保護者にその日のその子の様子を伝える。お昼寝をした子の場合はその睡眠時間を、体調の悪い子の場合は体温や便の様子等を伝える。子どもの24時間を常に視野に入れ、家庭での様子も保護者から確認する。その日その子がみせた成長や長所は具体的に伝え、保護者に喜びと安心を与えられるよう心がけている。預かり保育に迎えに来る保護者は大抵仕事帰りであるから、保護者の疲れをねぎらう言葉を添えることも忘れない。

▶ 保育の方法・形態

39 保育方法の基本原理

　保育目標を達成するための保育の進め方の基本となるものを保育方法の基本原理とし，乳幼児期ならではの保育方法のあり方を示す。

1．自発性の原理

　自発性とは，外部からの働きかけや強制によらず，自らすすんで能動的にまわりの環境にかかわろうとする姿勢や態度のことである。子どもは，自ら興味や関心をもって自分のしたいことをしようとするとき，最も生き生きと活動し，最も大きな発達を遂げる。遊びは，子どもの自発性が最もよく発揮される場である。自発的な遊び活動において，子どもはいろいろな体験を重ねながら，さまざまな能力を育てていく。保育者は，子どもの興味や関心を誘発し，自発的な自己活動を促すことが大切である。自発的な自己活動力は，自主的，主体的に物事に取り組む態度を育てる基礎となる。

2．環境の原理

　環境を通して行われる教育は，乳幼児期ならではの保育の方法原理である。乳幼児期は自我の発達が不十分なので，環境からの影響を受けやすい。また子どもの発達は，環境との相互作用を通してさまざまな経験を積み重ねつつ，推し進められていくものである。

　環境による教育・保育において大切なのは，「計画的な環境の構成」である。一人ひとりの子どもの育ちや経験の深まりを見通し，発達を促すための教育に必要な環境を計画的に構成したり，子どもの活動の変化に対応して環境を再構成することが求められる。

3．直接体験の原理

　子どもは，もともと活動的，行動的な存在である。彼らは，動いてものに触れて感じ，からだ全体で受けとめる。子どもは，その全身的な活動力によって自分の身のまわりを探索し，さまざまな身体感覚を通して物事を直接的に体験していくのである。子どもに積極的に諸感覚を駆使させて，保育室や園舎内外の事物や自然に触れたり，見たり，聞いたりできる機会をつくりだしていくなど，多様な直接体験が与えられるよう配慮する必要がある。直接体験を通して養われる豊かな感性こそ，子どもの知的な発達を培う基礎となる。

—96—

39 保育方法の基本原理

📖 『保育所保育指針』における「保育の方法」

『保育所保育指針』の第1章総則において，保育の方法は，保育の目標を達成するための保育の進め方として，子ども理解に基づき発達過程に応じて保育する個別保育，子どもが自己を十分に発揮できるようにする環境による保育，子ども同士の豊かな関わりを生み出す集団保育，生活や遊びを通しての総合的な保育などが，保育方法の視点として提示されている。

📖 自発性や主体性を育てる保育

『幼稚園教育要領』第1章総則においては，「幼児の自発的な活動としての遊び」は「心身の調和のとれた発達の基礎を培う重要な学習」と位置づけられている。遊ぶこと自体が目的である遊びのなかで，子どもの自発性は養われるのである。また，「主体的な活動」は，『幼稚園教育要領』や『保育所保育指針』のいたるところで強調されている。自発的に遊び活動に取り組みながら，自分たちの遊び世界のつくり手として，主体的な自分を生み出していくように指導していくことが大切である。

📖 雰囲気という環境

保育における環境には，人的環境，物的環境，社会や自然の事象などがあるが，これら目に見える環境とともに重要なのが，目に見えない雰囲気という環境である。温かいくつろいだ気分のなかで心理的な安定感を味わうことは，子どもの健全な育ちの前提である。安定した気持ちや安心感に基づいてのみ，子どもは自分の周りの環境へ能動的，積極的にかかわろうとする意欲をもつことができる。

📖 直接体験を育む感育

興味や体験から発する直接的で具体的な体験を通して，子どもたちは確かな学びを獲得し，さまざまな力を獲得していく。とりわけ乳幼児期は，さまざまな感覚を総動員して身体感覚をともなう直接体験を積み重ねていき，それが子どもの発達上の栄養分となっていく。『保育所保育指針』第2章保育の内容（1歳以上3歳未満児の保育のねらい及び内容）には，「見る，聞く，触るなどの経験を通して，感覚の働きを豊かにする。」とあり，直接体験を通して豊かな感覚，感性を養う「感育」は乳幼児期ならではの大切な教育の方法である。

—97—

4．総合性と系統性の原理

　乳幼児の発達上の特性は，心身の諸機能が明確に分化していないところにある。すなわち，生理機能や運動機能，情緒の育ち，さらには知的な発達や社会性の発達などのさまざまな側面が相互につながり合いながら全体として発達していくという特徴がある。このような乳幼児の未分化で総合的な発達の特性は，発達が心身の両面にわたって総合的・多面的に推進される時期であることを意味しており，『保育所保育指針』は，「乳幼児期にふさわしい体験が得られるように，生活や遊びを通して総合的に保育を行うこと」としている。

　遊びを中心とした総合的な指導とともに，保育においては，子どものある一定の能力を伸ばしていくために，保育者が綿密な計画に基づいて，順序だてて指導していくことも必要である。これを系統的な指導という。『幼稚園教育要領』等においては，乳幼児期における「学び」の保障が謳われており，小学校における教科的な系統性ではなく，課業や課題活動として，子どもの主体的な学びへの順序立った計画的な指導として行われることが求められる。

5．個別指導と集団指導の原理

　すべて人間は，かけがえのない一個の人格であると同時に，集団のなかで生きる存在である。個人は集団を離れてはあり得ないし，集団は個々の人間関係のつながりとして成立する。保育においても，個は集団において個として浮き彫りになるのであり，質の高い集団は一人ひとりの子どもが生き生きと活動しているときに生まれる。人間における個と集団は，このような相関関係として存在している。

　個別指導の原理を保育方法の視点からみると，一人ひとりの発達過程に応じた成長を促す保育，一人ひとりの子どもの持ち味を大切にする保育であり，個別保育，個性を生かす保育ともいえる。一方，集団生活を通して，子どものコミュニケーション能力や自立した人間関係能力を育み，社会適応や社会化を促進していくのが集団指導の原理である。集団指導は，一律，一斉に同じことを経験させる「まとまりのある保育」ではない。子どもたちがともにあることを通して互いに豊かなかかわりをもち，楽しさや充実感を感じながら仲間として育ち合うようにしていくことが集団指導の基本である。

— 98 —

📖 小学校とは異なる，乳幼児期に独自な総合的な指導

保育においては，小学校のように子どもにとって未知の文化遺産の伝授ではなく，乳幼児期ならではの子どもの内にある力を伸ばすことに重きが置かれる。乳幼児期の保育に特徴的な「領域」は，子どもの「発達の側面」(『幼稚園教育要領』)を示すものであり，子どもの発達を見取る視点である。『幼稚園教育要領』第2章ねらい及び内容では，次のように述べられている。「各領域に示すねらいは，幼稚園における生活の全体を通じ，幼児が様々な体験を積み重ねる中で相互に関連をもちながら次第に達成に向かうものであること，内容は，幼児が環境に関わって展開する具体的な活動を通して総合的に指導されるものである」。子どもの活動においてはいつもさまざまな遊びや生活体験が相互に関連し合っており，その発達は全体的，総合的に推し進められていく。「領域」は，そのような発達をとらえる窓口である。

📖 個別指導の原点

個別指導の原点は，一人ひとりの子どもに対するケアのかかわりである。ケアとは，あらゆる世話やいたわりのための身体技法であるが，同時に心配り，心砕き，気遣いなど親密な配慮の働きであり，子どものあるがままの姿を認めながら，心の動きに応答する働きである。ケアとは，「ケアする対象を，私自身の延長のように身に感じとる」[1] 働きである。日常のケアリングを通して一対一の子どもとの密接なつながりを保ちながら信頼関係をはぐくみ，子どもの心に寄り添うようなかかわりを心がける必要がある。

📖 遊び合い，学び合いをはぐくむ生きたクラス集団

幼稚園・保育所と小学校との連携や接続が課題となっている。小学校とつながり合うために，保育所・幼稚園の側から保育内容展開の視点として求められているのが，「協同的な遊びと学び」である。『幼稚園教育要領』では，領域「人間関係」の内容において次のように述べられている。「友達と楽しく活動する中で，共通の目的を見いだし，工夫したり，協力したりなどする」。子どもたちが力を合わせて遊びを発展させ，クラス集団を活性化していくことが，小学校での学び合いにつながることが期待されている。

▶ 保育の方法・形態

40 保育形態（自由活動形態と一斉活動形態）

1．保育形態とは

　保育の方法を実践的に展開していくために，子どもの生活，遊び，学びの過程を計画的に組織したものを「保育形態」という。すなわち，保育現場において行われる子どもと保育者とのかかわりや指導・援助の具体的な様式，スタイルのことである。保育形態の代表的なものとして，自由活動形態と一斉活動形態を取り上げる。

2．自由活動形態の保育

　自由活動形態の保育は，子どもたちが自発的に好きな遊びを展開する保育の形態である。保育者の計画よりも，子ども一人ひとりの自由意思，自由な選択が最大限に生かされる。子どもたちが自ら選んで好きな遊びを展開する場面では，子どもたちの生き生きとした姿がみられる。「幼児の自発的な活動としての遊び」（『幼稚園教育要領』）が展開されるところでは，子どもの自由感が溢れている。

　自由活動形態の保育は，子どもの自由と自発性を尊重する保育形態であるが，決して子どもに任せっきりの放任保育ではない。意欲的な遊びを引き出すことができるような，子どもの感性を揺さぶるような環境づくりが必要であり，子どもが自由に遊んでみたくなるような，保育者による誘導的な指導技術が必要である。

3．一斉活動形態の保育

　一斉活動形態の保育は，自由活動形態の保育とは反対に，あらかじめ計画された保育者の企図に即して，クラス集団を対象として，原則的に同じ内容と方法によって行われるものである。

　一斉活動形態の保育は，一人の保育者が多数の子どもを計画的，能率的に保育することによって，子どもに技能や知識を系統的に身につけさせることができる利点がある。子どもたちがまだ落ち着いていない入園直後において，また，園生活にどうしても必要な知識を与えたり，基本的な生活習慣を身につけさせたり，いろいろな遊具や用具の使い方を教えたりする場合にも一斉活動は効果があるが，保育者の企図が先行するとともに，子どもの集団を一律に指導するため，管理的，画一的な保育になりやすい。

― 100 ―

40 保育形態（自由活動形態と一斉活動形態）

📖自由活動形態と一斉活動形態の原型

1899（明治32）年に最初の本格的な幼稚園に関する規程である『幼稚園保育及設備規程』が制定され，保育の項目は「遊嬉」，「唱歌」，「談話」，「手技」とされた。そのうち「遊嬉」（現在の遊び）には「随意遊嬉」と「共同遊嬉」の２種類が設けられた。「随意遊嬉ハ幼児ヲシテ各自運動セシメ，共同遊嬉ハ歌曲ニ合ヘル諸種ノ運動ヲナサシメ，心情ヲ快活ニシテ身体ヲ健全ナラシム」とあり，随意遊嬉は現在の好きな遊びや自由活動形態に該当し，共同遊嬉は一斉活動形態に該当すると考えられる。一人ひとりが自由に遊ぶ場面と皆が一緒に合同活動をする場面は，このようにして100年以上も保育の基本的なあり方として定着しているのである。

📖自由活動形態の保育の条件―自由な遊びと豊かな環境―

自由活動形態の保育の原点は自由な遊びである。自由な遊びは，戦後の変革期に幼児教育の手引き書として登場した『保育要領』において，12の「保育項目」のひとつとして重視されたものである。「幼稚園における幼児の生活は自由な遊びを主とするから，一日を特定の作業や活動の時間に細かく分けて，日課を決めることが望ましくない」とされ，「幼児を一室に集め，一律に同じことをさせるより，なるべくおのおのの幼児の興味や能力に応じて，自らの選択に任せて自由に遊ぶ」ことが求められた。

遊びは，自由であり，自発的であり，遊ぶこと自体が目的であるような活動である。夢中になって自由に遊ぶことを通して充実感を味わい，心身全体の育ちが促されていく。すなわち，自由で自発的な遊びにおいて，子どもは心身全体を働かせ，全体的な発達の基礎を築いていくのである。

自由で自発的な遊びは，子どもの能動性を引き出す豊かな環境があって初めて十分に発揮される。子どもの周囲には，子どもが興味や関心をもち，やってみたら面白いと思えるような環境が必要となる。「子どもが自発的・意欲的に関われるような環境」を構成するとともに，「子どもが自ら環境に関わり，自発的に活動し，さまざまな経験を積んでいくことができるように配慮すること」（『保育所保育指針』第1章総則より）が大切である。

▶ 保育の方法・形態

41 保育形態のいろいろ

1. さまざまな保育形態

　保育の形態には自由保育，一斉保育，混合保育など，いろいろな名称がある。これらは厳密にいうと保育に対する考え方を示すものや学級編制の方法に関するもの，保育者のかかわり方を示すものなどがあり明確に区別しがたい。例えば，自由保育は幼児の興味・欲求に基づく自発的・自主的な活動を尊重しようという保育の考え方を示し，この理念のもとでその時のねらいや活動内容にふさわしい活動形態がとられる。自由保育においても，課題活動や一斉の活動形態は行われる。また，異年齢児で学級編制をして保育する「縦割り保育」，異年齢あるいは異なる保育年数の子どもを一緒にして学級編制する「混合保育」は，学級編制と保育の方法を示している。

　分類の視点には，活動への参加人数（個，グループ，学級など），活動の自由度（自由な活動，設定活動，課題活動），保育者の働きかけの強さ（自発，誘導，教導），学級編制や集団編制の方法（同年齢，異年齢，解体，他），などがあげられる。

2. 保育形態と子どもの育ち

　どのような保育形態をとるにしても重要なのは一人ひとりの育ちである。その時々の子どもの気持ちや状況（一人でやりたい，一人だからできる，他）や保育者の願いや意図（経験を広げたい，皆で一緒にする楽しさを知らせたい，他），活動の特徴（一人のほうが楽しめる，全体のほうが楽しめる，他）に応じて柔軟に選択することが大切である。

　どの形態にも長所と短所があり，それらを理解し短所を補うことが必要になる。例えば，一斉保育は皆で同じことをする楽しさを味わい学級としてのまとまりや学級意識を育てたり，保育者の意図の伝達や活動の方向付けをしたりすることに適している。また，子どもの経験の幅を広げることに役立つ。しかし，必ずしも一人ひとりの興味・欲求に応じられないため，一斉形態に偏りすぎないようにする必要があり，一斉保育で経験した内容を個々の子どもが自分のペースで取り組めるように時間や場を保障したり，逆に自由な遊びのなかで行われている活動を一斉活動で取り上げたりする。

— 102 —

41 保育形態のいろいろ

📖設定保育

> 保育者がねらいをもって意図的に計画し，時間や場，内容を決めて子
> どもが取り組むことを求める保育形態

　子どもの自発活動だけでは興味・関心や経験に偏りが生まれ質的
にも深まらないので保育者の側から意図的に活動の機会を与えて子
どもの経験の幅を広げ深めていく必要がある，という保育観に基づ
いている。子どもの経験を広げたり深めたりすることは，保育者の
援助や環境の工夫，あるいは子ども同士の刺激し合いなどによって
も可能である。設定保育の長所はもちろんあるが，設定保育に慣れ
すぎると子どもが受け身の姿勢が強くなることもあるので，固定的
に考えず，柔軟に取り入れることが必要である。
　「一斉保育」とも呼ばれる。どちらも子どもたちが保育者の意図
にしたがって活動を展開する保育者主導の指導方法であるが，「一
斉保育」は全員が同じことを同じ時に行うことが強調される。

📖個別保育

> 子ども一人ひとりを対象として行う保育形態

　保育は一人ひとりの子どもの心身の発達を目指し，その特性に応
じて行われなければならない。その意味で個別保育は保育の基本的
な考え方である。集団で行われる一斉指導に対し，個々の興味や発
達の状況に応じるという意味で個別保育といわれることも多い。

📖グループ保育

> 子どものグループ活動を，グループ単位で指導する保育形態

　幼稚園や保育所には，自然発生的なもの（気の合う仲間，同じ活動
に参加してできている集団），保育者が意図的にメンバー構成したも
の（昼食や活動を一緒にする生活グループ），目的（係活動，当番など）
のために集まったものなどいろいろなグループがある。保育者は意
図的に，同質のメンバーで構成する場合や多様なメンバーで構成す
る場合などがあり，学級の状況や個々の子どもの課題に応じてメン
バー構成を工夫する。また，学級の友だち関係が固定化されがちな

Ⅱ・教育編

—103—

ときに，意図的に頻繁にグループを変えることもある。学級よりも小さな集団なので，子どもたちが自主的に相談し行動することが無理なくできる。そのなかで互いの存在を認め合い，協同性を育むことを期待して行う。グループであっても，一人ひとりの経験内容，育ちを把握することを忘れてはならない。

📖混合保育

異年齢の子どもまたは同年齢でも保育年数が異なる子どもを一緒に学級編制して行う保育形態

異年齢児が一緒になるという点では縦割り保育と同様であるが，混合保育は異年齢の子ども同士の育ち合いを積極的に意図して行うというより，年齢別保育を主体に行う園が，子どもや保育者，保育室の数などの諸事情からこの方式を採用しているという点が異なる。

📖縦割り保育

異年齢保育，無学年制保育とも呼ばれる，異年齢の幼児で学級や集団を編制する保育形態

少子化の影響で，兄弟姉妹・近隣の子ども同士で遊ぶ経験が減少している現代において不足しがちな経験を補うことができる。年長者に憧れる気持ち，年下の子どもへのいたわりの気持ちや自信・責任感などを育むことが期待される。

しかし，同程度の力の者同士が対等にぶつかり葛藤する体験が得られ難い場合もある。知恵を出し合い試行錯誤しながら遊びをより高次なものへと深めていくことが難しいこともある。また，年下の子どもがいつも背伸びをして情緒的に安定できないこともあり得る。年齢の上下が支配と服従の関係になり，それが固定化される恐れもある。子どもが遊びや生活をするなかで，自然発生的にできる異年齢集団と，大人によって意図的に作られた異年齢集団では異なる点に注意する必要がある。この形態の長所と短所を理解しながら，実際にどのような関係がつくられ活動がなされているのかをていねいに観察して，それぞれの子どもの生活や経験，発達過程などを把握し，適切な援助や環境構成ができるよう配慮することが求められる。

41 保育形態のいろいろ

📖 年齢別保育

> 同一年齢で構成された学級やグループを単位として保育する保育形態

　保育所には学級編制についてとくに規定はないが，幼稚園や幼保連携型認定こども園は「学級は，学年の初めの日の前日において同じ年齢にある幼児で編制することを原則とする」[1),2)] と規定されている。そのため，多くの場合同じクラスの同じ年齢の子どもたちで活動する形態をとることが多くみられる。ここで注意しなければならないのは，それぞれの子どもの発達状況の理解，個人差への配慮である。同じ 5 歳児でも，4 月生まれと 3 月生まれでは 1 年の差があることを忘れてはならない。

📖 クラス保育

> 子どもが所属し，担任との関係を基盤にして情緒的に安定し，生活のよりどころとなる集団がクラスであり，そのクラス集団を単位として行う保育形態

　子どもは子ども同士互いに影響し合い，関係を育みながら，それぞれが十分に自己を発揮し，充実し，成長していく。担任はクラス全体の実態把握はもちろん，それぞれの子どもの性格や行動を理解し，適切な援助を行わなければならない。

　クラス単位の考え方が強すぎると，クラスの壁が厚くなり子どもの自由な交流が狭められたり，保育者同士が互いの保育を賞味したり検討し合ったりすることが少なくなり，保育の質向上にとってマイナスになることがあるので注意しなければならない。

📖 交流保育

> 子どもが多様な人と出会い，かかわることを通して，自分の世界を広げ自分自身に気づき成長していくことを意図して行う保育形態

　園内では，異年齢・同年齢であっても自分とは異なる興味・関心をもつ，障害のある，外国籍の，などのさまざまな子ども，あるいは担任以外の保育者や職員などとの出会いがある。意図的に機会を設けることで，小学生・高齢者など地域住民・保育体験で訪問する

Ⅱ. 教育編

－105－

中学・高校生などとの出会いも生まれる。子どもは多様な人と出会いかかわることで多くを学ぶ。しかし，真の意味で出会い，心に残る感動や気付きがなければそれはただのイベントで終わり，確かな成長にはつながらない。このことを心に留め，子どもが何を感じ，何を体験しているのかを理解することを忘れてはならない。

📖解体保育

> 園全体で学級の枠を意図的に外して行う保育形態

　幼稚園などでは，ある程度発達している年長学年で行うことも多い。例えば，劇的表現の発表会に向けて，学級単位ではなく活動内容（例えば創作劇，ダンス主体の劇，昔話）のなかから子どもがやってみたいものを選んでメンバーとなり取り組む例がある。子どもの選択を重視し，意欲を高めることを意図しているが，その他にも利点はある。学級内での固定的な仲間関係や，「あの子は（自分は）こんな子」というイメージや仲間のなかでの力関係が変化するきっかけになることも多い。保育者にとっても，他の保育者の子ども理解や子どもとの接し方を学ぶよい機会となる。しかし，十分な準備と共通理解のための話し合いが必要であり難しさも伴う。

📖コーナー保育

> ままごと，製作，絵本コーナーなど，子どもがその遊びを充実できるように場や物，雰囲気を用意し，子どもに環境から働きかけようとする保育形態

　保育者は漫然とコーナーを設定するのではなく，子どもの発達状況や興味・関心をとらえ，活動を予想し，ねらいをもって行うことが必要である。また，保育者が用意したコーナーで遊ぶだけでなく，子どもの発想で自分たちの遊びの新たな拠点を作ることも十分に支援しなければならない。コーナーからコーナーへ転々と遊びを移動する子どもは，一見すると楽しく遊んでいるように見えるが，遊びが深まっていないということもある。一人ひとりの活動状況を十分に把握し，適切な援助が行えるようにすることも必要である。

📖 オープン保育

> 子どもの自発性や個性を尊重し，保育室の仕切りをなくすなどでオープンなスペースを作り，そのなかで遊びの内容，場や物，仲間を子ども自身が自由に選択して活動する保育形態

　積極性・自主性・創造性・思考判断力を育てるのに適するとされる。しかし，環境構成や子ども理解と援助などが適切に行われなければ，その効果は期待できない。保育者間の共通理解も重要となる。伝統的な学校教育の枠をはずし子どもの興味・欲求を尊重するオープン・エデュケーションの考え方を保育に取り入れたものである。

📖 ならし保育

> 幼稚園や保育所の入園時，子どもだけでなく保護者も新しい環境や生活への不安を減らし，生活できるようにと願い，時間や内容に配慮して行う保育形態

　家庭生活から集団生活への移行期間の保育といえる。例えば幼稚園では，3歳児の入園期の保育時間を他学年よりも短くしたり（1時間から始めて，次第に長く），弁当の開始時期を遅くしたり回数を少なくしたりする。保育内容も子どもの緊張に配慮し明日の楽しみにつながるようゆっくりしたテンポで行われ，援助者の数も多めにするなどもある。園生活に早く慣れることだけに価値を置かず，慣れないことを，子どもが新しい世界に一歩踏み出す大切な体験ととらえ，そこに教育的な意味を見出していこうという考えもある。

　保育所でも，保育時間を最初は短く（2時間から半日），次第に長くする，保護者が子どもと一緒に過ごす時間をとる，などが行われているが，保護者の就労状況や家族状況などの実態に応じ，入所前に親子で遊びに通ってきてもらう，ならし保育期間を短くする，など，その方法は変化し，全く行われない所もある。

　「ならし」という言葉が「子どもを施設のやり方にあわさせる」というやや高圧的ニュアンスを感じさせることもあり，全体として「ならし保育」を見直し，柔軟な対応をするようになってきている。幼稚園ではこの言葉はあまり使われなくなっている。

42 保育の計画

1. 幼稚園における教育課程と全体的な計画

教育課程：教育課程とは、幼稚園における教育期間の全体を見通した計画であり、入園から修了までの期間において、どのような道筋をたどって教育の目標を達成していくかを示したものである。どの時期に、どのようなねらいをもち、どのような指導を行うのかが明らかになるように、具体的なねらいと内容を組織する必要がある。

2017（平成29）年改訂の『幼稚園教育要領』における教育課程の編成にかかわるポイントは、次の2点である。①全体的な計画（図表42-1）に留意しながら、「幼児期の終わりまでに育ってほしい姿」（図表42-2）を踏まえて教育課程を編成すること、②教育課程の実施状況を評価して、その改善を図っていくことを通して、組織的かつ計画的に教育活動の質の向上（カリキュラム・マネジメント）に努めることである。その他、教育課程編成の基本方針を家庭や地域と共有することや、満3歳児で入園する子どもへの指導、小学校との接続にあたっての留意事項など、新たに追加された内容にも留意して教育課程を編成することが求められている。

全体的な計画：全体的な計画とは、教育課程と教育課程に係る教育時間の終了後等に行う教育活動（預かり保育・一時預かり等）の計画、学校保健計画、学校安全計画などとを関連させ、一体的に教育活動が展開されるようにするための計画のことである（図表42-1）。

図表42-1　幼稚園における全体的な計画の位置づけ

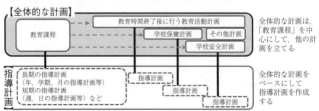

（汐見稔幸（2017）．さあ、子どもたちの「未来」を話しませんか　小学館 p.114を改変）

42 保育の計画

📖 幼児期の終わりまでに育ってほしい姿

「5歳児後半に特に伸びていく5領域の内容を10に整理したもの」（無藤，2017）であり，資質・能力（図表42-3）が育まれている幼児の幼稚園修了時の具体的な姿である。10の姿は，保育者が指導をする際に考慮したり，小学校教育との円滑な接続のために小学校の教師と共有したりするためのものでもある。これらは自発的な遊びや主体的生活を通して育っていくものであることに留意する。

📖 カリキュラム・マネジメント

教育目標の効果的な実現や，活動の充実，教育内容の質の向上のために，どのような教育課程を編成するのかを工夫したり，実施状況を評価・改善したりすることをさす。

📖 幼稚園教育において育てたい資質・能力

資質・能力は，遊びを通した総合的な指導によって育成される。非認知的能力などの育成も含め，小学校以上の学びにつなげていく。

図表42-2　幼児期の終わりまでに育ってほしい姿（10項目）

①健康な心と体，②自立心，③協同性，④道徳性・規範意識の芽生え，
⑤社会生活との関わり，⑥思考力の芽生え，⑦自然との関わり・生命尊重，
⑧数量や図形，標識や文字などへの関心・感覚，⑨言葉による伝え合い，
⑩豊かな感性と表現

図表42-3　育てたい資質・能力の3つの柱

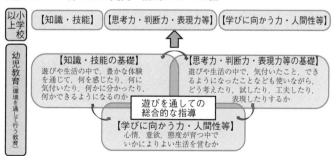

（文部科学省．「幼児教育部会における審議のとりまとめ」平成28年8月26日を改変）

2．保育所における全体的な計画

　全体的な計画とは，2017（平成29）年の『保育所保育指針』の改定で示された用語であり，指導計画やその他の計画の上位に位置づけられる。『保育所保育指針解説』によると，全体的な計画は，「入所から就学に至る在籍期間の全体にわたって，保育の目標を達成するために，どのような道筋をたどり，養護と教育が一体となった保育を進めていくのかを示すもの」である。また，「全体的な計画は，保育所保育の全体を包括的に示すものとし，これに基づく指導計画，保健計画，食育計画等を通じて，各保育所が工夫して保育できるよう，作成されなければならない」とされている。子どもの家庭の状況，地域の実態，保育時間などを考慮に入れることが大切である。なお，全体的な計画の位置づけは，図表42-4に示すとおりである。

　今回の改定では，「幼児教育を行う施設として共有すべき事項」として，『幼稚園教育要領』と同様に「育みたい資質・能力」や「幼児期の終わりまでに育ってほしい姿」が示された。保育所における全体的な計画の作成にあたっての基本的な考え方は，『幼稚園教育要領』と共通であるため，p.108〜109を参照するとよい。これに加えて，保育所保育の特徴である養護に関する内容や領域のねらいや内容等との関連も考慮し，設定していく必要がある。

3．幼保連携型認定こども園における全体的な計画

　幼保連携型認定こども園では，教育と保育を一体的に提供するため，教育および保育の内容と子育て支援等に関する全体的な計画を作成することとなっている。この施設における全体的な計画は，「教育と保育を一体的にとらえ，園児の入園から修了までの在園期間の全体にわたり，幼保連携型認定こども園の目標に向かってどのような過程をたどって教育および保育を進めていくかを明らかにするものであり，子育ての支援と有機的に連携し，園児の園生活全体をとらえ，作成する計画である」ことに特徴がある（図表42-5）。「幼児教育を行う施設として共有すべき事項」として示された，「育みたい資質・能力」や「幼児期の終わりまでに育ってほしい姿」や，カリキュラム・マネジメント，小学校教育との接続に関するとらえ方は，幼稚園と同じである。

図表42-4　保育所における全体的な計画の位置づけ

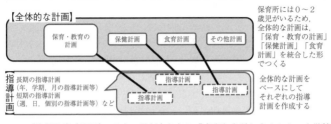

（汐見稔幸（2017）．さあ，子どもたちの「未来」を話しませんか　小学館 p.114をもとに改変）

図表42-5　幼保連携型認定こども園における全体的な計画の位置づけ

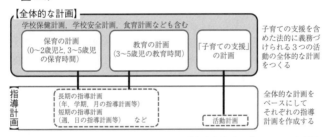

（汐見稔幸（2017）．さあ，子どもたちの「未来」を話しませんか　小学館 p.115をもとに改変）

4．教育課程・全体的な計画と指導計画との関係

　指導計画とは，教育課程（幼稚園）および全体的な計画（保育所，幼保連携型認定こども園）を具体化した実践計画である。ねらいと内容，環境構成，予想される活動，保育者の援助などをより具体的に設定し，乳幼児期にふさわしい生活が展開され，必要な体験が得られるようにするためのものである。その際，調和のとれた組織的，発展的な指導計画となるように留意する。また，必要に応じて，個人，クラス，グループなどの指導計画も作成する。

指導計画には，年間指導計画，期の指導計画，月間指導計画など
の長期の指導計画と，週案や日案などの短期の指導計画がある。短
期の指導計画は，長期の指導計画をさらに具体的にし，子どもの実
態や生活に即して実践できるようにするための計画であり，子ども
の生活リズムや，子どもの興味の連続性に配慮する必要がある。

保育の展開にあたっては，指導計画に基づきながらも，子どもの
活動に沿った柔軟な指導をすることが大切である。また，指導の過
程についての評価を適切に行い，常に指導計画の改善を図り，保育
の質を向上させていくことが求められている（図表42-6）。

5．幼稚園における指導計画

2017（平成29）年改訂の『幼稚園教育要領』における指導計画作
成にあたっての新たなポイントは，主に次の3点である。

①学びの過程を意識した指導：資質・能力を育む上で，3つの柱
を念頭に置いて環境を構成し，学びの過程の中での一人一人の違い
にも目を向けた，総合的な指導が求められている（図表42-7）。

②主体的・対話的で深い学びの充実：幼児期における遊びをアクティ
ブ・ラーニング（能動的学習）としてとらえ，「学び」という視点
から評価し，指導の改善を図ることが求められている（図表42-8）。

③幼児理解に基づいた評価の実施：5歳児における「幼児期の終
わりまでに育ってほしい姿」を踏まえた評価の視点が新たに加えら
れた。子ども一人ひとりのよさや可能性を評価する考え方は継続さ
れており，他児との比較や，一定の基準に対する達成度の評定を行
うものではないことに留意する必要がある。

その他にも，「言語活動の充実」，「幼児が生活や遊びに見通しを
持ったり，振り返ったりする指導の工夫」，「特別な配慮を必要とす
る幼児への指導」等の新たな視点も踏まえ，指導計画を作成する。

6．保育所における指導計画

2017（平成29）年の『保育所保育指針』の改定では，幼児教育に
関する記載が『幼稚園教育要領』とほぼ統一されたことから，指導
計画作成に関する基本的な考え方は，『幼稚園教育要領』と共通の
ものとしてとらえる必要がある。具体的な重要ポイントとしては，
先に述べた①学びの過程を意識した指導，②主体的・対話的で深い

図表42-6　教育課程・全体的な計画と指導計画との関連

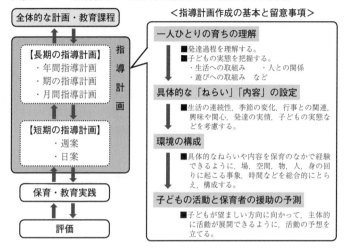

図表42-7　5歳児後半の学びの過程のイメージの例

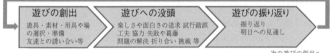

(文部科学省,「幼児教育部会における審議のとりまとめ」平成28年8月26日を改変)

図表42-8　主体的・対話的で深い学び

①**主体的な学び**：周囲の環境に興味や関心をもって積極的に働きかけ，見通しを持って粘り強く取り組み，自らの遊びを振り返って，期待を持ちながら次につなげる「主体的な学び」ができているか。
②**対話的な学び**：他者との関わりを深める中で，自分の思いや考えを表現し，伝え合ったり，考えを出し合ったり，協力したりして自らの考えを広げ深める「対話的な学び」が実現できているか。
③**深い学び**：直接的・具体的な体験の中で，「見方・考え方」を働かせて対象と関わって心を動かし，幼児なりのやり方やペースで試行錯誤を繰り返し，生活を意味あるものとして捉える「深い学び」が実現できているか。

(文部科学省,「幼児教育部会における審議のとりまとめ」平成28年8月26日)

学びの充実，③幼児理解に基づいた評価の実施に取り組んでいくことである。また，カリキュラム・マネジメントという言葉自体は，『保育所保育指針』に記載されていないが，全職員の共通理解のもとで，評価を踏まえた計画の改善に取り組んでいくことが必要である。

　また，養護と教育を一体的に展開し，幅広い年齢の子どもたちが長時間を過ごす保育所においては，図表42-9に示す内容に留意して指導計画を作成することも求められる。

7．幼保連携型認定こども園における指導計画
　幼保連携型認定こども園は，教育と保育を一体的に提供し，在園

図表42-9　保育所における指導計画作成の主な留意事項

---

①3歳未満児
　個人差が大きい時期であるため，一人一人の子どもの成育歴，心身の発達，活動の実態に即して，個別的な計画を作成する。新たに示された0，1，2歳児のねらいと内容にも踏まえる。
②3歳以上児
　クラスとしての指導計画を基本としながら，個々の成長と，子どもの相互の関係や協同的な活動が促されるように配慮する。
③異年齢で構成される組やグループ
　一人一人の子どもの生活経験，発達過程などを把握し，適切な援助や環境構成に配慮する。
④生活リズムへの配慮
　一日の生活リズムや在園時間が異なる子どもに配慮して，活動と休息，緊張と解放の調整を図るように配慮する。
⑤午睡
　安心して眠れる環境を確保し，個々の子どもの発達状況や個人差に配慮し，一律に行わないようにする。
⑥長時間にわたる保育
　子どもの発達過程，生活のリズムや心身の状態に十分に配慮する。保育の内容や方法，職員の協力体制，家庭との連携等を指導計画に位置付ける。
⑦障害のある子ども
　指導計画の中に位置づけながら，他の子どもと共に成長できるようにすること。家庭や関係機関との連携した支援のための，個別支援計画を作成すること。

（『保育所保育指針』第1章総則3-(2)）

時や地域の保護者への子育て支援が義務づけられている施設である。ここでいう教育とは，学校教育法に定められた満3歳以上の子どもを対象にした学校教育を指す。一方，保育とは，児童福祉法に定められた保育を必要とする子どもへの保育を指している。

　そのため，この施設では，指導計画の作成は，先述した『幼稚園教育要領』と『保育所保育指針』に示された基本的な考え方と共通である。ただし，幼保連携型認定こども園では，図表42-10に示す3つの認定区分に該当する子どもが在籍していることから，幼保連携型認定こども園として特に配慮すべき事項が示されており（図表42-11），これらを踏まえて指導計画を作成していくことが大切である。

図表42-10　幼保連携型認定こども園に在籍する園児の認定区分

3，4，5歳児 （1号認定）	3，4，5歳児 （2号認定）
0，1，2歳児 （3号認定）	

■専業家庭などで保育を必要としない場合
1号認定（3，4，5歳児）
■就労などで保育を必要とする場合
2号認定（3，4，5歳児）
3号認定（0，1，2歳児）

図表42-11　幼保連携型認定こども園として特に留意するべき事項

①当該幼保連携型認定こども園に入園した年齢により集団生活の経験年数が異なる園児がいることに配慮する等，0歳児から小学校就学前までの一貫した教育及び保育を園児の発達や学びの連続性を考慮して展開していくこと。
　特に満3歳以上児については入園する園児が多いことや同一学年の園児で編制される学級の中で生活することなどを踏まえ，家庭や他の保育施設等との連携や引継ぎを円滑に行うとともに，環境の工夫を行うこと。
②園児の一日の生活の連続性及びリズムの多様性に配慮するとともに，保護者の生活形態を反映した園児の在園時間の長短，入園時期や登園日数の違いを踏まえ，園児一人一人の状況に応じ，教育及び保育の内容やその展開について工夫をすること。
　特に，入園及び年度当初においては，家庭との連携の下，園児一人一人の生活の仕方やリズムに十分に配慮して一日の自然な生活の流れをつくり出していくようにすること。

（『幼保連携型認定こども園教育・保育要領』第1章総則第3）

▶ 保育の計画

43 指導計画作成上の留意事項

１．子どもの発達過程や状況に応じた計画

　子どもの生育環境や生活経験は異なり，発達には個人差がある。また子どもの発達は，著しく発達する時期もあれば緩やかに発達する時期もある。そのため，子どもの発達過程や状況を十分に踏まえて，指導計画を作成することが重要である。子どもの生活の連続性や季節の変化を考慮し，子どもの実態に即した具体的なねらいや内容を設定する。またそのねらいや内容が達成されるよう適切な環境を構成し，子どもが主体的に活動できるようにする。

２．３歳未満児の個別的な計画

　３歳未満児は，月齢，生育歴によって子どもの心身の発達の差が著しい。年度途中に入所する子どももおり，落ち着きに差がでるなど活動の実態も異なる。そのため一人ひとりの実態に合った個別的な計画が基本となる。乳児を含む低年齢の子どもは，心身の機能が未成熟であるため，疾病の発生が多くなる。身体の状態や機嫌，食欲など，日常の健康状態を把握しながら，保健・安全面に配慮する。健康な生活が確保されると，保育者との信頼関係を育み，安定感をもち，周囲の事物に働きかける。子どもの主体的な活動を尊重し，臨機応変な対応ができる計画とする。

３．３歳以上児の協同を生み出す計画

　３歳以上児は，徐々に友だちとの活動が増え，お互いを意識して集団の活動ができるようになる。個の成長とともに子ども相互の関係が深まり，力を合わせて協同的な活動が生み出されるように配慮して計画を作成する。

４．一人ひとりの生活・経験を踏まえた異年齢の組やグループの計画

　異年齢の場合も，一人ひとりの子どもの生活や経験，発達過程を十分に把握し，環境構成や援助を計画する。異年齢の子どもがともに生活し，一緒に遊ぶ楽しさを味わうことで，遊びの多様性や子ども同士のつながりが深まり，学び合いが生まれる。それぞれの子どもの遊びや経験の差が，年齢を超えて互いに活かされる計画を立てる。

—116—

43 指導計画作成上の留意事項

📖指導計画の立案の際のポイント

①子どもの情緒の安定，②自我の育ち，③子どもの興味や関心，④興味や関心に向かって自分の力を発揮しているか，⑤友だち関係の育ちなどに留意し，必要な体験が得られるように計画を立てる。

📖3歳未満児の指導計画と留意事項

子どもの状況や季節の変化，生活の連続性に配慮した計画を立てる。低年齢児のデイリープログラムは，時間割ではないので，子どもの状況に合わせて柔軟に対応する，①担当制を基本に応答的にかかわり情緒的絆をはぐくむ，②健康・安全面に配慮する，③担当の保育士が替わる場合は，とくに保育者同士の協力体制，情報の共有を図る，③保護者の思いをくみ取り，ともに育てるという意識で家庭との連携を図る，④子どもの健康な生活を支える栄養士，調理員，看護師等と連携する，などの視点を盛り込み立案する。

📖3歳以上児の指導計画と留意事項

個人・グループ・クラスの活動など，多様な形態の活動を経験するなかで，自分の力や持ち味を発揮し，個としても集団としても充実し，協力する喜びを味わえる計画を立てる。
①自然や季節を意識し，一日，1週間のリズムを考える。
②園での生活にリズムを与えるよう，行事のあり方に工夫する。
③子どもの遊びが，個人あるいは集団で充実する環境を考える。
④食育をどのように行っていくかを計画する。
⑤長時間や特別な援助を必要とする子どもの保育を考える。
⑥保育者間の協力体制を考える。
⑦家庭との連携を考える。
⑧発達の連続性を，例えば小学校との連携を意識し立案する。

📖異年齢の指導計画と留意事項

①年齢や個性によって活動内容や活動性が異なるので，一人ひとりの生活・経験・発達過程を把握するとともに，異年齢でのかかわりから生まれる活動を尊重して，柔軟に対応できる計画を立てる。
②環境構成では，異年齢で遊べる遊具や道具を用意する。
③遊びの内容によっては，例えばルールのある遊びなどは，遊びの仲立ちをしたり，小さい子どもと一緒に遊ぶなど具体的な援助を考える。

II. 教育編

— 117 —

5．生活リズムや在園時間の長短に配慮した計画

　保育所では一日の生活リズムや在園時間が異なる子どもが一緒に生活をする。生活のリズムが異なる子ども同士が一緒に過ごすことは，緊張や不安を生み，心身に負担を与える場合もある。そのため，子どもが心地よく安心して生活できるように，活動と休息，緊張感と開放感などの生活のリズムを考え，調和を図る計画が重要である。特に午睡は，生活のリズムを整えるという点で有効である。子どもが十分に午睡ができるように，安心・安全に眠れる睡眠の環境を整える。ただし，一人ひとりの子どもに必要な睡眠時間は，在園時間や子どもの発達の状況によって異なり，個人差が大きいので，一律にならないように配慮する。

6．長時間にわたる保育の計画

　近年，長時間の保育を受ける子どもが増加している。長時間の保育は，子どもの心身に影響を与え，年齢や個性によって，負担度も異なる。長時間の保育を受ける子どもが心身ともに健やかに発達するためには，まずは家庭にいるようにくつろぎながら穏やかに過ごせる環境のあり方を考え，保育の内容や方法，職員の協力体制，家庭との連携などを指導計画に位置づける。

7．障害のある子どもの保育

　障害のある子どもの保育では，一人ひとりの子どもの発達過程や障害の状態を把握することが基本である。園での生活を詳細に観察，記録し，子どもの状態を理解する。子どもにとって自分のペースで活動を行うことがふさわしい場合もあれば，他の子どもやクラスでの活動が子どもの興味と重なり，対人関係を深める場合もある。個の成長とともに，他の子どもと生活することで，ともに成長できるように配慮して計画を作成する。また計画を実施する際には，子どもの状態に合わせて柔軟に対応する。障害のある子どもの保育は担任だけではなく，多くの人々の協力を得て進めることが有効である。家庭や職員間の連携はもちろん，専門機関との情報交換，助言，個別指導を得ることや家庭，園，専門機関で発達の状況を確認する機会を設けるなど，適切な保育を実施するために，さまざまな連携の可能性を探り，支援のための計画を個別に作成する。

📖預かり保育，長時間保育などの指導計画と留意事項

①年齢や個性に配慮して，長時間で疲れが出ないように，全体としてゆるやかな計画を立てる。

②一日のリズム，1週間のリズムに配慮する。子どもの活動性に留意して，週前半と後半の活動を考える。

③担当の保育者が入れ替わる場合，そのことで不安を抱く子どもに十分配慮する。

④帰宅時間が異なる子どもの場合，担当者間，保護者との連絡を十分に行う。また，帰宅が遅くなる子どもの健康，精神面への配慮を考える。

図表43-1　障害のある子どもの指導計画例と留意事項

子ども（A児）の姿
・健康，生活，遊び，他者とのかかわり等から，子どもの発達過程や障害の状態を的確に理解する。
A児のねらいと内容／クラスのなかでのねらいと内容
・A児について個別のねらいと内容を記す。 ・クラスのなかでのA児のねらいと内容を記す。
保育者の援助・環境構成のポイント
① A児の姿を予想しながら援助の留意点を記す。 ② 集団のなかのA児の姿をとらえ，A児やクラスにふさわしい環境構成を考える。 ③ 保護者や専門機関との連携を考える。 ④ 保育者間の情報共有，連携を考える。
評価・課題
・担任およびA児にかかわる人びとが協力して，A児の発達の振り返りを行う。

📖小学校との連携：子どもの連続する育ちを支えるための情報共有

　幼稚園・保育所・認定こども園において育まれた子どもの資質・能力を下に，小学校教育が円滑に行われるようにする。そのため「幼児期の終わりまでに育ってほしい姿」などを相互で共有し，小学校教師との意見交換や合同の研究の機会を設けることが有効である。

　市町村の支援の下に，「幼稚園幼児指導要録」，「保育所児童保育要録」，「認定こども園こども要録」などを送付し，子どもの育ちの連続性を支えるための情報共有を行う。

> 保育の評価

44 保育者の自己評価

1．保育者の自己評価

　2008（平成20）年の『保育所保育指針』改定により，保育士等の自己評価は努力義務となった。2017（平成29）年改定の『保育所保育指針』においても，「保育士等は，保育の計画や保育の記録を通して，自らの保育実践を振り返り，自己評価することを通して，その専門性の向上や保育実践の改善に努めなければならない」と同一の文言で規定されている（第1章総則3－(4)－ア）。そこでは，保育士等の自己評価は，保育所全体の自己評価の基盤としても位置づけられている。『幼稚園教育要領』『幼保連携型認定こども園教育・保育要領』には，幼稚園教諭や保育教諭の自己評価に関する記載はないものの，幼稚園，認定こども園においても同様に，保育者の自己評価は，その専門性の向上と実践の改善のために重要であり，園全体の自己評価の基盤であるといえよう。

2．保育者の自己評価の視点

　保育者の自己評価は，「自らの保育実践を振り返ることと，保育を通して子どもが変容する姿をとらえ振り返ること」の両面から行うものとされる（厚生労働省，『保育所における自己評価ガイドライン』，2009年）。とくに子どもの姿をとらえる際には，「子どもの活動内容やその結果だけでなく，子どもの心の育ちや意欲，取り組む過程などに十分配慮する」ことが求められている（『保育所保育指針』第1章総則3－(4)－ア）。

　保育者の自己評価の視点は，具体的かつ多様であることが望まれる。視点が抽象的で曖昧であると，保育者間での共有が困難となる。視点が多様性に欠けると，子どもの育ちや自らの保育を偏った視点からしかとらえられなくなる。記録の作成や話し合いへの参加などを通して，個々の保育者が自らのなかにもっている評価視点を言語化し，明確に表現していくことが重要である。これにより，具体的かつ多様な評価視点を保育者間で共有し協働で自己評価を進めていくこと，個々の子どもの育ちを多角的にとらえることが可能となる。

— 120 —

44　保育者の自己評価

📖保育者の学び合い

　保育者の自己評価は，個々に行うだけで終わらせることなく，協働で進めていくことで充実したものとなる。同じ子どもの姿でも，同じ保育実践でも，とらえ方は保育者によってさまざまである。他の保育者の意見をきくことで，自分には見えていなかった子どもの姿が見えてきたり，気づけずにいた自らの保育のよさや課題に気づけたりする。このように，保育者同士の話し合い等を通して行われる保育者の自己評価は，保育者の学び合いとしても機能する。

📖保育の記録

　日々の子どもの姿や保育実践を写真や動画，文章で記録しておくことは，それらを客観視するための第一歩であり，保育者の自己評価を充実したものにしていく上で有効である。後でじっくり記録を見ることで，その時は見落としていたことに気づけたり，その時漠然と感じていたことがより鮮明に意識化されたりする。記録の蓄積は，子どもの変容過程をとらえることや，長い時間的スパンで保育実践を振り返り，よかった点，改善すべき点を見出すことにもつながる。保育者間で記録を共有することで，互いに，自分にはなかった子どもや保育のとらえ方に出会えたり，自分では思いつけなかった保育の工夫や配慮，アイデアで出会えたりもする。話し合い同様，記録の共有は，保育者の自己評価を充実したものにしていく。

📖保育者のPDCAサイクル

　個々の保育者によるPDCAと，保育所，幼稚園など組織によるPDCAサイクルとは，相互に関連しながら展開されていく。ここで，個々の保育者によるPDCAサイクルとは，子どもの姿と保育者の願いの両者を大切に保育を計画し環境を整え（Plan），子どもの主体的な活動を支え（Do），記録などを通して自らの実践や子どもの姿を振り返り（Check），改善を試み（Action），新たに生じてきた子どもの姿と保育者の願いから再び次の計画を立て環境を整えていく（Plan）というサイクルであるといえよう。話し合いや記録の共有により，振り返り（Check）を保育者が協働で進めることで，組織として大切にしていることや課題が明確になっていき，組織によるPDCAサイクルにつながっていく。

Ⅱ.
教育編

— 121 —

▶ 保育の評価

45 保育所，幼稚園等の自己評価

1．保育所，幼稚園等の自己評価

　幼稚園に対しては，2002（平成14）年に施行された『幼稚園設置基準』において自己評価の実施とその結果の公表が努力義務となり，2007（平成19）年改正の『学校教育法』『学校教育法施行規則』によって，これらが義務化された。『学校教育法』第42条では，幼稚園を含む学校は自らの「教育活動その他の学校運営の状況について評価を行い，その結果に基づき学校運営の改善を図るため必要な措置を講ずることにより，その教育水準の向上に努めなければならない」と規定され，さらに『学校教育法施行規則』第66条第1項では，幼稚園を含む学校は自らの「教育活動その他の学校運営の状況について，自ら評価を行い，その結果を公表するものとする」と規定されている。現在，幼稚園を含む学校には「学校評価」が課されており，自己評価は学校評価の1形態として位置づいている。

　保育所に対しては，2008（平成20）年の『保育所保育指針』改定により，自己評価の実施とその結果の公表が努力義務となった。2017（平成29）年改定の『保育所保育指針』でも，「保育所は，保育の質の向上を図るため，保育の計画の展開や保育士等の自己評価を踏まえ，当該保育所の保育の内容等について，自ら評価を行い，その結果を公表するよう努めなければならない」と同一の文言で規定されている（第1章総則3－(4)－イ－(ア)）。保育所では保育士等の自己評価も努力義務であり，これが保育所の自己評価の基盤であるとされている（☞p.120）。

　幼保連携型認定こども園に対しても，2012（平成24）年改正の『就学前の子どもに関する教育，保育等の総合的な提供の推進に関する法律』およびその施行規則により，自己評価の実施とその結果の公表は義務化されている。施行規則第23条第1項は，「幼保連携型認定こども園の設置者は，当該幼保連携型認定こども園における教育及び保育並びに子育て支援事業の状況その他の運営の状況について，自ら評価を行い，その結果を公表するものとする」と規定している。

45 保育所，幼稚園等の自己評価

📖保育者の自己評価にもとづく組織の自己評価

　保育所，幼稚園等における自己評価はいずれも，保育所長，幼稚園長等のリーダーシップの下で全職員が参加し，組織的，継続的に行うものとされている。

　『保育所保育指針』等においては，保育士等個々の職員が行う自己評価が，保育所全体での組織としての自己評価の基盤となることが強調されている。こうした強調は，『幼稚園における学校評価ガイドライン』（文部科学省，2011年）等ではみられないが，幼稚園，認定こども園等においても同様に，直接子どもにかかわる個々の幼稚園教諭，保育教諭等の自己評価が，園全体としての自己評価の基盤となるといえよう。

📖保育所，幼稚園における自己評価の流れ

　『保育所における自己評価ガイドライン』（厚生労働省，2009年）では，PDCAは計画（Plan)-実践（Do)-評価（Check)-改善（Action）と訳され，このサイクルの継続によって保育の質の向上と保育者の専門性の向上が図られていくことが求められている。ここでPlanは「計画」と訳され，「保育の計画」がPlanに位置づけられている。また，PDCAサイクルは，保育士等個人によって行われるものと（☞p.121)，保育所という組織として行われるものとが相互に関連しながら展開されていくと述べられている。同ガイドラインでは，PDCAサイクルにそった自己評価の流れが，理念モデルとして図表45-1（☞p.125）のように示されている。

　『幼稚園における学校評価ガイドライン』では，PDCAは目標（Plan)-実行（Do)-評価（Check)-改善（Action）と訳され，幼稚園の教育活動や運営がこのサイクルにもとづいて継続的に改善されていくことが求められている。ここでPlanは「目標」と訳され，「重点目標の設定」がPlanに位置づけられている。同ガイドラインで示されているPDCAサイクル（１年度に１回行う場合の自己評価の流れ）は，概ね図表45-2（☞p.125）のように示すことができる。

Ⅱ.
教
育
編

－123－

2．自己評価の観点（評価項目）

　保育所，幼稚園，認定こども園のいずれにおいても，自己評価を行う際の観点（評価項目）は，各保育所，幼稚園，認定こども園がその実情に合わせて独自に設定するものとされている。

　『幼稚園における学校評価ガイドライン』（文部科学省，2011年）においては，次年度の重点目標を設定する段階で，その目標の達成に向けた具体的取組みなどを評価項目として設定しておくことが推奨されている。また，成果に着目して達成状況を把握する評価項目と，取組みに着目して達成に向けた取組み状況を把握する評価項目との両者を適切に設定することが望ましいとされている。

　『保育所における自己評価ガイドライン』（厚生労働省，2009年）においては，3つの自己評価の方法が提案されているが，それらは評価項目の設定方法においてそれぞれ特色をもつものである。1つ目は個々の保育士が保育実践を振り返りコメントしたものを全員で分類していく作業を通して，2つ目は個々の保育士が日々の保育実践の記録をもとにコメントしたものを全員で分類していく作業を通して，3つ目は保育所の第三者評価基準など既存の評価項目を参考にすることを通して，評価項目を設定していくというものである。

3．自己評価結果の公表

　自己評価結果の公表は，幼稚園に対しては，『学校教育法施行規則』第66条第1項により，幼保連携型認定こども園に対しては，『就学前の子どもに関する教育，保育等の総合的な提供の推進に関する法律施行規則』第23条第1項により義務化されている。保育所に対しては，『保育所保育指針』（告示）により努力義務となっている。その意義については，表現の違いはあるものの，『幼稚園における学校評価ガイドライン』，『保育所における自己評価ガイドライン』とも共通の見解を示している。それらによれば，自己評価結果公表の意義は，保護者や地域社会に対して説明責任を果たすこと，および，保護者や地域社会から理解を得て，協力関係を構築していくことにあるといえる。なお，何をどのように公表するのかは，各幼稚園，認定こども園，保育所の判断に委ねられている。

45 保育所，幼稚園等の自己評価

図表45-1　保育所における自己評価の理念モデル

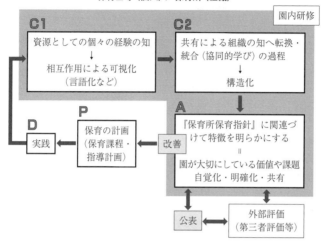

（厚生労働省（2009）．保育所における自己評価ガイドライン）

図表45-2　幼稚園における自己評価の流れ

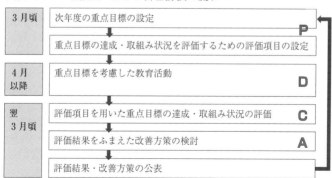

（文部科学省（2011）．幼稚園における学校評価ガイドライン　に基づき作成）

> 保育の評価

46 保育所，幼稚園等の外部評価，第三者評価

1．保育所の第三者評価

　保育所を含む児童福祉施設の第三者評価は，2002（平成14）年，全国保育士養成協議会により開始され，2004（平成16）年以降，全国社会福祉協議会がその中心的役割を担っている。同協議会策定の評価基準ガイドライン等が示され，各都道府県に１つ，福祉サービス第三者評価事業の推進を担う組織が設置されている。

　見直しを経て2016（平成28）年に新たに示されたガイドラインでは，保育所の第三者評価基準は，他の福祉施設と共通の基本とされる基準が45，保育所特有のサービスを評価する基準が20ある。前者は，「福祉サービスの基本方針と組織」「組織の運営管理」「適切な福祉サービスの実施」の３分野，後者は「保育内容」「子育て支援」「保育の質の向上」の３分野からなる。

　保育所の第三者評価では，保育所の自己評価結果が参考にされる。この事前の自己評価に職員が主体的に参加することが，職員の意識改革，協働性の高まり，保育の質の向上につながるとされる。

　第三者評価は保育所が任意で受けるものであり，受審率は低い。保育サービスの質の向上を図り，安心して子どもを預けられる環境整備のためにも，受審率を高める取組みの必要性が訴えられている。

2．幼稚園の第三者評価

　幼稚園を含む学校には，2007（平成19）年改正の『学校教育法』『学校教育法施行規則』により「学校評価」が課された。この学校評価には，自己評価，学校関係者評価，第三者評価の３つの形態がある。つまり，幼稚園の第三者評価は，「学校評価」の一環として実施するものである。「幼稚園における学校評価ガイドライン」（文部科学省，2011年）によれば，第三者評価は「学校運営に関する外部の専門家を中心とした評価者により，自己評価や学校関係者評価の実施状況を踏まえつつ，教育活動その他の学校運営の状況について専門的視点から行う評価」であり，目的は「学校運営の改善による教育水準の向上」にある。自己評価は義務，学校関係者評価は努力義務だが，第三者評価は必要と判断された場合に行うものとされる。

46 保育所，幼稚園等の外部評価，第三者評価

📖福祉サービス第三者評価

保育所を含む児童福祉施設の第三者評価は，「福祉サービス第三者評価」のなかに位置づく。「福祉サービス第三者評価」とは，「社会福祉法人等の提供する福祉サービスの質を事業者及び利用者以外の公正・中立な第三者機関が専門的かつ客観的な立場から行った評価」(厚生労働省，「福祉サービス第三者評価事業に関する指針について」，2004年)をいう。その目的は，「福祉サービスの質の向上」と「利用者への情報提供」にある。法的根拠は，2000（平成12）年改正の『社会福祉法』第78条「社会福祉事業の経営者は，自らその提供する福祉サービスの質の評価を行うことその他の措置を講ずることにより，常に福祉サービスを受ける者の立場に立って良質かつ適切な福祉サービスを提供するよう努めなければならない」にある。

2012（平成24）年から，児童福祉施設のうち，社会的養護関係施設（児童養護施設，乳児院，情緒障害児短期治療施設，児童自立支援施設，母子生活支援施設）には，第三者評価の実施が義務づけられているが，保育所についてはその実施は任意となっている。

📖認定こども園の外部評価

認定こども園に対しては，『就学前の子どもに関する教育，保育等の総合的な提供の推進に関する法律施行規則』第25条において「幼保連携型認定こども園の設置者は，当該幼保連携型認定こども園における教育及び保育等の状況その他の運営の状況について，定期的に外部の者による評価を受けて，その結果を公表するよう努めるものとする」と規定され，外部評価が努力義務となっている。全国社会福祉協議会が中心となり推進している福祉サービス第三者評価を受審している認定こども園もある。

📖幼稚園における学校関係者評価

幼稚園における学校関係者評価とは，幼稚園が実施した自己評価の結果について，保護者や地域住民などの関係者が評価するというものである。自己評価の客観性・透明性を高めること，幼稚園・家庭・地域が幼稚園の現状と課題について共通理解を深め，相互の連携を促し，改善への協力を促進することを目的としている（文部科学省，「幼稚園における学校評価ガイドライン」，2011年）。

▶子どもの健康および安全

47 子どもの健康支援

1．健康状態

　日頃よく子どもと接している親や保育者などの養育者は，子どもの様子がいつもと違う感じであることに気づきやすく，それが異常の発見につながる。子どもの表情，顔色，機嫌，活発さ，食欲，便通，発疹や発熱の有無などの健康状態を日常，養育者は無意識的に観察している。

　時には意識的に子どもを観察して，それらの見落としを防ぐ努力も望まれる。食事，排泄，入浴時など時刻を決めて，また保育所などの施設では職員の勤務交代の時，そして，いつもと感じが違う時など，意識して健康観察したい。

2．発育，発達状態の把握

　乳幼児の発育・発達はめざましく，乳幼児は少しずつ，次々と新しいことができるようになる。そのことは乳幼児自身にとっても，また両親や保育者にとっても大きな喜びである。ただ，その発育・発達段階は一人ひとりの子どもで違うので，他の乳幼児と比較して一喜一憂するより，その子ども独自の発達ぶりが家族の幸せや保育者の生きがいにつながるようにしたい。

　良好な親子関係のもとで，乳幼児を温かく受容する親に育てられた子どもの発達はよりよいものになる。どのような環境がよいか，親や保育者が試行錯誤しながら自分たちなりの育児方針や保育方針を模索する気持ちや姿勢が大切である。

　体重，身長，頭囲，胸囲などの計測を定期的に行い，バランスのとれた発育をしていることを確認したい。一般的に，身長は長期的な健康のバロメーターに，また頭囲は神経系の病気の発見につながることがある。

　体重は，その時々の健康状態を知る簡便なよい指標となる。新生児の生理的体重減少（生後数日間出生時体重から5〜10%体重が減ること）を除けば，子どもの体重計測値は，その時々の健康状態や栄養状態を反映して多少増減しながら，年月齢とともに少しずつ増加していく。

— 128 —

47 子どもの健康支援

📖 WHO（世界保健機関：World Health Organization）による健康

　身体的，精神的，および社会的に完全に良好な状態であり，単に疾病または病弱の存在しないことではない。

　上記は，理想的な健康として定義されたものであり，このように健康な人は少ないものの，世界中の人たちがこのような健康状態になれるようにしたい，との努力目標である。

📖 『保育所保育指針』による保育内容　健康（3歳以上児）

健康な心と体を育て，自ら健康で安全な生活をつくり出す力を養う。

ねらい
① 明るく伸び伸びと行動し，充実感を味わう。
② 自分の体を十分に動かし，進んで運動しようとする。
③ 健康，安全な生活に必要な習慣や態度を身に付け，見通しをもって行動する。

内　容
① 保育士等や友達と触れ合い，安定感をもって行動する。
② いろいろな遊びの中で十分に体を動かす。
③ 進んで戸外で遊ぶ。
④ 様々な活動に親しみ，楽しんで取り組む。
⑤ 保育士等や友達と食べることを楽しみ，食べ物への興味や関心をもつ。
⑥ 健康な生活のリズムを身に付ける。
⑦ 身の回りを清潔にし，衣類の着脱，食事，排泄などの生活に必要な活動を自分でする。
⑧ 保育所における生活の仕方を知り，自分たちで生活の場を整えながら見通しをもって行動する。
⑨ 自分の健康に関心をもち，病気の予防などに必要な活動を進んで行う。
⑩ 危険な場所，危険な遊び方，災害時などの行動の仕方が分かり，安全に気を付けて行動する。

Ⅱ.
教育編

— 129 —

3．健康増進

　子どもの健康に関する保健計画を作成し，全職員がそのねらいや内容を明確にしながら，一人ひとりの子どもの健康の保持および増進に努める。子どもの心身の健康状態や疾病等の把握のために，嘱託医などによる定期的な健康診断を行い，その結果を記録し，保育に活用する。そして，保護者に連絡し，保護者が子どもの状態を理解し，日常生活に活用できるようにする。

4．疾病などへの対応

　保育中の子どもに体調不良や傷害が発生した場合，その状態などに応じて，保護者に連絡するとともに，適宜，嘱託医や子どものかかりつけ医などと相談し，適切な処置を行う。看護師などが配置されている場合，その専門性を生かした対応を図る。

　感染症やその他の疾病の発生予防に努め，その発生や疑いがある場合，必要に応じて嘱託医，市区町村，保健所などに連絡し，その指示に従う。また，保護者や全職員に連絡し，協力を求める。子どもの疾病などの事態に備え，医務室などの環境を整え，救急用薬品，材料など常備し，適切な管理の下に全職員が対応できるようにする。

5．慢性疾患のある子どもの保育

　疾患のチェック：入園前に診断書を取り寄せて疾患のチェックを行い，保育上の注意点を把握する。保育する上で不明の内容は，保護者の了解のもとに，主治医と連絡を取り合って解決させたい。慢性疾患のある子どもは，近年の医療の進歩に伴って，一見普通の子どもと同じようにみえることは多いが，体調が急に悪化する疾患もある。

　QOL（生命・生活の質：quality of life）の向上：慢性疾患である以上，一生続くかもしれないし，療養が必要かもしれない。それは，子どもも親も不安である。ある時は，死と直面していたかもしれない。そのことを心にとめて，愛情ある言動で接して生きる喜びを与えたい。

　同年齢の友だちが経験すること（いろいろな遊び，家庭生活，教育など）を，可能な範囲で体験することが望まれる。感染症には注意しながら，極力特別扱いしない配慮が必要である。

47　子どもの健康支援

📖時代や地域により異なる，子どもの保健の目標

　昔の日本，また現在の発展途上国では，栄養不良により発育不良となり，免疫の抵抗力が低下して，消化不良症や肺炎，結核などの感染症にかかる子どもへの対策が保健活動の重要な課題である。

　現在の日本，また先進国では，さまざまな環境への対策が課題である。女性の高学歴化や職場進出にともなって，育児休業制度や保育体制の整備，育児不安を相談できる場の確保，正しい情報提供などが重要である。また，少子化に伴って，人間関係の希薄化が心配されるので，子どもたちが自由に楽しく安全に遊べる場を確保したい。そして，長期生存が可能となった慢性疾患のある子どもへの対応，QOLの向上が保健活動の課題である。

📖子ども一人ひとりの健康とともに，社会全体の健康増進

　子どもの健康維持増進のためには，子ども一人ひとりとともに，社会全体も考慮する必要がある。例えば，細菌感染症の治療に効果的な抗生物質は，多用すると耐性菌の出現が心配される。また，一部遺伝病の患者は，医療の進歩，治療乳などにより普通の生活が可能になったが，病的遺伝子が人類のなかに増える心配がある。

図表47-1　子どもの保健に関してよく使用される語句

> 発育（成長）：からだが形態的に大きくなること
> 発達：精神面，また運動面で機能的に成熟していくこと
> 小児保健：子どもが本来もっている能力を十分発揮できるように支援すること
> 新生児：出生直後より母体外生活に適応可能となるまでの乳児，統計上は生後28日未満の乳児
> 早期新生児：統計上は生後7日未満の乳児
> 乳児：満1歳に満たない者
> 幼児：満1歳から，小学校就学の始期に達するまでの者
> 少年：小学校就学の始期から，満18歳に達するまでの者
> 学童：小学生
> 児童：児童福祉法では，満18歳に満たない者
> 児童生徒：学校教育法では，児童は小学生，生徒は中学生と高校生

（参考資料：加藤忠明・岩田　力（編著）（2010）．図表で学ぶ子どもの保健Ⅰ，
建帛社）

— 131 —

▶衛生管理，安全管理

48 環境および衛生管理

　子どもは，発育・発達段階に応じたさまざまな危険にさらされている。いろいろな潜在危険がからみあって，事故が発生する。そこで，子どもがさまざまな体験を積み重ねて学んでいく自由と，傷害や食中毒，死亡などのリスクとのバランスを適切に考慮しながら，潜在危険を取り除ける環境整備，また，衛生管理を行う。

1．温度，湿度，換気，採光，音などの環境整備

　施設の温度，湿度，換気，採光，音などの環境を常に適切な状態に保持するとともに（図表48-1-A〜C），施設内外の設備，用具などの安全管理，衛生管理に努める（図表48-1-D〜F）。

　季節や施設の立地条件によってはエアコンや加湿器なども活用しながら，室温，湿度を調節し，換気を行い，部屋の明るさ，音や声の大きさなどにも配慮する。心身の健康と情緒の安定を図るには，部屋の空気が悪かったり，明るすぎたり，暗すぎないように注意する。また，危険な箇所がないように点検し，衛生管理を行う。

2．健康的環境の維持

　乳幼児は，心身ともに未熟で抵抗力が弱く，容易に病気や感染症にかかる。そのため，日頃から清掃，消毒などに関するマニュアルを活用し，常に清潔な環境を保ちたい。その際，清掃薬品，消毒薬などは，鍵のかかる場所，または子どもの手の届かない場所で保管，管理し，安全の徹底を図る。保育所では，保育室，トイレ，調理室，調乳室，園庭，プールなどの衛生管理に配慮する必要がある（図表48-2）。

3．食中毒への対応

　複数の人がほぼ同時に嘔吐・下痢・腹痛などの症状を発生させて食中毒が疑われたら，対象となる人は別室に隔離し，子どもの場合は保護者に連絡するとともに医療機関への受診を求める。また，嘱託医や保健所・関係機関と連携し迅速に対応する。嘔吐物・便などは迅速かつ的確に処理・消毒を行い，二次感染の予防に努める。その際，マスク，使い捨て手袋などを用いることが望ましい。また，手指の消毒を徹底する。

48 環境および衛生管理

図表48-1 施設内の環境整備と施設内外の設備・用具などの安全・衛生管理

図表48-2 清掃消毒などのマニュアル

保育室	直接口に触れる玩具や、歯ブラシ・コップ、寝具、床、棚などの清潔・清掃 おむつ交換台・トイレ・便器・汚物槽・ドアノブ・手洗いなどの蛇口・沐浴槽などの消毒剤や消毒液などを用いての清掃
調理室と調乳室	室内および調理・調乳器具、食器、食品の品質管理 入室の際の白衣（エプロン）や三角巾の着用とその清潔
園庭や砂　場	動物の糞尿、樹木・雑草の管理、害虫などの駆除や消毒 小動物など飼育施設の清潔など
プール	消毒や水の管理。安全管理の徹底 とくにビニールプール使用の際の感染症予防など

► 衛生管理，安全管理

49 事故防止と安全対策

1. 保育所の安全への責務

　保育所の機能的役割は，「昼間に保育を必要とする子どもが子どもだけでは安全に生活できないため，保育所を保護者の代替えとして活用する」ということである。もちろん預かった以上は教育的配慮は必要で，日々には「子どもの可能性の限りその発達を保障する」のであるが，基本は保護者のいない状態の子どもの安全保育である。したがって，あらゆる子どもの状況（特別支援児を含む）において，子どもがけがをした場合，保育所側に責任があるということを全職員が認識することが必要である。保護者に代わって保育するのが保育所の役割で，その場にいない保護者に責任はないのである。

2. 日常の安全管理

　厚生労働省の2015（平成27）年人口動態統計によれば，わが国の0歳児の不慮の事故による死亡率（人口10万対）は8.1で死因の第5位，1〜4歳児では2.7で第2位となっている。また，0歳児では乳幼児突然死症候群（SIDS）の死亡率が9.5で第3位にあり，不慮の事故と合計すると17.6と高率を示している。生命が始まったばかりの赤ちゃんの「死」は，事故死が多い。

　事故死のなかで多いのは窒息である。最近は，乳児室で昼寝中にもSIDSの確認を5〜10分ごとに行っている園も多い。このような確認をきちんと行うことが重要である。さらに，固定遊具などの不整備や摩耗に関しての検査も必要である。通常は保育士が当番で確認票に基づいて確認をしているが，園庭の大型遊具に関しては定期的な業者による点検も必要と思われる。

3. 災害への備えと避難訓練

　保育所には火災や地震に対する避難訓練が義務づけられており，重要な園の行事となっている。日常的な状況と異なるのが災害である。地震・火事・津波などその地域の特殊性を認識した上で，防災対策関連の専門家の指導のもとに計画を立てていくことが望ましい。また，避難訓練がときどきの園の事情で省かれないように留意したい。

— 134 —

49　事故防止と安全対策

📖保育所の責任

「子どもがけがをした場合，保育所だけに責任がある」。実際の保育場面に照らしてみた時，保育所で子どもがけがをした場合に「この子は落ち着きがなくて……」などといういっさいの釈明は通らないということである。落ち着きがあろうとなかろうと，どのような状態にあっても子どもを保護者に代わって保育するのが保育所の責務だからである。また，「最近家庭にもめごとが多いようで，子どもも情緒不安定で……」などと事故報告書に記載されることもあるが，それはその子がおかれた生活環境の状況分析としては必要であっても，そのような状態であることを承知して子どもを保育することを引き受けたということを忘れてはならない。それをふまえて，安全保育が求められる。子ども同士のけんかや接触で起こった事故やけがの場合でも，保護者間の謝罪や弁償行為は必要がない。

📖乳幼児突然死症候群（SIDS）

何の予兆もないままに，主に1歳未満の健康にみえた乳児に突然死をもたらす疾患である。2015（平成27）年の人口動態統計によれば，わが国では96人が死亡しており，1歳未満の死亡原因の第3位である。これを受けて，SIDSの防止に対して保育上の配慮を促している。

保育所では主に2歳未満の昼寝の時間帯には5分ごとのチェックがされている。そのくらいしっかりと乳児の就寝状況の確認が必要であり，それでこそSIDSの防止が可能なのである。

📖避難訓練の法的根拠

避難訓練は園行事のなかで最も重要である。『児童福祉施設の設備及び運営に関する基準』第6条2項には「避難及び消火に対する訓練は，少なくとも毎月1回は，これを行わなければならない」とある。

先入観で事故を見逃す危険性

子どもは，ふざけることが好きである。ふらふら歩いてみせたり，眠ったふりをしたり，時には「死んだふり」もする。いつも眠ったふりをするA君がブランコに乗って眠っていた。さっきまで元気に走っていたし，いつも眠ったふりで保育者を驚かせるので，この日もB保育士はよく見ないで「ふざけている」と受け止めたが，その日はA君はブランコで本当に眠ってしまったのである。

Ⅱ. 教育編

— 135 —

4．危機管理

　近年，保育所や幼稚園，認定こども園においても予測できないような事故や事件に遭遇することが多くなってきており，そのような危機への対応や危機を回避するための管理システムや体制の整備がますます重要となっている。保育者は，火災，地震や風水害などの天災，感染症や食中毒，大気汚染，交通事故，不審者の侵入など，さまざまな危機から子どもたちを守る心構えと意識をもつとともに，「事故や事件は，いつでも，どこでも起こり得る」ことを常に想定して，日頃から危険因子を排除するための危機管理（リスクマネジメント）や事故の損害を最小限に食い止め，二次災害を防止するための危機対応に取り組んでいかなくてはならない。

5．事故防止マニュアルの整備

　事故防止マニュアルは，急速に整備され始めた。現在では，ほとんどの保育所や幼稚園，認定こども園で整備されている。この目的は，全職員が共通認識をもつことや新人でも速やかに承知できるという点にある。

6．事故後の処置と保護者連絡

①治療行為：迅速に医者に連れていき，保護者へも連絡
②保護者への正確な報告と園の責任の自覚
③保護者への時間的・経済的負担のないような配慮
④やりとりの言葉で不信感をもたれないような配慮

　保護者を安心させようとして発する「大したことないと思います」という言葉は，その後のトラブルに最もつながりやすい。また，子どもがけがをしたのだから親ならすぐに迎えに来るべきという思いも，保護者から保育所の責任を問われる結果になりやすい。事故時の状況ならびに治療経過などの正確な記録は，子どもの将来のためにも必要である。後遺症が残るなどの場合はもちろん，保護者の納得にこたえるためにも重要である。また，十分な保険に加入して手厚い医療や看護の準備が必要なことはいうまでもない。

　起こってしまった事故は仕方がないことではあるが，できるだけ子どもにマイナスにならないように迅速な対応を心がけることが重要である。

49 事故防止と安全対策

📖確認の徹底

　保育所や幼稚園，認定こども園では，基本的に門は施錠されていて暗証番号でしか開錠されないようにしてあるが，しっかりと履行されているかどうかを1ヵ月に一度はチェックしておきたい。時々暗証番号を変更するなどの工夫も必要である。また，来客が重なって施錠解除の確認がおろそかになっていたり，荷物の搬入時に門が開けっ放しになっていたりする場面もしばしばみられるので注意を要する。定期的な訓練などを通じて，新人保育者を含めた職員全員への連絡網の点検も怠らないようにしたい。

📖事故対応マニュアルの活用

　事故はどのような時間帯，どのような職員体制のもとで起こるかわからない。いかなる場合でも子どもに及ぼす被害を最小限にすることが，保育所や幼稚園，認定こども園の責務といえる。

　マニュアルは分厚ければよいということではない。あまりに多くの記載があるとかえって読まずに積まれているだけという事態も起こり得る。常に記憶しておくべき最小限度の重要なことが記載されている厳選されたものを作成することが，実際に役立つことになる。管理者が先頭に立って記憶し，絶えず職員にランダムに確認を行うことが重要である。

📖経験の浅い職員への教育の重要性

　他の保育内容であれば「新人だから」という理由であらかじめ主任や経験者に任せることもできるが，事故に関しては発生の時期・時間もさまざまで，「こんな時に……」ということがしばしばある。したがって早・遅番を含めたすべての時間内が保育所の責任下にあることを自覚し，経験の浅い職員への教育を早期に徹底することが重要である。

📖保　険

　学校安全会や企業保険など職能集団で整備している保険に加入したり，民間の保険会社の利用などを予算に合わせて検討することが重要である。また，不幸にして死亡事故や生涯にわたる障害の残る傷病にあった場合などにしっかりした保障が可能になるよう，約款についても十分な理解が必要となる。

—137—

▶ 食育の推進

50 食育の目標

1．『食育基本法』と『第3次食育推進基本計画』

　食育は，『食育基本法』において「生きる上での基本であって，知育，徳育及び体育の基礎となるべきものと位置付けられ，子どもたちに対する食育は，心身の成長及び人格の形成に大きな影響を及ぼし，生涯にわたって健全な心と身体を培い豊かな人間性をはぐくんでいく基礎となるもの」とされ，「様々な経験を通じて『食』に関する知識と『食』を選択する力を習得し，健全な食生活を実践することができる人間を育てる食育の推進が求められている。」

　『食育基本法』に基づく取組みは，国民の心身の健康の推進と豊かな人間形成，食に関する感謝の念と理解等の基本理念のもとに推進されるものであるとの考え方に則り，2016（平成28）年度から2020（平成32）年度までの5年間を期間として新たに『第3次食育推進基本計画』が策定された。

2．『第3次食育推進基本計画』における食育の目標

　この基本計画では，国民運動として食育を推進するために15項目の目標を設定し，主要な項目には定量的な目標値を設定している。目標は，①食育に関心をもっている国民を増やす，②朝食または夕食を家族と一緒に食べる「共食」の回数を増やす，③地域等で共食したいと思う人が共食する割合を増やす，④朝食を欠食する国民を減らす，⑤中学校における学校給食の実施率を上げる，⑥学校給食における地場産物等を使用する割合を増やす，⑦栄養バランスに配慮した食生活を実践する国民を増やす，⑧生活習慣病の予防や改善のために，ふだんから適性体重の維持や減塩等に気をつけた食生活を実践する国民を増やす，⑨ゆっくりよく噛んで食べる国民を増やす，⑩食育の推進にかかわるボランティアの数を増やす，⑪農林漁業体験を経験した国民を増やす，⑫食品ロス削減のために何らかの行動をしている国民を増やす，⑬地域や家庭で受け継がれてきた伝統的な料理や作法等を継承し，伝えている国民を増やす，等である。

📖 『保育所における食育に関する指針』のねらいと内容

2004（平成16）年度に厚生労働省が策定した『楽しく食べる子どもに～保育所における食育に関する指針』では，食育のねらいと内容を，子どもの発達の観点から以下の5項目にまとめ，項目間で相互に関連させながら総合的に展開していくことを求めている。ただし，3歳未満児では，発達上明確な区分が難しいことから5項目に配慮した食育の「内容」が一括に示されている。

①**食と健康**：健康な心と体を育て，自らが健康で安全な生活をつくりだす力を養う。

②**食と人間関係**：食を通じて，他の人々と親しみ支え合うために，自立心を育て，人とかかわる力を養う。

③**食と文化**：食を通じて，人びとが築き，継承してきたさまざまな文化を理解し，つくりだす力を養う。

④**いのちの育ちと食**：食を通じて，自らも含めたすべてのいのちを大切にする力を養う。

⑤**料理と食**：食を通じて，素材に目を向け，素材にかかわり，素材を調理することに関心をもつ力を養う。

3歳以上児の食育のねらいは次のように示されている。

・**食と健康**…①できるだけ多くの種類の食べ物や料理を味わう。②自分の体に必要な食品の種類や働きに気づき，栄養バランスを考慮した食事をとろうとする。③健康，安全など食生活に必要な基本的な習慣や態度を身につける。

・**食と人間関係**…①自分で食事ができること，身近な人と一緒に食べる楽しさを味わう。②さまざまな人びととの会食を通して，愛情や信頼感をもつ。③食事に必要な基本的な習慣や態度を身につける。

・**食と文化**…①いろいろな料理に出会い，発見を楽しんだり，考えたりし，さまざまな文化に気づく。②地域で培われた食文化を体験し，郷土への関心をもつ。③食習慣，マナーを身につける。

3．『保育所保育指針』における食育の目標

2017（平成29）年告示の『保育所保育指針』では，第3章健康及び安全2－(1)保育所の特性を生かした食育に，食育の推進を掲げ，保育所の特性を生かした食育として，「ア　保育所における食育は，健康な生活の基本としての『食を営む力』の育成に向け，その基礎を培うことを目標とすること。イ　子どもが生活と遊びの中で，意欲をもって食に関わる体験を積み重ね，食べることを楽しみ，食事を楽しみ合う子どもに成長していくことを期待するものであること。ウ　乳幼児期にふさわしい食生活が展開され，適切な援助が行われるよう，食事の提供を含む食育計画を全体的な計画に基づいて作成し，その評価及び改善に努めること。栄養士が配置されている場合は，専門性を生かした対応を図ること。」をあげ，また，(2)食育の環境の整備等では，「ア　子どもが自らの感覚や体験を通して，自然の恵みとしての食材や食の循環・環境への意識，調理する人への感謝の気持ちが育つように，子どもと調理員等との関わりや，調理室など食に関わる保育環境に配慮すること。」としている。

一方，『幼稚園教育要領』では，健康に関わる内容の取扱いに，「健康な心と体を育てるためには食育を通じた望ましい食習慣の形成が大切であることを踏まえ，幼児の食生活の実情に配慮し，和やかな雰囲気の中で教師や他の幼児と食べる喜びや楽しさを味わったり，様々な食べ物への興味や関心をもったりするなどし，食の大切さに気付き，進んで食べようとする気持ちが育つようにすること。」があげられている。

4．『保育所における食育に関する指針』と食育の目標

『第3次食育推進基本計画』では，乳幼児期における食事の提供や食育の実施において，『保育所における食育に関する指針』の普及と活用を推奨している。この指針では，『保育所保育指針』における保育の目標に基づいて具体的に5つの子ども像を表し，「食を営む力」の基礎を育成するために，その実現を目指している。①お腹がすくリズムのもてる子ども，②食べたいもの，好きなものが増える子ども，③一緒に食べたい人がいる子ども，④食事づくり，準備にかかわる子ども，⑤食べ物を話題にする子ども，である。

・いのちの育ちと食…①自然の恵みと働くことの大切さを知り，感謝の気持ちをもって，食事を味わう。②栽培，飼育，食事などを通して，身近な存在に親しみをもち，すべてのいのちを大切にする心をもつ。③身近な自然にかかわり，世話をしたりするなかで料理との関係を考え，食材に対する感覚を豊かにする。

・料理と食…①身近な食材を使って，調理を楽しむ。②食事の準備から後片付けまでの食事づくりに自らかかわり，味や盛りつけなどを考えたり，それを生活に取り入れようとする。③食事にふさわしい環境を考えて，ゆとりある落ち着いた雰囲気で食事をする。

食育と『保育所保育指針』における保育の内容との関連

保育における養護とは，「子どもの生命の保持および情緒の安定を図るために保育士等が行う援助やかかわり」であり，子どもの生命の保持や情緒の安定をねらいとし，子どもの発達過程等に応じて適切な食事がとれ，意欲的に生活できるよう適切に援助すること」である。子どもの生活リズム，発達過程，保育時間などに応じて，適切な食事がとれるよう援助していく。

教育とは「子どもが健やかに成長し，その活動がより豊かに展開されるための発達の援助」である。健康な心と体を育てるためには食育を通じた望ましい食習慣の形成が重要であることを踏まえ，3歳未満児ではさまざまな食品や調理形態に慣れ，ゆったりとした雰囲気のなかで食事や間食を楽しみ，3歳以上児では子どもの食生活の実情に配慮し，和やかな雰囲気のなかで保育士等や他の子どもと食べる喜びや楽しさを味わったり，さまざまな食べ物への興味や関心をもったりするなどし，食の大切さに気づき，進んで食べようとする気持ちが育つようにする。

食を営む力

厚生労働省が2012（平成24）年に公表した『保育所における食事の提供ガイドライン』では，「食を営む力」は生涯にわたって育成されるものであり，保育所における食育は，食にかかわる体験が広がるよう工夫することが重要である，としている。

▶ 食育の推進

51 食育の計画

1．保育所，幼稚園における食育の計画作成

　保育所，幼稚園では，保育・教育の一環として食育の計画を作成（Plan）し，実践（Do），評価（Check），改善（Action）のサイクル（PDCAサイクル）により，その質を高めていくことが求められている。計画作成においては『保育所における食育の計画づくりガイド』〔2007（平成19）年11月〕を参考に，前述した『保育所における食育に関する指針』の「食育のねらい及び内容」をもとに，各園の子ども・保護者・地域の実態に応じて，食を営む力の基礎を培うために目標とすべき項目を保育の内容に盛り込んでいく（☞p.139）。ねらいは，食育の目標をより具現化したもので，子どもが身につけることが望まれる項目を①心情，②意欲，③態度の順に示したものであり，内容はねらいを達成するために援助する事項である。

　実践においては食事の提供を含めたその経過や結果を保育者・栄養士などの援助と子どもの心身の育ちの両面から記録しておく。評価の視点や項目は計画作成の際に定めておくことが望ましく，目標の達成状況の評価と達成に向けた取組状況の評価とに大別できる。

2．食育計画の作成と評価

　『保育所保育指針解説』〔2018（平成30）年2月〕には，以下に示す5点が示されている。

①全体的な計画に基づいた食育計画は，資料などを参照し，指導計画とも関連づけながら，子どもの日々の主体的な生活や遊びのなかで食育が展開されていくよう作成する。

②保育所での食事の提供も食育の一部として食育計画に含める。

③食育計画が柔軟で発展的なものとなるように留意し，各年齢を通して一貫性のあるものにする。

④食育計画を踏まえた保育実践の経過やそこでの子どもの姿を記録し，評価を行う。その結果に基づいて取組みの内容を改善し，次の計画や実践へとつなげていく。

⑤食事内容を含めた食育の取組みを，保護者や地域に向けて発信する。

－142－

51 食育の計画

📖食育の計画の「保育計画」「指導計画」への位置づけ

食育の視点を加味した「保育計画」は、クラス別の食育実践の基本的な方向性を示し、一定期間継続的に用いる計画として、施設長を中心に作成する。食育の視点を加味した「指導計画」は、保育士を中心に、栄養士や調理員と連携し、子どもの経験・活動を予測して作成する。「指導計画」に含まれる「食事提供に関する計画」は、おいしく、楽しい食事となるための配慮事項を考えて作成する。

📖食育のねらいと内容

ねらいでは、第一に心情面のねらいを優先的に考える。そのことが土台になって第二に意欲的なねらいが達成に向かい、意欲をもって行動することで第三の態度などが養われる。したがって目標は特定の活動によって即座に達成されるものではなく、体験の積み重ねの結果、次第に達成が期待されるものである。内容においては、子どもが自らの意欲をもって食にかかわる体験が得られるようにする。

📖食事内容と方法の評価・改善

『保育所における食事の提供ガイドライン』では、栄養士が子どもの食事に立ち合うことは教育的メリットが大きいとし、①食の進み具合の本当の理由がわかる（体調、食事までの空腹状態、料理の見た目、食べた経験など）、②子どもとの食事中の会話による子どもの食への関心度がわかる、③食事の形成的評価ができる（味付け、色合い、盛り付け方法の改善による残食量の変化）をあげている。子どもたちの食事への意欲、関心などを把握した上で立てられる献立は、子どもの実態に応じたものになる。

📖食育の評価と改善

食育の評価は、計画、実践同様に職員の専門性を活かし、互いの役割を理解、尊重し、協力して実施する。実践の過程で計画には位置づけられていなかった点や、日々の活動のなかで気づかなかった点にも目を向け、改善につなげる。評価の内容については、子どもの栄養素等摂取量をはじめ身長・体重などの量的評価と食を営む力の基礎についての質的評価を行う。また、食育の計画や取組みの結果を保護者や地域住民、関係機関に伝え、連携を図ることで、食育の発信拠点として、保育の質、家庭の養育力、地域力の向上を目指す。

— 143 —

> 食育の推進

52 食育のための環境づくり

1．保育所給食の役割

　『保育所保育指針』では，第3章健康及び安全2−(2)食育の環境の整備等において「イ　保護者や地域の多様な関係者との連携及び協働の下で，食に関する取組が進められること。また，市町村の支援の下に，地域の関係機関等との日常的な連携を図り，必要な協力が得られるよう努めること。」としている。『第3次食育推進基本計画』では，食に関する取組みとして，共食，農林漁業体験，郷土料理や伝統料理の継承，市町村の食育推進計画への参画などがあげられている。保育所は家庭や地域等と連携して食に関する学習や体験活動の充実を図ることが求められる。

2．体験活動の意義

　『第3次食育推進基本計画』の目標11番では，食や農林水産業への理解増進を図る観点から，子どもも含めて農林漁業体験の機会の提供を拡大していくことが必要であるとしている。栽培や調理など食品に触れる体験は，子どもたちの食への関心を育て，知識・技術を習得しようとする意欲を高める。準備・調理・盛り付け・片付けなどの食事作業にかかわることは，料理への関心を高めるとともに食事に必要な日々の営みに気づき，感謝の気持ちを育む機会となる。また，友だちと協力しながら働く喜びや他の人の役に立つ喜びが感じられるよう，保育者は適切な言葉がけに留意したい。

3．栄養士，調理員の役割

　栄養士，調理員は，子どもたちが日常的に給食を通して食事への関心を高められるような環境作りに配慮する。給食では子どもたちと一緒に食事をすることで，食に関する話題を共有し食育の場として活用するとともに，喫食状況を把握することで給食の評価・改善や個々に応じた栄養管理につなげる。

　家庭の食生活の改善を目指して給食便りの工夫などに努め，親子で食事を楽しむ取組みの提供や家庭での子どもの手伝い，調理体験を促す。保護者との連携を密にして，子どもを取り巻く食環境の課題を探り，効果的な個別指導が行えるよう信頼関係を構築する。

52 食育のための環境づくり

食物の栽培

　栽培体験を通して，時間と労力をかけて作物が生育していくことに気づかせ，積極的に栽培にかかわろうとする態度が育つよう配慮する。作物の生育状態を観察するなかで，自然の不思議さや偉大さに気づき，人びとが食料を得るために，自然に対してどのような働きかけをしているのかなどの工夫や作物を育てる苦労を知り，食べ物を大切する心が育っていく。栽培にかかわった作物を調理し食べることで食べ物への愛着が増し，食事全体への興味・関心が高まる。子どもが嫌いな野菜をはじめ好き嫌いなく食べる意欲を育てるとともに，郷土の作物・料理や季節の食べ物などへの関心を養う。

調理室などの環境整備

　子どもたちに調理を体験させる際には，衛生面や安全面への配慮が必要である。栄養士，調理員が中心になって保育者とともに調理室等を利用する上での衛生・安全性の確保を図る。子どもが扱いやすい食材や調理器具などを用意し，衛生的な取扱いの必要性に気づかせながら，子どもが主体的に調理に取り組めるよう援助する。食事の準備，片付けでも，年齢に応じた食器や盛り付け用調理器具などを用いて実際にかかわることができるよう配慮し，積極的な取組みを推進する。

栄養士，調理員，地域の人びととの交流

　栄養士，調理員は，給食献立を活用して食品や栄養，料理への関心が高まるよう，日常的に子どもの発達に応じた言葉がけに努めたい。また，栽培や調理体験の企画にも積極的にかかわり，子どもの発達や調理技術に応じた援助や指導ができるよう，保育者との緊密な連携を図る。地域の農畜産物の生産・収穫・調理・加工に携わる人びとや，郷土料理・伝統料理の伝承に努める高齢者，食生活改善推進員など食に取り組むさまざまな分野のおとなと触れ合う機会を確保し，子どもが食の広がりに気づき，食に関する仕事の多様性や技術，食文化への関心を高め，理解が深まるよう促していく。また，活動を通して，おとなへの信頼や愛情を育めるよう配慮する。

Ⅱ.
教育編

— 145 —

▶ 食育の推進

53 特別な配慮が必要な子どもへの対応

　体調不良・アレルギーなどの疾病や摂食・身体機能に障害のある子どもに対しては，保護者との緊密な連携のもと，個別に対応していくことが求められる。栄養士は，子どもの食生活状況，栄養状態と健康状態，発育・発達状態との関連を観察・評価し，対象に応じた献立作成や調理方法，摂取方法の選定等を行う。また，状況に応じて専門機関の指導や指示を受けることにも配慮する。

1．体調不良の子どもへの対応

　体調不良で，子どもに多い症状には感染症や不適切な食事による下痢，嘔吐，便秘などがある。症状の進行状態，回復状態に応じた適切な対応により早期の回復や重症化の防止に務める。下痢や嘔吐では水分補給に十分気をつけ，食材の選択や調理形態を工夫して対処するが，受診の必要性について的確に判断することが重要である。

2．食物アレルギーの子どもへの対応

　『保育所保育指針』では，食物アレルギーに関して，関係機関と連携して，当該保育所の体制構築など，安全な環境の整備を行うこととしている。厚生労働省はアレルギー疾患を有する子どもの増加に対応して，2011（平成23）年に『保育所におけるアレルギー対応ガイドライン』を作成し，食物除去の申請には医師の診断にもとづいた生活管理指導票が必要であるとしている。また，医療現場でのアレルギー疾患に対する理解度の差が大きいことへの対応として，市町村など地域において専門委員会を設置し，診断の確定や対応について関係者の共通理解を図ることを提案している。

3．障害のある子どもへの対応

　子どもの障害には，咀しゃくや嚥下などの摂食機能，摂食に必要な身体機能の障害がある。時間はかかるが訓練を繰り返すことで機能の発達が期待できることから，適切な援助を行い，食べようとする意欲を育てていく。専門機関からの助言も適宜受けながら，家庭との連携のもと適切な援助を行う。他の子どもや保護者が，障害のある子どもの食生活について理解し，適切なかかわりができるよう配慮することも大切である。

53　特別な配慮が必要な子どもへの対応

📖体調不良の子どもの食事

　下痢や嘔吐で食事療法を行う際には，水分補給による脱水症の予防と改善，消化しやすい食べ物を食べやすく調理して与えることで消化器官の機能回復に務める。不適切な食事内容や食汁・食事量の多少が原因の場合には，子どもの体調を観察し，発熱や不機嫌などの症状がなく，健康状態に問題がなければ，食事量を極度に制限する必要はなく，食事内容の改善を図る。

　乳幼児では排便回数の個人差が大きいが，規則的な排便習慣を形成するためには，食事内容だけでなく健康的な生活リズムを確立することや，朝食後登園までにゆとりある排便時間を確保することも必要である。家庭での養育環境への対応も併せて行う。

📖食物アレルギーの子どもの食事

　抗原となる食品を除去する食事療法では，栄養価の高いたんぱく質性食品を除外することが多いので，身体発育に支障をきたさないよう，それに代わるたんぱく質源を確保する。牛乳アレルギー児向けのアレルギー用調製粉乳は，カルシウムの給源として離乳完了後も引き続き利用していくことも必要である。乳児期にアレルゲンとなりやすい卵，牛乳は2～3歳頃になるとアレルギー反応が緩和される例が多い。定期的な受診により，医師の指示にもとづいて，食事制限の緩和に適切に対処していくことが必要である。加工食品では，発症数，重篤度から勘案して表示する必要性の高い食品7品目（卵，乳，小麦，蕎麦，落花生，えび，かに）について，原材料表示が義務づけられている。

📖障害のある子どもの食事

　摂食機能には，哺乳，嚥下，補食，押しつぶし，すりつぶしなどの咀しゃく・嚥下機能と，手づかみ食い，食具食い，一人食いなどの身体機能とがある。咀しゃく・嚥下機能に障害がある場合には，摂食能力に合わせてゼリー食，ペースト食，きざみ食，軟菜食など食事形態を工夫する。安全な食事形態から開始し，口唇や舌の動き，嚥下の状況を確認しながら摂食訓練を行い，徐々に普通食に近づけていく。身体機能の障害では普通食とし，できるだけ自分で食べられるよう食塊の大きさを調節し，適切な食事用自助具を選択する。

Ⅱ.
教育編

— 147 —

▶ 食育の推進

54 食を通した保護者への支援

1．就学前の子どもに対する食育の推進

　『第3次食育推進基本計画』では，「乳幼児からの食育の重要性が増していることに鑑み，就学前の子どもが，発育・発達段階に応じて健全な食生活を実践し，健康な生活を基本として望ましい食習慣を定着させるとともに，豊かな食体験を積み重ねていくことができるよう，保育所，幼稚園及び認定こども園において，家庭や地域と連携しつつ，様々な食育を推進する。また，在籍する子ども及び保護者のみならず，地域における子育て家庭からの乳幼児の食に関する相談への対応や情報提供等に努めるほか，地域の関係機関等と連携しつつ，積極的に食育を推進するよう務める。」としている。

　子どもの発育や摂食機能の発達への理解を深め，食生活に関して必要に応じた相談・支援を実施することは，子育て不安の軽減や子育て力の向上につながる。2007（平成19）年に厚生労働省が策定した『授乳・離乳の支援ガイド』も，健やかな親子関係の形成や子どもの健やかな成長・発達を促すものとして，より多くの場で展開されること，また，一人ひとりの子どもの「食べる力」を育むための支援を推進することをねらいとしている。

2．子育て支援と食育推進

　保育者，栄養士には，専門的立場から，相談者自身に食生活を改善していこうとする意識や態度が育つよう，支援していくことが求められる。『保育所における食事の提供ガイドライン』第3章1－⑶では，保護者とともに食育を考えていくための方法として，①心のこもった食事を提供することの意味を知らせる。②家庭での食事の様子を知る。③食事を作ることの楽しさ，食べることの楽しさを保護者に伝えるために，「ア．お弁当の日を設ける，イ．行事などの機会を生かして保護者同士の交流により食に対する情報交換の場を設ける，ウ．食を通して親子関係を見直すきっかけとする，エ．地域との連携を密にすることで，食への関心や文化を高める機会を増やす」ことをあげている。

— 148 —

54　食を通した保護者への支援

📖料理講習会

　子どもの好き嫌いや小食には，子どもの咀しゃく機能・摂食機能の発達や，食事の工夫に対する理解不足，食べることへの援助の不適切さが原因の場合もある。料理講習会で年齢や機能の発達に応じた食事内容，摂取量の目安，援助の方法について具体的な理解を促すことは，家庭での実践に結びつきやすい。また，保護者同士の交流の機会を提供することで，さまざまな情報交換が行われ，食生活だけでなく，子どもの生活全般に関する不安の解消や改善にも役立つ。

📖食生活相談

　子どもの食事で困っていることの上位には，偏食，むら食い，食べるのに時間がかかるなどがあげられている。生理的な栄養要求量が安定しないことによる一過性のものが多いが，親が神経質になって矯正しようとすると情緒障害や自律神経の異常をきたすこともある。発育・発達に応じた適切な調理方法，食具の使用，食事時間などへの理解を促す。生活リズムを整え，適度な睡眠と活動の時間を確保して，食欲を高めることが基本である。また，相談・助言の内容は記録し，必要に応じて関係者間で事例検討を行い，適切な助言のあり方を追求するなど支援方法の共有化を図る。

子どもの年齢別食事摂取状況

・1歳頃：自立心が芽生え自分で食べようとするが，スプーンやフォークを上手に使えないため途中で飽きてしまうので，おとなの介助を必要とする。2歳6ヵ月頃には一人で食べられるようになる。
・2歳を過ぎて自我が芽生える頃：自己主張が強くなり，偏食や食欲のむらがおこりやすい。放任せず，根気強く接する。
・3歳頃：情緒面や知能の発達が著しく，食物への関心が高まり，食教育が受け入れられるようになる。嗜好が生まれ，盛り付けや食器などに食欲が左右される。料理作りにも積極的にかかわろうとする。
・4～5歳頃：落ちついて食事ができるようになる。社会性が発達し，保育者や友だちなどからの助言を受け入れ，我慢して食べるようになる。はしが正しく使えるようになる。

▶ 小学校との連携，幼小連携

55 連携の前提

1．連携の位置づけ

　小学校との連携が新たに規定されたのは，2008（平成20）年告示の『幼稚園教育要領』『保育所保育指針』である。小学校との円滑な接続のために，幼児と児童の交流の機会や，小学校の教師との意見交換や合同の研修の機会を設けるなどの連携を図ることが明記された。また，同年告示の『小学校学習指導要領』にも保育所や幼稚園との連携が示され，生活，国語，音楽，図工などの各教科における指導の工夫やスタートカリキュラム等に取り組むことが規定された。

2．連携の必要性

　幼稚園，保育所，幼保連携型認定こども園（以下，幼稚園・保育所等）と小学校との連携が重視されるようになった主な背景のひとつに，「小1プロブレム」があげられる。「小1プロブレム」とは，入学間もない小学校1年生が，授業中に立ち歩く，先生の話を聞かない等の状態が長期間継続する状態をいう。この課題については1999（平成11）年以降から取り上げられてきたが，このような子どもが近年増加する傾向がみられたため，より注目されるようになった。

　幼児期の教育では，幼児の自発的な活動としての遊びを重要な学習と位置づけ，身体感覚を伴う多様な経験によって，保育内容の5領域を総合的に学んでいる。一方，小学校では，教科書などを用いて，各教科の内容を系統的に学習し，時間割に従って進められる。このように，遊びを中心とする幼児期の教育と，教科などの学習を中心とする小学校教育とでは，生活や教育方法が異なっている。これが子どもにとっての「段差」になっており，「小1プロブレム」の一要因になっていると考えられている。そのため，子どもが新たな小学校生活に円滑に移行できるよう，幼稚園・保育所等と小学校が連携を図っていくことが必要なのである。

　また，2007（平成19）年の『学校教育法』改正に伴って，幼稚園教育が「義務教育及びその後の教育の基礎を培う」ことが明記された。これにより，幼稚園・保育所等と小学校との円滑な接続によって，子どもの発達や学びの連続性を保障し，体系的な教育が組織的

— 150 —

55 連携の前提

に行われることが重要となった。教育課程の接続を図る必要があることから、2017（平成29）年告示の『幼稚園教育要領』『保育所保育指針』『幼保連携型認定こども園教育・保育要領』では、新たに幼児期において「育みたい資質・能力」の3つの柱（図表55-1）と「幼児期の終わりまでに育てたい姿」（図表55-2）が示され、カリキュラム・マネジメントを確立することが求められている。

「育みたい資質・能力」は、幼児期だけでなく、義務教育を終える段階で身につけておくことは何か等の観点のもと、高等学校までの各学校段階の各教科において系統的に示されている。つまり、幼稚園や保育所等での教育が小学校以上の教育につながっていくことをわかりやすく示したものであり、小学校との学びの連続性を捉えやすくする重要な視点といえる。

「幼児期の終わりまでに育てたい姿」は、5領域の内容を踏まえ、ねらいを達成するために保育者が指導し、幼児が身に付けていくことが望まれる姿を具体化したものである。また、5歳児後半の評価の手だてとなるものでもあり、保育者と小学校教師が5歳児修了時の姿を共有することによって、幼児期の教育と小学校教育との接続の一層の強化が期待されている。なお、「育みたい資質・能力」「幼児期の終わりまでに育てたい姿」は、幼児の自発的な活動である遊びを通した総合的な指導のなかで培うことが大切である。

図表55-1　幼稚園・保育所等において育みたい資質・能力

（1）豊かな体験を通じて、感じたり、気付いたり、分かったり、できるようになったりする「知識及び技能の基礎」
（2）気付いたことや、できるようになったことなどを使い、考えたり、試したり、工夫したり、表現したりする「思考力、判断力、表現力等の基礎」
（3）心情、意欲、態度が育つ中で、よりよい生活を営もうとする「学びに向かう力・人間性等」

図表55-2　「幼児期の終わりまでに育てたい姿」

（1）健康な心と体、（2）自立心、（3）協同性、（4）道徳性・規範意識の芽生え、（5）社会生活との関わり、（6）思考力の芽生え、（7）自然との関わり・生命尊重、（8）数量や図形、標識や文字などへの関心・感覚、（9）言葉による伝え合い、（10）豊かな感性と表現

— 151 —

▶ 小学校との連携，幼小連携

56 連携のあり方

1．連携にあたっての留意事項

　幼稚園・保育所と小学校との連携にあたっての留意事項が規定されたのは，2008（平成20）年告示の『幼稚園教育要領』『保育所保育指針』や『小学校学習指導要領』からである。幼児と児童との交流の機会や，保育者と小学校教師との意見交換や交流の機会を設ける等，連携を図っていくことが明記された。同年『保育所保育指針』においては，新たに「保育所児童保育要録」を小学校へ送付することが義務づけられた。幼稚園では，従来から，「幼稚園幼児指導要録」が作成されてきた。これらは，子どもの育ちを小学校に伝え，就学後の指導に役立てていくための資料となるものである。

　小学校では，意見交換や交流の他，入学後の授業の工夫についても同年の『小学校学習指導要領』に明記された（図表56-1）。とくに，生活科は，円滑な接続を図る中心的な役割を担う教科に位置づけられ，低学年の児童が幼児と学習活動を行ったり，他教科との合科的・関連的な指導をしたり等の工夫を行っていくよう示されている。第1学年入学当初には，生活科を中心とした合科的な指導を行い，子どもが学校生活に適応できるようにするための「スタートカリキュラム」が取り入れられた。近年では，幼児期教育と小学校教育との教育課程の接続を行い，子どもの発達や学びの連続性を保障し，体系的な教育を組織的に行うことが重要な課題となっている。

図表56-1　幼保との連携に関する記述例

> ■国語科
> 　低学年においては，生活科などとの関連を積極的に図り，指導の効果を高めるようにすること。特に，第1学年においては，幼稚園教育における言葉に関する内容との関連を考慮すること。
> ■生活科
> 　国語科，音楽科，図画工作科など他教科等との関連を積極的に図り，指導の効果を高めるようにすること。特に，第1学年入学当初においては，生活科を中心とした合科的な指導を行うなどの工夫をすること。

（文部科学省（2008年告示），小学校学習指導要領より抜粋）

― 152 ―

56　連携のあり方

📖子ども同士の交流にあたっての留意事項

　子ども同士の交流によって，児童への憧れ，小学校生活への期待，近い未来への見通しを幼児がもてるようにすることが大切である。また，児童にとっては，自分の成長に気づいたり，思いやりの心を育んだりする機会になることが大切である。つまり，「幼児と児童の双方にとって意義のある交流活動とすること」「継続的に取り組み，交流が深まるようにすること」が大切である。そのためには，相互のねらいを明確にした上で指導計画を作成したり，教材研究を深めたりするなど打ち合わせや，全教職員の理解の下で取り組み，長期的な見通しをもって指導を考えること等が必要である。

📖教職員の交流にあたっての留意事項

　「幼児期の教育と小学校教育の円滑な接続の在り方について（報告）」では，幼児期の教育と小学校教育の連携・接続にあたって，教職員には次のような資質が必要であると述べている。①幼児期と児童期の教育課程・指導法等の違い，子どもの発達や学びの現状を正しく理解する力，②保育者は児童期の教育を見通す力，小学校教員は幼児期の教育を見通す力，③教育活動を構成・実践する力，④他の教職員や保護者との連携・接続のために必要な関係を構築する力である。このような資質の向上のためには，研修時間の確保をはじめとする研修体制の確立が重要といえる。

　また，接続を見通して教育課程を編成・実施した後には，その反省・検証を行い，次年度以降の改善へとつなげていけるように，ＰＤＣＡサイクルを確立することが求められている。

📖スタートカリキュラムとは

　子どもが新しい学校生活に円滑に移行できるようにするためのカリキュラムである。具体的には，子どもの集中時間に応じて15分程度の授業を組み合わせたり，合科的授業である「学校探検」によって，学校生活への安心感や教師・友だちへの親しみがもてるようにしたり等の工夫があげられている。とくに入学当初は，幼稚園・保育所等の生活に近い活動を取り入れることで，子どもが安心し，楽しさを感じながら学習に取り組めることが大切にされている。これを基盤にして，児童期の「自覚的な学び」へとつなげていくのである。

Ⅱ.
教
育
編

—153—

2．連携にあたっての今後の課題

　2017（平成29）年告示『幼稚園教育要領』等や同年公示『小学校学習指導要領』では，各段階で「育てたい資質・能力」示された。さらに，「幼児期の終わりまでに育ってほしい姿」（図表55-2）が新たに示され，5歳児修了時の姿について，保育者と小学校教師との共有が図られた。これにより，幼児期の教育と小学校教育とのつながりが明確になったといえる。

　「教育課程編成にあたっての連携」がほとんど行われていないという現状を踏まえ，今後は，接続を見通した教育課程の編成・実施に取り組んでいくことが求められている。

図表56-2　小学校教育との接続にあたっての留意事項

（1）幼稚園においては，幼稚園教育が，小学校以降の生活や学習の基盤の育成になることに配慮し，幼児期にふさわしい生活を通して，創造的な思考や主体的な生活態度などの基礎を培うようにするものとする。
（2）幼稚園教育において育まれた資質・能力を踏まえ，小学校教育が円滑に行われるよう，小学校の教師との意見交換や合同の研修の機会などを設け，「幼児期の終わりまでに育ってほしい姿」を共有するなど連携を図り，幼稚園教育と小学校との円滑な接続を図るよう努めるものとする。

（文部科学省（2017年告示），幼稚園教育要領）

3．「保育所児童保育要録」の送付

　2008（平成20）年告示の『保育所保育指針』では，児童が就学する際に「保育所児童保育要録」（以下，「保育要録」）の小学校への送付が義務づけられた。「保育要録」は，保育所での子どもの育ちや可能性を小学校へ伝えるための資料である。その目的は，発達の連続性の保障や，生活や教育方法の変化に適応できない児童への対応等，一人ひとりを支援することにある。

　記録をもとに最終年度の保育を振り返り，子どもの変化や，成長している点等をとらえて記述する。今後の小学校生活での指導の参考となる内容を吟味し，具体的に記述することが大切である。

　「保育要録」の様式は，厚生労働省が示す「様式の参考例」（図表56-3）をもとに，各市区町村が作成することとなっており，地域や保育の特性に応じた様式が検討され，活用されている。

56 連携のあり方

図表56-3 「保育所児童保育要録」様式の参考例

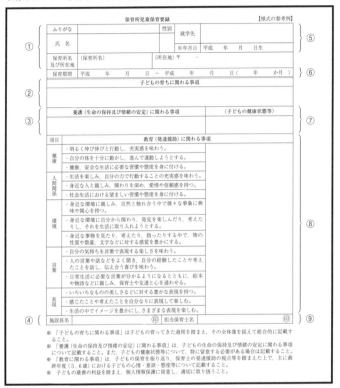

Ⅱ. 教育編

①氏名（ふりがな），性別，保育所名および住所
②子どもの育ちにかかわる事項
　子どもの育ってきた過程を踏まえ，その全体像をとらえて総合的に記載。
③養護（生命の保持および情緒の安定）にかかわる
　子どもの生命の保持および情緒の安定にかかわる事項について記載。
④施設長名（印）
⑤就学先，生年月日
⑥保育期間
⑦子どもの健康状態等
　とくに留意する必要がある場合は記載。
⑧教育（発達援助）にかかわる事項
　子どもの保育を振り返り，保育士の発達援助の視点等を踏まえた上で，主に最終年度（5，6歳）における子どもの心情・意欲・態度等について記載。
⑨担当保育士名（印）

（厚生労働省（2008）．保育所保育指針解説書）

— 155 —

4．「幼稚園幼児指導要録」の送付

　「幼稚園幼児指導要録」（以下，「指導要録」）は，『学校教育法施行規則』第24条と第28条の規定によって，その作成，送付，保存等が定められている。「指導要録」は，「保育要録」「幼保連携型認定こども園園児指導要録」と同様に，発達の連続性を保障し，幼稚園での育ちを小学校へとつなげていくための資料となるものである。生活や教育方法の変化に対応できない等の気になる児童への対応を含め，一人ひとりの支援体制を整えたり，学級編成したりするための資料として活用される。

　「指導要録」には，「学籍に関する記録」と「指導に関する記録」（図表56-4）がある。「学籍に関する記録」は，外部に対して学籍を証明する原簿となるものである。また，「指導に関する記録」は，1年間の指導の過程とその結果の要約を年度ごとに記述する。その際，子どもの行動や経過，子どもへの具体的対応，小学校でも引き続き育ててほしいこと等を書いていくことがポイントとなる。

　「指導要録」の様式は，文部科学省が示す「様式の参考例」をもとに，園や地域の特色を生かして，各幼稚園の設置者が創意工夫をして作成することになっている。

5．「幼保連携型認定こども園園児指導要録」の送付

　「幼保連携型認定こども園園児指導要録」（以下，「園児指導要録」）は，主に幼稚園の様式を含む「学籍等に関する記録」と幼稚園と保育所の両方の様式を含む「指導等に関する記録」の2枚で構成されている。

　その目的については，「指導要録」や「保育要録」と同様に，子どもの育ちを小学校に伝え，これからの指導に役立てていくことにある。「園児指導要録」の様式は，内閣府等が示す「様式の参考例」をもとに，施設の設置者等が創意工夫し，作成することとなっている。

　なお，具体的な様式等の詳細については，内閣府政策統括官付参事官等による「幼保連携型認定こども園園児指導要録について（通知）」（府政共生第73号26初幼教第29号雇児保発0127第1号平成27年1月27日）を参考にするとよい。

56 連携のあり方

図表56-4 「幼稚園幼児指導要録」(指導に関する記録)様式の参考例

【様式の参考例】

幼稚園幼児指導要録(指導に関する記録)

			平成　年度	平成　年度	平成　年度	平成　年度
①	ふりがな 氏名 平成　年　月　日生 性別	指導の重点等	(学年の重点) (個人の重点)	(学年の重点) (個人の重点)	(学年の重点) (個人の重点)	(学年の重点) (個人の重点)	④
	ねらい (発達を捉える視点)					
②	健康	指導上参考となる事項					
	人間関係						
	環境						
	言葉						
	表現						
③	出欠状況	備考					⑤

学年の重点：年度当初に，教育課程に基づき長期の見通しとして設定したものを記入
個人の重点：一年間を振り返って，当該幼児の指導について特に重視してきた点を記入

①ふりがな，氏名，生年月日，性別
②指導上参考となる事項
　○1年間の指導の過程と幼児の発達の姿を書く。
　　・各領域のねらいを視点として，当該幼児の発達の実情から向上が著しいと思われるものを記入。
　　　他の幼児との比較や一定の基準に対する到達度の評定ではないことに留意。
　　・幼稚園生活を通して全体的，総合的に捉えた幼児の発達の姿を記入。
　○次の年度の指導に必要と考えられる配慮事項等について記入。
　○幼児の健康の状況等指導上とくに留意する必要がある場合等について記入。
③出欠状況
　○教育日数：1年間に教育した総日数を記入。

　○出席日数：教育日数のうち当該幼児が出席した日数を記入。
④指導の重点等
　　当該年度における指導の過程について次の視点から記入。
　○学年の重点：年度当初に，教育課程に基づき長期の見通しとして設定したものを記入。
　○個人の重点：1年間を振り返って，当該幼児の指導について特に重視してきた点を記入。
⑤備考
　　教育課程に係る教育時間の終了後等に行う教育活動を行っている場合には，必要に応じて当該教育活動を通した幼児の発達の姿を記入することも可能。

(幼稚園幼児指導要録の改善について(通知)　20文科初第1137号平成21年1月28日)

▶ 家庭との連携

57 保護者との協力・連携

　健康で安全な子どもの生活を確立するためには，保護者や家族の協力は不可欠であり，常に密接な連携を図ることが必要である。保護者と園（クラス担任）を結ぶ連絡帳の活用も望まれる。保育士は，家庭との連携を密にし，嘱託医やかかりつけ医などと各種相談しながら，子どもの疾病や事故防止などに関する認識を深め，保健的で安全な保育環境の維持，向上に努めたい。

1．生活実態，健康状態，既往歴などの情報収集

　子どもの家庭での生活実態，健康状態，既往歴や予防接種歴，過去の傷害を伴う事故などの情報は，入所時のみでなく常に収集する。また，子どものかかりつけ医を確認し，必要に応じてかかりつけ医と連携を図るように努める。

2．園生活の情報提供と説明

　子どもの健康と安全，食生活や食育に関する活動について，保育所から家庭に情報提供することが必要である。とくに，季節ごとの疾病・事故に関する情報，季節に応じた食事・献立，感染症の発生状況とその予防対策などについて，家庭に適宜伝えていく。クラスだよりの利活用も望まれる。

　また，保育所の子どもの健康と安全に関する基本的取組み方針などについては，入所時に説明する。さらに，保育現場における医療的ケアについては，入所時および適宜，保護者との間で，嘱託医や地域の医療機関を交えた情報交換を行うことにより，保護者に周知徹底を図る。

3．個人情報の保護と守秘義務

　子どもたち個人の権利利益を保護することが重要であり，個人情報の適切な取扱いが社会的に求められている。そこで守秘義務として，特定の業務においては，知り得た情報や秘密を他の者に提供することが禁じられている。国家公務員および地方公務員などに対して規定されているほか，保育士，社会福祉士，介護福祉士についても，正当な理由がなく，その業務に関して知り得た人の秘密を漏らしてはならない。

57　保護者との協力・連携

乳幼児突然死症候群（SIDS）の予防

　SIDSは，その予防対策として仰向け寝，母乳栄養，禁煙の推進等により1995（平成7）年以降，減少傾向が認められる。しかし，保育所などによる集団保育開始1週間以内の乳児は，SIDS発症率が比較的高く，乳児なりにストレスを感じている可能性が指摘されている。そのストレス軽減のための保護者に，乳児のならし保育を推進し，また保育開始後しばらくは乳児へのとくに注意深い観察が大切である。

災害等の発生時における連携

　保育所内の事故発生，災害発生やその訓練時，および不審者の侵入等の事態に備え，日頃から保護者，近隣の住民，地域の医療機関・保育センターや保健所・警察・消防等との密接な協力や支援にかかわる連携体制を整備することが必要である。

慢性疾患の子どもとその親への配慮

　感染症に注意しなければならない疾患は多いので，感染症にかからないような注意とともに，園内で感染症が発生した場合など，その情報を早めに保護者に伝え，適切な対応を行う。慢性疾患のある子どもとその家族への接し方を，他の保育者と話し合ったり，自分で本を調べたり，インターネットで検索したりして考えたい。

　慢性疾患のある子どもの親は，自分のせいで病気にさせたという罪悪感をもっていることが多い。親のせいで発生する慢性疾患はほとんどないので，親が弱点と思っている内容をつつく発言は避け，無用な心配をさせない配慮も大切である。

慢性疾患の子どもの主治医とは保護者を通じて連携する

　慢性疾患のある子どもには，通常，その治療方針を決める主治医がいる。保育する上で不明の内容は，その主治医と連絡を取り合って解決させたい。ただし，医師には守秘義務があるので，保護者の了解の下に行う。初めは，疑問点を手紙に書いて保護者に手渡し，医師からの返事は保護者を通じて行うとよい。そして，主治医との連携に関して保護者の了解を得られれば，医師と直接eメールなどでやりとりして医療的意見を求めたり，また緊急時は医療機関に電話連絡などして直接指示を得られるようにしておくとよい。

— 159 —

Ⅱ. 教育編

▶ 専門機関・地域との連携

58 保健・医療における連携

1．保健医療との連携

　保健医療機関としては，保健センター，保健所，病院や診療所などの歯科領域を含む医療機関などがある。これらの機関から，保育現場で必要となる子どもの健康や安全に関する情報や技術の提供を受けたい。

　また，保育所の嘱託医や歯科医と密接に連携し，保育現場で発生した疾病や傷害の発生時における具体的な対応や助言を得るとともに，日頃から情報交換を行う。その際，子どもや家庭の個人的な情報に関しては，守秘義務の徹底が求められる。

2．母子保健サービスとの連携

　乳幼児健康診査や訪問事業など，市区町村が実施する各種保健サービスによって得られる子どもの健康状態，発育や発達状態に関する情報は，保育現場において有効である。保護者の了解を得て，母子健康手帳なども活用したい。

　乳幼児健康診査は，乳児，1歳6ヵ月児および3歳児を対象としているが，各地域また各医療機関によって独自に他の年月齢を対象にすることもある。

3．食育の取組みにおける連携

　保育所における食育をより豊かに展開するためには，子どもの家庭・地域住民との連携・協力に加えて，地域の保健センター・保健所・医療機関，学校や社会教育機関，地域の商店や食事に関する産業，さらに地域の栄養・食生活に関する人材や職種の連携・協力を得る。栄養士が配置されている場合，その専門性を十分に発揮し，それらとの連絡調整を積極的に行うことが期待される。

4．小学校との連携

　入所中の健康状態，発育・発達状態，既往歴や事故の状態などは，子どもの卒所後の保健活動などに役立つこともあるので，保護者の了解の下に，小学校と情報共有や相互理解など連携を図りたい。また，小学校で発生している感染症などについても情報提供してもらい，保育現場での蔓延を予防することも必要である。

— 160 —

58 保健・医療における連携

保健センター

市町村保健センターは，1994（平成6）年に制定された地域保健法のなかで法定化された。1997（平成9）年から市町村は，健康診査や保健指導などの基本的な対人保健サービスを行っている。住民に身近な市町村は，住民の疾病の診断を行い，また，生活上の適切な情報を提供して，きめ細かな施策を講ずることにより，基本的サービスを一貫して提供し，住民にやさしい地域づくりの中心的役割を果たしている。

保健所

保健所は，地域の保健活動の中心であり，管理的な役割とともに，専門的な実践機能をもつ。職員として，医師，薬剤師，獣医師，保健師，助産師，看護師，診療放射線技師，栄養士，統計技術者などがいる。管轄する地域の特性を把握しながら，市町村間の連絡調整，指導，助言など広域の事業や支援，また許認可事務，検査業務，技術的な面の多い事業や医療費助成の対象疾患などを担当している。そして，地域保健医療を担う医師会との連絡などの仲介も行う。

乳幼児健康診査

乳幼児の身体計測，全身状態の観察，一般的な問診や診察を行いながら，各種の疾病，発達の遅れ，視聴覚異常などを見出して，適切な事後指導を行う。異常を発見するだけでなく，育児支援として，経過観察を行いつつ，不安の起こらないようなサポート，問題のある親への助言・相談，親同士の交流の機会の確保，家庭環境や親子関係などを考慮しながら，児童の健康レベルを向上させている。市町村や保健センターでの集団健診と，一般病院や診療所での個別健診とがある。

母子健康手帳

妊娠中から子どもが小学校入学までの健康管理，健康記録を行う手帳であり，妊娠が確定したら市区町村から交付を受ける。妊婦健診や出産時の入院，乳幼児健診や保健指導，予防接種，育児相談などを受けた際，必要事項を書き入れてもらう。母子の健康状態，健診結果，予防接種の覚え書きとして利用できる。男女別の乳幼児身体発育曲線も載っており，標準値と比較できる。

— 161 —

▶ 専門機関・地域との連携

59 障害のある子どもに関する連携

1．専門機関との連携

　障害のある子どもとその家族を支えていくためには，保健・医療・福祉・教育・就労・子育てを担うさまざまな機関，すなわち，市町村保健センター，保健所，福祉事務所，児童相談所，児童福祉施設，発達障害者支援センター，総合教育センター，特別支援学校，特別支援教育センター，こども病院などの関係機関相互の連携と協力体制の整備が図られる必要がある。

　これらの専門機関には，担当職員をはじめ，保健師，医師，教員，家庭児童相談員，理学・作業療法士，言語聴覚士など多くの職種の専門家がいるので，相談ニーズに合わせた個別の支援計画や指導計画の作成についての的確なアドバイスを得ることができる。

　保育者は，障害のある子どもの発達に関するアセスメントを効果的に進めていくために，制度的な仕組みや連携の内容を理解して，一人ひとりのニーズに合わせた保育ができるよう心がけておかなければならない。

2．地域との連携

　地域における障害のある子どもの療育は，保護者が療育指導や相談が受けられる機能や療育の場の充実など，療育支援のための体制整備が不可欠である。また，地域リソースを有効に活用し，地域療育システムについての知識や情報の共通理解を図らなければならない。

　障害のある子どものライフステージに応じた一貫性のある療育支援や学校教育を受けながら福祉施設等において訓練や治療も受けられる仕組みなど，個々のニーズに柔軟に対応するための制度についても理解しておくことが大切である。

　なお，『児童福祉法』の一部改正〔2012（平成24）年4月1日施行〕にともない，身近な地域での障害のある子どもの支援を充実・強化させるために，通所サービスの実施主体の移行等従来の枠組みが見直されるとともに，地域における新しい相談援助システムの構築が図られている。

－162－

📖障害のある子どもの保育・教育の変容

1981（昭和56）年の国際障害者年の取組みに端を発し，バリアフリーの進行，福祉理念の定着，保育・教育現場での障害のある子どもと健常児の交流などがさまざまな教育的・人間的効果をあげたことによって，障害のある子どもの保育や教育が大きく変わった。障害のある子どもの生活にさまざまな制限が加えられてきた社会に対して，人びとの心に「これでよいのだろうか」との思いが広がり，「親なき後」「親あるうちに」の言葉に後押しされる形で健常者・障害のある人共に社会が受け入れていく流れが本格化したのである。また，保育所や幼稚園，認定こども園でも障害のある子どもを受け入れるようになり，障害児保育・統合保育としてプログラム化され，障害児受け入れ検討会の設置，加配保育士の配置などの工夫がなされた。学校に特殊学級や情緒障害児学級などができて，子どもの状態に合わせた無理のない適切な教育がなされるようになったのである。

📖療育にかかわる専門職との情報交換

保育者は子どもの言動をどうとらえ，どうかかわることがよりその子どもの発達をよい形にもっていけるか，日々模索する。そのために，スーパービジョンとは別にケース会議の場を設けたり研修を行ったりして，資質向上に努めている。

障害のある子どもの場合，子どもの生活の場が保育所以外にも必要な場合があったり，保護者にも通常の知識以外に個別の知識が必要になる。したがって，専門職と常に情報交換を行い，子どもに好ましいかかわりのできる体制が必要である。

保育の場に専門機関の人に出向いてもらい，その場で子どもの様子を軸に保育者との情報交換をすることも重要である。すでにその体制ができている施設もあるが，まだ全体的には十分とはいえない。市区町村でも保育所や幼稚園の入所時点での検討会が実施され，さらに就学前の段階では入学小学校の種別決定を含めて慎重な会議が行われる。さらにその後，受け入れ施設でも継続的努力が求められる。現実的には暦年齢より多少下のクラスに配属する場合があるが，そのような場合にはより慎重に検討することが求められる。

▶ 専門機関・地域との連携

60 虐待防止に関する連携

１．連携の重要性

　2000（平成12）年に制定された『児童虐待の防止等に関する法律』によって児童虐待の防止に関する国および地方公共団体の責務等が定められるとともに，住民の通告義務も課せられた。この法律の成立以降も度々，法改正が行われているが，多数の関係機関の円滑な連携を確保し責任体制や情報共有を明確化するため，2004（平成16）年に「要保護児童対策地域協議会」が法的に位置づけられた。

２．児童相談所への連絡

　児童相談所は，児童福祉の実施機関の根幹である。各都道府県に１〜数ヵ所の設置義務があり，児童福祉司・心理判定員など専門職員が配置されている。保育所など児童福祉関連施設で児童虐待の可能性を察知した場合，速やかに児童相談所へ連絡をとり，早期の対応で子どもの福祉が守られるように図ることが重要である。

　保育所で懸念があると感じても児童相談所への連絡が一日一日と伸びる原因のひとつとして，保育者が機関の内容をよく知らないことがあげられる。児童相談所の職員との日頃からの顔合わせが重要なのである。

３．各種機関との連携

　児童虐待に関する問題は複雑・多様化しており，早期発見・早期対応とともに，子どもや家庭に対してきめ細かな支援を行うための関係機関の一体的な連携がますます重要となっている。

　保育者は，そのための機関として，児童相談所のほかにも，福祉事務所，知的障害者更生相談所，身体障害者更生相談所，児童福祉施設，児童委員，児童家庭支援センターのみならず，保健所，精神保健福祉センター，市町村保健センター，家庭裁判所，学校，教育委員会，警察，人権擁護委員，民間団体等さまざまな機関のあることを周知し，これらの機関の機能や仕組みや関連制度などとともに連絡先や連絡方法などの具体的側面についても的確に把握しておくことが必要である。

通告義務

『児童虐待の防止等に関する法律』第6条は，児童虐待を発見した者は，速やかに，これを児童福祉法第25条の規定により通告しなければならないと規定している。

通告義務は一般の市民共通に課せられているが，とくに同法第5条には「学校の教職員，児童福祉施設の職員，（中略）……職務上関係のある者は，児童虐待を発見しやすい立場にあることを自覚し，児童虐待の早期発見に努めなければならない」とあり，保育所や幼稚園の職員への期待が示されている。

児童福祉司の業務

児童相談所では一時保護所という短期入所施設（定員30名，1ヵ月程度）がある。そこでは児童福祉司が，虐待などを受けた子どもで保護者から距離を置いて生活することが好ましい児童の入所決定をする。混乱期の児童を落ち着かせ，次の生活の場（乳児院，児童養護施設など）に措置をするのである。

児童福祉司はその後児童の状況や施設の空き具合などをみながら，家庭と連絡を取り可能な限り家庭再統合を図り親子がともに生活できるように援助していく。

要保護児童対策協議会（子どもを守る地域ネットワーク）の概要

設置主体：地方公共団体

目的：早期発見・早期対応，関係機関との連携，担当者の意識変革

構成員：『児童福祉法』第25条の2第1項に規定される者が想定されるが，これに限るものではない。

児童委員・主任児童委員

厚生労働大臣から委嘱された，地域住民の福祉向上のために活動するボランティアで，民生委員が兼ねることになっている（『児童福祉法』第16条）。また，児童福祉に関することを専門的，広域的に取り扱う「主任児童委員」の指名を受けている。

保育者は，身近な地域の児童委員・主任児童委員を知っていること，また意識的に交流を図ることが必要である。

▶ 専門機関・地域との連携

61 災害等の発生時の連携

1．災害への万全の備え

　日頃から，火災，地震，津波，台風，水害などの災害発生に対する備えを万全にしておく。その際，各園の立地や地域の特性を十分に踏まえて備えをする。災害が起こる前に，落下物の固定，防火設備の充実，複数の避難経路などを確定し，定期的に安全点検を行う。災害時マニュアルを作成し，職員間の役割分担を明確にするとともに，災害への対応を身につけられるように避難訓練を計画的に実施する。子どもの生活，遊びの状況や保育の日常を考え，さまざまなケースを想定して訓練を行う。災害時には保護者との連絡がとれないケースや交通機関の混乱も予想される。園で預かる場合を考え，水や食料など備蓄品を検討しておく。近年，想定外の災害が発生している。子どもの命を守るために，備えを徹底する。

2．避難訓練の計画的・定期的実施と災害時マニュアルの改善

　災害に対する危機管理では，①事前の対応，②発生時の対応，③事後の対応に分けて整理し，具体的な内容，手順，職員の役割分担を記した災害時マニュアルを作成する。避難訓練は年間の指導計画に組み込み，計画的・定期的に実施する。災害発生時に，保護者等への連絡や引き渡しを円滑に進めるために，保護者との連携を密にする。保護者を含めての避難訓練を実施することも有効である。実施した訓練の詳細については記録に残し，教職員全体で災害時の体制と災害時マニュアルを繰り返し確認し，改善を図る。

3．地域の関係機関（医療機関,保健所,警察,消防等）との連携

　市町村の支援の下に，地域の関係機関と日常的な連携体制を作り，病院や警察などの連絡先や対応部署などを明確にして，緊急時に確実に連絡がとれるようにする。子どもたちが災害を知り，自分の身を守り生活する意識を育てるために，防災訓練への協力を依頼したり，教職員が救命救急講座などの研修を受けることも必要である。災害時には，幼稚園，保育所などが地域の避難所の役割を担う場合もある。地域とともに地域安全マップ*を作成したり，合同で避難訓練を行うなどの連携の積み重ねが災害への対応の鍵となる。

— 166 —

61 災害等の発生時の連携

図表61-1　災害への備え（PDCA）

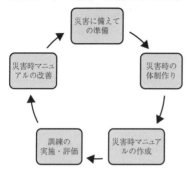

図表61-2　災害に備えての準備の一例

☐ 災害時マニュアルに基づき職員間の役割分担はできているか。
☐ ピアノ，ロッカー，棚など転倒予防がされているか。
☐ 屋内外遊具の転倒の危険はないか。
☐ 避難場所の確認，避難経路の複数確保，それを保護者など関係者にも知らせているか。
☐ 非常時に持ち出すもののリストを作成しているか。
☐ 災害時に備えて水，食料，毛布などが備蓄されているか。

図表61-3　災害時マニュアル：火災の一例

〈連絡・通報〉
・園やその付近で出火があった場合は，職員室へただちに連絡する。職員室の職員は消防に通報。

〈避難指示〉
・園児，教職員に火災について知らせ，教員と一緒に落ち着いて安全な場所への避難を行うように促す。可能ならば初期消火に努める。

〈避難〉
・災害時の役割分担に基づいて，園児らの避難を誘導する。屋内に人が残っていないかを確認する。あらかじめ用意している必要最低限の避難用持ち物などをもって，園児とともに避難場所に移動。

〈安全確認〉
・園児や職員（場合によっては保護者も含む）の人数確認を行う。
・子どもの健康状態や心理状態を確認する（必要な場合は保護者への連絡を行う。）

word

＊地域安全マップ（子ども安全マップ）

一般的には，主に子どもを犯罪から守るために作成される地図である。小学校以上では，自分たちの身の回りの危険を知り，対応を理解するために，子どもたちが主導で作成することもある。犯罪だけでなく，さまざまな災害を想定し，園や保護者，近隣，地域が協力して作成することが意識を高め，危機管理を促す。

> 諸外国の就学前教育

62 アジア・オセアニア

　ここでは，国をあげて制度改革に取り組んでいる韓国とオーストラリアの就学前教育の状況を紹介する。

1．大韓民国の就学前教育

　大韓民国（以下，韓国）は，21世紀の知識基盤社会における人材を育成するという国家教育ビジョンの下，国家主導の就学前教育の質の向上のための政策を展開している。また少子高齢化社会の進展における深刻な少子化問題（2016年特殊合計出生率1.17名）に対応するため，就学前教育施設の在園児対象の「保育料の無償化」および在宅保育児対象の「養育手当」の支給や，地域の「育児総合支援センター」を起点とした子育て支援を実施している。そして「育児政策研究所（Korea Institute of Child Care and Education）」（2005年）を中心に，諸課題やOECD諸国の幼児教育の研究を行っている。

　保育制度と形態：韓国では，幼稚園は教育部（文部科学省にあたる），保育施設（オリニジップ）は保健福祉部（厚生労働省にあたる）がそれぞれ管轄し，その法的根拠，設置基準，保育者の資格と養成制度等が二元化している。2016年12月現在，満0～5歳の人口は271万1,083人で，そのうち，幼稚園在園児は70万4,138人（約26％），保育所在園児は145万1,215人（約54％）である。施設の形態には，幼稚園（計8,987ヵ所）は国・公立，私立があり，保育施設（計41,084ヵ所）は，国・公立，民間，社会福祉法人，法人・団体，職場，共同，家庭施設の7類型がある。

　保育内容：満0～2歳児の保育内容は「標準保育課程」（保健福祉部告示第2013-8号）における6領域（基本生活，身体運動，社会関係，意思疎通，自然探究，芸術経験），満3～5歳児の保育内容は幼保統合カリキュラムの「3-5歳児年齢別ヌリ課程」（教育科学技術部告示第2016-16号）の5領域（基本生活，生活・健康，意思疎通，社会関係，芸術経験，自然探究）に構成され統合的に運営されている。

📖 韓国の幼保統合政策

　2008年の李明博政権は「幼児教育は未来のための投資」のスローガンをかけ，幼保統合政策を推進し，その第一歩として幼保統合

— 168 —

カリキュラムの「満5歳ヌリ課程」（2012年），「3-5歳児年齢別ヌリ課程」（2013年）を実施している。このような幼保統合政策推進の背景には，乳幼児保育部門の「アイサランプラン（2009-2010）」と「第1次（2006-2010）・2次（2013-2017）中長期保育基本計画」があり，幼児教育部門の「幼児教育先進化推進計画（2009-2012）・（2013-2017）」が政策的根拠となっている。それは就学前教育・保育における「公共性の強化」「質のよい保育サービスの提供」「国家責任の実現」「子どもの健全な成長発達」等を目標としている。国務調整室傘下の「乳幼児教育保育統合推進団」による幼保統合の3ヵ年計画（2014-2016年）の推進として，第1段階（2014年）は就学前施設の情報公開，幼保の評価制度の連携，財務会計規則および共通運用の統合，第2段階（2015年）は施設基準の整備および統合，利用時間や教育課程の統合，保育者の資格および養成体系の整備と連携の推進，第3段階（2016年）は保育者の処遇格差の改善および段階的支援，管轄部署および財源の統合等が推進された。

図表62-1　韓国の就学前教育・保育体制（2016年12月現在）

	教育（幼稚園）	保育（オリニジップ）
管轄部署	教育部，市・道教育庁	保健福祉部，地方自治体
法的根拠	幼児教育法	乳幼児保育法
対象	満3歳〜就学前の幼児	満0歳〜就学前の乳幼児
運営時間	3〜5時間（教育課程） ＋放課後課程	12時間（7：30〜19：30） ＋時間延長
保育者資格	幼稚園教師1・2級	保育教師1・2・3級
保育者対子どもの配置	1：15（3），1：20（4〜5）	1：3（0），1：5（1），1：7（2）， 1：15（3），1：20（4〜5）
保育料支援額		満0歳児41万8,000ウォン 満1歳児36万8,000ウォン
1人当たり月額	満3〜5歳児22万ウォン	満2歳児30万4,000ウォン 満3〜5歳児22万ウォン
保育内容	3-5歳年齢別ヌリ課程	標準保育課程（満0〜2歳） 3-5歳年齢別ヌリ課程

（保健福祉部（2016）．保育統計2016，育児政策研究所（2016）．幼保統合定着のための実行方案研究，韓在熙「大韓民国—幼児教育・保育改革の動向」　泉千勢（編著）（2017）．なぜ世界の幼児教育・保育を学ぶのか　ミネルヴァ書房　p.306　に基づき作成）

2．オーストラリアの保育・幼児教育

　オーストラリアは6つの州および北部準州と首都特別地域からなる連邦国家である。人口の28.5%は外国生まれ（2016年時点）の多文化国家という特徴がある[1]。

　保育制度：保育は，連邦政府と州政府による二元管轄体制である。保育費用，統計調査，質向上の取組みなどは連邦政府が管轄し，規制や家族支援については州政府の管轄である。保育形態には，施設型保育（Long Day Care），家庭的保育（Family Day Care），一時保育（Occasional Care），学童保育（Outside School Hours Care），幼稚園（Preschool/Kindergarten），訪問型保育（In-home care）がある[2]。

　「乳幼児期への投資」―乳幼児発達国家戦略―：オーストラリアでは，2008年以降保育の質向上への取組みが進められてきた。2009年には連邦政府協議会において，保育の質改革の基盤となる乳幼児発達のための国家戦略（A National Early Childhood Development Strategy）として，「乳幼児期への投資」（Investment in the Early Years）が制定された。国のビジョンは，子どもの権利の尊重を基盤に，2020年までにオーストラリアのすべての子どもが，自分自身と国のためによりよい将来を創るために，最善の人生のスタートを切ることができるということである。このビジョンのもと，具体的な目標と行動領域が明確にされている（図表62-2）[3]。

　保育の質向上への取組み：保育の質改革の基本枠組みとして，国の保育の質枠組み（The National Quality Framework for Early Childhood Education and Care）が2012年から施行された。この枠組みのもと2011年に保育の質評価機関（Australian Children's Education and Care Quality Authority）が設立され，2012年に国の質基準（National Quality Standard）が導入されるなど，保育の質改革政策が進められている。保育の質向上の大きな2つの鍵として，保育者の資格要件の向上と，保育者と子どもの人数比率の改善があげられている。これらについて，2012年から2020年の間に，段階的な改善が実施されている[4]。保育者と子どもの人数比率の改善は2016年から実施されている。0〜24ヵ月児は，保育者1：子

—170—

62 アジア・オセアニア

ども4が全州共通である。それ以上の月齢では州によって比率が異なるが，24ヵ月以上～36ヵ月未満児は，1：4または1：5，36ヵ月以上～プリスクール児は1：10または1：11となっている。

　学びの枠組みの制定：国による初の保育カリキュラムガイドラインとして，2009年に「オーストラリアの幼児教育学習枠組み」（Belonging, Being, Becoming：The Early Years Learning Framework for Australia）が制定された。子どもの権利の尊重を基盤として，各保育施設でのカリキュラム作成，保育計画，実践，評価の拠り所となるものとして位置づけられている。Belonging（人間関係の基礎となる帰属），Being（子どもの「今，ここ」を認める），Becoming（子どもの育ち・学びの変化のプロセスを重視する）という子どもの発達をとらえる視点のもと，子どもを中心として，Principle（原理），Practice（実践），Learning Outcomes（学びの結果）の3要素が枠組みを形作っている[5]。

図表62-2　Investing in the Early Years におけるビジョン，到達目標，行動領域

ビジョン	すべての子どもは，自分自身と国のよりよい未来を創り出すために最善の人生のスタートを切る				
到達目標（どのような到達点なのか）	子どもは健やかに生まれ生きる。	子どもを取り巻く環境は満たされ，文化的に適切で，安全である。	子どもは人生と学びについての知識と技術を身につけている。	子ども（とくに先住民族の子ども）は社会的包摂により利益を得て，不利益を減少させられる。	子どもは教育機会に恵まれ，利益を得ることができる。
	⬆	⬆	⬆	⬆	⬆
	家族は子どもの発達をサポートすることに自信をもち，その能力を有する。				
	質のよい乳幼児期発達サービスが家族の労働力参入の選択を支援する。				
行動領域（どのようにして実行するのか）	・子ども，保護者，保育者，地域を支援する。 ・応答的な乳幼児期発達サービス ・職場とリーダーシップの発展 ・質と規制 ・インフラ ・政策と財政 ・知識管理と革新				

（Commonwealth of Australia（2009）．Investing in the Early Years—A National Early Childhood Development Strategy：An initiative of the Council of Australian Governments. p.15）

▶諸外国の就学前教育

63 ヨーロッパ

　「保育の質」は，今や世界に共通するテーマとなっているが，ヨーロッパでは，1980年代半ばから保育の質向上に向けた取組みが行われてきた。その中心的役割を果たしてきたEU（欧州連合）は，すべての子どもが乳幼児期に質の高い保育を受けることが重要であるという観点から，2014年に「保育の質枠組みの主要原理の提案」という報告書をまとめている。

　ここでは，質の向上に向けて大きく転換しているドイツとスウェーデンの就学前教育の状況を紹介する。

1．ドイツの就学前教育

　統一後のドイツでは，急速な保育・就学前教育改革が進行しており，3歳未満児の保育や全日制保育の広がり，学力格差問題などを背景として，新たな保育・就学前教育のあり方が模索されている。

　保育制度と形態：ドイツの保育・就学前教育は，児童青少年福祉制度に位置づけられている。保育所や幼稚園などの保育施設（図表63-1）は児童福祉施設であり，子どもの「教育（ErziehungとBildung）」と「ケア（Betreuung）」を一体的に行うことを任務としている。

　ドイツでは，子どもに保育を受ける権利が保障されており，3歳以上児は1996年から，1歳から3歳未満児は2013年から法的な権利が付与されている。

　保育内容：2000年代のドイツでは，学力問題を背景として保育・就学前教育のカリキュラム改革が行われた。改革の焦点は，移民の背景をもつ子どもたちの言語教育と幼小接続であり，2004年には連邦レベルでは初となるカリキュラム大綱（『保育施設における幼児教育のための連邦共通大綱』）が策定された。そのため，保育施設では従来よりも「教育」の側面が重視されるようになったが，狭い意味での「学校レディネス」の育成ではなく，遊びやプロジェクト活動を通した子どものホリスティックな育ち・学びが重視されている。

— *172* —

63 ヨーロッパ

図表63-1　ドイツの保育形態

	種　別	対　象
施設型保育	保育所（Kinder）krippe	3歳未満児
	幼稚園 Kindergarten	3歳から6歳まで
	学童保育所　Hort	6歳から14歳まで
	総合保育施設Kita（Kindertagesstätte） 保育所と幼稚園が一体化した施設であり，学童保育の機能をもつ場合もある。	
家庭的保育	家庭的保育Tagespflege（保育ママ／保育パパなど）	

図表63-2　『保育施設における幼児教育のための連邦共通大綱』[1]における教育課題と教育領域

教育課題	【教育課題の重点】 個人のコンピテンシーや学びの構えを早期から強化し，子どもの探究心を広げ，援助し，誘発すること，価値の教育，学び方の学習を促進すること，社会的な文脈における世界習得。 【具体的な教育課題】 ・学び方の学習の促進（学習方法のコンピテンシー） ・保育施設での生活に関する決定への子どもの参加 ・知的教育 ・ジェンダーを意識した教育活動 ・発達のリスクを有する子どもや（重度の）障害をもつ子どもへの特別支援 ・特別な才能をもつ子どもへの促進
教育領域	①言語，文字，コミュニケーション ②個人的・社会的発達，倫理／宗教教育 ③数学，自然科学，（情報）技術 ④音楽教育／メディアとのかかわり ⑤身体運動，健康 ⑥自然と文化的環境

Ⅱ.
教育編

2．スウェーデンの就学前教育

制度の概要：スウェーデンでは，1960年代から女性の社会進出などを背景として，育児休暇や児童手当とともに家族福祉施策の主柱として保育制度を確立した。当時，国内にはルーツの異なる2つの保育施設が存在したが，Förskolaという名称で統一し，一元化したのである。しかし，その後も保育を求める声は高く，政府は1985年に「すべての子どもに就学前保育を」との議案を国会に提出し，保育施設の量的拡充を推進した。その結果，1990年代半ばには待機児童問題を克服し，希望するすべての子どもを受け入れる体制が整備された。そして，1996年には，すべての保育事業を福祉部門から教育部門に移管するという改革を行った。就学前の保育施設Förskolaは学校体系の最初の段階に位置づけられたのである（以下，Förskolaを就学前学校と訳す）。また，1998年には就学前学校の教育内容を定めたカリキュラム（Läroplan för förskolan：Lpfö 98）を公布した。人生最初の教育をすべての子どもに保障する仕組みを整えた背景には，国連子どもの権利条約の批准（1990年），子どもオンブズマン制度の導入（1994年）などの動きがある。

最近（2016年）の就学前学校の利用率は，1歳児が48％（育児休暇が16ヵ月取得できる），2歳児が89％，3歳児が93％，4～5歳児が95％と高率である。また，就学前学校の約80％は公立であり，私立（両親組合，職員組合，株式会社など）は約20％である。保育料は低額であり，16歳未満の子どもに一律の児童手当が支給されており，加えて3～5歳までの子どもに一日3時間の保育が無償で提供され，保育料の上限額も設定されている。

なお，スウェーデンではゼロ歳児保育は行っていないが，主に育児休暇中の父親や母親が子ども連れで利用するオープン保育室（Öppenförskola）がある。利用料は無料となっている。

また，6歳の秋学期から7歳の就学まで，ほとんどの子どもが基礎学校内にある就学前クラス（förskoleklass）に通っている。義務教育ではないが，就学前教育と学校教育とをつなぐ役割を担っており，一日3時間の教育を無償で提供している。約半日間の活動の後は，学校内にある学童保育を利用する子どもが多い。

63　ヨーロッパ

📖就学前教育カリキュラムの理念

　すべての就学前学校は，学校庁が定める就学前教育カリキュラム（Lpfö 98）に基づいた教育を行うことが義務づけられている。以下は，カリキュラムに示されている就学前学校の主要な任務である。

①スウェーデン社会が依拠する民主主義的価値観を定着させる。

②エデュケア（educare）を基本理念とし，子どもに安心できるケアを提供し，心身の発達と学びを促す。

③子どもを一人の人間として認め，幼い子どもであっても自分の考えや意見を表現することを通して，就学前学校の活動に参加し，そこでの生活に影響を与える体験を得させる。

④遊びは子どもの成長，発達と学びにとって大切なものである。子どもが，学び創造する個人として自分自身を肯定的に評価することができるよう援助する。

⑤子どもは活動的で意思をもつ主体である。子どもの経験世界や興味，関心から出発し，大人と子どもの協同，子ども同士の学び合いを援助すること。また，好奇心を刺激し，言葉やコミュニケーション，数学や自然科学，科学技術に関する理解を育て，さまざまな材料で自分の感動やアイデアを表現する機会を与える。

⑥親との親密で信頼にあふれた協力関係を育むため，親が就学前教育に参加し影響を与える機会や子どもの育ちや学びについて対話する機会を設ける。

📖評価の考え方

　就学前教育カリキュラム（Lpfö98）には，2010年の改訂において「フォローアップ・評価・発展」の章が加えられた。保育の質の向上を図るため，子どもの遊びや学びのプロセスを文書化し，それを資料として保育実践を評価して次の展につなげることが，保育者や保育チームの仕事として位置づけられたのである。ただし，評価の主眼は，決して一定の基準に基づいて，子どもの発達や学びを判定することではない。就学前学校の組織的なアプローチが，子どもたちの安心で楽しい生活，豊かな育ちや学びに貢献しているかどうかを重視している。それは，基礎学校の6年生まで成績をつけないというこの国の教育方針に通じている。

Ⅱ.
教
育
編

—175—

▶ 諸外国の就学前教育

64 アメリカ

1．アメリカの就学前教育・保育

　アメリカにおける就学前教育・保育は，公的には，キンダーガーテン（kindergarten），プレキンダーガーテン（Pre-kindergarten：Pre-K），ヘッドスタートプログラムなどがある。民間では，プレスクール（preschool）やナーサリースクール（nursery school）などの中間層向けの幼児教育プログラムがある。また，保育所にあたるデイケアセンター（day care center）や，家庭的保育なども民間によって行われている。その隙間を埋めるものとして，ベビーシッターが一般的に利用されている。

　幼児教育に関しては，5歳児のキンダーガーテンクラスが主に小学校の一部として校舎内に設置されており，物理的にもカリキュラムとしても一体のものとして機能している。加えて，4歳ないしは3歳までを対象としたプレキンダーガーテン（Pre-K）が併設されている場合もある。早期に就学前教育を始めることによって学習の効果をあげようとしていることから，アメリカの幼児教育は北欧や日本などのように情緒や社会性を育てる形のホリスティックなものに対して，小学校へのレディネスを重視した就学準備型であるといえる。2002年に成立した『落ちこぼれ防止法（No Child Left Behind Act)』の影響もあり，就学準備の色合いが濃くなってきているのが懸念されている。学校内にあるキンダーガーテンは，「幼稚園」というよりは，多くの州で導入されている「各州共通基礎スタンダード（Common Core State Standards：コモン・コア)」や他の教育課程基準の最初の学年として位置づけられている。それに対して，全米幼児教育学会（NAEYC）は，『乳幼児の発達にふさわしい教育実践（Developmentally Appropriate Practice：DAP)』を出版し，幼児教育の学校化に対抗しようとしている。

　一方で，レッジョエミリアの影響を受けてプロジェクト型の保育に取り組む園や，モンテッソーリの保育を行っているところもある。アメリカは居住する州や地域によってかなりの格差があり，収入や社会階層によって受けられる教育・保育に違いがみられるのが

特徴である。裕福な地域では遊びを中心とした自由な保育がみられる一方で，貧困地域では教え込み中心の方法がとられているという報告もある。貧困家庭の子どもたちの教育・保育は長年の課題である。

　ヘッドスタート（Head Start）ならびに早期ヘッドスタートプログラムは，連邦の保健福祉省（Department of Health and Human Services）が所管する就学前教育・保育に関する支援事業で，連邦の補助金によって自治体や民間が委託を受けて行うものである。ヘッドスタートは，貧困との戦いの一環として，リンドン大統領によって1965年に始まった。恵まれない家庭に育つ1歳5ヵ月から5歳までの乳幼児や特別支援が必要な子どもを対象に行われるこのプログラムは，子どもたちの教育と健康の増進，そして保護者の参加に取り組むように計画されている。プログラムに参加することによって，子どもたちの認知・言語・社会・身体といった発達の諸側面を伸ばすことがねらいで，そのためにセサミストリートなど教育関連の教材が開発・利用されてきた経緯もある。ヘッドスタートの効果としては，学力向上につながらなかったものの，高校中退率が低下したり，職業に就くことが増えたり，後の社会生活に適応できるようになったことが報告されている。

　上述の公的なプログラムはすべて無償であるが，就学前教育を目的としたプレスクールやナーサリースクール，保育を目的としたデイケアセンターなどは民間によって運営されている。貧困家庭にはさまざまな形で負担軽減が図られるが，一般的には公的援助が乏しく，デイケアなどに預けて働くよりも生活保護に頼る方が選ばれやすい状況もある。各国との比較をみても，幼児期にかける公的資金は少ないため，今後どのようにこの時期に投資するかが課題となる。

　教育・保育の内容としては，個人の能力を伸ばすことや自己実現が重視され，特別支援教育が充実していたり，多文化教育の考え方が浸透したりしていること，州や地域によって多様性があることなどが特徴としてあげられる。また，時代や政治状況による変化もあり，"アメリカの教育"とひとくくりにはしづらいのである。

▶養成校学習到達の目安

65 保育所保育士

1．保育所保育士

　『児童福祉法』第18条の4に規定されている保育士の職場としては，主に児童福祉施設があげられる。2015（平成27）年社会福祉施設等調査では，全国の主な児童福祉施設等に勤務（常勤）する保育士数は37万541人（10月1日現在），そのうち保育所勤務は35万4,345人で，保育所に配置されている保育士が圧倒的に多い。保育士の具体的な職務は施設によって異なってくる。そこで，職場の違いによる職務面に着目した呼称として，保育所に配置されている保育士を保育所保育士，保育所以外の児童福祉施設に配置されている保育士を総称して施設保育士，という用語が用いられている。

2．保育所保育士の専門性

　保育所保育士の専門性については『保育所保育指針』第1章1－(1)－エで「保育所における保育士は，児童福祉法第18条の4の規定を踏まえ，保育所の役割及び機能が適切に発揮されるように，倫理観に裏付けられた専門的知識，技術及び判断をもって，子どもを保育するとともに，子どもの保護者に対する保育に関する指導を行うものであ」ると言及している。さらに『保育所保育指針解説』〔2018（平成30）年2月，厚生労働省〕には，保育士に求められる専門的な知識及び技術として，具体的に以下の6項目があげられている。①これからの社会に求められる資質を踏まえながら，乳幼児期の子どもの発達に関する専門的知識を基に子どもの育ちを見通し，一人一人の子どもの発達を援助する知識及び技術。②子どもの発達過程や意欲を踏まえ，子ども自らが生活していく力を細やかに助ける生活援助の知識及び技術。③保育所内外の空間や様々な設備，遊具，素材等の物的環境，自然環境や人的環境を生かし，保育の環境を構成していく知識及び技術。④子どもの経験や興味・関心に応じて，様々な遊びを豊かに展開していくための知識及び技術。⑤子ども同士の関わりや子どもと保護者の関わりなどを見守り，その気持ちに寄り添いながら適宜必要な援助をしていく関係構築の知識及び技術。⑥保護者等への相談，助言に関する知識及び技術。

— 178 —

65 保育所保育士

📖保育士養成課程と学習到達度

　保育所保育士に求められる専門性を養うために「指定保育士養成施設」（保育士養成校：厚生労働大臣の指定を受け，児童の保育および児童の保護者に対する保育に関する指導を行う専門的職業としての保育士を養成する大学・短期大学・専修学校等のこと）で編成された教育課程（保育士養成課程）で学ぶ。保育士養成課程の学習系列は，教養科目以外に，①保育の本質・目的に関する科目，②保育の対象の理解に関する科目，③保育の内容・方法に関する科目，④保育実習，⑤総合演習，の5種類からなり，それぞれに必修科目が設けられている。各教科目の教授内容の標準的事項は，厚生労働省より提示されている。

図表65-1　養成校における実習生としての学習到達度評価

項目	評価の内容	評価上の観点
態度	意欲・積極性	・指導担当者からの指示を待つばかりでなく，自分から行動している。 ・積極的に子どもとかかわろうとしている。　　など
	責任感	・十分な時間的余裕を持って勤務開始できるようにしている。 ・報告・連絡・相談を必要に応じて適切に行っている。　　など
	探究心	・日々の取り組みの中で，適切な援助の方法を理解しようとしている。 ・日々の取り組みの中で，自己課題を持って実習に臨んでいる。　　など
	協調性	・自分勝手な判断に陥らないように努めている。 ・判断に迷うときには，指導担当者に助言を求めている。　　など
知識・技術	保育所等の役割と機能	・保育所等における子どもの生活と1日の流れについて理解できている。
		・保育所保育指針と実際の保育展開の関連について理解できている。
	子ども理解	・子どもとのかかわりを通した観察と記録作成による具体的な子ども理解ができている。
		・子どもの発達過程について具体的な理解ができている。
		・子どもへの積極的なかかわりや具体的な援助ができている。
	保育内容・保育環境	・保育の計画に基づいた保育内容の実際について理解できている。
		・子どもの発達過程に応じた保育内容の実際について理解できている。
		・子どもの生活や遊びと実際の保育環境の関連性について理解できている。
		・実際の子どもの健康管理や安全対策について理解できている。
	保育の計画，観察，記録	・保育課程と指導計画の関連性について理解できている。
		・記録に基づく省察と自己評価ができている。
	専門職としての保育士等の役割と職業倫理	・専門職としての保育士等の業務内容について具体的に理解できている。
		・職員間の役割分担や連携について具体的に理解できている。
		・専門職としての保育士等の役割と職業倫理について具体的に理解できている。

注）各評価の内容を4段階（非常に優れている，優れている，適切である，努力を要する）で評価する。

—179—

▶ 養成校学習到達の目安

66 児童養護施設保育士

1．児童養護施設に入所する子どもたちの現状

　子ども虐待は増加の一途をたどり，2016（平成28）年度の児童相談所での児童虐待相談対応件数は12万2,578件（速報値）で過去最多であった。これにともない，児童養護施設に入所する子どものうち何らかの虐待経験のある者が59.5％と約6割となっている（平成24年児童養護施設入所児童等調査結果）。同調査結果によれば，障害等がある子どもが28.5％と約3割であり，うち最も多いのが知的障害であるが，発達障害等を抱えた子どもたちも入所している。このように重篤な発達の課題を背負わされた子どもたちが数多く入所していることをふまえた保育の営みがなされなければならない。

2．児童養護施設保育士の中心的な役割

　虐待を受けたということは，子どもたち自身が大切にされてこなかったことを意味する。それは，子どもたちにしてみれば，自分に自信がもてない，人を容易に信じられないといった生きていくうえでの基本が身についていないことを意味する。また，子どもたちのなかには，虐待をされたことが自分自身のせいだと思い込まされている場合があり，被害感の強さとして課題となる。具体的には，他者の言葉が自分を責めている，非難していると思い込んでしまい，そのことで怒りが爆発する等の生きづらさにつながるのである。

　したがって，児童養護施設保育士の重要な役割は，まず，子ども自身が自分が大切にされるに値するという実感を日々の営みを通し体得させるということである。具体的には，「お世話される」体験が重要である。その中核を占めるのが「食」である。食は，保育士が子どものことを思い，考え，手間暇かけて行う営みである。次に求められるのが，虐待によって受けた傷つきの回復である。そのひとつが，被害感への対処となる。保育士が子ども自身の被害的認知によって感情をあらわにした際に，子ども自身を非難していないこと，それが勝手な思い込みによるものであること等，ていねいに対処し続けることによって，子どもの感情は変化していくものである。このとき，子ども自身の感情に巻き込まれてしまうことがあ

66　児童養護施設保育士

る。ゆえに，子ども自身の感情に巻き込まれてしまう自分自身の課題を吟味し，課題があればこれを修正していく営みが大切となる。

児童養護施設運営指針

保育士の役割は多岐にわたっている。そうした多岐の役割を理解していくために，厚生労働省が2012（平成24）年に示した『児童養護施設運営指針』をご参照いただきたい。

家庭と同様の養育環境の推進

2016（平成28）年『児童福祉法』の改正により，子どもは家庭で育つことが第1原則となり，施設においては下記のとおり，専門的なケアを要する場合に児童養護施設等で養育し，その場合においても，できうる限り家庭に近い環境で子どもを養育することとなった。

　家庭は，児童の成長・発達にとって最も自然な環境であり，児童が家庭において心身ともに健やかに養育されるよう，その保護者を支援することが重要であることから，その旨を法律に明記する。
　一方，保護者により虐待が行われているなど，家庭で適切な養育を受けられない場合に，現状では児童養護施設等の施設における養育が中心となっているが，家庭に近い環境での養育を推進するため，養子縁組や里親・ファミリーホーム[*1]への委託を一層進めることが重要である。このため，こうした場合には，家庭における養育環境と同様の養育環境において，継続的に養育されることが原則である旨を法律に明記する。
　ただし，専門的なケアを要するなど，里親等への委託が適当でない場合には，施設において養育することとなるが，その場合においても，できる限り小規模で家庭に近い環境（小規模グループケアやグループホーム[*2]等）において養育されるよう必要な措置を講じなければならない旨を法律に明記する。
　これらの規定に基づき，養子縁組や里親・ファミリーホームへの委託を積極的に推進することが重要である。特に就学前の乳幼児期は，愛着関係の基礎を作る時期であり，児童が安心できる，温かく安定した家庭で養育されることが重要であることから，養子縁組や里親・ファミリーホームへの委託を原則とすることとする。
〔厚生労働省『児童福祉法等の一部を改正する法律の公布について（通知）』
平成28年6月3日〕

筆者注）＊1　小規模住居型児童養育事業　　＊2　地域小規模児童養護施設

▶ 養成校学習到達の目安

67 専門的施設保育士

1．児童の定義と保育士の定義

　児童とは，『児童福祉法』において「満18歳に満たない者　乳児：満1歳に満たない者，幼児：満1歳から小学校就学の始期に達するまでの者，少年：小学校就学の始期から満18歳に達するまでの者」（第4条要約），また『児童の権利に関する条約』（1989年国連総会採択）でも「18歳未満のすべての者」（第1条）と定義されている。したがって，18歳未満のすべての者が児童福祉の対象となり，広範囲な援護と専門的支援が実践される。

　保育士は，児童を対象とした専門的実践者として『児童福祉法』に「専門的知識及び技術をもって，児童の保育及び児童の保護者に対する保育に関する指導を行うことを業とする者」（第18条の4）と定義され，保育所をはじめ児童福祉施設において児童・保護者の子育てにかかわる支援に取り組む専門職として社会的承認を得た国家資格である。

2．保育士の専門的位置づけと範囲

　『全国保育士会倫理綱領』〔2003（平成15）年〕前文で「子どもの育ちを支えます。保護者の子育てを支えます。子どもと子育てに優しい社会をつくります。」と謳われているように，保育士は児童福祉施設での業務・保護者への支援・地域社会への介入を通して，児童の「最善の利益の保障」を目指す汎用性の高い専門職である。したがって保育士には社会・児童福祉を基盤とした専門的知識・技術の修得が要求される。このため，保育士養成課程の保育実習には，保育所のみならず児童福祉施設等への実習が必修化されている。

　児童福祉施設は『児童福祉施設の設備及び運営に関する基準』を遵守した運営が義務づけられている。本基準では，利用児童の心身ともに健やかな育成が保障されるための設備および職員配置，素養があり適切な訓練を受けた職員としての一般要件，虐待や懲戒濫用の禁止等について規定されている。このように，児童福祉施設実践を担う専門職である保育士には，自覚と価値観の確立，職業倫理の遵守，専門的知識と技術の向上・研鑽等が求められる。これらの基盤育成が養成課程においてなされなければならない。

—182—

67　専門的施設保育士

図表67-1　学習到達度評価

項目/評価（目標）	優れている	適切である	努力を要する
保育士の法的位置づけ	具体的に説明できる	概ね理解できている	理解できていない
児童福祉施設等の役割や機能（業務内容等）	具体的に説明できる	概ね理解できている	理解できていない
児童福祉施設等の職務および職員	具体的に説明できる	概ね理解できている	理解できていない
子どもへの支援のみでなく保護者支援・家庭支援の意義	明確に理解している	概ね理解できている	理解できていない
保育士の職業倫理	明確に理解している	概ね理解できている	理解できていない
施設における子どもの最善の利益の重要性	人権やプライバシー、懲戒、守秘義務等を明確に理解している	人権やプライバシー、懲戒、守秘義務等について概ね理解している	人権やプライバシー、懲戒、守秘義務等について理解してない
業務上の守秘義務	明確に理解している	概ね理解している	理解できていない
保育士としての自己覚知	明確に認知している	概ね認知できている	認知できていない

（全国保育士会倫理綱領，児童福祉施設の設置及び運営に関する基準（2〜10条）を基に作成）

図表67-2　保育士資格取得のための実習種別と範囲

保育実習Ⅰ	保育所	必　修
	保育所を除く，入所・通所型児童福祉施設等	各概ね10日間
保育実習Ⅱ	保育所	どちらか選択必修
保育実習Ⅲ	保育所を除く，児童福祉施設等	概ね10日間

（保育実習実施基準より）

図表67-3　『児童福祉施設の設備及び運営に関する基準』の趣旨および目的等

① （趣旨・最低基準の目的）児童福祉施設の設備及び運営についての最低基準は，この省令の定めるところにより，最低基準を超えて常に設備及び運営を向上させなければならない。児童福祉施設入所者が，明るくて衛生的な環境において，素養がありかつ適切な訓練を受けた職員の指導により，心身ともに健やかにして社会に適応するよう育成されることを保障する。

② （職員の一般要件）児童福祉施設における職員は，健全な心身を有し，児童福祉事業に熱意のある者であって，児童福祉事業の理論及び実際について訓練を受けた者でなければならない。

③ （専門的知識・技能の向上）児童福祉施設職員は，各施設の目的達成のために必要な知識・技能の修得・維持・向上に努めなければならない。

④ （差別・虐待・懲戒権限濫用の禁止）児童福祉施設の職員は，入所中の児童に対し，差別的取り扱い，心身に有害な影響与える行為をしてはならない。また，懲戒に関して児童に身体的苦痛を与え人格を辱める等その権限を濫用してはならない。

（厚生省令63（1948），厚生労働省令127（2011）改称より要約）

▶ 養成校学習到達の目安

68 幼 稚 園

　幼稚園の教員養成内容は文部科学省で科目内容等〔一般教養科目，教職に関する科目（Ⅰ）（Ⅱ）（Ⅲ），指導案の作成〕が示されているが，ここでは幼稚園教員になった時にすぐに必要な職務内容について詳しく説明していくことにする。その際それぞれの項目においては3段階のレベルを示すことによって，最低限習熟してほしいこと，中程度と認められること，優秀レベルだと思われるものに分けて示した。

1．指導案作成に関する職務内容

　幼稚園での指導案には，年間指導案や週案，日案などさまざまなものがあるが，ここでは日案に絞って示す。

①形式に則って基本的な日案の作成をすることができる。また，その際にねらいを明確にして書くことができる。

②予想される幼児の反応をより多く想定しながら，日案に盛り込むことができる。

③指導者の援助のあり方について，「〜することで」「〜のために」といった具体的な方策や意図を示しながら作成することができる。

2．環境構成に関する職務内容

　幼稚園教育では，「環境による教育」といわれるように，保育室環境・園庭環境については，特別な配慮を要する。ここではとくに保育室環境に関して，2つの内容に分けて図表68-1，68-2に示した。

3．指導技術に関する職務内容

　指導技術に関して，図表68-3に示した。

4．幼児理解に関する職務内容

①より多くの幼児観察に努めることができる。

②幼児の表情を見ながら観察できる。

③幼児が何を伝えたいのかを考えながら聴くことができる。

　なお，教育者としては「成長する教師」であり続けることが必要条件であると考える。現状に満足することなく研鑽，模索をし続けていってほしい。

— 184 —

68 幼稚園

図表68-1 壁面構成

	最低限	中程度	優秀レベル
知識・理解	壁面構成やそこに飾られている作品をより多く知る	季節ごと，行事ごとの壁面構成の仕方があることがわかる	幼児の作品をどのように構成すればよいかがわかる
技　能	見本を見たり本で調べたりしていくつか作成することができる	折り紙や色画用紙等を使って，工夫して作成をすることができる	自然物を活用して，実際の保育に使用できる作品の作成ができる

図表68-2 幼児の思考を促す環境

	最低限	中程度	優秀レベル
知識・理解	保育室のなかにはさまざまな仕掛けがあることがわかる	役割分担表や幼児が使用する道具の仕分けの工夫がわかる	年齢に応じて保育室環境が構成されていることがわかる
技　能	見本を見たり本で調べたりしていくつか作成することができる	役割分担表や使用道具のラベル，カードなどを工夫して作成できる	どのような思考を促すのかを理解しながら工夫して作成できる

図表68-3 指導技術

	最低限	中程度	優秀レベル
ピアノ	ピアノ伴奏の基本を習得することができる	楽譜を見てさまざまな童謡・唱歌などを演奏することができる	季節や行事に合わせて選曲・伴奏することができる
絵本の読み聞かせ	100冊程度の絵本を読んでいる	実際に幼児に対して絵本の読み聞かせをすることができる	幼児の反応を見ながら上手に読み聞かせることができる
手遊び	手遊びの仕方を見たり調べたりする	より多くの手遊びの仕方を習熟している	実際に幼児に対して手遊びをすることができる
遊　び	幼稚園ではさまざまな遊びがあることが理解できる	1～数人でできる遊びとルールのある遊びの違いが理解できる	自分自身が仲間と幼児の遊びをして楽しむことができる

— 185 —

▶ 職場職務到達の目安

69 保育所

1．職務基準とは

　『保育所保育指針』の改定により，職員の資質の向上，専門性の向上がこれまで以上に求められ，とくに園内研修や園外研修を通じ，体系的に充実した研修体系が求められている。また昨今は，保護者のニーズも多岐にわたり，保育士が保護者や地域のニーズに対応すべき課題も多くあるが，組織として成長し続けるためには人材育成が最も必要である。

　まず保育所の基本理念・ビジョンを明確にし，その目標を達成するには保育所が望む保育士像を明らかにしなければならない。山には高い山，低い山，険しい山，なだらかな山，その土地の気候，風土，環境も大きく違う。どの山にするかはそれぞれの保育所が園の理念や方針で決めればよいが，どの山に登るにしても，園長や主任の経験や勘だけで，全員が同じ速さで安全確実に登頂することは不可能である。必ず道標が必要になる。それが職務基準である。それぞれの園でどのような保育士になってほしいのか，どのような仕事ができるようになってほしいのか，それは何年でどの程度の仕事ができることを望むのか，という目標を明確に示すことが重要である。そのためには，まず職務基準を設けなければならない。

2．職務基準の構成

　職務基準は，職務内容と勤務態度に分けられる，職務内容は日々の業務（一日の流れ）と保育内容（専門性）に分け，勤続年数を基準に4段階（1年，3年，5年，10年）に分け，定義づけを行う。勤務態度については，保育士が働きやすい職場にするため，保育士が守るべき勤務態度を明確にし，最低限のルールやマナーを具体的に示す。そうすることにより，保育士が目指すべき目標やレベルが明確になり，仕事の到達度や未達があれば，いつまでにできればよいのか，個人別目標が設定しやすく，同時に自己のチェックリストとして活用することができる。勤務態度については規律性，責任感，協調性，積極性を基に，重要と思われる内容をリストアップし，職員間で共通認識をもち，よりよい職場環境にすべきである。

—186—

69 保育所

図表69-1　勤続年数別基準

勤続年数・役職	任務の定義
1年	保育について指示されたことを理解し正確に実行する
3年	保育について自分の考えを積極的に打ち出すことができる
5年	保育全般についての知識と技能をもち，積極的に行動する
10年	深い教養と技術を身につけ，他の保育士に適切な助言と指導ができる
主任	主任としての人格を備え，中間管理職として自覚と責任をもち行動する
園長	保育理念に基づき，よりよき未来をイメージし実行する

図表69-3　日々の業務の例

誰　が	何をするか
早出の仕事	・鍵を開ける ・廊下，階段の清掃 ・温度，換気，採光の調節をする
登園時	・元気よく挨拶する ・子どもの健康状態を把握する
降園時	・子どもの様子・服装の確認 ・明日への期待をもたせ，送り出す ・保育室などの清掃，点検

注）開園時間内に行わなければならない業務について，箇条書きする。

図表69-2　勤務態度

	内　容
規律性	ルールや規則を守るべき内容について重要と思われる順に箇条書きする 例：報告・連絡・相談は密にする
責任感	任された仕事は最後までやり遂げる
協調性	お互いの立場を尊重し，任務を遂行する
積極性	改善や提案，自己啓発を行う

注）規律性，責任感，協調性，積極性については，それぞれ重要と思われる事項を例のようにあげ，最低各5項目ぐらいをリストアップする。

図表69-4　保育内容の例

勤続年数		内　容
1年		・和太鼓に興味や関心をもつ ・基本姿勢，股割りの仕方を知り，股割りができる ・和太鼓の7つのリズムパターンを知り，叩くことができる
3年		・バチ打ちができる ・正しくリズムを打てる ・手の振りがあるリズムパターンを知っている
5年	和太鼓	・ポイントを押さえた指導ができる。姿勢，手の伸ばし方，バチの動かし方（バチの高さ，スピード），目線など ・スコア表を見て，手の振りがわかり，リズムが叩ける ・スコア表を見て，曲の構成を理解し，指導していくことができる
10年		・ポイントを押さえた指導ができ，全体をうまくまとめあげる ・アイデアが豊かで，全体の構成や選曲を考えることができる ・手の振りのあるリズムパターンを理解している ・宮太鼓，桶胴太鼓，平太鼓の音の調節，バランスを知っている ・和太鼓の幼児演奏や，いろいろなジャンルの曲を知っており，構成や曲の知識が豊富である

注）絵画製作，音楽リズム，体育など，それぞれの専門性についても上記のように定義づけを行う。

II. 教育編

—187—

▶ 職場職務到達の目安

70 幼 稚 園

　幼稚園において，教師に求められるものは，『幼稚園教育要領解説』（文部科学省）に示されている。この『幼稚園教育要領解説』と教師としての経験と合わせ，幼稚園での教師の役割，幼児への援助のあり方などを項目で示し，経験年数別に「目標到達途中」「目標到達」に分けて図表70-1に示した。また，園長は，学級担任への指導や地域・他施設との交流など，役割が異なる面があるため，教諭編，園長編とを別に表した。

1．教諭編の視点

　幼稚園における教育は，『学校教育法』第22条の目的を実現するため，第23条の目標を達成するように行われるものである。学級担任は，直接，幼児にかかわり，集団を通してさまざまな学びの場を設定していく。このさまざまな学びの場において，教師の適切な援助が必要であり，経験年数や教師の資質が深く関係してくる。図表70-1は，以下の視点から具体的な項目を示した。

　　Ⅰ　教諭編：直接幼児にかかわる教諭の立場から
　　　1　保育技術：幼児の望ましい発達につながる経験をする上で
　　　　　　　　　　必要な援助
　　　2　幼児理解：幼児の心に寄り添う適切なかかわり
　　　3　学級経営：学級という集団で育てたいものの明確性
　　　4　保育の指導計画：見通しをもった指導の大切さ
　　　5　資質および資質向上：教師としての姿勢

2．園長編の視点

　園長は，学級担任が幼児に適切にかかわっているか，各学級において幼児の経験や教師の指導に偏りがないかなど，幼稚園における教育の保障と幼児の育ちを見守っていく必要がある。

　　Ⅱ　園長編：園全体を見，経営・運営していく立場から

　『幼稚園教育要領解説』には，「幼児の行動に温かい関心を寄せる」「温かい雰囲気づくり」「温かく受け入れてくれる教師」など，「温かさ」に関する記述が多い。教師の経験年数とともに，幼児を包み込むような「温かさ」に変わっていくことが願われる。

—188—

70　幼稚園

図表70-1　幼稚園勤務年数別到達度

I　教諭編

△：目標到達途中　○：目標到達

項目	1年目	2～5年	5～10年	主任	園長
1　保育技術に関する項目＜健康・人間関係・環境・言葉・表現　他＞					
① 基本的生活習慣を身につけられるように、ていねいにかかわる（手洗い、うがい、着替え等）	△	○	○	○	○
② 幼稚園において、必要な生活の仕方を幼児が自分でしようとするように導く（所持品の管理、遊びの後の片付け等）	△	○	○	○	○
③ 生活、遊び、環境等において、安全面に十分留意する	○	○	○	○	○
④ さまざまな活動を通して、達成感や成就感を味わい、幼児の自信につながるように援助する	△	△	○	○	○
⑤ よいことと悪いことの判断ができるように導く	△	△	○	○	○
⑥ 幼児の実態を把握し、環境を構成していく	△	△	○	○	○
⑦ 保育室に、幼児が安定する場（コーナー）を作る	△	△	○	○	○
⑧ 教師自身が感動する心をもち、身近な自然や環境と出会わせる	△	△	○	○	○
⑨ 絵本を幼児の表情を確認しながらゆったりと読み進める	△	△	○	○	○
⑩ 教師や友だちの話を理解し、聞く態度を育てる	△	△	○	○	○
⑪ 幼児の思いをくみ取り、場合によって、教師が意図的に言葉で表現する	△	△	○	○	○
⑫ ピアノを弾きながら、幼児のほうを見て、一緒に歌う	△	△	○	○	○
⑬ 活動内容に応じて必要な準備を手際よくする	△	△	○	○	○
⑭ 1つの活動を適当な時間で保育する（集中力、体力等）	△	△	○	○	○
⑮ 予想外のことが起きた時に、臨機応変に対応ができる	△	△	○	○	○
⑯ 生活や遊びにおいて、失敗したり悔しい思いをしたりしている幼児に対して、次へつながる援助をする	△	△	○	○	○
2　幼児理解に関する項目＜内面理解・特別な支援・家庭との連携＞					
① 幼児の表情や行動から、思いを読み取り、適切にかかわる	△	△	○	○	○
② すぐにトラブルを起こしてしまう幼児に対して、原因を考えてじっくりかかわる	△	△	○	○	○
③ 幼児のよさを見出し、周りの友だちに伝える	△	△	○	○	○
④ 特別な支援を必要とする幼児を大切にした保育をする	△	△	○	○	○
⑤ 保護者に幼児のよいところを伝え、信頼関係を築いていく	△	△	○	○	○
3　学級経営に関する項目					
① 学級のなかで、友だちと力を合わせてやり遂げる経験ができるように導く	△	△	○	○	
② 学級の目標に向かって幼児を育てる	△	△	○	○	○
4　保育の指導計画に関する項目					
① 幼児の姿をとらえ、ねらいを達成するために適当な保育内容を考える	△	△	○	○	○
② 教育課程を踏まえ、月、週、1日の流れを見通し計画を立てる	△	△	○	○	○
③ 幼児の姿が読み取れる文章表現をする	△	△	○	○	○
5　資質および資質向上に関する項目					
① 幼児から学ぼうとする姿勢をもつ	○	○	○	○	○
② 教師自身が興味関心、好奇心をもち、前向きに取り組む	○	○	○	○	○
③ 幼児が安心できる柔らかい雰囲気と愛情のある厳しさをもつ	○	○	○	○	○

II　園長編

項目	1年目	2～5年	5年～
① 職員間で常にコミュニケーションが密にとれる体制を作る	△	○	○
② 園全体を見回し、職員間、学級間の調整をする（幼児の成長、遊びの経験等）	△	△	○
③ 職員の思いを受け止め、保育技術、子どもへの対応等、伸ばす指導をする	△	△	○
④ 幼児一人ひとりの成長について話し合う機会をもち、職員間で共通理解する	△	△	○
⑤ 保護者に対して、参観日やお便りで幼稚園の教育方針等を説明する（学校評価）	△	△	○
⑥ 幼児を育てていくために保護者と連携をとり、協力し合う	△	○	○
⑦ 小学校と連携を図り、就学への滑らかな接続ができるようにする	△	○	○
⑧ 地域の保育所、公民館、福祉施設等との交流を深める	△	○	○

II. 教育編

▶ 職場職務到達の目安

71 児童福祉施設

1．児童福祉施設職員が踏まえておくべきこと

　保育所以外の児童福祉施設には，児童養護施設，乳児院，障害児入所施設などがあげられる。保育士をはじめとした保育（福祉）に携わる職員には，子どもや家族への援助方法，業務上生じる問題の解決方法など，勤務年数・立場に応じて多くのことを学んで理解し，実践に活かしていくことが求められる。

　施設においては，それぞれの種別などにより，多くの職務到達目標がある。また，組織・体制によっては，到達すべき時期（勤務年数）にも違いが生じる。以下にあげるものは，児童福祉施設全般に共通するもので，保育士などの職員が踏まえておくべき職務の一例として，参考にしていただきたい（図表71-1）。

2．児童福祉施設職員に求められる職務①：新任職員・中堅職員

　まず新任職員は，子ども・家族をとりまく環境，施設職員としての基本的倫理をはじめ，施設内の業務の流れ，子ども・家族のニーズ，組織の仕組みなどを把握・理解するところから始まる。また，社会人・組織人としての意識を高め，マナーやルールを理解し，修得していく必要がある。そして，中堅職員になると，自身の担当業務を遂行し，専門職としての自己理解を深めるとともに，子ども・家族の問題，その他施設内の問題解決に積極的に取り組むことも期待される。

3．児童福祉施設職員に求められる職務②：主任・園長（施設長）

　主任は，施設全体の業務の把握や後輩職員への指導・助言を行い，施設内の問題解決に主体的に取り組むなど，現場責任者としてリーダーシップを発揮することが必要になる。また，施設の運営管理や人材育成の面などにおいて，園長（施設長）の職務をサポートする役目も求められる。園長（施設長）は，施設の運営管理責任者としての自覚をもち，人材育成の重要性を認識して職員が働きやすい環境づくりを行うとともに，一人ひとりの職務に対する意識を高めることが求められる。同時に，他の施設・機関への対応，実習生受け入れの対応など，対外的業務を担うことも重要な役割となる。

－190－

71　児童福祉施設

図表71-1　勤務年数に応じた児童福祉施設職員の職務到達目標の例

項目（目標）	勤務年数				
	新任	2～5年目	5～10年目	主任	園長
1．児童家庭福祉に関する理念・動向					
児童家庭福祉に関する理念・知識を理解できる	◎	◎	◎	◎	◎
子ども・家族のニーズの動向・内容を理解できる	◎	◎	◎	◎	◎
児童福祉施設の職員としての倫理を理解できる	◎	◎	◎	◎	◎
児童福祉施設の特徴，当該組織の基本理念・体制を理解できる	◎	◎	◎	◎	◎
児童家庭福祉の法体系，児童福祉施設の設備及び運営に関する基準などを理解できる	○	◎	◎	◎	◎
児童家庭福祉に関する理念や子ども・家族のニーズなどの理解を深め，運営管理に活かすことができる	－	－	○	◎	◎
2．児童家庭福祉サービスの実践・職員の資質向上（能力開発）					
子ども・家族を理解できる	◎	◎	◎	◎	◎
子ども・家族との信頼関係を構築できる	◎	◎	◎	◎	◎
子ども・家族への理解を深め，新たな児童家庭福祉実践の方向性を探ることができる	－	－	○	◎	◎
専門職としての資質向上の重要性を理解できる	◎	◎	◎	◎	◎
専門職としての自己理解を深め，自己研鑽に努めることができる	○	◎	◎	◎	◎
人材育成の意義と内容，職員研修の重要性を理解できる	－	－	－	◎	◎
職員の研修受講体制の整備・管理を図ることができる	－	－	－	－	◎
3．組織活動					
社会人・組織人としての意識を高め，マナーなどを身につけることができる	◎	◎	◎	◎	◎
業務全体の流れ，組織の仕組みなどを理解できる	◎	◎	◎	◎	◎
施設としての目標，方針，計画などを理解できる	◎	◎	◎	◎	◎
施設としての目標，方針，計画などを立案し，推進することができる	－	－	－	○	◎
現場業務の管理（統括）を行うことができる	－	－	－	◎	－
人事管理，労務管理，財務管理などを遂行できる	－	－	－	－	◎
4．チームワーク・リーダーシップ					
職場内のチームワークの意義を理解し，円滑な人間関係を構築できる	◎	◎	◎	◎	◎
報告・連絡・相談を的確に行うことができる	◎	◎	◎	◎	◎
後輩職員への指導・助言を行うことができる	－	○	◎	◎	◎
会議・打合せなどを効果的に運営できる	－	－	○	◎	◎
現場責任者としてのリーダーシップの意義を理解し，発揮できる	－	－	○	◎	◎
運営管理責任者としてのリーダーシップの意義を理解し，発揮できる	－	－	－	－	◎
職員が働きやすい環境づくりを行い，個々のモチベーションを高めることができる	－	－	－	◎	◎
対外的業務の重要性を理解し，遂行できる	－	－	－	○	◎

◎：目標に到達する（しておく）ことが求められる
○：目標に到達するよう意識する（しておく）ことが求められる
－：目標に到達することは困難もしくは立場上該当しない

> 学校とは

72 子どもと学校

1. 学校教育制度の歴史

　6歳になれば小学校に入学し，中学校まで9年間，子どもたちは学校に通っている。しかし，歴史をふり返ってみると，日本における学校教育制度は，1872（明治5）年の「学制」に端を発し，1900（明治33）年の『小学校令』（義務教育4年）によってその基礎を確立したものである。その後，義務教育は6年に延長〔1907（明治40）年〕されるが，戦前の教育は，兵役・納税と並んで国民が国家に対して負う義務と考えられていた。しかし，戦後は，『日本国憲法』と『教育基本法』のもと，教育を受ける権利と機会を平等に保障するため，9年の義務教育制度が確立し，さまざまな問題を抱え改革を図りながら現在に至っている。

　近年，科学技術の進歩，グローバル化，高度情報化，核家族化，少子高齢化，価値観の多様化などの問題を背景に，子どもと学校が抱える問題状況はさらに複雑なものになり，教育の質の保障が問われる時代となっている。

2. 子どもをめぐる問題

　子どものこころや生活の現状については，さまざまな問題が指摘されている。学ぶ意欲や学力・気力・体力の低下傾向，いじめや不登校，生活習慣・食習慣の乱れ，子どもの体験活動（多様な人間関係や自然体験，生活体験，社会体験など）の不足，子どもの貧困と格差，社会性やコミュニケーション能力の不足，他者への共感性や自尊感情の低さなどである。また，家庭・地域社会については，核家族化や少子化の進行，親の過保護や放任などによる家庭の教育力の低下，育児に不安をもつ親の増加，地域社会の連帯感の希薄化などの問題がある。学校自体には，教員の多忙化，同僚性の希薄化，「社会に開かれた教育課程」や主体的・対話的で深い学びの実現などの問題がみられ，社会が成熟するとともに，子ども・家庭・地域社会・学校にさまざまな問題が現れている。子どもの権利を保障し，これらの問題に対応するため，学校・家庭・地域の連携をさらに深めるとともに，国および地方公共団体のきめ細かい施策が求められる。

72 子どもと学校

義務教育

すべての国民が，その保護する子に受けさせることを義務とされている教育のことである。『日本国憲法』第26条を受け，『教育基本法』第5条は，普通教育を受けさせる義務，教育目的，国と地方公共団体の実施責務および授業料の無償を規定している。

学校の範囲

『学校教育法』第1条に定める学校は，「幼稚園，小学校，中学校，義務教育学校，高等学校，中等教育学校，特別支援学校，大学及び高等専門学校」である。これらの学校は「公の性質」を有するもので，組織・運営，教職員，教育目標，教育内容等について，法令に基づき一定の枠組みが設けられており「一条学校」と呼ばれる。

幼稚園の目的と目標

『学校教育法』第22条は「義務教育及びその後の教育の基礎を培うものとして，幼児を保育し，幼児の健やかな成長のために適当な環境を与えて，その心身の発達を助長することを目的とする」と規定している。また，同法第23条は5つの教育目標を掲げている。

保育所の目的と目標

保育所の目的は，「保育を必要とする乳児・幼児を日々保護者の下から通わせて保育を行うこと」（『児童福祉法』第39条）にある。保育所は，保育所における環境を通して養護と教育を一体的に行うことを特性としている。また，『保育所保育指針』には「豊かな心情や思考力の芽生えを培うこと」など6つの目標が掲げられている。

義務教育の目的と目標

義務教育として行われる普通教育の目的は，「各個人の有する能力を伸ばしつつ社会において自立的に生きる基礎を培い，また，国家及び社会の形成者として必要とされる基本的な資質を養うこと」（『教育基本法』第5条）にある。これらの目的を実現するため，『学校教育法』第21条には達成すべき10の目標が定められている。

中等教育学校の目的と目標

中等教育学校は，『学校教育法』改正〔1998（平成10）年〕により新たに定められた中高一貫教育を行う学校である。その目的と3つの目標は『学校教育法』第63条および第64条に規定されている。

Ⅱ・教育編

▶ 保育所・学校の歴史と現状

73 保育所の歴史と現状

1．保育所の始まり

同じ保育施設でも，幼稚園の場合は，その始まりからほぼ統一した名称である。それに対し，保育所の名称は，日本の福祉施設としての名称であり，歴史的にさまざまな名称が使われてきたため，最初の保育所は何かを考えると，難しいところである。

ただ今日の日本の保育所の性格から，1770年，ヨーロッパのバンデラロッシュで，戦乱で荒廃していた村人の手に技術をつけさせることを目的として，ドイツ人牧師のオーベルランの開設した編み物学校に付設された幼児保護施設（Kinderbewahranstalt）が始まりといえる。ここでは，主に2歳から6歳児を対象に，遊びを中心とした保育が行われていた。

他方，イギリスで1816年にオーエン*が設立した幼児学校は，現在学校として位置づけられている。イギリスでは，マクミラン姉妹*によって1911年に保育学校が設立され，いわゆる保育所は，「ディ・ナーサリー」と呼ばれている。またフランスでは，1826年にパストレ婦人*によって保育所が設立されたが，その後1881年に母親学校と改称された。

2．わが国の保育所の歴史

わが国では，幼稚園が有産家庭の子どもの保育から始まった（☞ p.196，「74 幼稚園の歴史と現状」）のに対し，貧困家庭の子どもに対する慈善的な託児事業から保育所の開設がなされた。これらの施設は，内務省の管轄にあるものは，「託児所」の名称を用いたが，それ以外にもさまざまな名称が用いられている。

一般に託児所の発祥は，1890（明治23）年に赤沢鍾美*が設立した新潟静修学校で，妻の赤沢ナカ*が別室で生徒の連れてきた子どもを世話したところとされる。やがて保育所として「守孤扶独幼稚児保護会」へと発展した。また，都市では，野口幽香*らが，二葉幼稚園（後に保育園）を開設した。その後，大正時代にかけて，日本における資本主義の発展から，工場内託児所の開設，キリスト教会によるものやセツルメント事業としての託児所の開設が相次いだ。

— 194 —

73 保育所の歴史と現状

📖保育所数と子ども数の推移

2005（平成17）年に199万人余りに増加してから，子ども数は増え続けている。それは，幼稚園より保育所に行く子どもの増加と，0～2歳児のいわゆる低年齢児の大幅な増加が要因となっている。

図表73-1　保育所と子ども数

年　　次	保育所数（ヵ所）	入所児童数（人）	低年齢児数	
			総数（人）	割合（%）
1951（昭和26）	4,485	366,430	－	
1969（　　44）	13,416	1,065,894	－	
1973（　　48）	16,411	1,425,637	－	
1979（　　54）	21,381	1,974,886	－	
1990（平成2）	22,703	1,978,989	365,306	18.46
2005（　　17）	22,570	1,993,684	632,011	31.70
2016（　　28）	26,237	2,458,607※	975,056※	39.60

※　認定こども園・地域型保育含む

（資料：文部省・文部科学省および厚生省・厚生労働省調べ）

person

＊オーエン（Owen, R. 1771-1858）

イギリスの産業革命期の社会改革者。綿紡績工場を経営しながら，工場内に性格形成学院という幼児のための学校を設立した。

＊マクミラン姉妹（McMillan, R.）（McMillan, M.）

イギリス人姉妹。1911年，ロンドンにナースリー・スクールを創立。現在のナースリー・スクールの基礎をつくる。

＊パストレ婦人（Madame de Pastoret）

1826年，パリに働く婦人のための託児所（Creche）を開設する。その後保育所（Salles d'Asile）と改名される。早朝より保育を行う。

＊赤沢鍾美（あかざわあつとみ　1867-1937）・ナカ（1871-1941）

鍾美は，小学校教師を経て新潟静修学校を設立し，ナカは託児を行った。赤沢保育園の説明によると，「守孤扶独幼稚児保護会」の「守孤は保育環境に恵まれない孤独環境にある子どもを守り，扶独は事情により両親が力を合わせることが出来ない独り親を扶（たす）け，そのような状況の幼児の保護」である。

＊野口幽香（のぐちゆか　1866-1950）

華族女学校付属幼稚園等に勤務。その後，森島峰（美根）とともに，二葉幼稚園を東京・麹町に設立。貧しい子どもたちの保育に尽力した。

▶ 保育所・学校の歴史と現状

74 幼稚園の歴史と現状

1. 幼稚園の始まり

　世界で幼稚園を最初に始めたのは，ドイツのフレーベル（☞p.3）である。当時のドイツで産業革命が起きており，母親も労働に従事するようになり，親子で遊ぶことができなくなるなど，家庭崩壊が始まった。この状況を改善したいと思ったフレーベルは，子どもの指導者の養成の必要性を感じて，1839年に「幼児教育指導者講習科」を設立した。ここで彼は6ヵ月の講習を行った。その際講習生のために，実際に村の6歳以下の子どもを集めて実習ができるように「遊戯および作業教育所」を併設した。この作業所が翌年1840年に「一般幼稚園」（Kindergarten）と称されるようになった。フレーベルはこの幼稚園を社会作り，国作りとの関係で位置づけ，よりよい民衆のための国作りを進めようとしたが，当時のプロイセン政府によって閉鎖された。幼稚園が認められたのは彼が死んでからである。そして「幼稚園」はその後ヨーロッパやアメリカ，そしてわが国にも広がり，世界に大きな影響を与えたのである。

2. わが国の幼稚園の歴史

　わが国で最初に幼稚園が始まったのは，1876（明治9）年である。当時の東京女子師範学校（現在のお茶の水女子大学）の付属幼稚園がそれである。明治政府は国作りの一環として，教育に力を入れ，1872（明治5）年に，教育に関する定めである「学制」を制定した。幼稚園の設立は「学制」制度後わずか4年である。この付属幼稚園には，翌1877（明治10）年に『東京女子師範学校附属幼稚園規則』が定められた。保育の内容としては，フレーベルの影響が強く，彼が発案した「恩物」*が取り入れられていた。具体的にいうと保育科目として，「品科」「美麗科」「知識科」の3科目が考えられた。また，入園資格は満3歳から，保育時間は4時間とされた。この付属幼稚園には，地方からも見学者が来て，それらの地方の幼稚園作りに大きな影響を与えた。後に倉橋惣三*も同園の主事に就任した。このように地方の公立幼稚園が設立されたなかで，キリスト教の影響下で，民間幼稚園も設立されていたことを忘れてはならない。

― 196 ―

74　幼稚園の歴史と現状

幼稚園数と子ども数の推移

　1876（明治9）年開設後，しばらく1桁の園に500人程度の園児が在籍していた。1890（明治23）年の『小学校令』改正により小学校に併せて幼稚園を運営することになり100園余りとなった。ただし明治末期の5歳児の就園率（園児数を5歳児の数で割った率）は2％程度であり，少数のための幼稚園であった。第二次世界大戦中2,000園を超えた。1945（昭和20）年前後には，1,300の園に，14万3,000人余りと減少したが，1950（昭和25）年には戦前の数まで回復した。その後1978（昭和53）年には，249万人余りの園児数，1985（昭和60）年に1万5,220園とピークを迎えた。現在は減少傾向にある。

図表74-1　幼稚園数と幼児数

年　　次	幼稚園数（ヵ所）	園児数（人）	就園率（％）
1876（明治9）	1	75	－
1890（　　23）	138	7,486	－
1912（　　45）	533	44,888	2.0
1942（昭和17）	2,085	218,662	9.3
1950（　　25）	2,100	224,653	－
1985（　　60）	15,220	2,067,951	－
2016（平成28）	11,252	1,339,761	48.5

（資料：文部省および文部科学省調べ）

word

＊恩　物

　フレーベルが創作した遊具で，幾何の法則に基づいて作られているため，子どもはそれを使って遊ぶことで，宇宙の法則と統一体の存在とを知ることができるとされた。

person

＊倉橋惣三（くらはしそうぞう　1882-1955）

　東京女子高等師範学校附属幼稚園の主事になり，形式的な恩物操作中心の保育から，子どもの発想での遊びを中心とする保育に脱却するようすすめた。また，保育方法として誘導保育を，子どもの特性から戸外に重きをおく保育を主張した。終戦後，占領軍CIEのヘレン＝へファナン女史の進言のもと，幼稚園・保育所・家庭向けの『保育要領』の刊行に携わった。

保育所・学校の歴史と現状

75 学校の歴史と現状

1．学校の始まり

　学校の始まりは，西欧にあっては古代ギリシアの都市国家，東洋にあっては，中国の主に唐の時代に成立していた。日本にあっては，律令時代に唐の文化を取り入れて，大学寮がつくられた。

　しかし，学校の語源が「暇」の意味から出たといわれるように（☞p.12），ごく一部の例外的な教育機関を除いて，少数の支配層の子弟に限られていた。中世に入ると，教会や寺院が学校の役割を担っていた。宗教的教化活動としての修道院のなかの学校，仏教の寺院での修行や修養である。

　近世・近代の西欧では，市民意識の高まりとともに，次第に広く国民すべてを対象にする近代学校制度へと変化していき，公立・義務・無償を原則にした現代の公教育制度が確立した。

2．わが国の学校の歴史

　わが国の場合，江戸時代では，武士を対象とする藩校，郷校，私塾とともに，庶民を対象にした寺子屋のめざましい普及がみられた。往来物と呼ばれる教科書や多様な教材を用いて，実用的な知識と技能の習得を中心とした教育は，明治以降の小学校の普及に大いに貢献したのである。明治に入り，『学制』，『教育令』，『小学校令』の制定に伴い，小学校の義務教育化，教育の無償化，中等学校・実業学校・専門学校といった多様な学校制度が整備されてきた。そして昭和に入り時局の緊迫するなか，1941（昭和16）年の国民学校制度と義務教育年限の延長へとつながっている。初等教育の段階では，すべての国民が同じ教育を受ける。しかしその後は，経済的な理由などにより多様な進路の仕方がある。そのことから「複線型」の制度と呼ばれる。第二次世界大戦後，1947（昭和22）年の『学校教育法』制定以来今日まで，基本的には6・3・3・4制の「直線型」の学校制度が続いている。その後，学校の多様化を求める改革（例えば6年一貫の中等教育学校や総合高等学校）や生涯学習の条件を整備することを通じ，今後少子高齢社会や多民族共生社会といった社会の変化に伴う学校制度の変革が進むものと思われる。

— 198 —

75　学校の歴史と現状

📖小学校数と児童数の推移

　小学校の場合，1886（明治19）年に『小学校令』で義務教育の規定がなされてから，入学適齢の児童のほとんど9割以上が通学していることから，その時代の児童数とほぼ比例して推移している。

　1872（明治5）年の学制制定時には28％の児童が通学していたが，義務教育の規定がなされた『小学校令』後，1891（明治24）年に50％を超えた。日露戦争後の国民教育への認識の高まりから義務教育が6年に延長された1907（明治40）年には97.4％の児童が通学するに至った。その後，1920（大正9）年には99％を超え敗戦をはさんで今日まで至っている。ただ児童数に限っては，近年の少子化の影響を受け，1958（昭和33）年をピークに減少の一途をたどっている。

図表75-1　小学校の児童数

年　　次	小学校数 (ヵ所)	学齢児童総数 (人)	就学児童総数 (人)	就学率 (％)
1873（明治6）	12,558	4,205,341	1,182,968	28.13
1891（　24）	25,374	7,220,450	3,632,252	50.31
1901（　34）	27,010	6,497,489	5,720,926	88.05
1920（大正9）	25,639	8,897,022	8,810,474	99.03
1944（昭和19）	25,889	10,751,035	10,726,440	99.77
1958（　33）	26,964	13,398,446	13,372,736	99.81
2016（平成28）	20,313	—	6,483,515	99.95

（資料：文部省および文部科学省調べ）

📖特別支援学校

　現在の特別支援学校の本格的な制度は，1947（昭和22）年制定の『学校教育法』にある「特殊教育」としての盲・聾・養護学校に始まる。その後，「障害児教育」へと変わったが，従来の範疇である盲・聾・知的身体的障害の養護学校ではカバーしきれなくなったため，情緒障害，発達障害，不登校など教育の機会均等を保障する特別な配慮を必要とする子どもの教育としての特別支援教育へと変化したのである。

> 子どもと保育士・教諭

76 保育士の資質と役割

1．保育士とは

　『児童福祉法』（第18条の4）で，保育士とは，児童福祉施設において「児童の保育及び児童の保護者に対する保育に関する指導を行うことを業とする者」のことである。従事する施設を保育所に限定すれば，対象児童は乳幼児となる。その「業」は，『保育所保育指針』〔第1章1-(1)-ア〕が示す通り，「保育を必要とする子どもの保育を行い，その健全な心身の発達を図ることを目的とする児童福祉施設であり，入所する子どもの最善の利益を考慮し，その福祉を積極的に増進することに最もふさわしい生活の場でなければならない。」という保育所の役割を担うことである。

2．保育士の役割

　この役割を遂行するためには，その資質として確かな倫理観と人間性を有することも求められている。保育士が有すべき倫理観に関し，全国保育士会は保育士資格の法定化を踏まえ，2003（平成15）年に『全国保育士会倫理綱領』を定めた（☞p.281）。前文には，すべての子どもが豊かな愛情のなかで育てられるべき存在であるとともに，自ら伸びていく無限の可能性を有する存在であるとの認識が示され，その上で，保育士が「保育の仕事に誇りと責任をもって，自らの人間性と専門性の向上に努め，一人ひとりの子どもを心から尊重する」ため，以下の3点を行動規範とすることを宣言している。

　　「私たちは，子どもの育ちを支えます。

　　　私たちは，保護者の子育てを支えます。

　　　私たちは，子どもと子育てにやさしい社会をつくります。」

　また条文は，「子どもの最善の利益の尊重」「子どもの発達保障」「保護者との協力」「プライバシーの保護」「チームワークと自己評価」「利用者の代弁」「地域の子育て支援」「専門職としての責務」の8つからなり，保育士が有すべき基本姿勢を示している。

　こうした役割を確かに担うため，保育士は常に子どもや保護者を理解し，各々の人権を尊重した上でのかかわりが行えるよう，職場内外の研修，また自己研鑽を通して，資質向上を図る必要がある。

—200—

76　保育士の資質と役割

保育士の資質と役割

『保育所保育指針』は保育士に対し,「倫理観, 人間性並びに保育所職員としての職務及び責任の理解と自覚」を基盤とした上で, 保育所の役割のひとつである「子どもを保育するとともに, 子どもの保護者に対する保育に関する指導」を担うことを求めている。具体的には,「子どもの最善の利益」を守り,「最もふさわしい生活の場」を保障すること,「保育所における環境を通して, 養護及び教育を一体的に行うこと」,「入所する子どもの保護者の支援及び地域の子育て家庭に対する支援等」いわゆる子育て支援を行うといった, 保育所の3つの役割を担うことを求めている。また, こうした役割を担い得るだけの資質を有することも求めている。

保育士の専門性

『保育所保育指針解説』は, 保育士の専門性について「専門的な知識及び技術」という観点から6つに整理している。要約すると, ①子どもの成長・発達を援助する知識・技術, ②子どもの自立を助ける生活援助の知識・技術, ③物的, 人的環境を生かし, 保育の環境を構成していく知識・技術, ④様々な遊びを豊かに展開するための知識・技術, ⑤子ども同士の関わりや子どもと保護者の関わりなどの関係を構築していく知識・技術, ⑥保護者等への相談・助言に関する知識・技術, である。

保育所と保育士数の推移

へき地保育所も含む全国の認可保育所において保育に従事する常勤保育士数について, 保育士資格の法定化直前の1997(平成9)年からの推移をみると, 図表76-1のようになる。その総数は, 多少の増減はみられるが, 今日まで35万人に迫る勢いで増加している。ただ, 2003(平成15)年を境に, 公営よりも私営に従事する保育士数が上回っている。

図表76-1　保育所の常勤保育士数

年	総　数	公　営	私　営
1997	214,448	113,754	100,694
2000	242,356	123,808	118,548
2003	261,539	127,500	134,039
2006	283,664	126,927	156,737
2009	294,091	122,219	171,872
2012	317,146	120,571	196,575
2015	348,484	119,109	229,375

（厚生労働省，社会福祉施設等調査より）

Ⅱ.
教育編

▶ 子どもと保育士・教諭

77 幼稚園教諭の資質と役割

1．幼稚園教諭とは

　幼稚園教諭とは，『学校教育法』第22条に規定されている幼稚園において，幼児の保育にあたる教育職員，つまり学校の教員である。したがって，『教育基本法』が教員について規定した第9条「法律に定める学校の教員は，自己の崇高な使命を深く自覚し，絶えず研究と修養に励み，その職責の遂行に努めなければならない」を遵守することが求められる。

　こうした規定に基づき，『幼稚園教育要領』（第1章1）は，幼稚園教諭に対し，幼稚園教育が「幼児期の特性を踏まえ，環境を通して行うものであることを基本とする」ことを踏まえ，「幼児との信頼関係を十分に築き，幼児が身近な環境に主体的に関わり，環境との関わり方や意味に気付き，これらを取り込もうとして，試行錯誤したり，考えたりするようになる幼児期の教育における見方・考え方を生かし，幼児と共によりよい教育環境を創造するように努める」ことを求めている。具体的には，幼児の主体的な活動である遊びを中心とした教育実践を進めるため，一人ひとりの幼児の行動の理解と予測に基づき，計画的に環境を構成していくことが求められている。

2．これからの幼稚園教育

　今後は，中央教育審議会の2016（平成28）年12月答申が指摘するように，幼稚園における生活を通じて総合的に指導するという幼児教育の特質を踏まえ，5領域とともに，資質・能力の3つの柱に沿って内容の見直しを図ることや，「幼児期の終わりまでに育ってほしい姿」を位置づけることが必要である。こうした幼稚園教育を担うため，幼稚園教諭はその資質として，豊かな人間性を有するとともに，確かな使命感や情熱をもつことが不可欠となる。園内外の研修にも積極的に参加し，資質向上を図る努力が必要となる。また，『幼稚園教育要領解説』が整理するように，自らの役割を，「幼児の主体的な活動と教師の役割」「集団生活と教師の役割」「教師間の協力体制」の3つの視点から考察していくことも重要となる。

—202—

77 幼稚園教諭の資質と役割

幼稚園教諭の資質と役割

『幼稚園教育要領解説』では，幼児の活動の場面に応じて，果たすべき役割として，「幼児が行っている活動の理解者としての役割」「幼児との共同作業者，幼児と共鳴する者としての役割」「憧れを形成するモデルとしての役割」「遊びの援助者としての役割」「幼児が精神的に安定するためのよりどころとなること」を掲げている。これらは，一般に「理解者」「共同作業者」「モデル」「援助者」「心のよりどころ」の5つの役割として要約されている。

幼稚園教諭の専門性

『幼稚園教育要領解説』では，専門性について「幼稚園教育の内容を理解し，これらの役割を教師自らが責任をもって日々主体的に果たすこと」としている。また，『幼稚園教員の資質向上について』では，今後，求められる重要な専門性として「幼稚園教員としての資質」「幼児理解・総合的に指導する力」「具体的に保育を構想する力，実践力」「得意分野の育成，教員集団の一員としての協働性」「特別な教育的配慮を要する幼児に対応する力」「小学校や保育所との連携を推進する力」「保護者及び地域社会との関係を構築する力」「園長など管理職が発揮するリーダーシップ」「人権に対する理解」の9点を掲げている。

幼稚園教諭数の推移

戦後の幼稚園教諭数について，本務教員を対象に，その推移をみると図表77-1のようになる。1950年代に1万人台に達した後，1970年代までは飛躍的な伸びをみせた。しかし，1980年代からは増加率は鈍り，現在は減少傾向にある。幼稚園数に比例し，幼稚園教諭の大半は私立勤務である。現在でも私立勤務の本務者は，公立と比較すると4倍程度となっている。

図表77-1 幼稚園の本務教員数

年	総数	国立	公立	私立
1945	6,137	17	2,566	3,554
1955	24,983	91	6,832	18,060
1965	45,193	125	10,328	34,740
1975	85,680	237	22,393	63,050
1985	98,455	273	26,400	71,782
1995	102,992	293	24,921	77,778
2005	110,393	332	25,493	84,568
2016	99,957	341	20,675	78,941

（文部科学省：学校基本調査より）

II. 教育編

—203—

▶ 子どもと保育士・教諭

78 教師の資質と役割

1．教師とは

　1966（昭和41）年，ILO・ユネスコ「教員の地位に関する勧告」は，「教育の進歩は，一般に教育職員の資格と能力および個々の教員の人間的，教育学的，技術的資質が大いにかかわっていることが認識されなければならない」と提言した。「教育は人なり」という言葉もあるように，教育実践は教師の資質などに大きく左右される。したがって，教師は常に自らが有すべき資質と，果たすべき役割を自覚し，実践にあたらなければならない。ただ，教師の資質や役割を一概に規定することは難しい。そのため，近年，時代を超越した普遍的なものと，時代の変化に対応したものに区別するとらえ方もみられる。例えば，教育職員養成審議会の答申「教員の資質能力の向上方策等について」は，その代表的なものである。1997（平成 9 ）年の答申では，こうした 2 つの側面を踏まえ，教師の資質能力として，「教師の仕事に対する強い情熱」「教育の専門家としての確かな力量」「総合的な人間力」の 3 点を重視することを求めている。

2．『教育基本法』の改正と教師の資質

　1945（昭和20）年に制定され，わが国における教育の目的や理念，教育の実施に関する基本を定めてきた『教育基本法』が，2006（平成18）年に初めて改正された。教師に関する条文（第 9 条）では，教師が有する使命感として，その崇高さを自覚することを新たに付け加えた。また，その職責を遂行するため，絶えず研究と修養に励むことも明記した。指導力不足を始め，体罰やセクシャルハラスメントなどの反社会的行為を繰り返すいわゆる「不適格教員」が社会問題化するなか，改めて個々の教師に教育の崇高さを自覚させる意図があったのだろう。

　ただ，教師の資質は，規範的な問題だけを自覚すれば改善また向上するものではない。日々の教育実践において，具体的に自らが果たすべき役割と重ねていかなければならない。そのためにも自らの教育実践を対象とした研修・研究をはじめ，最新の知識や技法を学ぶ機会を自覚的に設けるなど，自己研鑽に努めなければならない。

📖 教師の資質と役割

1997（平成9）年の教育職員養成審議会の答申「新たな時代に向けた教員養成の改善方策について」は，教員の資質能力について，「専門的職業である『教職』に対する愛着，誇り，一体感に支えられた知識，技能等の総体」であり，「『素質』とは区別され後天的に形成可能なもの」と定義している。教師の資質とは，教職に対する崇高な姿勢および教育的能力を指すことが一般的である。また，教師が担うべき役割は，教科内容の指導と学級経営をはじめ，生徒指導，職場の同僚性の形成，家庭や地域との連携，教育相談などがあげられる。ただ，先の答申には，今後とくに求められるものとして，「地球的視野に立って行動するための資質能力」「変化の時代に生きる社会人に求められる資質能力」「教員の職務から必然的に求められる資質能力」の3例も示されている。また，いつの時代にも求められる資質能力として，「教育者としての使命感」「人間の成長・発達についての深い理解」「幼児・児童・生徒に対する教育的愛情」「教科等に関する専門的知識」「広く豊かな教養」の5例も示されている。こうした多様な側面も視野に入れることも重要である。

📖 教師の専門性

教師の専門性は，職務上，担うべき役割から必然的に導かれるものととらえることが一般的である。先の答申を手がかりにすれば，具体的には，適切な子ども観や教育観に基づく，担当する子どもの理解や，それに適した教育のあり方に関する理解，また，教科指導や生徒指導などに関しては，教職の意義や自らの役割に関する正確な知識をはじめ，子どもの個性や課題解決能力を生かす能力，子どもを思いやり感情移入できること，カウンセリング・マインド，困難な事態をうまく処理できる能力，地域・家庭との円滑な関係を構築できる能力などがあげられている。ただ，すべての教師がこれらの専門性を一律に有することは困難である。そこで，先の答申では「得意分野を持つ個性豊かな教育の必要性」を強調している。教師は，自らの個性と能力を見極め，それを伸ばすことを考えたい。さらに，養護教諭や栄養教諭，学校医やスクールカウンセラーなどの専門職とも連携し，質の高い教育を実現する能力も必要となる。

▶ 保育所保育・学校教育の内容

79 基本となる法令

1．教育に関する法規

　わが国の法令は，すべて最高法規である『日本国憲法』を頂点として構成されている。教育に関しては，『日本国憲法』第26条の「国民の教育を受ける権利」をはじめとする条文が基礎となる。『日本国憲法』の精神を受け，わが国の教育の基本理念と基本原理を定めたのが1947（昭和22）年に成立した『教育基本法』であり，その下に『学校教育法』をはじめとする各種の教育法規が定められている。

　教育法規のなかでも学校教育制度の根幹を定めた法律が『学校教育法』であり，大学教育段階に相当する学校以外では，文部科学省によって『学校教育法施行規則』を法的根拠とする『幼稚園教育要領』と『学習指導要領』が定められ，教育課程の基準が示されている。

　幼保連携型認定こども園は『就学前の子どもに関する教育，保育等の総合的な提供の推進に関する法律』（略称『認定こども園法』）によって学校かつ児童福祉施設として位置づけられている。

2．保育所保育に関する法規

　保育所保育に関しては児童福祉関係の法令が基本となる。保育所は，児童の福祉を保障する基本法である『児童福祉法』に基づき，保育を必要とする子どもの保育を行い，その健全な心身の発達を図ることを目的とする児童福祉施設であり，設備や運営の基準は『児童福祉施設の設備及び運営に関する基準』に定められている。さらにこれらの法規の背景として，公共の福祉や生存権をはじめとする『日本国憲法』の理念や，児童の尊重や幸福を謳った『児童憲章』の理念，国際連合で採択された『児童権利宣言』の理念，そして18歳未満の児童の権利を包括的に定めた『児童の権利に関する条約』の理念が存在する。それ以外にも，保育士の養成に関する法律や，児童虐待の防止等に関する法律など，保育所保育をとりまくさまざまな法令が存在する。

　さらに，『幼稚園教育要領』が幼稚園教育における法的基準性を有するように，厚生労働省の告示する『保育所保育指針』は保育所保育における法的基準性を有している。

—206—

📖『教育基本法』と『学校教育法』

『教育基本法』に基づき学校制度の基本を定めた法律が『学校教育法』であり，学校の範囲を定義し，各学校の目的・目標を定めている。『教育基本法』と，『学校教育法』をはじめとする教育法規によって，わが国の教育目的と教育目標が示され，それを反映する形で学校の教育内容・保育内容が決定されている。

📖『幼稚園教育要領』

文部科学省が告示する幼稚園における教育課程の基準であり，国の定めた法的規範性をもつ。教育課程とは教育の目的・目標を達成するために教育の内容を編成した教育計画の総称であり，『幼稚園教育要領』には幼稚園の保育内容が示されている。

📖『学習指導要領』

文部科学省が告示する教育課程の基準である。小学校，中学校，高等学校，特別支援学校の校種別に定められ，各学校の教科をはじめとする教育内容を規定している。

📖『児童福祉施設の設備及び運営に関する基準』

『児童福祉法』に定められた児童福祉施設の設備・運営上の基準である。施設の一般原則，非常時災害対策，職員の一般的要件，衛生・健康管理などを定めた総則と，施設の種類別に最低限守るべき基準が定められている。保育所は『児童福祉法』に定められた児童福祉施設であり，『児童福祉施設の設備及び運営に関する基準』は，保育内容を定めた『保育所保育指針』の法的根拠となる。

📖『保育所保育指針』

保育所における保育の内容や運営などを定めたものである。1965（昭和40）年に当時の厚生省児童家庭局が保育所の保育内容の充実を図る目的で『保育所保育指針』を通知して以来，1990（平成2）年，1999（平成11）年，2008（平成20）年，2017（平成29）年に改定が行われた。改定のなかで，養護と教育の一体化が重視され，教育内容については『幼稚園教育要領』との整合性に配慮し5領域で示すようになっている。現在の『保育所保育指針』では，厚生労働大臣が定める告示として法的基準性をもち，保育所保育の最低基準としての性格が明確化されている。

▶ 保育所保育・学校教育の内容

80 保育・教育内容

　保育・教育内容は単独で存在するものではなく，保育所と幼稚園では，これら保育・教育内容が計画的に編成されている。そのため，全体の計画として，保育所では「全体的な計画」を，幼稚園では「教育課程」を編成することがそれぞれ定められている。

　保育所と幼稚園，幼保連携型認定こども園は制度上の管轄の違いはあるものの，対象とするのは幼児の保育という点で一致しており，「教育」に関する5領域は『幼稚園教育要領』と『幼保連携型認定こども園教育・保育要領』にも示されている。細かな文言の違いはあるものの，基本的には『保育所保育指針』と同様の構成がとられている。

1．保育内容

　保育内容とは，保育の目標を達成するために展開されるすべての内容である。保育内容は幼稚園，幼保連携型認定こども園，保育所に共通するものであり，それぞれ『幼稚園教育要領』『幼保連携型認定こども園教育・保育要領』『保育所保育指針』に示されている。

　2017（平成29）年の改定では，保育内容は「健康」「人間関係」「環境」「言葉」「表現」といった5つの領域で示され，それぞれの領域は保育の目標を具体化した「ねらい」と，それを達成するための子どもとのかかわりや子どもが環境にかかわって経験する事項などを示した「内容」から構成されている。なお，5領域は小学校の教科のような特定の活動とは異なり，保育を行う際に子どもたちの育ちをとらえる「視点」と定められている。

2．教育内容

　教育内容とは，教育の目的に沿って選ばれ，編成された内容を指す。教育内容は人類がこれまでに築き上げてきた科学，技術，芸術などの文化を次世代に継承する目的で編成される。小学校以上の学校教育では主に「各教科」「道徳科」「総合的な学習の時間」「特別活動」などの内容を指し，幼稚園と幼保連携型認定こども園では保育所と共通する5領域が教育内容として位置づけられている。

📖 全体的な計画

保育の目標を達成するために編成される保育の全体計画であり，その基準は『保育所保育指針』に示されている。

2017（平成29）年の『保育所保育指針』の改定にともない，保育所の保育の基本的な計画として，それまで「保育課程」と呼ばれていた計画の名称が『学校教育法』の文言に近い形にするため「全体的な計画」に改められ，その作成が義務づけられた。全体的な計画は各保育所の保育の方針や目標に基づき，子どもの発達過程を踏まえ，保育所全体の生活を通して編成するものである。

📖 教育課程

学校教育の目標を達成するために編成される全体計画であり，幼稚園では「幼稚園生活の全体を通して」「幼児の生活経験や発達の過程などを考慮し」「幼児期の終わりまでに育ってほしい姿」を踏まえ，保育内容を組織するものと示されている。『幼稚園教育要領』には，幼稚園の教育課程は4時間を標準とすることが定められており，預かり保育などは含まれないが，その場合も教育課程に基づく活動を考慮すること等が留意点として示されている。これに対して，『保育所保育指針』の定める全体的な計画は，保育の時間の長さを問わずすべての子どもと活動を射程としている。

📖 『保育所保育指針』の「ねらい」と「内容」

「ねらい」とは，子どもの安定した生活と充実した活動のために行う事項や，子どもが身につけることが望まれる心情，意欲，態度などの事項を示したものである。一方で「内容」は，「ねらい」を達成するために行う事項や，援助によって子どもが経験する事項を示したものである。

例えば，「健康」の領域では，①明るく伸び伸びと行動し，充実感を味わう，②自分の体を十分に動かし，進んで運動しようとする，③健康，安全な生活に必要な習慣や態度を身に付け，見通しをもって行動する，といった3つの「ねらい」が示されている。さらに，①保育士等や友達と触れ合い，安定感を持って生活する，②いろいろな遊びの中で十分に体を動かす，③進んで戸外で遊ぶ，などをはじめとする10の具体的な「内容」が示されている。

文　献

注：1）　は引用文献
・　は参考文献　を表す。

24
- 瀧村有子（作）　鈴木永子（絵）（2007）．ちょっとだけ　福音館書店
- スティンスン，K．（文）　ルイス，R．（絵）　ふしみみさを（訳）（2005）．あかがいちばん　ほるぷ出版
- モデシット，J．（文）　スポワート，R．（絵）　もきかずこ（訳）（1994）．いいこってどんなこ？　冨山房

27
- 関口はつ江他（編著）（2009）．実践としての保育学　同文書院
- 待井和江（編）（2009）．保育原理　第7版　ミネルヴァ書房

30
- 数井みゆき・遠藤利彦（編著）（2007）．アタッチメントと臨床領域　ミネルヴァ書房
- 増田まゆみ他（編著）（2008）．乳児保育　北大路書房
- 榊原洋一・今井和子（編著）（2006）．今求められる質の高い乳児保育の実践と子育て支援　ミネルヴァ書房

34
1) ピアジェ，J．　大伴　茂（訳）（1988）．遊びの心理学　黎明書房
2) カイヨワ，R．　多田道太郎・塚崎幹夫（訳）（1971）．遊びと人間　増補版　講談社
3) 竹井　史（2010）．どんぐり落ち葉まつぼっくり製作BOOK　ひかりのくに

36
- 藤田和弘他（編著）（2009）．特別支援教育読本　明石書店
- バック，P．（1951）．母よ嘆くなかれ　法政大学出版局
- 大南英明（2009）．文部科学時報

39
1) メイヤロフ，M．（1987）．ケアの本質　ゆみる出版　18
- 文部科学省（2017）．幼稚園教育要領
- 厚生労働省（2017）．保育所保育指針

41
1) 幼稚園設置基準　第4条文部科学省令　平成26年7月改正
2) 幼保連携型認定こども園の学級の編制，職員，設備及び運営に関する基準　内閣府・文部科学省・厚生労働省令　平成28年3月改正
- 厚生労働省（2016）．保育所保育指針
- 厚生労働省（2016）．幼稚園教育要領
- 内閣府（2016）．幼保連携型認定こども園教育・保育要領

42
- 汐見稔幸（2017）．『さあ，子どもたちの「未来」を話しませんか　小学館
- 文部科学省．「幼児教育部会における審議のとりまとめ」平成28年8月26日
- 厚生労働省（2017）．保育所保育指針解説
- 文部科学省（2017）．幼稚園教育要領解説
- 内閣府，文部科学省，厚生労働省（2017）．幼保連携型認定こども園教育・保育要領

文　　献

・無藤　隆・汐見稔幸・砂上史子（2017）．ここがポイント！3法令ガイドブック
　フレーベル館

（50）・厚生労働省（2016）．第3次食育推進計画
　・厚生労働省（2017）．保育所保育指針
　・文部科学省（2017）．幼稚園教育要領　第2章　ねらい及び内容
　・新・保育士養成講座編纂委員会編（2016）．新・保育士養成講座　第8巻　子ど
　　もの食と栄養　全国社会福祉協議会　112，161-163
　・厚生労働省（2004）．楽しく食べる子どもに～保育所における食育に関する指針

（51）・財団法人こども未来財団（2007）．保育所における食育の計画づくりガイドライ
　　ン～子どもが「食を営む力」の基礎を培うために～

（53）・厚生労働省（2011）．保育所におけるアレルギー対応ガイドライン

（54）・厚生労働省（2012）．保育所における食事の提供ガイドライン
　・厚生労働省（2007）．授乳・離乳の支援ガイド

（56）・文部科学省，幼児期の教育と小学校教育の円滑な接続の在り方に関する調査研究
　　協力者会議（2010）．幼児期の教育と小学校教育の円滑な接続の在り方について
　　（報告）

（60）・才村　純（2004）．ぼくを助けて　中央法規出版
　・保育と虐待対応事例研究会（編）（2004）．子ども虐待と保育園　ひとなる書房

（62）1）Australian Bureau of Statistics, Population,Migration, Australia, 2015-16
　　（2017）.
　　　＜http://www.abs.gov.au/AUSSTATS/abs@.nsf/mf/3412.0d-report.pdf.＞
　　2）Australian Government Productivity Commission, Early Childhood
　　Development Workforce：Productivity Commision Research Report.（2011）.
　　　＜ttp://www.pc.gov.au/inquiries/completed/education-workforce-early-
　　childhood/report/early-childhood-report.pdf.＞
　　3）Commonwealth of Australia, Investing in the Early Years–A National
　　Early Childhood Development Strategy.（2009）.
　　　＜http://www.startingblocks.gov.au/media/1104/national_ecd_strategy.
　　pdf.＞
　　4）Australian Children's Education & Care Quality Authority, Explaining
　　the National Quality Framework.（2016）.
　　　＜http://www.acecqa.gov.au/national-quality-framework/explaining-the-
　　national-quality-framework＞
　　5）オーストラリア連邦（2009）. Belonging, Being & Becoming —帰属・存在・
　　生成—オーストラリアの幼児教育学習枠組み
　　　＜https://docs.education.gov.au/system/files/doc/other/belonging_
　　being_becoming_-_eylf_-_japanese.pdf.＞

Ⅱ.
教
育
編

・林 悠子 第8章 オーストラリア連邦，泉 千勢（編著）（2017）．なぜ世界の幼児教育・保育を学ぶのか―子どもの豊かな育ちを保障するために― ミネルヴァ書房 pp.265-295

63 1）Jugendministerkonferenz/Kultusministerkonferenz（2004）. Gemeinsamer Rahmen der Länder für die frühe Bildung in Kindertageseinrichtungen

・泉 千勢 序章 世界の保育の質改革の動向 泉 千勢（編著）（2017）．なぜ世界の幼児教育・保育を学ぶのか ミネルヴァ書房 1-18

・白石淑江 第2章 スウェーデン王国 泉 千勢（編著）（2017）．なぜ世界の幼児教育・保育をまなぶのか ミネルヴァ書房 65-100

・白石淑江・水野恵子（2013）．スウェーデン 保育の今 かもがわ出版

65 ・一般社団法人全国保育士養成協議会保育実習指導のミニマムスタンダード編集委員会（編）（2007）．保育実習指導のミニマムスタンダード―2017年版―，一般社団法人全国保育士養成協議会

70 ・高杉自子（著） 子どもと保育総合研究会（編）（2006）．子どもとともにある保育の原点 ミネルヴァ書房

71 ・「福祉職員生涯研修」推進委員会（編）（2002）．改訂福祉職員研修テキスト（基礎編） 全国社会福祉協議会

・「福祉職員生涯研修」推進委員会（編）（2002）．改訂福祉職員研修テキスト（指導編） 全国社会福祉協議会

・「福祉職員生涯研修」推進委員会（編）（2002）．改訂福祉職員研修テキスト（管理編） 全国社会福祉協議会

・福祉臨床シリーズ編集委員会（編）（2009）．児童や家庭に対する支援と児童・家庭福祉制度 弘文堂

・櫻井奈津子（編著）（2010）．養護内容―保育士のための演習ワークブック― 青踏社

Ⅲ. 福祉・養護編

保育における児童福祉

81 児童の権利保障

1．日本における児童の権利保障

　日本における児童の権利保障は，『児童福祉法』および『児童憲章』に明文化されている。『児童福祉法』は，『日本国憲法』第25条の実現を目指し，なおかつ，次世代を担う児童の福祉を積極的に助長するため，戦後間もない1947（昭和22）年に施行されている。次いで制定された『児童憲章』〔1951（昭和26）年5月5日〕は，その冒頭に「児童は，人として尊ばれる。児童は，社会の一員として重んぜられる。児童は，よい環境のなかで育てられる」と謳われている。この憲章は，国民の約束による道義的な規範としての意味合いが強いものとなっている。戦後の日本では，児童の権利保障は『児童福祉法』においてすべての児童を対象とされるようになった。しかし，実際には，課題を抱えた児童を対象とした保護的な権利保障の側面がまだまだ強いと考えられる。今後は，このような保護・扶助としてのウェルフェア（welfare）から，課題に対して予防的に取り組み，すべての子どもの自己実現を可能とするウェルビーイング（well-being）としての福祉の実現が求められる。

2．保育と児童の権利保障

　日本では，『児童の権利に関する条約』を1994（平成6）年に批准した。その条約の趣旨を尊重し，『児童福祉法』や保育に関連する法制度にいつくかの改正が試みられた。

　『保育所保育指針』には，2000（平成12）年の改定で，第1章総則の前文において，「保育所における保育は，ここに入所する乳幼児の最善の利益を考慮し，その福祉を積極的に増進することに最もふさわしいものでなければならない」という重要な理念が記されるようになった[1]。また，2008（平成20）年の改定では，「保育所は，子どもの人権に十分配慮するとともに，子ども一人一人の人格を尊重して保育を行わなければならない」とし，保育所の社会的責任が明記された。2017（平成29）年の改定では，乳児から3歳未満児の保育の重要性や利用率の上昇などに踏まえ，この時期の保育に関する記載内容の充実がなされた。

—214—

81 児童の権利保障

> 『児童福祉法』
> 第1条　全て児童は，児童の権利に関する条約の精神にのつとり，適切に養育されること，その生活を保障されること，愛され，保護されること，その心身の健やかな成長及び発達並びにその自立が図られることその他の福祉を等しく保障される権利を有する。
> 第2条　全て国民は，児童が良好な環境において生まれ，かつ，社会のあらゆる分野において，児童の年齢及び発達の程度に応じて，その意見が尊重され，その最善の利益が優先して考慮され，心身ともに健やかに育成されるよう努めなければならない。
> 　2　児童の保護者は，児童を心身ともに健やかに育成することについて第一義的責任を負う。
> 　3　国及び地方公共団体は，児童の保護者とともに，児童を心身ともに健やかに育成する責任を負う。

『児童福祉法』の改正

　2016（平成28）年に理念，原理に関する条文（第1条・第2条）が大きく改正された。適切な養育を受け，健やかな成長・発達や自立等を保障されることなど，児童の生きる権利，育つ権利などが明確化された。また，国および地方公共団体が，児童の保護者とともに，児童の最善の利益を考慮する責任を負うことが定められた。

『児童の権利に関する条約』の画期的である点

　① 子どもの権利について世界統一の見解を示したこと，② 子どもの権利を法的拘束力をもつ「条約」として採択したこと，③「…育てられる」「…保護される」といった子どもの受動的な権利だけではなく，権利を行使する主体としての子どもの能動的な権利を保障したこと，である。能動的な権利としては，第12条「意見を表明する権利」，第13条「表現の自由についての権利」，第14条「思想・良心・宗教の自由についての権利」，第15条「結社・集会の自由についての権利」がそれにあたる。

今後，保育者に求められる児童の権利保障のとらえ方

　近年，園には以前にも増して多様な子どもたちが生活している。保育者には，子どもたち一人ひとりが安心して生活できる環境を整え，多様性を認め合い共生していく人間観を育てることが求められる。それが児童の権利擁護につながり，共生社会を築く礎となる。

Ⅲ. 福祉・養護編

▶ 保育における児童福祉

82 子育て支援

1. 少子化対策と「子育て支援」

　図表82-1は，少子社会，次世代育成への国レベルの対策の流れを示している。

　これらの施策の特色はというと，初期の対策は，少子化対策として保育サービスを拡大させ，女性の仕事と子育ての両立を支援することが中心的課題であったといえる。しかし，問題として浮かび上がってきたことは，働いている親に支援が偏り，「すべての子育て家庭」への支援に結果としてつながらなかったことや，保育サービスを充実させれば少子化が改善するという取組みの限界であった。

2. 次世代育成としての「子育て支援」

　その後，次世代を担う子どもの健全や育ちへの支援，すべての子育て家庭が子育てに伴う喜びを実感するため，社会全体で子育てを支援していく理念を掲げた『次世代育成支援対策推進法』〔2003（平成15）年〕が制定された。2017（平成29）年現在も地方公共団体および事業主が，次世代育成支援のための取組みを促進するために，それぞれ行動計画を策定し実施している。また，2016（平成27）年からは，子ども・子育て支援新制度が施行され，乳幼児期の保育，地域の子育て支援の量の拡大や質の向上が進められている。新制度では，社会保障に要する費用の主な財源（消費税）が，従来の高齢者向けの3経費（基礎年金，老人医療，介護）から，子育て支援にも拡大されることとなった。

3. 今後，保育者に求められる「子育て支援」

　2017（平成29）年の『保育所保育指針』改定では，従来までの「保護者に対する支援」の章が「子育て支援」に改められ，内容の整理と充実が図られた。これからの保育者（保育士・幼稚園教諭）には，子どもの育ちを保護者と共に喜び合い，地域で子育て支援に携わる他の機関や団体などさまざまな社会資源とネットワークを結びつつ，子どもの共育（共に育てる・育ち合う）をすすめることが求められている。

— 216 —

図表82-1　少子社会・次世代育成への国レベルの取組みの流れ

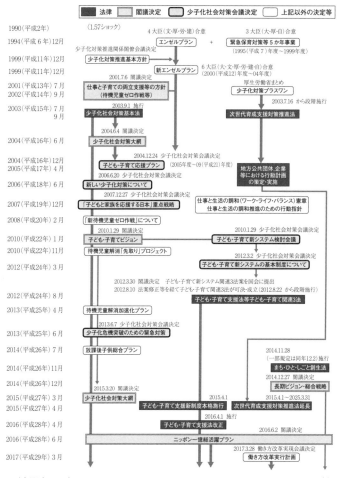

（内閣府HP〈http://www8.cao.go.jp/shoushi/shoushika/data/torikumi.html〉）

▶ 現代社会と児童・家庭

83 家庭の現代的特質

1．家族形態の変化

　家族の形態の変化を「世帯」*の経年変化からみてみよう。

　図表83-1に示された世帯の家族類型別世帯数の推移をみると，近年，「単独世帯」「核家族世帯」が増加している。ひとり暮らし世帯である「単独世帯」の増加の理由は，就学移動に伴う若年層のひとり暮らしの増加および彼らの晩婚化，未婚化の進展の結果と考えられる。また，女性の高齢層が配偶者と死別後も「単独世帯」で生活している割合が増加していることなども理由として考えられる[1]。

　「核家族世帯」をみてみると，全体としては増加しているが，その内訳からは，「夫婦のみの世帯」「ひとり親と子どもから成る世帯」が増加している一方で，「夫婦と子どもから成る世帯」は減少していることがわかる。このことから，顕著な傾向として，少子化の進展や離婚の増加がうかがえる。

2．女性のライフサイクルの変化

　女性のライフサイクルの変化をみていくと，近年，結婚─出産というライフイベントに関して晩婚化が進み，出産時の年齢も高くなっている。厚生労働省の人口動態統計によって1990（平成2）年と2015（平成27）年を比較すると，妻の平均初婚年齢が25.9歳から29.4歳となり，第1子出生時の母の平均年齢は27.0歳から30.7歳に上昇している。

　出生率の低下にともなって長子出産と末子出産の年齢幅が狭まり，育児に費やす時間が短くなっている。そして，1980（昭和55）年以降，夫婦ともに雇用者の共働き世帯が年々増加し，1990（平成2）年以降は共働きの世帯数が男性雇用者と無業の妻からなる片働き世帯数を上回っている。一方で，出産や子育て年齢に該当する20歳代前半から30歳代前半にかけての労働力率が低下することや，近年では男性に比べて非正規雇用が多いといった厳しい現実もある。家庭*や社会における女性の役割の変化がうかがえ，この点からも今後，仕事と生活の調和（ワーク・ライフ・バランス）の推進に向けた取組みが重要になってくるといえる。

—218—

83 家庭の現代的特質

図表83-1　世帯の家族類型別世帯数の推移

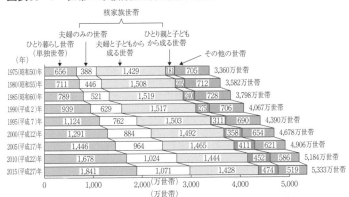

（総務省統計局．国勢調査より作成）

word

*世　帯

『国勢調査令』第2条第2項によると、「住居及び生計を共にする者の集まり又は独立して住居を維持する単身者」と規定されている。

*家　庭

「家族員が生活する場所あるいは生活の営み」を指す包括的な概念であるとされている[2]。すなわち、家庭は、親やきょうだい、祖父母などの家族を中心とした生活の場、その営みであるといえる。

● 現代の家庭の危機と「レジリエンス（resilience）」 ●

家庭をとりまく状況の変化や危機をどのように乗り越えるかという課題を考えるとき、「レジリエンス（resilience）」という概念が注目されるようになっている。「レジリエンス」とは、「困難な状況に遭遇してもそれを乗り越えていくためのプロセスと結果を含む力動的な機能」としてとらえられる。すなわち、児童が困難な状況に遭遇したとしても、それを乗り越え、回復に向けたプラスの潜在力を発揮するという、発達の可塑性、柔軟性に注目した概念といえる。近年、「レジリエンス」の向上に関連する、家庭や保育環境といった個人をとりまく環境的要因について研究がなされている[3]。

▶ 現代社会と児童・家庭

84 家庭の質の変容

1．児童の変容

　今日の日本では，少子化や都市化といった子どもをとりまく社会環境や生活環境の変化も子どもの変容に大きな影響を与えている。すなわち，子ども同士の遊び体験やトラブル，異年齢の子どもとの交流の機会が減少し，生活のなかで育まれるべき人間関係力や規範意識が育ちにくくなっている（図表84-1）。また，子どもが安心して過ごせる遊び場が少なくなっている。遊び空間，遊び集団などの要素は相互に影響し合っており，遊びを通して子どもが身につける創造性や社会性，人とのコミュニケーションが失われていくことは子どもの成長には大きな問題である。

2．親の変容

　現在，子どもを「育てる」という親の行為は，物理的にも精神的にも多大な支援を必要とするという認識が広まりつつある。このことから，おとなを親になるように育てること，いわば「育ちあう」ことが社会の大きな課題となっているといわれる[1]。

　現在の子育てをする親の変容をみていくと，子育ての悩みや不安がある割合が増えている（図84-2-A）。また，負担を感じる内容をみると，「経済的な負担」「時間的余裕がないこと」「精神的な負担」の割合が高い（図84-2-B）。負担が増えている背景には，仕事と生活のワークライフバランスの問題，孤立化する子育て環境，社会での自己実現と親役割を担うことの葛藤といった課題が浮かび上がってくる。すなわち，子育ての悩みや不安は，特別な一部の親だけに起こる問題ではなく，社会全体の問題といえる。

3．家庭の質の変容をどのようにとらえるか

　家庭をとりまく諸課題について，"子ども"や"親"の課題が単独に生じているという見方は一面的である。人を「関係的存在」としてとらえ，家庭に生じていることも，家庭をとりまく諸関係に位置づけて，関係自体を理解しようとする視点と関係に働きかける方法を考慮することが重要である[2]。

— 220 —

84 家庭の質の変容

図表84-1　平日，幼稚園・保育園以外で一緒に遊ぶ相手（経年比較）

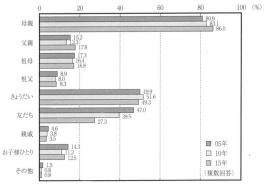

(ベネッセ教育総合研究所（2016).「第5回幼児の生活アンケート　レポート」（http://berd.benesse.jp/jisedai/research/detail1.php?id=4949))

図表84-2　子育ての実態

A：今の子育てについての悩みや不安

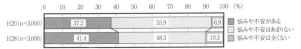

B：子育てで主に感じる負担（複数回答）

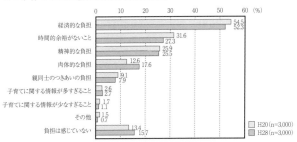

(文部科学省（2019).「平成28年度　家庭教育の総合的推進に関する調査研究報告書」〈http://katei.mext.go.jp/contents2/pdf/H28_kateikyouikushien_houkokusho.pdf〉A：p.59　B：p.57)

▶ 現代社会と児童・家庭

85 家庭機能の変容

1. 家庭機能の意味

　家庭機能とは何を意味するのか。図表85-1は，家庭機能を大きく4つに分類し，その内容と特徴的な変容をまとめたものである。家庭機能の内容をみてみると，家庭は，家族や社会にとってさまざまな役割を担っており，「労働経済的機能」「生活保障的機能」「精神的機能」「養育・教育的機能」に分類することが可能である。

　そして，現代における特徴的な変容をみていくと，家庭機能の社会化，脱制度化，不全化が進んでいると考えられる。

　社会化とは，介護や育児を家庭の私的責任とする「自助」のみが求められてきた時代から，友人や地域の人びととの相互援助関係を意味する「共助」，および，公的サービスを意味する「公助」も合わせて重視し，社会全体で取り組むことを意味する。

　脱制度化とは，「特定の『典型的な』家族制度の規定力が弱まる事態」とされ，伝統的な性別役割分業に対する意識の変化や家族の個人化が進んでいることを意味する[1]。

　家族機能の不全化とは，家庭内に暴力や児童虐待が存在する深刻な危機的状態を示し，その結果として離婚件数の増加やひとり親家庭の増加が生じていると考えられる。

2. 最近の家庭に関する意識

　図表85-2は，2016（平成28）年に全国20歳以上の者に「家庭はどのような意味をもっているか」について質問した回答である。家庭が「家族の団らんの場」「休息・やすらぎの場」「家族の絆を強める場」として意味をもつと答えた者が多いことがわかる。家庭がもつ「生活保障的機能」「精神的機能」に期待する者が多いことがうかがえる。

　一方で，「子どもを生み育てる場」「子どもをしつける場」「親の世話をする場」としての意味をもつと答えた者は総じて少ないことがわかる。近年の傾向として，育児・教育コストの負担増やひとり親家庭の増加などの影響からか，家庭がもつ「養育・教育的機能」に期待する割合が相対的に低くなっていることがうかがえる。

— 222 —

85 家庭機能の変容

図表85-1　家庭機能の変容

家庭機能の内容	現代における特徴的な変容
「労働経済的機能」 　社会への労働力の提供，経済活動を推進する機能	・ニート，フリーターといった経済的に不安定な若者の増大 ・仕事と子育ての両立の困難
「生活保障的機能」 　生活の基盤を成す家事，介護，休息の場といった機能	・性別役割分業という固定化した役割関係からの変化 ・家事の社会サービス化，効率化 ・介護の社会化
「精神的機能」 　家族の団らんや夫婦関係，親子関係の愛情をはぐくむ機能	・個人化：家族の規模や家族と一緒に過ごす時間の減少 ・離婚件数の増加 ・家庭内での暴力や児童虐待の顕在化
「養育・教育的機能」 　子どもを生み育てる機能	・子育ての社会化 ・育児・教育コストの負担増 ・ひとり親家庭の増加

(神原文子・杉井潤子・竹田未知（編著）(2009)．よくわかる現代家族　ミネルヴァ書房　p.18・19を参考に作成)

図表85-2　「家庭はどのような意味をもっているか」への回答結果

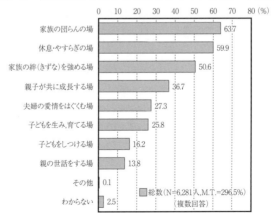

(内閣府 (2016)．国民生活に関する世論調査)

▶児童福祉の意義とその歴史的展開

86 児童福祉の概念

1．児童の定義

「児童」という概念は，国内法でもさまざまに定義されるが，保育者ないし児童福祉関係の職場で働く者は『児童福祉法』上の定義（18歳未満を児童と総称）を押さえた上で，関連領域の使用例を理解することが望ましい（『児童福祉法』での定義は第4条参照，☞p.302）。

国内法では，『児童買春・児童ポルノに係る行為等の処罰及び児童の保護等に関する法律』は，『児童福祉法』と同様の定義である。しかし，『民法』では20歳未満の者を「未成年者」と呼び，『母子及び寡婦福祉法』，『特別児童扶養手当等の支給に関する法律』では，この年齢を「児童」として定義している。

また，『少年法』では20歳未満を「少年」と定義しており『児童福祉法』でいう少年（小学生から18歳未満まで）と紛らわしいが，1949（昭和24）年以前の旧『少年法』では18歳未満を指していたから，『児童福祉法』が成立した1947（昭和22）年の時点では齟齬を来していなかったといえよう。

なお，国際的には，『児童の権利に関する条約』制定過程で議論があったものの，第1条において「児童とは，18歳未満のすべての者をいう」と定義された。1979（昭和54）年の国際児童年では15歳未満を児童としていたが，現在では18歳未満を児童とすることが共通理解になった。

2．児童福祉の概念

社会福祉の一分野として「児童福祉」という概念は，目的概念あるいは理念型と，実体概念あるいは実体型とに分かれる。

前者は，児童の幸せとはどういうものかを考え追求するような場合である。

一方，後者は制度，政策，実践の体系を指すものであり，より社会的，公共的に築き上げてきた形態である。実体概念としての児童福祉は，『児童福祉法』を中心とした各種の法令や予算事業による子育て支援，母子保健，保育，健全育成，要保護児童支援，障害児支援などを指す。

— 224 —

📖児童福祉概念の変化

現在では，地域福祉やソーシャルインクルージョンという思想のもと，公的な機関や制度だけではなく，従来からある社会福祉法人による施設経営のほかNPOやボランティア団体を含め，より予防的に，また親子分離して児童を保護するより，できる限り地域において家族を支援する方策が展開されている。

1990年代から，国際的なchild welfareからchild well-beingという思想への転換をふまえ，わが国でも児童福祉は児童の保護から児童の自己実現へという学説が登場してきた。また，児童福祉は児童にとって重要な環境である家庭を含め児童家庭福祉として構築すべきという説も有力になってきている。

📖児童福祉の語源

語源的には，「児」は頭蓋骨の固まっていない者，「童」は僕（しもべ），頭に何も被らない者を指すから，身体的，精神的に十分発達していない者ということになる。一方，「福祉」という漢字は神に酒を供えて祈ることであるが，大和言葉では，意味としての「しあわせ」は「仕合せる」であり，めぐり合わせがよいことである。また，天とのめぐり合わせから人と合わせること（人との関係がうまくいくこと）に変わってきたという解釈もある。

📖学校教育の呼称の違い

『学校教育法』では，幼稚園児を「幼児」，小学生を「学齢児童」，中学生を「学齢生徒」，高校生を「生徒」，大学生を「学生」と呼んでおり，義務教育年齢児を指す場合には「児童生徒」と表現している。

📖子どもという概念

現在，『子どもの権利条例』を制定している地方自治体がいくつかある。この場合，「児童」は年少児の印象が強く，「子ども」のほうが18歳未満を表すのに適切という考え方である。

なお，「子供」と漢字で表すべきという考えもある。漢字表記への反論として，江戸時代では遊郭の禿などを指していたことや，お供という意味をあげる向きもある。行政としては，法律上の「児童」を使用することが妥当であろう。

▶ 児童福祉の意義とその歴史的展開

87 児童福祉の理念

1.『児童福祉法』における児童福祉の理念

　「理念」とは，哲学的にはさまざまな解釈があるが，一般的には法や事業計画などの根底にある根本的な考え方を指す。わが国では，1947（昭和22）年に制定された『児童福祉法』の第1条をもって児童福祉の理念としてきた。すなわち，第1項において，児童の健全育成に努めることを国民の努力義務とし，第2項において等しく生活を保障され，愛護される存在として児童の権利を定めてきた。

　『児童福祉法』は，2016（平成28）年に，児童福祉の理念をより明確な規定にする改正を行った。まず，改正前の第1条第2項を第1条に独立させ「全て児童は，児童の権利に関する条約の精神にのっとり」を明記し，健全育成されるための文言が書かれた後で「等しく保障される権利を有する」と結んでいる。改正前の第1条第1項である国民全ての努力義務は第2条に繰り下げ，第1項で，『児童の権利に関する条約』のなかから，「児童の意見表明権の尊重」と「児童の最善の利益の優先的考慮」を規定した。また，第2項で児童の保護者の第一義的責任も明記している。その上で，国及び地方公共団体の育成責任は第3項にそのまま移している。なお，第3条は従来通り，前2条を児童福祉を保障するための原理として児童関係法令の施行にあたり尊重されるべきものとしている。

2.『児童憲章』から『児童の権利に関する条約』そして『児童福祉法』改正へ

　『児童憲章』は1951（昭和26）年に制定されたが，当時の『児童福祉法』第1条第2項を敷衍したものであり，児童は守られるべき客体であった。児童を独立した人格と尊厳をもち権利行使の主体としてとらえる理念は，わが国においては1994（平成6）年の『児童の権利に関する条約』の批准によって始まった。この条文は前文と3部，54条で構成されているが，あらゆる差別の禁止（第2条），児童の最善の利益の確保（第3条），生命・生存・発達への権利（第6条），児童の意見の尊重（第12条）を一般原則としている。

　『児童福祉法』の改正は，このような流れを踏まえている。

87 児童福祉の理念

📖児童の権利保障の歴史と児童観

児童観とは，社会による児童一般の見方，考え方をいう。

イギリスでは，16世紀から封建的農奴制は解体したものの都市における貧民問題が発生し，18世紀からの産業革命によりさらに大きな社会問題となり，児童保護の世論が形成されていった。「保護的児童観」ともいえよう。

人権思想は18世紀末のアメリカ独立宣言，フランス革命を経て欧米に定着してくるが，児童を小さなおとなではなく，固有の存在として位置づけることを主張したのはルソー（☞p.3）に始まり，ペスタロッチー（☞p.3）やフレーベル（☞p.3）などに引き継がれ，平等に教育を受ける権利の主張につながっていく。また，スウェーデンの文明批評家エレン・ケイ*は『児童の世紀』のなかで20世紀は児童の世紀でなければならぬと期待し，おとなとの対等な関係を強く主張していた。

国際条約として，児童自身の権利行使を重視したのは1989年の『児童の権利に関する条約』が初めてであり，わが国の批准は1994（平成6）年である。これを指して「権利行使重視型児童観」ともいえる。

📖わが国の「児童観」の歴史

平安時代末期の『梁塵秘抄』に歌われた「遊びをせんとや生まれけむ，戯れせんとや生まれけん」という今様（歌曲の一形式）が有名であるが，幼児期における児童の一面はとらえていても，当時の児童観とみるのは性急であろう。また，少し時代はさかのぼるが，律令時代において16歳以下は税が免除されており，婚姻年齢が男15歳，女13歳であったことから，一定の年齢までは未成人という認識はあった。しかしながら，一方では人身売買などが容認されていたように，親が困窮したときは子をどのようにもできるという意味では，子は大人の所有物であり，洋の東西にかかわらず，かつては「支配的児童観」が存在していたともいえよう。

person ━━━━━━━━━━━━━━━━━━━━━━━━
*エレン・ケイ（Key, E.K. 1849-1926）

スウェーデンの教育思想家。当時の公教育・学校教育のあり方を批判。児童を中心にした教育改革を提唱。主著『児童の世紀』

Ⅲ・福祉・養護編

> 児童福祉の意義とその歴史的展開

88 児童福祉の歴史的展開

1．わが国の児童福祉の展開

　明治時代以降も，国の基本は親族相救・隣保相扶であったが，そこで受け止めきれない児童については民間の篤志家たちが施設を設置し救済をする活動が始まった。多くは宗教的背景のもとにつくられ，仏教では1876（明治9）年に東京につくられた「福田会育児院」，キリスト教では石井十次*が1877（明治10）年につくった「岡山孤児院」が有名である。一方，公的に設置された施設としては1872（明治5）年，ロシア皇太子アレクセイの来日に際し東京府が浮浪者を収容するため設置した「養育院」がある。

　戦前の児童施設で法制化されたものは，1900（明治33）年の『感化法』に基づく「感化院」がある。法の制定には社会防衛論が基底にあるが，実際の運営には留岡幸助の思想も大きな影響を与えていた。1929（昭和4）年に『救護法』が成立し，補助対象となる救護施設のなかに「孤児院」が入った。1933（昭和8）年には旧『児童虐待防止法』および『感化法』の改正による『少年教護法』が制定され，感化院は「少年教護院」に変わる。1937（昭和12）年には『母子保護法』が制定されるが，1947（昭和22）年に新たな理念に基づき制定された『児童福祉法』にこれらの法律は収斂された。

　『児童福祉法』は，あらゆる児童相談に応ずる児童相談所と，受皿としての各種児童福祉施設を規定したが，実際には戦災孤児対策から始まり，その後，施設種別を分化する歩みが続いた。在宅サービスが規定されるのは，1997（平成9）年の大改正以降である。

2．児童福祉の近年の動向

　2000（平成12）年の『児童の虐待の防止等に関する法律』制定後，『児童福祉法』も数次の改正があり，2005（平成17）年度からは市町村が児童家庭相談援助の第一義的な窓口となり，児童虐待防止ネットワークも「要保護児童対策地域協議会」として法制化された。

　また，2016（平成28）年の『児童福祉法』の改正により，市町村の「子育て世代包括支援センター」設置や特別区の児童相談所設置など，基礎自治体による予防や早期対応が進んでいる。

88 児童福祉の歴史的展開

幼児教育・保育の国際的動向

OECDでは，幼児教育と保育をECEC（Early Childhood Education and Care）として一体化し，加盟国の多くは質と量の改善に努めている。同一年齢集団の長期縦断研究や脳科学の成果は，幼児期への投資が個人の人生と社会の発展に有効であることを証明してきた。

EUでは，2002年に「2010年までの保育参加率を3歳以降は90%（2020年までに95%），3歳未満児は33%に」という目標を掲げた。OECDは『Starting Strong：ECEC（2001）』という現状調査報告書を出した後，Ⅱ（2006），Ⅲ（2012），Ⅳ（2015）と，政策課題や質の改善に関する研究報告と勧告を行っている。

また，ECECは教育省で所管する傾向が生じている（スウェーデン，ノルウェー，ニュージーランド，イギリス，フランスは3歳以上など）。さらに，義務教育の下限化も進んでいる。ハンガリー（3歳），オランダ（4歳），ニュージーランド（5歳），イギリス（5歳），フランス（義務教育ではないが3歳から保育学校）などである。

要保護児童対策

第二次世界大戦後，WHOの委託を受けたJ.ボウルビィ報告でホスピタリズムが，また，イギリスのカーチス委員会で入所施設の問題が指摘されたことなどから，欧米では里親委託を優先し，施設は治療目的の小規模・短期型が主流である。

処遇理念のパーマネンシー

児童虐待などによる行き過ぎた親子分離への反省から，家庭支援，家族再統合，養子縁組といった永続的なケアの必要性を指し，イギリス，アメリカ，カナダなどで重視されている。

わが国も，2017（平成29）年の『新しい社会的養育ビジョン』（新たな社会的養育の在り方に関する検討会）で，乳幼児を中心とした特別養子縁組や里親中心の養育を今後の方針として打ち出している。

Ⅲ・福祉・養護編

person

＊石井十次（いしいじゅうじ，1865-1914）

わが国で最初の孤児院である岡山孤児院を創設するなど，孤児救済の事業に生涯を捧げた。「児童福祉の父」ともいわれる。

▶児童福祉に関する法制度と実施体制

89 児童福祉の法体系

1.『児童福祉法』

　『児童福祉法』は，戦後の混乱期に『日本国憲法』の理念に基づく児童の福祉に関する基本法として1947（昭和22）年に制定された。戦災浮浪児・引き上げ浮浪児の保護や栄養不良児などに対する保健衛生対策が契機であり，次代の日本を担う児童一般の健全育成と福祉の積極的増進が謳われている。児童福祉の原理，児童等の定義などのほか，児童福祉の実務を遂行する機関や職種の規定，児童福祉施設等およびそれらに要する費用などが規定されている。社会的・家庭的な状況の変化に伴い，70次以上改正が行われている。

　わが国の児童福祉は，『日本国憲法』を基本とし，さまざまな法律，政令，省令，通知などにより体系化されている。『児童福祉法』，『児童扶養手当法』，『特別児童扶養手当等の支給に関する法律』，『母子及び父子並びに寡婦福祉法』，『母子保健法』，『児童手当法』をいわゆる児童福祉六法と呼ぶが，社会的状況の変化に伴い，改正や改名が行われている。その他，『児童虐待の防止等に関する法律』『少子化社会対策基本法』『次世代育成支援対策推進法』などがある。

2.『児童福祉法』以外の主な法律

　『児童扶養手当法』：1961（昭和36）年制定。

　『特別児童扶養手当等の支給に関する法律』：1964（昭和39）年制定。

　『母子及び父子並びに寡婦福祉法』：『母子福祉法』として1964（昭和39）年制定，1981（昭和56）年に『母子及び寡婦福祉法』と改正され，2014（平成26）年に現行名に改正された。

　『母子保健法』：1965（昭和40）年制定。

　『児童手当法』：1971（昭和46）年制定。

　『育児休業，介護休業等育児又は家族介護を行う労働者の福祉に関する法律』：1991（平成3）年制定。

　『児童買春，児童ポルノに係る行為等の処罰及び児童の保護等に関する法律』：1999（平成11）年制定。

　『児童虐待の防止等に関する法律』：2000（平成12）年制定。

　『子ども・子育て支援法』：2012（平成24）年制定。

児童福祉関係法制をめぐる動き

子どもをめぐる社会的・家庭的環境の変化にともない、何度も改正が行われている。

1997（平成9）年：保育所制度の見直し、母子家庭支援対策の見直し、児童福祉施設の見直しなど、大改正が行われた。

2000（平成12）年：『社会福祉事業法』が『社会福祉法』となり、内容も改正され、それに伴う『児童福祉法』の改正が行われた。『児童虐待の防止等に関する法律』の施行。

2001（平成13）年：認可外保育施設の監督強化や保育士の法定化、児童関係にまつわる法改正。『少年法』が議員立法の形で改正。

2002（平成14）年：『母子及び寡婦福祉法』の一部を改正。

2003（平成15）年：子育て支援事業法定化に関する法改正。『次世代育成支援対策推進法』が成立。

2004（平成16）年：児童相談所における市町村の役割強化等に関する法改正。『児童福祉法』改正と『児童虐待の防止等に関する法律』の一部が改正。

2006（平成18）年：障害児施設給付制度を導入した法改正を実施。

2008（平成20）年：子育て支援事業や家庭的保育事業の法定化、社会的養護サービスの充実。

2012（平成24）年：『児童福祉法』の障害児福祉に関する法改正。

2012（平成24）年：『障害者の日常生活及び社会生活を総合的に支援するための法律』（通称：障害者総合支援法）が成立。2013（平成25）年4月より施行。

2014（平成26）年：『母子及び寡婦福祉法』が『母子及び父子並びに寡婦福祉法』と改称され、内容も改正された。

2015（平成27）年：子ども・子育て支援新制度が本格的に施行。

2016（平成28）年：『児童福祉法』の理念を明確化（児童の権利主体）。

図表89-1　児童福祉の法体系

▶児童福祉に関する法制度と実施体制

90 児童福祉の実施体制

1．国および地方公共団体

　『児童福祉法』をはじめとする児童に関する法律を実際に運用するのが行政機関である。国，都道府県，市町村と業務を分け，体系的に業務を展開している。国は都道府県に対し，そして都道府県は市町村に対して，それぞれ指導監督する権限を有しており，都道府県のほか，指定都市や中核市は都道府県とほぼ同様の権限をもつ。

2．児童福祉審議会

　『児童福祉法』に規定されており，児童・妊産婦および知的障害のある人の福祉について調査・審議するため，都道府県・指定都市は児童福祉審議会または地方社会福祉審議会児童福祉専門分科会を設置することとされている（市町村は任意設置）。主な職務は，児童，妊産婦，知的障害のある人の福祉に関して都道府県知事の諮問に答え（答申），関係行政機関に意見を述べる（意見具申）ことである。

3．児童相談所

　すべての児童（18歳未満）を対象として，児童に関するさまざまな問題について，家庭や学校，福祉事務所等からの相談に応じ（相談機能），あるいは警察関係からの通告を受け，関係機関と連携しながら，専門的な調査，判定を実施し，それに基づいて個々の児童や保護者を指導し，かつ必要に応じて児童を一時保護したり（一時保護機能），児童を児童福祉施設に入所させたり，里親に委託したりする（措置機能）児童福祉行政の第一線機関である。都道府県，指定都市には設置が義務づけられている。中核市は任意設置である。

4．福祉事務所

　『社会福祉法』第14条に規定されている「福祉に関する事務所」をいい，『生活保護法』，『児童福祉法』，『母子及び父子並びに寡婦福祉法』，『老人福祉法』，『身体障害者福祉法』，および『知的障害者福祉法』のいわゆる福祉六法に定める援護，育成または更生の措置に関する事務をつかさどる第一線の社会福祉行政機関である。都道府県および市（特別区を含む）は設置が義務づけられており，町村は任意で設置することができることとされている。

5．市町村

　住民に最も身近な地方公共団体として，児童福祉行政の事務を行っている。近年，地域の子育て支援サービスの供給体制の整備が重要な課題となっており，2003（平成15）年の『次世代育成支援対策推進法』の制定とそれに伴う『児童福祉法』の改正など子育て支援サービスの整備がされつつある。それらの内容は，『児童福祉法』に規定されている。

6．保健所

　『地域保健法』に定められた，地域の公衆衛生を担う機関である。都道府県，指定都市，中核市，その他政令で定める市および特別区に設置が義務づけられている。児童福祉に関する業務として，①衛生知識の普及等の指導，②妊娠届出の受理・母子健康手帳の交付，③健康診査等，④訪問指導，⑤療育の指導等，などがある。

7．児童委員・主任児童委員 （☞p.237）

　民生委員は，地域社会の福祉を増進することを目的として市町村の区域におかれている。厚生労働大臣の委嘱により任命され，民生委員は児童委員も兼ねている。児童委員は，児童や妊産婦への支援や福祉サービスの情報を提供すること等を職務とする。一部の児童委員は，児童に関する事柄を専門的に行う主任児童委員となる。

8．児童家庭支援センター

　1997（平成9）年の『児童福祉法』の改正により，地域の児童の福祉に関する各種の問題につき，児童・母子家庭その他の家庭，地域の住民その他からの相談に応じ，必要な助言を行うとともに，保護を要する児童やその保護者に対する指導を行い，併せて児童相談所，児童福祉施設などとの連絡調整を総合的に行い，地域の児童，家庭の福祉の向上を図ることを目的に創設されたものである。

9．民間児童福祉関係団体

　児童福祉に関する民間団体では，行政の委託事業や事業所間の連絡調整といった機能など，それぞれの民間団体の性格・目的に沿った幅広い活動を展開している。運営主体には，NPO法人，社会福祉法人，財団法人，社団法人など法人格を有するものと法人格を有しないものとがある。

▶児童福祉に関する法制度と実施体制

91 児童福祉の費用

1．国および地方公共団体の負担

　児童福祉を実施する上での必要な財源は『児童福祉法』に定められ，支弁義務者を定めるとともにその施策や事業の内容によって，国・地方公共団体（都道府県・市町村）などに一定の負担割合が規定されている（『児童福祉法』第49条の2～第55条，第56条の2）。

　『児童福祉法』改正で障害児施設は，これまでの障害種別ごとの施設体系が，通所・入所の利用形態の別により一元化され，利用契約と1割負担を規定した「障害児施設給付の支給」は「障害児通所給付費」と「障害児給付費」に分けられ，サービス利用の1割負担は「保護者の負担能力その他の事情を斟酌して政令で定める額」となった。

2．国庫補助金等

　国費の支出は，地方交付税交付金（児童相談所等の運営に要する費用等）と国庫補助金等に大きく分けられる。児童福祉にかかわる国庫補助金等の種類も多く，内容も多岐にわたっている。

　主なものに，①児童保護措置費負担金，②児童福祉事業対策費等補助金，③一時保育促進事業・特定保育事業，④休日・夜間事業，⑤放課後児童健全育成事業，⑥民間児童厚生施設等活動推進等事業，⑦児童扶養手当給付費，⑧ひとり親家庭等日常生活支援事業，⑨育成医療給付事業，⑩特定不妊治療費助成事業，⑪小児慢性特定疾患治療研究事業，などがある。

3．措置制度と措置費

　措置制度は，戦後の社会福祉制度の根幹をなすものであったが，利用者がサービスの選択ができないなど社会状況にそぐわない問題があり，「社会福祉基礎構造改革」において見直しが行われた。利用者が主体的にサービスを選択し，利用者と施設等のサービス提供者が直接契約を結ぶ制度（障害児施設給付制度など）への移行が進んだ。だが，子どもの権利擁護などの視点から児童養護施設や乳児院など措置制度は残っている。措置費は，事務費と事業費に大別される。事務費は施設に従事する職員の給与などの人件費や施設の維持背理に要する管理費等であり，事業費は入所者の日常生活費等である。

91　児童福祉の費用

📖児童福祉の費用

　児童福祉を実施する費用の負担割合については，『児童福祉法』第4章費用に規定されている。補助金等については，『補助金等に係る予算の執行の適正化に関する法律』があり，適正に執行されている。また，地方分権と規制緩和のなか，国と地方の税財政のあり方に関し，国から地方への補助負担金の削減，税源の移譲，地方交付税の改革を一体的に実施する三位一体改革が進められた。

図表91-1　児童福祉を実施する費用の負担割合

施設種別	措置権者※1	入所先施設の区分	措置費支弁者	費用負担				備考
				国	都道府県指定都市中核市	市	町村	
児童福祉施設※2	知事 指定都市長 児童相談所設置市長	—	都道府県 指定都市 児童相談所設置市	1/2	1/2	—	—	
児童発達支援センター	知事 指定都市長 児童相談所設置市長	—	都道府県 指定都市 児童相談所設置市	1/2	1/4	1/4	—	
母子生活支援施設 助産施設	市長	都道府県立施設 その他の施設	都道府県 市	1/2	1/2	—	—	
				1/2	1/4	1/4	—	
	知事 指定都市長 中核市長	—	都道府県 指定都市 中核市	1/2	1/2	—	—	
保　育　所	市町村長	—	市町村	1/2	1/4	1/4		
児童福祉司※3	知事 指定都市長 中核市長		都道府県 指定都市 中核市	—	10/10	—	—	地方交付税
児　童　委　員	知事 指定都市長 中核市長		都道府県 指定都市 中核市	—	10/10	—	—	地方交付税
児童相談所※3	知事 指定都市長 中核市長		都道府県 指定都市 中核市	—	10/10	—	—	地方交付税
療育の給付	知事 指定都市長 中核市長		都道府県 指定都市 中核市	1/2	1/2	—	—	地方交付税

※1　母子生活支援施設，助産施設，保育所は，児童福祉法の改正に伴い，従来の措置がそれぞれ母子保護の実施，助産の実施，保育の実施となった。
※2　児童福祉施設とは，保育所，母子生活支援施設，助産施設，児童発達支援センターを除いた施設である。
※3　児童相談所設置市の場合，児童相談所設置市の経費負担割合は10/10となる。

Ⅲ．福祉・養護編

▶児童福祉従事者と児童福祉の実践

92 児童福祉の専門職

　少子高齢社会の進展にともない，子どもと家庭をめぐる環境は多様化し，孤立して営まれている子育てを社会的にサポートする必要性が生じている。さらには子ども自身のさまざまな問題や児童虐待などの深刻な問題も生じている。

1．児童福祉を担う専門職

　児童福祉を担う専門職には，子どもに対する直接的な支援はもちろんのこと，保護者や関係者と協働し支援することが求められる。したがって児童福祉専門職は，第一に子どもの発達と生活全般にわたる知識と技術，第二に保護者の子育てを支援するための保育相談支援やソーシャルワークの知識と技術，第三に子どもにかかわる関係者が協力・連携するため知識と技術が必要である。この3つの専門性の度合いは職種によって異なるが，いずれにあってもこれに関する基本的な素養をもっていることが求められる。

　児童福祉専門職に共通する基本的要件としては，豊かな人間性と，子どもの最善の利益を最優先するという価値，公平・公正，その人を尊重すること，守秘義務を守ることなどの倫理性があげられる。また，専門職には，絶えず自己の専門性の向上に努めることが求められ，このためには研修やスーパービジョンが不可欠である（☞p.285，350）。児童福祉専門職として，保育士，児童福祉司，家庭相談員，児童指導員，母子指導員，児童自立支援専門員，児童生活支援員などがある。保育士以外の資格は任用資格であり，それぞれ児童相談所や児童福祉施設で採用されて実際に業務に就いている期間のみ名乗ることができる（図表92-1）。

2．専門職としての保育士

　保育士は『児童福祉法』に定められた国家資格であり，専門的知識および技術をもって，児童の保育および児童の保護者に対する保育に関する指導を行う者をいう（『児童福祉法』第18条の4）。保育士資格を取得するためには，厚生労働大臣が指定する保育士を養成する学校その他の施設を卒業する，あるいは都道府県が実施する保育士試験に合格する，の2つの方法がある（『児童福祉法』第18条の6）。

—236—

92　児童福祉の専門職

図表92-1　主な児童福祉専門職とその役割

保育士	18歳未満のすべての児童を対象とし，発達や生活全般にわたるケアと，保護者に対する子育て支援を行う。保育所をはじめとする大半の児童福祉施設に配置され，また民間サービスや地域の子育支援など多岐にわたる分野で働いている。
児童福祉司	児童相談所において，児童の保護や福祉に関する相談，指導等を行う。
市町村の相談員	市町村において，児童および妊産婦の福祉に関し，必要な実情の把握・情報の提供を行い，また家庭その他からの相談に応じて必要な調査および指導等を行う。
家庭相談員	福祉事務所内に置かれている家庭児童相談室において，地域の子どもの福祉に関する幅広い問題に関する相談援助を行う。
母子・父子自立支援員	市町村において，母子家庭の母・父子家庭の父・寡婦に対し，生活や子どもに関する相談に応じ，自立に必要な指導，支援を行う。
児童指導員	児童養護施設・障害児入所施設等において，児童の生活全般にわたる指導を行う。
母子支援員	母子生活支援施設において，親子関係の再構築や退所後の生活の安定が図られるよう，就労・家庭生活・児童の養育に関する相談や関係機関との連絡調整等を行い，母子家庭の自立支援を促進する。
児童自立支援専門員	児童自立支援施設において，児童の自立支援を行う。
児童生活支援員	児童自立支援施設において，児童の生活支援を行う
民生・児童委員	厚生労働大臣の委嘱を受け，担当地域内の高齢者や児童の生活・環境の把握，必要な援助や指導を行う。
主任児童委員	民生・児童委員のうち，子どもの福祉に関する活動を専門に担当する者を主任児童委員として，厚生労働大臣が委嘱する。
保健師	厚生労働大臣の免許を受けて，保健指導に従事する。保健センターの保健師は，乳幼児健診，乳幼児相談，親子教室，母親学級，新生児訪問指導等を行う。

Ⅲ．福祉・養護編

—237—

▶児童福祉従事者と児童福祉の実践

93 児童福祉の専門援助技術

1．児童福祉援助の目的

　児童福祉援助の目的は，子どもの権利保障にある。1989（平成元）年に国際連合が『児童の権利に関する条約』を採択し，日本も1994（平成6）年に批准している。そのなかで児童福祉の援助の目的は「子どもの最善の利益」にあることが明記されている。また，『児童福祉法』第1条，2条では，全て児童は，児童の権利に関する条約の精神にのっとり，生活を保障されること他の福祉を等しく保障される権利を有すること，全て国民は，児童が良好な環境において生まれ，その意見が尊重され，その最善の利益が優先して考慮され，心身ともに健やかに育成されるよう努めること，保護者および国・地方公共団体はその育成に責任を負うことを明記している。

2．児童福祉援助に必要な技術

　今日の児童福祉に必要な専門援助技術として，子どもに対する直接的な援助技術と，保護者や子どもをとりまく環境との調整・連携・支援があげられる。

　子どもに対する直接的な援助を行う者として，『児童福祉法』には保育士が位置づけられている。保育士は子どもの発達と生活全般にわたる知識と，支援のための保育技術が専門性の中核となる。保育技術の構成要素として，発達援助の技術，生活援助の技術，関係構築の技術，環境構成の技術，遊びを展開する技術があげられる。また，保育士は子どもの保育と同時に保護者に対する支援を行うことも定められており，その際には対人援助や環境調整のためのソーシャルワークの知識と技術を基本としながら，保育技術と一体化した保育相談支援の知識と技術が必要とされる。

　児童福祉援助のプロセスは一般的に，①インテーク，②アセスメント，③プランニング（援助計画），④インターベンション（介入），⑤モニタリング，⑥エヴァリュエーション（事後評価），⑦プランの見直し，または援助の終結，という流れになる（図表93-2）。

　援助の実施過程では，記録・カンファレンス・研修などを通して援助の過程の振り返り，状況の確認，援助の効果測定などを行う。

93 児童福祉の専門援助技術

図表93-1 相談援助技術の体系

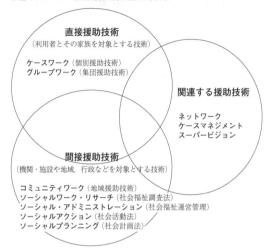

図表93-2 援助のプロセス

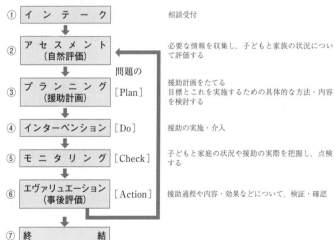

▶児童福祉従事者と児童福祉の実践

94 児童福祉サービス関係機関施設との連携

1．連携の重要性と留意点

　子どもの発達と生活の連続性を確保するためには，関係機関が連携することが必要となる。近年は子どもと子育てを取り巻く環境が複雑化しており，子どもの健やかな育ちを保障するためには複数の関係機関・施設がかかわっていることが多く，関係者が連携し，同一の方向に向けて役割分担をすることが望まれる。このような連携は，問題の予防，早期発見・対応にも有効であり，とくに虐待等の深刻化した問題への対応には不可欠となっている。

　連携を進めるにあたっては，それぞれの機関・施設等が相談援助や連携について理解し，自らの機能や果たし得る役割を明確にした上で，関係者間の共通認識を形成することが重要である。そのためには日頃から話し合う機会を多くもち，関係者間で対等な関係と相互理解を深める。地域ネットワークを構築することで，就学前，学童期，思春期という節目ごとに支援がとぎれないよう引き継ぎながら，地域全体で長い目で子どもと家庭を見守っていく。

　情報を共有する際には，プライバシー保護に十分な配慮を行い，子どもや保護者に対して十分に説明し，了解を得ておくことが望ましい。ただし虐待等にあっては，子どもの安全が最優先される。

2．さまざまな機関との連携

　保健医療機関との連携は重要である。とくに日本では母子保健システムが整備されており，妊娠時から乳幼児期に至る地域のすべての母子を把握している。妊産婦・乳児・1歳6ヵ月児・3歳児と定期的に健康診査が実施され，受診率も約9割と高い。

　子どもが日々通う学校は多くの情報をもっており，また子どもと家庭に及ぼす影響力も大きい。これら教育機関と連携することによって，個々の子どもと家庭の実態を理解することができ，役割を分担することで，支援の効果が高まる。

　虐待や非行に関しては，警察との連携が重要である。また，親権の一時停止や保護者の同意がない措置を行う際には，家庭裁判所の介入が必要となる。

94 児童福祉サービス関係機関施設との連携

図表94-1　地域関係機関・施設とその機能

児童相談所 （都道府県）	18歳未満の子どもに関するあらゆる相談（養護・保健・障害・非行・育成等）に応じる児童福祉の専門的な相談機関であり，また虐待の通告先（『児童福祉法』第25条）となっている。
保健所 （都道府県）・ 保健センター （市町村）	乳幼児期の子どもと母親の母子保健サービスを行う機関であり，地域の乳幼児と家庭を網羅して把握している。すべての妊産婦に母子健康手帳が配布され妊娠中から子どもが生まれて小学校に入学するまでの母子の健康管理を行い，また地域のすべての乳幼児の健康診査（①3～6ヵ月，②9～11ヵ月，③1歳6ヵ月，④3歳）を行っている。予防接種の実施や未熟児・病児・障害のある子どもへの支援も行われている。
市町村の児童 相談	2004（平成16）年『児童福祉法』改正によって，児童家庭相談に応じることが市町村の業務として法律上明確化され（『児童福祉法』第10条第1項各号），虐待の通告先のひとつともなった。
福祉事務所, 家庭児童相談 室	地域に密着した社会福祉関係の業務を行う機関。社会福祉主事が比較的軽易な親子の相談に応じる。とくにこの機能を充実するために家庭児童相談室を設置している市町村もあり，その場合は家庭相談員もいる。
民生・児童委 員, 主任児童 委員	厚生労働大臣の委嘱を受けた地域福祉の奉仕者。民生・児童委員は活動が福祉全般にわたり，担当地域内の高齢者や児童の生活・環境の把握，必要な援助や指導を行う。民生・児童委員のうち，子どもの福祉に関する活動を専門に担当する者を主任児童委員として，厚生労働大臣が委嘱する。
医療機関	親子の健康上の問題，子どもの発達や問題行動，保護者の精神疾患等を抱えている場合もあり，地域の医療機関との連携が望まれる。
警　察	警察では，夜間や緊急時の保護・介入が可能であり，とくに深刻な虐待ケースでは，警察官が同行するなど，連携が必要とされる。さらに非行など思春期児童の問題には，補導に加えて，予防や相談活動などの対応がみられる。
小学校 （教育委員会・ 教育相談室）	小学校への就学に際しては，学校との連携が求められる。とくに気になる子どもと保護者の場合は，就学後の子どもの生活が安定するために，保育所と学校・教育委員会との連携が不可欠である。
放課後児童ク ラブ （放課後児童健 全育成事業）	放課後の子どもの保育。小学校就学に際して，連携が求められる。とくに気にかかる子どもと保護者の場合には，小学校とともにネットワーク会議をもつことが望まれる。
児童館	地域の子どもたち，乳幼児とその保護者の遊びや活動の場。
幼稚園	就学前学校教育
ひろば事業	主として在宅で乳幼児を育てている家庭の子どもとその家族の交流・活動の場。
その他の子育 て支援サービ ス	・ファミリーサポートセンター ・家庭的保育事業（保育ママ） ・一時保育事業 ・ショートステイ事業 ・養育支援訪問事業 ・乳児家庭全戸訪問事業　など

Ⅲ・福祉・養護編

— 241 —

▶児童福祉施策の現状と課題

95 少子化と子育て支援サービス

1．少子化とその影響

　日本の合計特殊出生率*は1989（平成元）年の「1.57ショック」以降，低水準で推移しており，2016（平成28）年は1.44であった。少子化が社会にもたらす影響として，社会の高齢化が進むことによって相対的に若年労働者人口が減少すること，社会のなかの自然発生的な子ども集団が少なくなることよって，生活や遊びのなかで子どもの自主性や社会性が育ちにくくなることなどがあげられる。

2．「エンゼルプラン」および「緊急保育対策等5か年事業」の策定

　少子化社会への対応として，1994（平成6）年に「エンゼルプラン（今後の子育て支援のための施策の基本的方向について）」が策定された。「緊急保育対策等5か年事業」はエンゼルプランの内容を具体化したもので，低年齢児保育・延長保育・一時的保育・乳幼児健康支援デイサービス事業・放課後児童クラブが，項目としてあげられている。

3．「新エンゼルプラン」の策定

　「エンゼルプラン」の後を受けて，1999（平成11）年に5か年計画で策定されたのが，「新エンゼルプラン（重点的に推進すべき少子化対策の具体的実施計画について）」である。

4．「子ども・子育て応援プラン」の策定

　「子ども・子育て応援プラン（少子化社会対策大綱に基づく重点施策の具体的実施計画について）」は2004（平成16）年に策定され，「若者の自立とたくましい子どもの育ち」「仕事と家庭の両立支援と働き方の見直し」「生命の大切さ，家庭の役割等についての理解」「子育ての新たな支え合いと連携」の4つの重点課題をあげている。

5．『次世代育成支援対策推進法』および『少子化社会対策基本法』の制定

　2003（平成15）年，次代の社会を担う子どもが健やかに生まれ，かつ，育成される環境の整備を図るために，『次世代育成支援対策推進法』が，また，少子化社会において講ぜられる施策の基本理念を明らかにするために，『少子化社会対策基本法』が制定された。

—242—

95 少子化と子育て支援サービス

📖『児童の権利に関する条約』と「エンゼルプラン」

「権利主体としての児童」を示した、『児童の権利に関する条約』は1989年に国際連合総会で採択された。日本は1994（平成6）年にこの条約に批准し、同年に「エンゼルプラン」が策定され、国家的規模の子育て支援施策がスタートした。子育て支援は、保護者が自らの養育責任を果たすための支援であることを、この条約〔「父母又は場合により法定保護者は、児童の養育及び発達についての第一義的な責任を有する。」（第18条の1より抜粋）〕を通して理解しておきたい。

エンゼルプランは、子育て支援サービスにかかわる施策だが、保護者に代わって子育てを行うことを目的とするものではない。「締約国は、（中略）父母及び法定保護者が児童の養育についての責任を遂行するに当たりこれらの者に対して適当な援助を与えるものとし（後略）」（同第18条の2より抜粋、傍点筆者）とあるように、保護者の実態に応じて援助の内容を決定することが重要である。

word

＊合計特殊出生率

一人の女性が一生（15〜49歳）のうちに出産する子どもの数を示す指標である。人口を維持するためには、人口置換水準が2.07以上であることが望まれるが、現在はその数を大幅に下回っている。1966（昭和41）年の数値は1.58と、その前後の年と比べると極端に低い数になっているが、これはこの年が「丙午」であったことが理由とされている。

1989（平成元）年に合計特殊出生率が、1966（昭和41）年を下回ったことがさまざまな議論を巻き起こし（1.57ショック）、その後の本格的な子育て支援施策をスタートさせるきっかけのひとつとなった。

丙午

丙午は干支のひとつで、この年は「火災が多い年」という迷信がある。そして、江戸時代に放火未遂事件を起こして火あぶりの刑にされた、「八百屋お七」が丙午の生まれといわれていることから、「丙午に生まれた女性は気が強く凶暴である」という言い伝えがうまれた。この言い伝えから、日本では丙午の年に産み控えが行われてきた。

次の丙午は2026年である。産み控えの現象が再び起こるか、興味深いところである。

Ⅲ・福祉・養護編

—243—

▶児童福祉施策の現状と課題

96 健全育成

1. 健全育成とは

　児童は家庭，集団保育施設（保育所・幼稚園など），地域社会など，さまざまな場所でさまざまな人との関係のなかで成長していく。児童の成長が心身ともに健康なものであることを願って行われる支援の総体を児童の健全育成と呼ぶことができるが，児童館*の活動や，放課後児童健全育成事業などにその具体的な実践内容をみることができる。

　児童館活動の連絡・調整・推進機関である児童健全育成推進財団によると，健全育成の概念は「すべての子どもの生活の保全と情緒の安定を図って，一人ひとりの個性と発達段階に応じて，全人格的に健やかに育てる」こととされる。

2. 健全育成の目的

　次のような5つの目的が子どもたち一人ひとりの個性と発達に応じて総合的に達成されることを目指して，児童館活動や放課後児童健全育成事業などが行われている。

①**身体の健康増進を図る**：日常生活で，自立して行動できるような体力（行動体力）と病気にかかりにくいような抵抗力（防衛体力）を高め，健やかな身体をつくること。

②**心の健康増進を図る**：不安感，緊張感，欲求不満感などをもつことがない安定した精神状態を保ち，人格的な発達を図ること。

③**知的な適応能力を高める**：子どもの能力や個性に応じて可能な限りの知識と技術を獲得し，生活をする上で必要な適応能力を高めること。

④**社会的適応能力を高める**：発達段階に応じて，自分の所属するさまざまな集団生活の場において，他者との協調性や人間関係能力を高めること。

⑤**情操を豊かにする**：美しいもの（美的情操），善い行い（倫理的情操），崇高なもの（宗教的情操），つじつまの合うこと（科学的情操）などを見たり聞いたりしたときに，素直に感動する心を豊かにすること。

— 244 —

word

＊児童館

　児童館（地域によっては児童センターなど呼び名が異なる場合もある）は，屋内型の児童厚生施設であり，子どもに健全な遊びを提供して，その心身の健康を増進し，情操を豊かにすることを目的としている。各種児童館の機能は以下の通りである。

①小型児童館：小地域を対象として，児童に健全な遊びの場を与え，その健康を増進し，情操を豊かにするとともに，母親クラブ，子ども会などの地域組織活動の育成助長を図る機能

②児童センター：小型児童館の機能・運動を主とする遊びを通した指導によって，体力増進を図る機能

③大型児童館

　・Ａ型児童館：児童センターの機能・都道府県内の小型児童館，児童センターおよびその他の児童館の指導および連絡調整などを行う中枢的機能

　・Ｂ型児童館：小型児童館の機能・自然のなかで児童を宿泊させ，野外活動が行える機能

　・Ｃ型児童館：広域を対象として，児童に健全な遊びを与え，児童の健康を増進し，または情操を豊かにするなどの機能・多様な児童のニーズに総合的に対応し，芸術，体育，科学などの総合的な活動ができる機能

④その他の児童館：小型児童館に準ずる児童館

放課後子ども総合プランと健全育成

　放課後子ども総合プランは，"共働き家庭等の「小１の壁」を打破するとともに，次代を担う人材を育成するため，全ての児童が放課後等を安全・安心に過ごし，多様な体験・活動を行うことができるよう，文部科学省と厚生労働省が協力し，一体型を中心とした放課後児童健全育成事業及び地域住民等の参画を得て，放課後等に全ての児童を対象として学習や体験・交流活動などを行う事業の計画的な整備等を進める"ことを趣旨・目的としたもので，2014（平成26）年に，文部科学省と厚生労働省が共同して策定したものである。

　これは，児童の健全育成について，文部科学省と厚生労働省が省庁の垣根を越えて取り組んでいるものである。児童の最善の利益を保証するという観点から，教育行政と福祉行政が互いに協力し合うことは，今後さらに求められるだろう。

▶児童福祉施策の現状と課題

97 母子保健

1．母子保健とは

　主として思春期から妊娠，出産，育児期の女性とその子どもの健康の保持，増進を目指して行われるさまざまな働きかけを母子保健という。児童が成長の過程で，母親との間に愛着関係を構築し，その後の人間関係の基礎を培うことは極めて重要である。その際，母子ともに心身ともに健康な状態であることが求められるが，現代では都市化や核家族化の進行，女性の労働環境の変化などの要因から，育児不安を抱える母親は珍しくない。また，その結果として育児放棄や児童虐待など，児童の健康を阻害する育児が行われることもある。このような状態で，児童の健康な育ちを期待することは難しい。それゆえ，社会が必要に応じて母子の健康を援助することが必要になってくる。

2．母子保健と保育者

　母子保健は，保健所や病院などで，医師や看護師・助産師などによって限定的に行われるものではない。保育所や幼稚園における，子育て支援の枠組みで母子保健を考えることはとても重要である。

　朝夕の児童の送迎時に，保育士や幼稚園教諭（以下，保育者）が児童の健康状態のチェックを行うことは不可欠であるが，併せてこのとき，保育者は，保護者の（本項の場合，母親の）健康状態を確認することも忘れてはならない。保育者は，日常的に"母子"の健康状態の変化を確認するチャンスを多くもっている，母子保健にかかわる専門職なのである。母子との日々のかかわりのなかで，母子の健康状態について問題を発見したとき，適切な対応をする（病院，保健所，児童相談所などと連携を図ることも含めて）ことは，保育者の職務として当然求められるべきである。この点については，『保育所保育指針』第3章健康及び安全1子どもの健康支援(1)−イに，「登所時及び保育中を通じて子どもの状態を観察し，何らかの疾病が疑われる状態や傷害が認められた場合には，保護者に連絡するとともに，嘱託医と相談するなど適切な対応を図ること」という記述をみることができる。

97 母子保健

📖 家族・地域社会の変化と母子保健

　かつては、女性が妊娠、出産し、子どもを育てる過程で必要な知識、技術は家庭や地域社会のなかで「伝承」されていく側面が強かった。女性は、親が自分のきょうだいを育てる姿を見たり、妊娠した近所の人とおしゃべりをするなかで、出産、子育てについて学んでいったのである。ところが、現代は核家族化が進行し、地域社会の結びつきが薄くなっているため、「伝承」という形で子育てについて知ることに大きな期待ができなくなっている。そのような実態を受けて、国や地方自治体はさまざまな手段で、妊娠、出産についての正しい情報を紹介、説明している。

　また、地方自治体、NPO法人などによる「つどいの広場事業」は、かつて地域にみられ、出産・育児に関する知識や情報を得る場であった、"井戸端会議"の役割を果たすものとして注目されている。

母子健康手帳（通称：母子手帳）

　おとなになってから、自分の（母親の）母子健康手帳を見た経験のある人は少なくないのではないだろうか。母子健康手帳の起源は第二次世界大戦下の1942（昭和17）年に制定された、妊産婦手帳制度にまで遡る。戦後、母子手帳 → 母子健康手帳、と名前を変えて現在に至っている。

　母子健康手帳には、母親の妊娠中から育児期に至るプロセスが記入されている。母と子の絆が示された手帳、という言い方もできるかもしれない。これから母親になる人にとって、自分の（子どもの頃の）母子健康手帳を見ることは、子育てに関する貴重な学びの機会にもなるだろう。

Ⅲ. 福祉・養護編

▶児童福祉施策の現状と課題

98 保　育

1．保育の定義

　児童を養護するとともに教育的な働きかけをすることを，広く保育と呼んでいる。保育所における保育は，養護と教育の一体性をその特徴としている。これは，子どもの姿を総合的なものとし，養護と教育の2つの視点から子どもをとらえて援助の手だてを考えていくものである。幼稚園では教育の枠組みのなかに保育を位置づけるが，児童を養護し教育をするという基本的なスタンスは，保育所保育と大きな違いはない。そのため，現在では，保育所保育と幼稚園教育の整合性を図ることが目指されている。ただし，同時に，保育所と幼稚園の機関としての性格の違い，保育士と幼稚園教諭の専門性の違い，保育時間や対象とする児童の年齢の違い，保育室の使用状況の違いなどを考慮したうえで，保育所と幼稚園それぞれの保育のあり方を考えていくことも重要である。

2．新制度で増える保育の場

　2015（平成27）年にスタートした，「子ども・子育て支援新制度」（以下，新制度）において，"保育の場"とされる施設等は，①幼稚園（3～5歳児），②保育所（0～5歳児），③認定こども園（0～5歳児），④地域型保育〔家庭的保育（保育ママ）・小規模保育・事業所内保育・居宅訪問型保育〕（0～2歳児）である。また，新制度で保育サービスを受ける場合，次の支給認定を受ける必要がある。1号認定→満3歳児以上の就学前の子どもで，学校教育のみを受ける子ども，2号認定→満3歳以上の就学前の子どもで，保育を必要とする事由に該当する子ども，3号認定→3歳未満の子どもで，保育を必要とする事由に該当する子ども。

3．その他保育施策における課題と最近の動向

　現在，保育所に入所できない児童（待機児童）への対策が，さまざまな形（幼保一体化施設「認定こども園」の設置，認可保育所設置に関する規制緩和など）で行われている。保育の場と保育者の数を増やす対策（量的な対策）だけではなく，保育の質の維持・向上（質的な対策）も視野に入れた施策であることが極めて重要である。

—248—

📖保育を必要とする事由

支給認定において，2号認定および3号認定を受けるためには，以下の"保育を必要とする事由"に該当する必要がある。

・就労（フルタイムのほか，パートタイム，夜間，居宅内の労働など）
・妊娠，出産
・保護者の出産，疾病
・同居又は長期入院等している親族の介護・看護
・災害復旧
・求職活動（起業準備を含む）
・就学（職業訓練校等における職業訓練を含む）
・虐待やDVのおそれがあること
・育児休業取得中に，既に保育を利用している子どもがいて継続利用が必要であること
・その他，上記に類する状態として市町村が認める場合

幼保一体化施設

「認定こども園」という施設の存在を知っている人は多いだろう。幼保連携型，幼稚園型，保育所型，地方裁量型，の4つのタイプをもった幼保一体化施設である。

2016（平成28）年4月現在，わが国の認定こども園の総数は4,001園である（幼保連携型2,785園，幼稚園型682園，保育所型474園，地方裁量型60園）。

この幼保一体化施設に近い状態を幕末の時代に構想した人物がいたことをご存じだろうか。佐藤信淵という，農政学者・兵学者である。彼は，「遊児廠」という昼間子どもが遊ぶ場所（現在の幼稚園あるいは保育所に近い存在）と「慈育館」という子どもを保護する場所（現在の保育所あるいは乳児院に近い存在）を構想した。

構想止まりで実現には至らなかったが，今から100年以上前に，児童を保護し遊び環境を与える構想が練られていたことを，皆さんはどのようにとらえるだろうか。

現在，認定こども園は幼稚園の機能と保育所の機能を併せもつ機関とされている。似て非なる性格をもつ両集団保育施設が，児童の最善の利益の保障，児童の心身共に健やかな成長発達の援助という名の下にどのような形で連携をとっていくか，注目されるところである。

Ⅲ. 福祉・養護編

▶児童福祉施策の現状と課題

99 要保護児童施策と虐待の防止

1．虐待の定義と支援の必要性

　近年，児童相談所への子ども虐待相談件数が急増，その背景は多岐にわたる。『児童虐待の防止等に関する法律』（『児童虐待防止法』）では，身体的暴力や性的虐待，育児放棄（ネグレクト），心理的虐待を虐待と定義する。子どもの前で性行為を見せる，子どもの目の前で配偶者に暴力をふるう（「面前DV」）*，登校させないなどの行為も含む。虐待防止と早期発見には，医療・保健・福祉・教育など，子どもと親に接する分野の関係者間の情報共有と連携，親のSOSを受けとめる人材の確保，家庭に届く支援が求められる。

2．虐待防止と児童相談機能

　虐待には，発生予防から早期発見と対応，アフターケアまで総合的な支援が必要であり，機関連携による切れ目のない支援が求められる。児童相談機能は現在，児童相談所・福祉事務所のみでなく第一義的に市町村が担当している。

　ただし子どもの生死や深刻な障害につながるおそれのあるハイリスクケースについては，市町村からの援助依頼も含め，自治体に情報が入ってから48時間以内の安全確認，児相のみ行える施設入所措置など，児童相談所が中心的な役割を担う。

3．市町村などにおける取組み

　現在，市町村に要保護児童対策地域協議会（☞p.283）を置く義務がある。自治体を事務局とし，児童相談所や医療機関，保健所，警察，学校，幼稚園，保育所等児童福祉施設，民間団体など関係機関がネットワークを形成している。構成員には守秘義務がある。また，市町村では乳児の全戸訪問事業を実施している。この訪問で虐待のリスクをみつけた場合，市町村の要保護児童対策地域協議会につなぐほか，とくに必要と判断した家庭には，保健師・助産師・保育士らが養育や生活面の具体的なサポートを行う養育支援訪問事業も実施している。また，親たちが語り合い支え合う自助グループ活動や電話相談も各地で展開されている。ただ，家庭訪問を受け入れない保護者へのアプローチは課題である。

— 250 —

図表99-1　子ども虐待のレベルと発生予防・対応の取組み

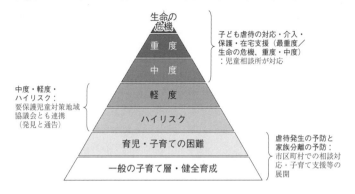

図表99-2　虐待防止にかかわる機関

- ●児童相談所の全国共通ダイヤル　TEL 189番
  子育てに悩む場合，虐待と思われる子どもを見つけた場合など，電話すると，管轄する近くの児童相談所に電話がつながる。
- ●虐待防止のための「全国共通ナビダイヤル」(虐待防止の電話相談)
  TEL 0570-011-077
  各地の相談窓口につながる共通番号。
- ●虐待防止の活動や関連情報につながることのできるホームページ
  ・NPO法人　児童虐待防止全国ネットワーク
    http://www.orangeribbon.jp/index.php
    子ども虐待防止の「オレンジリボン運動」などの情報を得られる。
  ・社会福祉法人　子どもの虐待防止センター
    http://www.ccap.or.jp/index.html
    虐待防止の具体的な活動が紹介され，全国的な情報にもアクセスできる。
  ・日本子ども虐待防止学会
    http://www.jaspcan.org/
    虐待防止のための調査・研究，学術雑誌の発行，学会開催などを行う。

word

＊DV（domestic violence：ドメスティックバイオレンス）

配偶者など親密な関係にある者へふるわれる身体的・精神的暴力のこと。子どもの目の前で行われるものを「面前DV」といい，心理的虐待とされる。

▶児童福祉援助活動の実際

100 相談援助

1. 今日の相談援助の定義

　相談援助とは，保護を必要とする限られた人を対象としたウェルフェア（保護）にとどまらず，すべての人を対象としてそのウェルビーイング（自己実現・よりよい生活）の増進を目指し，社会の変革を進め，人間関係における問題解決を図り，人びとのエンパワメントと開放を促していくものである。

　具体的には，生活を営む上で支障がある人からの相談に応じサービス利用を支援するなど，課題の解決を支援することである。利用者が，尊厳をもった自立生活を営むことができるよう，関係するさまざまな専門職や事業者，ボランティアなどとの連携を図り，自ら解決することのできない課題については当該担当者への橋渡しを行い，総合的かつ包括的に援助していく。このために，地域の福祉課題の把握や社会資源の調整・開発，ネットワークの形成を図るなど，地域福祉の増進に働きかけることも含まれる。

2. 児童福祉における相談援助

　子ども自身や家庭などからの相談に応じて，子どもが有する問題や真のニーズ，子どもの置かれた環境等を的確にとらえ，個々の子どもや家庭に最も効果的な援助を行い，これによって子どもの福祉を図るとともに，その権利を擁護することが重要である。それはすべての子どもが心身ともに健やかに生まれ育ち，そのもてる力を最大限に発揮することができるよう，児童福祉の理念及び児童育成の責任の原理に基づき行われる必要があり，常に子どもの最善の利益を考慮し，援助活動を展開していく。

　相談援助活動の実施にあたっては，都道府県（児童相談所など）と市町村，その他の関係機関が連携を図りつつ，それぞれの役割を適切に果たすことが必要であり，これら機関の緊密な連携なくしては，十分な活動は期待し得ない。また子どもに対する支援だけでは問題の根本的な解決にならず，保護者に対する助言，指導等が必要な場合が多いので，保護者も含めた支援により子どもの福祉を図るという観点が求められる。

—252—

100　相談援助

相談援助に携わる職員の役割と責務

　相談援助に携わる職員は，援助に必要な態度，知識，技術を獲得し，子どもの福祉を図るとともに，その権利を擁護する。

　相談における基本的原理のひとつは受容的対応である。相談する人の基本的人権を尊重し，相談する人の心理に対して包み込むような肯定的・共感的態度である受容的対応が極めて重要であり，相談者と援助者との信頼関係を築く上において必要不可欠なものである。

　また相談は，さまざまな多くの要素が複雑に絡みあった個別のものとして理解し，当事者の生活状況，問題解決能力等を十分理解することにより，その人にとって意味のある個別的な援助を行うことが必要である。

　さらに相談援助とは，子どもおよび保護者などに対する自己洞察への援助であり，自己決定への援助でもある。したがって，相談援助過程において，個々の年齢や発達などに配慮しながら子どもおよび保護者などの意向を把握することは当然のことであり，子どもの援助方針など援助活動における重要な決定にあたってもその意向を尊重することが重要である。

　相談に関し知り得た情報については，正当な理由がない限り，これを漏らしてはならない。

エコロジカルな視点の必要性

　問題の要因を，子どもや親などの個人の内部に見出し解決を図ろうとする従来の医学的モデルとは異なり，問題が人と環境との間に生じているととらえることは，解決へ向けての重要なアプローチといえる。人間の行動と社会システムに関する理論を利用して，人びとがその環境と相互に影響し合う接点に介入し，環境との調整を行うことにより，問題解決へと導く視点である。

援助技法としてのエンパワメント

　援助技法としてのエンパワメントは，1970年代，アメリカでの黒人の権利向上運動におけるソーシャルワーク実践のなかで使われるようになった。エンパワメントとは，適切な援助技法により，問題の渦中にいる相談者が自身の内側に問題解決の力があることに気づき，社会との関係性の再構築を図ることである。

Ⅲ・福祉・養護編

—253—

▶ 児童福祉援助活動の実際

101 地域子育て支援

1．地域での子育て支援の必要性

　近年，少子高齢化，核家族化，価値観の多様化，子どもを育てにくい社会・経済・就労状況などにより，世代間の育児・文化の伝承機能や家庭・地域社会における養育力の低下が指摘され，国が子育て支援諸策を打ち出す一方，依然，子育ての困難さを抱えている。育児と就労の両立支援，育児や生活に不安を抱える家庭への支援，貧困，児童虐待・DV・障害・病気を抱える子どもや家庭への支援，ひとり親への支援，児童健全育成のための支援などが求められ，子どもや家庭が孤立せず，地域全体で子どもが育つことを支え，育ちの楽しさを実感できる社会づくりが必要とされる。

2．地域子育て支援とは

　地域での子育て支援は，広義には，地域で生活する子どもや家庭，地域住民に対する児童の最善の利益を基本とした社会全般的なサービスであり，子どもを社会で育てるという認識のもとに，よりよい子育て環境の構築に繋がるすべての営みを示すものでもある。『保育所保育指針』『幼稚園教育要領』『幼保連携型認定こども園教育・保育要領』においても保護者や地域の子育て家庭への支援が明示され，保育の専門的機能を用いて子育て支援を積極的に行うこととしている。各専門職や施設，関係機関，団体，個人がもつ役割や特性を活かしながらニーズに対応し，子ども・家庭・地域を繋ぐネットワークやかかわりを重視した柔軟な子育て支援の展開が求められる。

3．地域子ども・子育て支援事業

　2012（平成24）年8月，子ども・子育て関連3法が成立し，子ども・子育て支援新制度が2015（平成27）年4月から本格施行された。市町村は，地域の子育て家庭の状況や子育て支援のニーズを把握し，5年間を計画期間とする「市町村子ども・子育て支援事業計画」を策定，給付・事業を実施し，国や都道府県は，市町村の取組みを重層的に支える仕組みとなっている。『子ども・子育て支援法』第59条に示されている地域子ども・子育て支援事業の概要は，表

101　地域子育て支援

101-1 の通りである。また国は，2016（平成28）年度に仕事・子育て両立支援事業「企業主導型保育事業・ベビーシッター等利用者支援事業」を創設している。

表101-1　地域子育て支援事業の概要

事業名	内容
利用者支援事業	子どもおよび保護者等が身近な場所で，教育・保育・子育て支援事業や教育・保育・保健その他の子育て支援の情報提供および必要に応じ相談・助言を行うとともに，関係機関との連絡調整等を総合的に実施する事業
地域子育て支援拠点事業	乳幼児およびその保護者が相互に交流を行う場所を提供し，子育てについての相談，情報提供，助言その他の援助を行う事業
妊婦健康診査	妊婦の健康の保持および増進を図るため，妊婦に対する健康診査として，①健康状態の把握，②検査計測，③保健指導を実施するとともに，妊娠期間中の適時に必要な医学的検査を実施する事業
乳児家庭全戸訪問事業	生後4カ月までの乳児のいるすべての家庭を訪問し，子育て支援に関する情報提供や養育環境等の把握を行う事業
養育支援訪問事業	養育支援が特に必要な家庭に対して，その居宅を訪問し，養育に関する指導・助言等を行うことにより，当該家庭の適切な養育の実施を確保する事業
子育て短期支援事業	保護者の疾病等の理由により家庭において養育を受けることが一時的に困難となった児童について，児童養護施設等に入所させ，必要な保護を行う事業【短期入所生活援助事業（ショートステイ事業）および夜間養護等事業（トワイライトステイ事業）】
子育て援助活動支援事業（ファミリー・サポート・センター事業）	乳幼児や小学生等の児童を有する保護者を会員として，児童の預かり等の援助を受けることを希望する者と当該援助を行うことを希望する者との相互援助活動に関する連絡，調整を行う事業
一時預かり事業	家庭において保育を受けることが一時的に困難となった乳幼児について，主として昼間において，認定こども園，幼稚園，保育所，地域子育て支援拠点その他の場所において，一時的に預かり，必要な保護を行う事業
延長保育事業	保育認定を受けた子どもについて，通常の利用日および利用時間以外の日および時間において，認定こども園，保育所等において保育を実施する事業
病児保育事業（病児・病後児保育）	病児について，病院・保育所等に付設された専用スペース等において，看護師等が一時的に保育する事業
放課後児童健全育成事業（放課後児童クラブ）	保護者が労働等により昼間家庭にいない小学校に就学している児童に対し，授業の終了後に小学校の余裕教室，児童館等を利用して適切な遊びおよび生活の場を与えて，その健全な育成を図る事業
実費徴収に係る補足給付を行う事業	保護者の世帯所得の状況等を勘案し，特定教育・保育施設等に対して支払うべき日用品，文房具その他の教育・保育に必要な物品の購入に要する費用または行事への参加に要する費用等を助成する事業
多様な事業者の参入を促進する事業	特定教育・保育施設等への民間事業者の参入の促進に関する調査研究，その他多様な事業者の能力を活用した特定教育・保育施設等の設置または運営を促進するための事業

（資料：内閣府子ども・子育て本部（2017）．子ども・子育て支援新制度について（平成29年6月），p.94-95）

▶ 現代社会と社会福祉

102 社会福祉の概念と理念

1．社会福祉の概念

『日本国憲法』第25条第1項において，「健康で文化的な最低限度の生活を営む」国民の権利，第2項において「すべての生活部面について，社会福祉，社会保障及び公衆衛生の向上及び増進に努めなければならない」と国の保障義務が定められている（☞p.267）。この法源に示されている原理に基づいて，社会保障制度（各種社会保険，国家扶助，社会福祉，公衆衛生）が制定された。

社会福祉は「国家扶助の適用をうけている者，身体障害者，児童，その他援護育成を要する者が，自立してその能力を発揮できるよう，必要な生活指導，更生補導，その他の援護育成を行うことをいうのである」と規定されている（「社会保障制度に関する勧告」第4編）。

社会福祉は国民の生存権と安定した生活を保障する制度である。

2．社会福祉の理念と価値

「社会福祉基礎構造改革（中間まとめ）」〔1998（平成10）年〕において，①国民が自らの生活を自らの責任で営むことが基本，②自らの努力だけでは自立した生活を維持できない場合に社会連帯の考え方に立った支援，という2つを前提条件として，社会福祉の理念は「個人が人として尊厳をもって，家庭や地域の中で，その人らしい自立した生活が送れるよう支える」ことと示されている。

自立とは，経済的自立，身体的自立，精神的自立，社会生活自立などを含んだ内容をもつ言葉であり，自らの生活は自らの責任で営む人間としての基本的要求である。

今日，社会福祉で用いられる自立とは，社会保障，社会福祉が提供する諸サービスを利用して自立生活を目指すという意味にとどまらず，家族，地域社会の各種ボランティア，社会福祉・社会保障制度に依存しながらも自己選択と自己決定の権利を尊重し，その人にふさわしい生活を自立的に生きることと理解されている。社会福祉は身体障害のある人，知的障害のある人，高齢者などが自分で選択した場所で，自分らしく生き，人としての自己実現を支援することを目的としている。

102　社会福祉の概念と理念

📖「社会保障制度に関する勧告」(前文)〔社会保障制度審議会, 1950 (昭和25) 年〕

「社会保障制度とは，疾病，負傷，分娩，廃疾，死亡，老齢，失業，多子その他困窮の原因に対し，保険的方法又は直接公の負担において経済的保障の途を講じ，生活困窮に陥った者に対しては，国家扶助によって最低限度の生活を保障するとともに，公衆衛生及び社会福祉の向上を図り，もってすべての国民が文化的社会の成員たるに値する生活を営むことができるようにすることをいう」のである。

📖「社会保障体制の再構築に関する勧告─安心して暮らせる21世紀の社会を目指して」〔社会保障制度審議会, 1995 (平成7) 年〕

1950年の勧告では，国民の最低限度の生活を保障することを社会保障の理念としていたが，この勧告では「国民の不安を除き，安心を保障し，国民生活を健やかで安心できるものとしていくこと」とし，国民の自立と国民の社会連帯の重要性を強調している。

🔵 自己決定の権利 🔵

個々で，障害をもつ若者の当事者組織を取り上げてみよう。彼らのグループによる意見表明は以下のようなものである。この意見表明に対する反応はさまざまであろう。

「私たちは，職業を自ら選択し，教育に関しても発言権を持ちたい」

「私たちの働く能力に関して，過小評価されたくない」

「私たち自身の障害に関する情報や職業に関する情報をもっと提供してほしい」

「自分自身の住居に住み，子ども扱いもされたくない」

価値を低くみられてきた少数グループである身体障害のある人や貧しい人びとにとって，発言権や決定権を獲得することは難しいが，とくに，知的障害のある人の場合，彼らの障害は明確に表現ができなかったり，社会の現実的な要求に適応できないことにある場合が多いので，こういった要求は一般的に認められておらず，また望ましくないと考えられている。今日まで，知的障害のある人の利害は親が代弁してきた。デンマークやスウェーデンでは，一歩進んで，関係当局が知的障害者団体と定期的に話し合いの場を設けなければならない旨を規定した法律や規制を制定するまで至っている。

（ベンクト・ニィリエ（2000）．ノーマライゼーションの原理　現代書館　pp.70-71）

Ⅲ.福祉・養護編

—257—

▶ 現代社会と社会福祉

103 社会福祉の対象と主体

1. 社会福祉の対象

社会福祉の対象は，生活保護の適応を受けている者，心身に障害のある子ども・人，高齢者，児童，その他援護育成を必要とする者のように，人間として社会生活を営むために欠かすことのできない基本的条件を欠いているために，健康で文化的な最低限の生活を営むことのできない状態にある者と理解できる。

彼らのもつ問題は「貧困問題」,「障害（児）者問題」,「介護問題」,「虐待問題」として解決していかなければならない社会福祉問題として取り上げられている。

これらの問題の原因として社会経済（経済，政治，文化）要因，地域社会要因，家族要因，個人的要因などさまざまな原因が考えられ，対象となる問題を解決するには原因を相互連関的に理解し，適切なサービスの提供が求められている。

2. 社会福祉の主体

社会福祉の基本理念である国民の生存権保障に基づいて，国民のあらゆる生活部面について社会福祉，社会保障，公衆衛生の整備・拡充をもって国民生活の安定に努めるのが国家の責務と考えられた。このことから戦後の社会福祉は，国，地方公共団体，福祉法人によって支えられ，発展してきた。

しかし，資本主義経済の低迷による経済活動の不振，少子高齢化の予測以上の進展にともなう国家財政の負担増，福祉サービスの補完機能を期待された家族と地域社会が弱体化してきており，国民生活の安定を図る社会福祉制度のあり方が検討されてきた。これからの社会福祉は，対象者が家庭や地域社会のなかでその人らしい生活を送ることを支援する機能が明確になり，地域社会における福祉・保健・医療サービス連携体制の整備，福祉サービスの多様な提供主体の参入促進および福祉サービスの効率的な提供が進められている。

今日，福祉サービスの民営化，民間化が促進され，消費協同組合，民間非営利団体（NPO），株式会社・有限会社などの営利事業者が社会福祉サービス事業に積極的に参入してきている。

103　社会福祉の対象と主体

図表103-1　社会福祉の対象と福祉機関

対象	社会福祉問題	法律	福祉機関
生活保護・生活困窮者支援	貧困問題 ホームレス問題 生活困窮者問題	生活保護法 生活困窮者自立支援法 子どもの貧困対策の推進に関する法律 職業訓練の実施等による特定求職者の就職の支援に関する法律（求職者支援法）	福祉事務所 社会福祉協議会
児童・家庭の福祉	保育問題 虐待問題 養護問題 非行問題 身体障害児問題 知的障害児問題 母子家庭問題	児童福祉法 母子及び父子並びに寡婦福祉法 少年法 児童手当法 児童扶養手当法 特別児童扶養手当等の支給に関する法律（特別児童手当法） 児童虐待の防止等に関する法律（児童虐待防止法） 次世代育成支援対策推進法 少子化社会対策基本法 子ども・若者育成支援推進法 子ども・子育て支援法 母子保健法 配偶者からの暴力の防止及び被害者の保護等に関する法律（DV防止法）	児童相談所 福祉事務所 社会福祉協議会 婦人相談所 児童家庭支援センター 児童発達支援センター 地域子育て支援センター 配偶者暴力相談支援センター 母子家庭等就業・自立支援センター
障害者の福祉	身体障害者問題 知的障害者問題 精神障害者問題	身体障害者福祉法 知的障害者福祉法 精神保健及び精神障害者福祉に関する法律（精神保健福祉法） 障害者基本法 障害者の雇用の促進等に関する法律（障害者雇用促進法） 発達障害者支援法 障害者の日常生活及び社会生活を総合的に支援するための法律（障害者総合支援法） 障害者虐待の防止，障害者の養護者に対する支援等に関する法律（障害者虐待防止法） 障害を理由とする差別の解消の推進に関する法律（障害者差別解消法） 心神喪失等の状態で重大な他害行為を行った者の医療及び観察等に関する法律（心神喪失者等医療観察法）	福祉事務所 身体障害者更生相談所 知的障害者更生相談所 社会福祉協議会 保健所 地域活動支援センター 障害者生活支援センター 発達障害者支援センター 精神障害者地域生活支援センター 精神保健福祉センター 障害者就業・生活支援センター
高齢者の福祉	高齢者問題	老人福祉法 介護保険法 高齢者の医療の確保に関する法律 高齢社会対策基本法 高齢者虐待の防止，高齢者の養護者に対する支援等に関する法律（高齢者虐待防止法） 高年齢者等の雇用の安定等に関する法律（高年齢者雇用安定法）	福祉事務所 在宅介護支援センター 地域包括支援センター 社会福祉協議会

注）（　）は略称。

III・福祉・養護編

▶ 現代社会と社会福祉

104 社会福祉における保育

1．社会福祉における保育

　保育所は，保護者の委託を受けて，保護者の労働や出産，介護，疾病や障害などの理由で「保育を必要とする」乳児・幼児の保育を行う児童福祉施設である（『児童福祉法』第39条）。保育士は「登録を受け，保育士の名称を用いて，専門知識及び技術をもって，児童の保育及び児童の保護者に対する保育に関する指導を行うことを業とする者」（『児童福祉法』第18条の4）と規定されており，子どもの保育に限定されず，保護者に対する保育に関する相談を受け，助言するよう努めなければならない（『児童福祉法』第48条の3）。

　利用者のなかには，生活保護世帯や，ひとり親家庭，高齢者や障害のある人を介護する家庭，障害のある子どもを養育する家庭など，社会福祉のニーズ*をもつ家庭も多い。保育所は，地域のなかで最も身近な児童福祉施設として，地域の関係機関等と連携しながら，子どもをとりまく環境の改善も視野に入れて，子どもや保護者を支援することが求められている。

　保育所そのものが児童福祉の事業であり，利用者も近接する社会福祉サービスにかかわる場合も多く，社会的に何らかの困難を抱える子どもや家庭を支える職務であるといえる。

2．保育所を利用する子どもと保護者の背景

　保育所は，通常の保育に加えて，長時間にわたる保育や延長保育，夜間保育，休日保育，病児・病後児保育，地域子育て支援等，幅広い事業を行っている。近年，ひとり親家庭や貧困等の家庭，アレルギー疾患や障害のある子ども，外国籍の子ども，家庭での養育が適切ではない子どもなど，さまざまな状況の子どもの保育や保護者への支援が求められている。

　子どもに起こる問題は家庭に起因することも多く，保護者や家庭も含めて理解し援助する必要があり，保護者の育児不安への対応や児童虐待の予防や見守り，在園児の家庭や地域の子育て家庭への支援など，児童福祉施設として，保育所が果たす役割はますます大きくなっている。

104 社会福祉における保育

📖 援助に活用される社会福祉援助技術

　子どもや保護者への援助は，個別または集団への直接的なかかわりを通して行われる。その際，ケースワークやグループワークなど，個別および集団に対する援助技術が必要となる。

　また，子どもをとりまく地域社会と積極的に関係しながら，関係機関や社会資源と連携して，背景にある課題の解決・緩和に向かうよう間接的な援助も求められている。地域の子育て支援をすすめるためにも，地域の状況を把握し，地域の子育て支援を行う団体等と協働するなど，コミュニティワークも必要となる。さらに，相談援助のための専門的な技術や保育の質の向上のためのスーパービジョンも求められている。

📖 児童福祉施設としての責務

　保育所は，社会福祉施設としての責務を負うため，利用者や地域住民等に対して，サービスの内容や情報の発信を行う責務（『児童福祉法』第48条の4）を負っている。また，利用者の意見等を積極的に聞き，苦情の解決に努める義務を負う（『社会福祉法』第83条）ほか，人権やプライバシーの尊重，個人情報の保護など，事業を行う専門機関として多くの責任と義務を負っている。さらに，保育の自己評価を行いその結果を外部に公表し，第三者評価なども活用しながら，保育の質の向上に努めることが求められている。

　また，市町村は『子ども・子育て支援法』により，保育を必要とする事由がある場合に保育を確保する義務があり，保育所，認定こども園，家庭的保育事業等で保育を受けるよう支援しなければならない。

　地域への子育て支援，地域住民や保護者への啓発活動，関係機関と連携した要保護児童対策地域協議会への参加など，保育所が児童虐待防止に参与する責任も大きい。

word

＊保育における「社会福祉のニーズ」

　ニーズ（ニード）とは，社会生活を営むのに必要な基本的要件の充足ができない場合に発生する支援の必要性や欲求・要求などのことである。保育においては，保育を必要とするという非貨幣的ニーズが近年，「待機児」という形で顕在化している。

▶ 社会福祉の歴史

105 欧米における社会福祉の歴史

1．救貧法の成立

16世紀末のイングランドの絶対王政下の支配者にとって，町や農村にやってくる浮浪貧民，乞食などは社会不安を引き起こす問題として，看過することはできなかった。浮浪貧民，乞食に対する抑圧的な法規が次々と誕生し，ついにそれらを集大成するかたちで，1601年，『エリザベス救貧法』が発布された。

1834年に，救貧法の大改正が行われ，「劣等処遇の原則」（救済を最下級の労働者の生活条件以下に抑える）が打ち出された。

2．民間社会福祉活動の萌芽

資本主義の進展はなお貧困労働者の窮乏を大きくし，慈善事業全体の救済は肥大化した。しかし，多様な慈善団体が無秩序に独立していたため，濫救，漏救といった弊害が生じた。COS（Charity Organization Society：慈善組織協会）は，チャルマーズ*の理想とした自助を高める友愛訪問や個別調査を組織的に実施した。

3．世紀転換期の動き（19世紀末から20世紀初頭）

19世紀末から20世紀初頭のブース*とラウントリー*による2つの貧困調査が数字で示したのは，貧困は，個人的問題ではなく資本主義的生産が生み出す矛盾であり，救済よりも社会改良あるいは社会政策が必要であるということである。こうして，政治的課題として労働者の苦難が放置できなくなり，20世紀に入って貧困問題に関する社会立法を作る引き金となった。

4．福祉国家体制の確立から今日に至る過程

第二次世界大戦中の1942年に出された「ベヴァリッジ報告」（正式には，「社会保険および関連サービス」）は，戦後，「ゆりかごから墓場まで」という包括的社会保障制度が確立する基礎となった。1950年代から先進資本主義諸国は，社会主義国への対抗の必要から，福祉国家という類似の体制を作り上げていった。

しかし，1970年代以降の社会保障費の増大による財政難から，福祉国家の変容が始まるが，福祉の後退，貧困層の増加という事態も生んでいる。

— 262 —

105　欧米における社会福祉の歴史

図表105-1　欧米における社会福祉年表

```
＜抑圧的な救貧の始まり＞
・1531年　乞食浮浪処罰条例
・1601年　『エリザベス救貧法』：有能貧民には強制労働を，無能貧民には生
　活扶養を，そして児童には徒弟奉公の強制を与える。労働を拒否すると，
　懲治院に収容した。
・1722年　ワークハウス・テスト法：救済は労役場への収容に限定されるな
　ど，抑圧が進んだ。
・1834年　『新救貧法』
＜慈善事業の系譜＞
・1601年　『慈善的用途に関する法令』：公的救済では補いきれない部分を捕
　捉する領域で慈善は保護・育成される。
・1819年　牧師チャルマーズによる「隣友運動」
・1869年　慈善組織協会（Charity Organization Society；COS）
・1884年　トインビー・ホール：知識人による労働者の居住地への植民
　（settlement）によって，労働者教育や地域環境改善を行う。
＜ベヴァリッジ報告（1942年）＞
・「疾病，無知，不潔，無為，窮乏」の5つの巨人への攻撃をたとえに出し，
　社会保障の必要性が強調された。窮乏解消を国家責任とし，ナショナル・
　ミニマムによる最低生活保障は社会保険方式を基本にした。
＜福祉国家とその危機（1970年以降）＞
・社会保障制度の体系的な整備と完全雇用のための政府の経済介入などによ
　って国民の生活保障を目指す国家運営は福祉国家と呼ばれるようになる。
　貧困予防の社会保険と最低生活費を下回る世帯に対する公的扶助がその骨
　子にある。
・福祉国家は，高度経済成長によって支えられたもので，福祉財源の基盤は
　脆弱だった。
```

Ⅲ．福祉・養護編

person

＊チャルマーズ（Chalmars, T. 1780-1847）

　スコットランドの牧師。民間を主体とした貧困家庭の訪問などの救済活動を実践した。

＊ブース（Booth, C. 1840-1914）

　イギリスの慈善家，社会学者。ロンドンでの貧困調査を『ロンドン民衆の労働と生活』（全17巻）にまとめた。

＊ラウントリー（Rowntree, B. S. 1871-1954）

　イギリスの実業家，社会学者。ヨーク市の貧困調査から生存最低限の貧困線を明確にし，貧困測定の基礎を確立した。

— 263 —

▶社会福祉の歴史

106 日本における社会福祉の歴史

1．戦前の社会福祉

　明治維新によって身分制度の廃止など近代国家が樹立されたにもかかわらず，江戸時代の封建社会において民衆の文化として根付いた共同体における相互扶助は，封建遺制として，明治期以降も続くことになる。それは，明治期の救貧法である『恤救規則』(☞p.309)（恤救：あわれみ，救うこと）が共同体的救済であるところに色濃く現れている。

　明治期の社会変動によって都市に窮民が集まるようになり，治安対策上，東京府の支出などで，公的な救済施設として「養育院」が誕生する。しかし，「公費での貧民救済はかえって惰民をつくる」という考えから府の資金は中断した。一方，キリスト教精神や仏教精神に基づく慈善事業等により，数多くの民間救済施設ができた。

　大正時代になると，第一次世界大戦による好景気とは裏腹に，農業労働者の減少が米不足を生み，1918（大正7）年には米騒動という大衆運動が資本主義体制を揺るがした。同年，労働争議も頂点に達し，その危機を乗り切るため，防貧制度が新たに成立することになった。1920（大正9）年に始まる戦後恐慌は失業者を急増させた。この時代には労働組合や婦人解放運動が増加した。政府は事務機構を一元化する必要に迫られ，1920（大正9）年以前の社会課を社会局に昇格させ，社会事業行政を整備した。

　昭和になって1932（昭和7）年，『救護法』(☞p.309)施行とともに『恤救規則』が廃止された。しかし，満州事変以降戦線が拡大し，国民生活の困難は続く。1938（昭和13）年，厚生省が新設され，国民の健民健兵策の戦時厚生事業がとって代わることになる。

2．戦後の社会福祉

　第二次世界大戦後は，『日本国憲法』第25条の下，社会福祉法規・衛生法規・社会保障法規の整備により，国民のセーフティーネットが確立した。また，福祉国家を目指し達成したが，経済成長鈍化と少子高齢化などにより，その見直しが図られている。

　今日，『社会福祉法』の下で，地域福祉の推進が主流となっている。

📖封建遺制

江戸時代の「イエ制度」,「ムラ制度」による私的な生活保障の文化が明治期維新で消滅せず,それ以降も存続したこと。

📖救貧法としての『恤救規則』

生活困窮者に対する公的救済は家族扶養を受けられない者に限定し,あくまで「人民相互ノ情誼(同情心)」を第一義とした。しかも一定限度の米を支給するというものだった。

📖明治期の救済施設

1869(明治2)年　博愛社,普済院,1872(明治5)年　養育院,1879(明治12)年　福田会育児院,1886(明治19)年　基督教婦人矯風会,1887(明治20)年　岡山孤児院(☞p.308),1888(明治21)年　静岡県出獄人保護会社,1897(明治30)年　キングスレー館,1899(明治32)年　家庭学校,などがある。

📖米騒動

米価高騰が契機だが,その参加者は,炭鉱夫,中小商工業労働者,被差別部落住民,被恤救層などの貧困層であり,彼らが社会を揺るがすこととなった。衝撃を受けた政府の対応策は,防貧施設事業,保育所建設などの公的社会事業などへ展開する。

📖社会事業

1920(大正9)年から,社会事業という言葉が広く使われるようになった。社会事業思想の理論化は,長谷川良信『社会事業とは何ぞや』,田子一民『社会事業』,生江孝之『社会事業綱要』,矢吹慶輝『社会事業概説』,小河滋次郎『社会事業と方面委員制度』。

📖『日本国憲法』第25条 (☞p.267)

📖福祉理念の拡大

戦後の高度経済成長により財政が拡大し,福祉サービス選択権も認められるなど福祉理念は拡大した。2000(平成12)年『社会福祉法』には,福祉サービス利用者の利益保護,地域福祉の推進,福祉サービス利用者の完全参加,能力に応じた自立生活など,新たな福祉サービスの基本的理念が規定されている。

しかし,福祉政策は,財政や政権によって左右されてしまう実態があり,今後,より普遍的で確固とした福祉理念の構築が望まれる。

▶ 社会福祉制度とその体系

107 社会福祉の制度体系

1．福祉における権利

　『社会福祉法』では，権利擁護システムとして，福祉サービス利用援助事業，第三者委員，運営適正化委員会などが規定されている。

　『社会福祉法』の改正に至る社会福祉基礎構造改革において，「利用者自身による選択」「多様な供給主体の参入」「情報公開」などの，改革の示す理念を具体化する作業のなかで，利用者の権利意識の向上やサービス供給量の一定の拡大が図られた面もある。第三者評価や苦情解決のための仕組みづくりが進んだことにより開かれた施設経営が求められるようになったことも大きい。また，制度利用を促進する観点からは，成年後見制度や日常生活自立支援事業など，利用者の権利を守るための仕組みづくりが進んだことも大きい。

2．社会福祉の法律体系

　わが国の社会福祉の法体系は，『日本国憲法』第25条で定める生存権の保障を具体的なものとするために整備されてきた。

　社会福祉の対象は，児童から高齢者に至るまで多岐にわたっており，その具体的な施策は対象別の法律に基づいて実施されている。『社会福祉法』は，わが国における社会福祉サービスの基礎をなす法律であり，1951（昭和26）年に『社会福祉事業法』として制定された。しかし，これまでの社会福祉制度は，戦後直後に作られたものが基盤となっていた。その後，福祉の対象者が増加・多様化し，それに伴ってさまざまな問題が生じ，さらに国民の生活スタイルは大きく変わってきたことにより，社会福祉制度そのものを見直し，作り変えるために基礎構造改革が行われることとなった。2000（平成12）年に法律名の変更とともに抜本的に改正し，各種社会福祉サービスの新たな供給体制を規定した。

3．主な社会福祉の法律

　『社会福祉法』は，福祉サービスの運営と組織を規定する法律で，社会福祉の目的や理念，原則や社会福祉事業の範囲あるいは社会福祉審議会・福祉事務所・社会福祉主事・指導監督及び訓練・社会福祉法人など社会福祉の基礎構造改革に関する規定が定められている。

－266－

107 社会福祉の制度体系

📖社会福祉六法

　福祉サービスの内容を規定する法律として，昭和20年代前半に制定された『生活保護法』（1950年制定），『児童福祉法』（1947年制定），『身体障害者福祉法』（1949年制定）の「福祉三法」に，昭和30年代後半に制定された『精神薄弱者福祉法』（現『知的障害者福祉法』）（1960年制定），『老人福祉法（1963年制定）』，『母子福祉法』（現『母子及び父子並びに寡婦福祉法』）（1964年制定）の三法が加えられて形成された。

📖『日本国憲法』（1946年制定）第25条（国民の生存権，国の保障義務を定めた法律）

①すべて国民は，健康で文化的な最低限度の生活を営む権利を有する。
②国は，すべての生活部面について，社会福祉，社会保障及び公衆衛生の向上及び増進に努めなければならない。

📖社会福祉六法以外の社会福祉に関連する主な法律

＜児童福祉の法律＞（☞p.230）

＜障害のある人に対する法律＞

・『障害者基本法』：1993（平成5）年制定。
・『精神保健及び精神障害者福祉に関する法律』：1950（昭和25）年『精神衛生法』として制定，1995（平成7）年改正改題。
・『発達障害者支援法』：2004（平成16）年制定。
・『障害者総合支援法』（正式名：障害者の日常生活及び社会生活を総合的に支援するための法律）：2006（平成18）年『障害者自立支援法』として制定，2013（平成25）年改正改題　など。

＜高齢者福祉の法律＞

・『高齢者の医療の確保に関する法律』：1982（昭和57）年『老人保健法』として制定，2008（平成20）年改正改題。
・『介護保険法』：2000（平成12）年制定。
・『高齢者の虐待の防止，高齢者の養護者に対する支援等に関する法律』：2006（平成18）年制定　など。

＜社会福祉の専門職の養成にかかわる法律＞

・『社会福祉士及び介護福祉士法』：1987（昭和62）年制定。
・『精神保健福祉士法』：1997（平成9）年制定　など。

Ⅲ．福祉・養護編

▶社会福祉制度とその体系

108 社会福祉のサービス実施体制

1．社会福祉行政の実施体制

　社会福祉の実施体制の仕組みは，『社会福祉法』と，各福祉分野ごとに制定されているいわゆる福祉六法から構成されている。『社会福祉法』は，社会福祉を目的とする事業の全分野における共通的基本事項が定められており，各法の基盤となっている。

2．社会福祉サービスの供給体制

　社会福祉の供給体制については，『社会福祉法』に規定されている。福祉サービスの供給体制の確保等に関する国および地方公共団体の責務として，第6条に「国及び地方公共団体は，社会福祉を目的とする事業を経営する者と協力して，社会福祉を目的とする事業の広範かつ計画的な実施が図られるよう，福祉サービスを提供する体制の確保に関する施策，福祉サービスの適切な利用の推進に関する施策その他の必要な各般の措置を講じなければならない」とある。

　第二次世界大戦後，社会福祉は，公的部門が主導する社会福祉サービス供給体制によって進められてきたが，社会福祉の対象課題が貧困から介護や子育て支援へとニーズが多様化・拡大化してきたことと，社会福祉の財政的な問題から公的責任の範囲と役割の見直しが行われた。

　これがいわゆる2000（平成12）年の社会福祉基礎構造改革であり，社会福祉の基調を地域福祉とすること，行政主導型の措置制度から利用者本位型の利用契約方式への転換，介護保険制度の円滑な施行，成年後見制度の導入，社会福祉法人による不祥事の防止，規制緩和推進計画の実施（営利企業を含めた民間活力の活用など），などが実施された。

　これにより，従来の社会福祉法人に加え，NPO法人（特定非営利活動法人），共同組合，民間営利企業（例えば，株式会社による高齢者のホームヘルプサービス・デイサービスなどの居宅サービス，保育サービスを24時間提供する認可外保育施設）など，多様な民間団体が社会福祉サービス分野に参入することとなった。

📖 主な社会福祉の機関と施設

　福祉事務所：地方における社会福祉行政の第一線となる機関で，都道府県・市町村などが設置し，援護・育成・更生の措置に関する事務を行っている。福祉事務所には，児童相談所や民生・児童委員などと連携しながら，児童や家庭に関する相談などの業務を行う家庭児童相談室が置かれているところもある。

　児童相談所：すべての児童（18歳未満）を対象として，児童に関するさまざまな問題について相談に応じ（相談機能），専門的な調査，判定を実施し，それに基づいて個々の児童や保護者の指導をし，かつ必要に応じて児童を一時保護したり（一時保護機能），児童を児童福祉施設に入所させたり，里親に委託したりする（措置機能），児童福祉行政の第一線機関である。

　社会福祉法人：社会福祉事業を行うことを目的に設立された設置主体である。民営社会福祉施設の多くは，この設置主体による。

　社会福祉協議会：在宅福祉サービスやボランティア活動に関する相談に応じたり，連絡・調整を行ったりする民間の福祉団体である。全国・都道府県・市町村・地区の4層で構成される。

　共同募金会：都道府県の区域を単位として，毎年1回，厚生労働大臣の定める期間に限ってあまねく行う寄付金の募集であって，その区域内における地域福祉の増進を図るため，その寄付金をその区域内において社会福祉事業，更生保護事業その他の社会福祉を目的とする事業を経営する者（国および地方公共団体を除く）に配分することを目的とする。

図表108-1　社会福祉サービス実施体制（給付費のモデル）

社会福祉制度とその体系

109 社会福祉のサービス評価と情報提供・実施体制

1．福祉サービスにおける情報提供

　社会福祉の基礎構造改革が進められ，社会福祉サービスは「措置制度」から「利用制度」に大きく変わった。しかし，利用者が社会福祉サービスを選択しようとしても，どのような機関やどのような人がどのようなサービスを提供しているのかなどの情報がなければ選択をすることができない。そのために，新しい社会福祉体制のなかで情報提供の整備が必要となった。

　2001（平成13）年の閣議決定による「規制改革推進3か年計画」では，保育などの福祉サービスの情報システムの確立が示された。現在，保育所などでもホームページによる情報提供や第三者評価の結果を公表するなどして，情報提供が行われている。

2．福祉サービスの評価

　「措置制度」から「利用制度」に変わっても，福祉サービスの質が確保されなければ改革にはならない。そこで，新しい制度には自己評価や第三者評価による福祉サービスの質の向上のためのシステムが導入された。法的にも，『社会福祉法』第78条に「社会福祉事業の経営者は，自らその提供する福祉サービスの質の評価を行うこと」「国は（中略）福祉サービスの質の公正かつ適切な評価の実施に資するための措置を講ずるよう努めなければならない」と明示し，自己評価や第三者評価の実施を求めている。

　なお，認可されて運営されている社会福祉施設には基準があり，従来から行政が監査を行っている。監査は基準を満たしていることを調べるためのものであり，第三者評価はさらに質の高い福祉サービスの提供が行われることを促進しようとするものである。

　また，高齢者施設などは全国社会福祉協議会を中心に，児童福祉施設は全国保育士養成協議会を中心に，第三者評価事業が2002（平成14）年から本格的に実施されるようになったが，さらに2004（平成16）年からは各都道府県に都道府県推進組織が設置されるようになり，第三者評価事業の実施は都道府県に委ねられ，実施されている。

109　社会福祉のサービス評価と情報提供・実施体制

📖社会福祉基礎構造改革（☞p.296）

📖『児童福祉施設の設備及び運営に関する基準』と監査

　『児童福祉施設の設備及び運営に関する基準』は，児童福祉施設の設備や人員配置などの基準を示したものである。またそれぞれの施設が，基準に従って適切に運営されていることを確認するための監査を行政が行っている。認可されている他の社会福祉施設にも同様に基準が定められていて，行政による監査が行われる。

図表109-1　保育所の第三者評価の訪問調査結果（調査者個人票）

子ども一人一人への理解を深め，受容しようと努めている。	園の自己評価（該当欄に○）	調査者評価（該当欄に○）	調査者A	
			記録の認識の主なポイント	ヒアリングの主なポイント
a　子どもをよく受容しようと努めている。*1，2	a	a	○保育日誌○個人記録○連絡帳○指導計画	*3
b　どちらかといえば子どもを受容しようと努めている。	b	b		
c　子どもを受容しようと努めていない。	c	c		
ア　子どもに分かりやすい温かな言葉づかいで，おだやかに話している。	ア	ア		
イ　「早くしなさい」とせかす言葉や「ダメ」「いけません」など制止する言葉を不必要に用いないようにしている。	イ	イ		
ウ　子どもの質問に対して，「待ってて」「あとで」などと言わずに，なるべくその場で対応している。	ウ	ウ		
エ　「できない」「やって」などと言ってくる子どもに対して，その都度気持ちを受け止めて対応している。	エ	エ		
オ　「いや」などと駄々をこねたり，自分を表現する力が十分でない子どもの気持ちをくみとろうとしている。	オ	オ		
カ　登所時に泣く子どもに対して，放っておいたり，叱ったりするのではなく，子どもの状況に応じて，抱いたり，やさしく声をかけたりしている。	カ	カ		

*1　一人一人の子どもに対する配慮がなされているかを判断の中心的な基準とする。
*2　気になる場面や記録について，子どもの内面や状況をよく理解しようとしているかという点に留意すること。
*3　「一人一人の理解と受容」に関わるヒアリング内容をとりあげ，記載する。

　　（全国保育士養成協議会（児童福祉施設福祉サービス第三者機関）（2007.10）.
　　　　　保育所第三者評価の実際～保育所をよりよく理解するために～）

Ⅲ. 福祉・養護編

— 271 —

▶ 社会福祉制度とその体系

110 社会福祉の財政と費用負担

1. 社会福祉の財政

　社会福祉に用いられる財源は、大別すると、公的財源と民間財源がある。福祉財政といえば、前者の財源を調達して福祉サービスを供給する国や地方自治体の営みである。後者の代表的なものは、共同募金、お年玉付き郵便はがき寄付金、一般的な寄付金、公営競技の益金の一部（補助金）などである。

　国の一般会計のなかでは、社会福祉費は社会保障関係費に含まれる。地方自治体の予算においては民生費と呼ばれる。社会保障関係費および民生費はその規模を年々増大させている。

　公的財源を支出する各種社会福祉事業に関して、法の定めにより国および地方自治体が実施責任を負うものと、法の定めにはよらず、国および地方自治体が政策的に独自の福祉サービスを実施するものがある。後者は、新しい課題に対して柔軟に対応するという重要な意味をもち、地方財源の充実が求められるところである。地方分権化における三位一体改革により、国税を縮小して地方税を拡大する税源の移譲が行われ、地方は自由度の高い財政支出を行いやすくなったということができる。

2. 社会福祉の費用負担

　社会福祉における費用負担というのは、国や地方自治体の支弁に関して生じるそれぞれの負担割合のことであったり、利用者が福祉サービスを利用する際に徴収される負担金であったりする。国などの支弁とその負担割合に関しては、『地方財政法』あるいは社会福祉関係法規において規定がある。

　利用者負担に関しては、負担能力によるもの（応能負担）、利用量に応じたもの（応益負担）がある。生活保護事業のように利用者負担になじまないものはあるが、その他の事業に関しては利用者の費用負担が発生するものが多い。

　利用者の費用負担は、事業にかかる一般的な経費の一部を負担するものであるが、別に「実費弁償」がある。これは、放課後児童健全育成事業のおやつ代のように本来利用者が負担すべきものである。

110　社会福祉の財政と費用負担

図表110-1　社会保障給付費の増にともなう公費負担の増

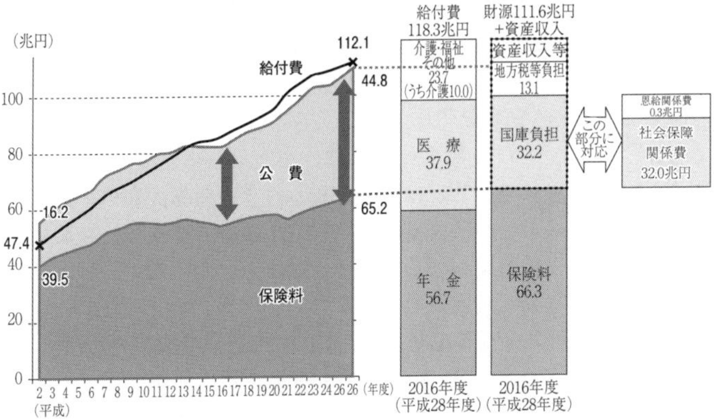

（国立社会保障・人口問題研究所（2014）．社会保障費用統計，2016年度は厚生労働省（予算ベース）による）

📖費用負担の原理

・国や地方自治体が費用を負担する事業であっても，社会福祉法人等の各種の民間団体に委託して補助金として支出されることが多い。
・利用者の自己負担に関しては，共同連帯の原理に基づく保険料の徴収や，負担の強化が傾向としてある。

📖利用者負担の目的

・限られた財源下の公平性の確保。
・モラルハザードの予防（必要としない人の利用を防ぐ）。
・利用者の自立意識の醸成（主体的な意識をもたせる）。

📖財源構成の多様化

・措置費における国の負担低下（地方自治体への転嫁）。
・介護保険制度にみられる保険財源の投入。
・市場原理の導入に基づき，民間資金が福祉サービス供給の財源として台頭してきている。

Ⅲ．福祉・養護編

―273―

▶社会福祉制度とその体系

111 社会福祉サービスにおける公私の役割

1．戦後の社会福祉体制の成立と公私関係

　第二次世界大戦直後は連合国軍の占領下にあり，わが国の社会福祉体制は総司令部がわが国に提示したSCAPIN775（公的扶助に関する覚書）において，「国家責任の原則」などとならんで，「公私分離の原則」が示された。これは，国が行うべき政策を民間の事業に行わせてはならないというものであり，『社会福祉事業法』においては，民間社会福祉事業への公金支出が禁止された。だが，民間支援のために，措置委託制度が導入された。

2．在宅福祉サービスの拡大と福祉サービス主体の多元化

　家族構造の変化にともなって家族内の介護機能が弱まり，1970年代には全国的に住民参加型在宅福祉サービスが普及した。それを受けて全国社会福祉協議会は，1979（昭和54）年に『在宅福祉サービスの戦略』を著し，政策的な在宅福祉サービスの推進を提言した。在宅福祉サービスは，1990（平成2）年の福祉関係八法改正によって法定化され，また，1990（平成2）年度から1999（平成11）年度までの「高齢者保健福祉推進十か年戦略」（ゴールドプラン）によって本格的に推進されることになった。

　2000（平成12）年にスタートした介護保険制度は，措置制度から契約制度への転換や市場原理の導入といった社会福祉基礎構造改革の路線上にあり，多元的な福祉サービスの提供が実現した。

3．これからの社会福祉と公私ミックス体制

　今日の福祉サービスの公的部門は，「国家責任の原則」によって体系化された社会保障制度によって国民の生活支援の基盤を形成している。しかし，福祉ニーズの拡大や多様化に対応するには，財政難から福祉サービスを後退させざるを得ない政府にばかり頼れない現状がある。政府による規制緩和は，営利セクターと非営利セクターの台頭を現出させたが，こうして確立した公私ミックス体制は今後ますます拡大する見込みである。

　福祉関係法規には国や地方自治体の責務が規定されているが，「国民の責務」という条文によって「私」の役割の一端を確認できる。

111　社会福祉サービスにおける公私の役割

図表111-1　公私協働の原則

・相互理解の原則	・情報公開の原則
・目的・評価共有の原則	・自立の原則
・役割分担明確化の原則	・対等の原則

図表111-2　公私協働の種類

・後援（後援名義の使用許可）
・補助（民間が行う公益事業への財政的支援）
・共催（共に主催者となって企画・運営・実施を行う）
・協力（一定期間協力して事業を実施する）
・アダプト制度（協議・合意の上で公共施設の清掃・美化活動などを行い，行政が活動に伴う物品の支給などを行う）
・協働型委託（住民が提案をして，行政がその事業を委託する）
・行政計画への参画（計画策定過程への参加，諮問的参加を含む）
・事業の実施過程とその効果の監視・評価への参加

📖公私協働のトライアングル

　1970年代の2度の石油ショック以降の低成長経済やそれがもたらした財政危機は，今日の「小さな政府」政策や社会福祉への市場原理の導入などと並んで，政府・市場・市民社会の三者間のパートナーシップ，すなわち公私協働の必要性を高めた。

📖市町村地域福祉計画

　『社会福祉法』第107条によれば，「地域福祉の推進に関する事項」を一体的に定める計画とし，住民参加の促進などの事項が含まれる。また，行政計画でありながら，「住民，社会福祉を目的とする事業を経営する者その他社会福祉に関する活動を行う者の意見を反映させ」なければならないと規定されている。

📖非営利セクター，市民活動の財源

　市民活動の財源は，自主財源のほか，行政からの補助金・助成金，事業受託金，一般的な寄付金，民間の助成金，収益活動など多様な方法で確保される（民間活動の自主性・先駆性を失わないために多様であることは望ましい）。

📖NPO法人の数

　増加の一途で，2017（平成29）年6月現在，5万1,629が認証されている（内閣府資料）。

— 275 —

▶ 社会福祉制度とその体系

112 社会保障および関連制度の概要

１．社会保障の機能

　国民の生涯にわたる暮らしのなかでは，疾病，負傷，分娩，廃疾，死亡，老齢，失業，多子など，誰もがさまざまな生活上の危機や困難に遭遇することがある。社会保障は，これらの生活上の危機や困難に対して，制度を通して緩和，軽減をはかるとともに，生活不安に対するセーフティネットの機能を果たすことを目的としている。

２．社会保障制度の概要

　わが国の社会保障制度は，1950（昭和25）年に社会保障制度審議会が行った「社会保障制度に関する勧告」（☞p.257）が指針になって今日に至っている。

　社会保障制度を機能からみるに，所得の低下や喪失に対する「所得保障」，疾病，負傷等に対する「医療保障」，児童，障害のある人・子ども，高齢者など日々の社会生活にハンディキャップをもつ社会的弱者に保護と自立支援を行う「社会福祉」，そして医療従事者の資格や医療機関の設置や運営の基準を定めるなど医療体制の整備を図り，さらに疾病予防や保健指導，環境保護など国民の健康維持と生活の安全を図る「医療の基盤整備・公衆衛生」，と４分野でサービスが行われている。

　社会保障制度のサービスが目的通りに適切に行われるように，国と自治体に行政機関が置かれているが，専門職員が配置されている専門機関もある。

３．これからの社会保障の課題と動向

　グローバル社会の下にある日本は，同時に「少子高齢化」の時代を迎え，これまで機能してきた企業福利機能や家族扶養機能がその力を失ってきている。したがって今後の社会保障は，私助・互助に公助とが統合化された社会保障制度の充実が求められている。

４．関連領域の制度

　現行の社会保障制度の周縁には，健康被害救済事業や国民の健康を守る保健事業，『戦傷病者特別援護法』などの制度がある。

—276—

112 社会保障および関連制度の概要

図表112-1　社会保障制度の体系

医　　療
- 医療保険
- 後期高齢者医療制度，前期高齢者医療財政調整（医療給付）
- 生活保護（医療扶助）
- 労働者災害補償保険（医療給付）
- 公費負担医療（結核・精神・その他）
- 公衆衛生サービス

年　　金
- 年金保険
- 労働者災害補償保険（年金給付）

福祉その他
- 生活保護（医療扶助以外の各種扶助）
- 児童福祉
- 母子・父子福祉
- 障害者福祉
- 老人福祉
- 介護保険
- 労働者災害補償保険（休業補償給付）

（厚生統計協会（2011）．国民の福祉の動向　58（10）　p.17より作成）

図表112-2　社会保障および関連する制度

①社会保障（給付）
国民の生活の安定が損なわれた場合に，国民に健やかで安心できる生活を保障することを目的として，公的責任で生活を支える給付を行うもの。
（具体的には，社会保険または社会扶助の形態により，所得保障，医療および社会福祉などの給付を行うもの。）

②社会保障の基盤を形作る制度
・医療や福祉についての資格制度，人材の確保，施設の整備，各種の規制等
・公衆衛生，環境衛生，公害防止等
　※これらは，「給付」を社会保障の要件としなければ，社会保障としてとらえ得るものであり，①と②を併せて「広義の社会保障」と呼ぶこともできる。

③社会保障と類似の機能を果たす制度
生活にかかわる税制上の控除（公的年金等控除，障害者控除など）

④社会保障が機能するための前提となる制度
雇用政策一般および住宅政策一般
　※なお，雇用や住宅に関する施策のうち，失業者，高齢者，障害者等に対する生活保障のための施策は，社会保障制度を構成するものとして積極的に位置づけていく必要がある。

（資料：総理府社会保障制度審議会事務局監修（1995．）「安心して暮らせる21世紀
の社会を目指して」）

> 社会福祉従事者

113 社会福祉従事者の現状と新しい資格制度

1．社会福祉従事者の概要

　少子高齢社会の日本では，社会福祉の体制を充実することが社会の必至の要件となっていて，それを担う従事者を必要としている。図表113-1は，厚生労働省による「平成27年社会福祉施設等調査の概況」に示された2015（平成27）年現在の施設等従事者数で，総数は約90万人になっている。

　また，戦後から約半世紀の間続いた居住型の社会福祉施設の整備は，社会福祉の基礎構造改革や『介護保険法』による介護サービス実施などにより，地域における福祉サービスを充実する方向に大きく転換が図られた。それに伴って，社会福祉サービスを支える従事者も，従来の社会福祉施設に従事する援助者に加えて，地域の介護や子育て支援を担う従事者が増加している。

2．社会福祉従事者の資格制度

　従来の社会福祉制度のなかでは，従事者は社会福祉主事や児童指導員，保母などの任用資格を得て，社会福祉の現場に従事していた。

　しかし，1988（昭和63）年には『社会福祉士及び介護福祉士法』が施行され，社会福祉士と介護福祉士が国家資格となり，1998（平成10）年からは精神保健福祉士が国家資格となった。保母は1999（平成11）年からは名称が保育士に改められ，『児童福祉法』の改正によって2003（平成15）年からは国家資格となった。また，他にも地域の介護体制を支える介護支援専門員（ケアマネジャー）などがあり，居住介護職員や子育て支援員を養成する研修なども実施されている。

3．社会福祉従事者の養成

　社会福祉従事者には，それぞれの分野の人を支援するための知識や技術が求められ，さらには高い人権意識などの倫理性が問われることになる。それぞれの資格を養成する専門学校，短期大学，大学などの養成施設では，専門性の高い従事者を育成するための養成が行われている。また，社会福祉士と精神保健福祉士については，養成後に資格取得のための国家試験を課す（介護福祉士は2022年度以降）など，専門性の確保を図っている。

113　社会福祉従事者の現状と新しい資格制度

図表113-1　施設の種類別にみた職種別常勤換算従事者数（詳細票）（抜粋）

（2015年10月1日現在，単位：人）

	総　数	老人福祉施設	障害支援施設等	身体障害者社会参加支援施設	児童福祉施設等（保育所等を除く）1)	保育所等2)	母子・父子福祉施設
総　　数	899,172	44,355	99,547	2,623	86,585	517,183	201
施設長・園長・管理者	44,148	3,302	3,717	211	5,535	23,804	23
サービス管理責任者	3,922	…	3,922	…	…	…	…
生活指導・支援員等3)	81,407	4,604	55,824	196	13,586	…	3
職業・作業指導員	4,284	149	2,939	90	296	…	5
セラピスト	5,677	129	894	69	3,295	…	—
理学療法士	1,859	32	414	26	946	…	—
作業療法士	1,292	16	299	18	741	…	—
その他の療法員	2,526	81	181	25	1,608	…	—
心理・職能判定員	51	…	51	…	…	…	—
医師	2,959	140	315	7	1,234	1,164	…
歯科医師	974	…	…	…	29	945	…
保健師・助産師・看護師	38,559	2,791	4,712	77	9,552	7,890	…
精神保健福祉士	1,136	16	921	4	…	…	…
保育士	370,541	…	…	…	16,193	354,345	4
保育教諭4)	33,514	…	…	…	…	33,514	…
うち保育士資格保有者	29,815	…	…	…	…	29,815	…
保育従事者5)	5,782	…	…	…	5,782	…	…
家庭的保育者5)	230	…	…	…	230	…	…
家庭的保育補助者5)	83	…	…	…	83	…	…
児童生活支援員	565	…	…	…	565	…	…
児童厚生員	10,042	…	…	…	10,042	…	…
母子支援員	694	…	…	…	694	…	…
介護職員	118,244	17,349	11,681	84	…	…	…
栄養士	19,632	2,095	2,236	4	1,529	12,133	1
調理員	70,793	4,972	4,844	17	4,793	46,346	7
事務員	32,344	4,732	4,990	590	3,715	10,575	79
児童発達支援管理責任者6)	901	…	…	…	901	…	…
その他の教諭6)	1,708	…	…	…	…	1,708	…
その他の職員7)	50,984	4,077	2,502	1,275	8,533	24,759	79

注）従事者数は常勤換算従事者数であり，小数点以下第1位を四捨五入している。なお，「0」は常勤換算従事者数が0.5人未満である。
　従事者数は詳細票により調査した職種についてのものであり，調査した職種以外は「…」とした。
1) 児童福祉施設等（保育所等を除く）には助産施設及び児童遊園を含まない。
2) 保育所等は，幼保連携型認定こども園，保育所型認定こども園及び保育所である。
3) 生活指導・支援員等には，生活指導員，生活相談員，生活支援員，児童指導員及び児童自立支援専門員を含む。
4) 保育教諭には主幹保育教諭，指導保育教諭，助保育教諭及び講師を含む。また，就学前の子どもに関する教育，保育等の総合的な提供の推進に関する法律の一部を改正する法律（平成24年法律第66号）附則にある保育教諭等の資格の特例のため，保育士資格を有さない者を含む。
5) 保育従事者，家庭的保育者及び家庭的保育補助者は小規模保育事業所の従事者である。なお，保育士資格を有さない者を含む。
6) その他の教諭は，就学前の子どもに関する教育，保育等の総合的な提供の推進に関する法律（平成18年法律第77号）第14条にもとづき採用されている，園長及び保育教諭（主幹保育教諭，指導保育教諭，助保育教諭及び講師を含む）以外の教諭である。
7) その他の職員には，幼保連携型認定こども園の教育・保育補助員及び養護教員（看護師等を除く）を含む。
※ 表から，保護施設，婦人保護施設，その他の社会福祉施設，有料老人ホームを削除しているが，従事者数は総数に含めた（筆者注）。
（厚生労働省（2015）．平成27年社会福祉施設等調査の概況　p.8 より抜粋）

Ⅲ.福祉・養護編

— 279 —

▶ 社会福祉従事者

114 社会福祉従事者の専門性と倫理

1．社会福祉従事者に求められる専門性

　社会福祉従事者が支援するのは弱い立場にある人びとで，その人びとの最善の利益を考えて支援をするためには，社会福祉従事者にはソーシャル・ケースワークやグループワーク，ケアワークなどの知識や技術が求められる。また，単に知識や技術のみでは支援を必要としている人びとの求めに応じることは困難で，福祉サービスを利用している人びとの「それぞれの事情を理解しようとする姿勢」「寄り添う心」などの人としての資質も求められる。社会福祉従事者は，それらを併せ備えた専門性が問われることになる。

2．社会福祉従事者と倫理

　ところが，社会福祉施設における施設内虐待が後を絶たない。弱い立場の人びとを，さらに悲しませ苦しい思いをさせてしまうことになる。こうした，あってはならない現実が引き起こされるひとつの要因は，職員の倫理観の欠如である。

　社会福祉サービスを必要としている人びとの人権を護り，従事者としての姿勢や活動の方向性を示す社会福祉従事者の倫理が注目されるようになったのは，わが国では1990年代に入ってからであろう。神奈川県知的障害者施設協会が1994（平成6）年に発表した「あおぞらプラン」には，①知的障害者権利宣言（あおぞら宣言），②知的障害者権利擁護宣言（あおぞらまもろう宣言），③職員倫理綱領（あおぞらマナー），④職員行動計画（あおぞら計画），⑤オンブズマン制度（あおぞらマン），が示されていて，社会福祉従事者のあり方を示唆している。

3．保育士の倫理

　『児童福祉法』第18条の18〜第18条の22には，保育士の「信用失墜行為の禁止」「秘密保持義務」に併せて「登録の取り消し等」が明示されている。それらを受けて，2003（平成15）年2月に全国保育士会が「子どもの最善の利益の尊重」や「子どもの発達保障」などを盛り込んだ『全国保育士会倫理綱領』（図表114-1）を採択して，保育士の専門職としてのあり方や方向性を示した。

114 社会福祉従事者の専門性と倫理

図表114-1　全国保育士会倫理綱領　(2003年2月26日採択)

　すべての子どもは、豊かな愛情のなかで心身ともに健やかに育てられ、自ら伸びていく無限の可能性を持っています。

　私たちは、子どもが現在（いま）を幸せに生活し、未来（あす）を生きる力を育てる保育の仕事に誇りと責任をもって、自らの人間性と専門性の向上に努め、一人ひとりの子どもを心から尊重し、次のことを行います。

　私たちは、子どもの育ちを支えます。

　私たちは、保護者の子育てを支えます。

　私たちは、子どもと子育てにやさしい社会をつくります。

(子どもの最善の利益の尊重)

1. 私たちは、一人ひとりの子どもの最善の利益を第一に考え、保育を通してその福祉を積極的に増進するよう努めます。

(子どもの発達保障)

2. 私たちは、養護と教育が一体となった保育を通して、一人ひとりの子どもが心身ともに健康、安全で情緒の安定した生活ができる環境を用意し、生きる喜びと力を育むことを基本として、その健やかな育ちを支えます。

(保護者との協力)

3. 私たちは、子どもと保護者のおかれた状況や意向を受けとめ、保護者とより良い協力関係を築きながら、子どもの育ちや子育てを支えます。

(プライバシーの保護)

4. 私たちは、一人ひとりのプライバシーを保護するため、保育を通して知り得た個人の情報や秘密を守ります。

(チームワークと自己評価)

5. 私たちは、職場におけるチームワークや、関係する他の専門機関との連携を大切にします。

　　また、自らの行う保育について、常に子どもの視点に立って自己評価を行い、保育の質の向上を図ります。

(利用者の代弁)

6. 私たちは、日々の保育や子育て支援の活動を通して子どものニーズを受けとめ、子どもの立場に立ってそれを代弁します。

　　また、子育てをしているすべての保護者のニーズを受けとめ、それを代弁していくことも重要な役割と考え、行動します。

(地域の子育て支援)

7. 私たちは、地域の人々や関係機関とともに子育てを支援し、そのネットワークにより、地域で子どもを育てる環境づくりに努めます。

(専門職としての責務)

8. 私たちは、研修や自己研鑽を通して、常に自らの人間性と専門性の向上に努め、専門職としての責務を果たします。

社会福祉法人　全国社会福祉協議会

全国保育協議会

全国保育士会

Ⅲ．福祉・養護編

▶社会福祉従事者

115 保健・医療関係分野の専門職との連携

1．保健・医療関係分野との関連性の動向

　わが国においては，これまでにおいても，保健・医療・福祉の連携が強調されてきたが，一部の先進的な地域を除いては必ずしも進展したとは言い難い現状が続いていた。しかし，急速な少子高齢化や社会変動などに伴い，保健・医療・福祉サービス利用におけるニーズの多様化と高度化等が顕在化し，それらに対応する仕組み作りとして，ようやく本格的な連携の動きが始まった。具体的には，1985（昭和60）年の『医療法』改正に伴う都道府県の医療保健計画，1990（平成2）年の『老人福祉法』改正等に伴う老人保健福祉計画，2000（平成12）年に創設された『介護保険法』に基づく介護保険事業計画，2000（平成12）年改正・2003（平成15）年実施の『社会福祉法』に基づく市町村地域福祉計画などにおいて，保健・医療・福祉の連携強化の対応策が講じられるようになった。

　なお，高齢者保健福祉領域においては，今日，地域における住まい・医療・介護・予防・生活支援の一体的提供（地域包括ケアシステム*）の実現に向けた検討が進められている。

　また，児童福祉領域では，2004（平成16）年の『児童福祉法』改正により，虐待を受けている児童をはじめとする要保護児童に関し，医療と保健と福祉，教育等の関係者間での情報交換と支援の協議を行う機関として，市町村域に「要保護児童対策地域協議会」*（保健，医療，福祉，教育，警察，司法，人権擁護等の団体等により構成）の設置を法的に位置づけ，広く関係者間のネットワークを構築することを通して，要保護児童の支援を行うようになった。多くの協議会の運営は，代表者会議，実務者会議，個別ケース検討会議の三層構造から成り立っている。

2．保健・医療分野の専門職の現状

　今日，保健・医療分野においては，医学・医療技術の進歩などに伴い医療関係専門職は専門分化され，新たな専門職が創設される一方，既存の専門職種間の業務分担や業務独占のあり方について検討されている。

—282—

保健・医療分野における専門職

厚生労働省が毎年実施している「病院報告」などを参考にして、保健・医療分野における専門職をあげてみると、医師、歯科医師、保健師、看護師、准看護師、助産師、臨床検査技師、臨床放射線技師、臨床エックス線技師、衛生検査技師、薬剤師、歯科衛生士、歯科技工士、臨床工学技士、柔道整復師、あん摩マッサージ指圧師、理学療法士、作業療法士、視能訓練士、義肢装具士、言語聴覚士、栄養士・管理栄養士、臨床心理士、手話通訳士、盲導犬訓練士、社会福祉士、介護福祉士、精神保健福祉士などである。

専門職との連携の必要性とその方法

利用者のニーズが複雑化、多様化、高度化などを呈しており、その対応には、福祉サービスと保健医療サービスやその他の関連するサービスとを有機的に結びつける創意工夫が必要となり、関係機関・施設などが有機的に連携する方法としてソーシャル・サポート・ネットワーク（個人をとりまく家族、友人、近隣、ボランティアなどによる援助と公的機関やさまざまな専門職による援助に基づく援助関係の総体）に関心が寄せられている。なお、関係機関・施設などの有機的な連携を促進させるためには、コーディネーター機関とコーディネーターの役割が重要視される。

word

＊地域包括ケアシステム

ニーズに応じた住宅が提供されることを基本とした上で、生活上の安全・安心・健康を確保するために、医療や介護のみならず,福祉サービスを含めたさまざまな生活支援サービスが日常生活の場（日常生活圏域）で適切に提供できるような地域の体制で、その際、地域包括ケア圏域については、おおむね30分以内に駆けつけられる圏域を理想的な圏域とし、具体的には中学校区を基本としている。

＊要保護児童対策地域協議会

『児童福祉法』第25条の2では、「地方公共団体は、単独で又は共同して、要保護児童の適切な保護（略）を図るため、関係機関、関係団体及び児童の福祉に関連する職務に従事する者その他の関係者（略）により構成される要保護児童対策地域協議会（略）を置くように努めなければならない」と定められている〔2016（平成28）年の法改正により、機能強化された〕。

▶ 社会福祉援助技術

116 社会福祉援助技術の基本的枠組み

1．社会福祉援助技術とは何か

　近年，国民の福祉ニーズはますます複雑化，多様化，高度化の様相を呈しつつあり，これに対応するためには，従来の金銭的・物質的給付などにかわって専門的技術による対人福祉サービス（personal social services）が求められるようになってきた。

　社会福祉およびその関連する制度・政策は，それを必要としている人びとによって効果的に活用され，社会生活上の諸問題を解決し，より充実した社会生活を回復・維持・向上していくのに役立てられなければならない。そのためには，それらの人びとが置かれている個別の状況に即して働きかける援助者の援助活動が重要な役割を担うことになる。その援助活動のなかで用いられる方法・技術の総体を社会福祉援助技術（social work）と呼んでおり，広く社会福祉の援助活動において社会生活上の諸問題を解決するために用いられてきた方法・技術であり，その歴史をみてみると，諸科学の成果や法則などを積極的に取り入れて体系化してきたことがうかがえる。

2．社会福祉援助技術の基本的原理

　社会福祉援助技術を展開していく際の基本的な考え方を導く本質的な概念を基本的原理といい，岡村重夫は，①社会性の原理（個人の生活問題は社会問題であり，その解決・緩和は社会的になされること），②全体性の原理（個人の生活問題は生活全体の視点から援助されること），③主体性の原理（生活問題を抱える利用者が生活主体者として援助されること），④現実性の原理（援助には現実的対応が求められること），の４つをあげている。

　また，バイステック＊は，①個別化（利用者を個人としてとらえる），②意図的な感情表出（利用者の感情表出を大切にする），③統制された情緒的関与（援助者は自己の感情を自覚して吟味する），④受容（利用者のありのままを受け止める），⑤非審判的態度（利用者を一方的に非難しない），⑥利用者の自己決定（利用者の自己決定を尊重する），⑦秘密保持（秘密を保持して信頼感を醸成する），の７つの原則をあげている。

— 284 —

116 社会福祉援助技術の基本的枠組み

📖社会福祉援助技術の体系

　社会福祉援助技術は，利用者に直接的に働きかけて，利用者の福祉問題や生活問題の解決や緩和を図る直接援助技術（ケースワークなど）と，直接援助技術をより効果的に推進させるための間接援助技術（コミュニティワークなど）に分けられ，さらに関連する援助技術（ネットワークなど）があげられる（☞p.239，図表93-1）。

📖社会福祉援助技術の機能

　一般的に，社会福祉は生活上の困難などに起因する社会生活上の諸問題や諸課題に対して，その解決・緩和，あるいは社会生活の維持・向上を目指して展開される一連の活動，制度・政策などの社会的施策であり，今日では社会制度のひとつとして機能している。

　国民の福祉ニーズの複雑化，多様化，高度化にともなって，必要とされる具体的な社会福祉援助技術の機能も拡大しているが，主な機能をあげてみると，①仲介的機能（利用者と社会資源を仲介することで問題解決に導くはたらき），②調停的機能（利用者と利用者をとりまく関係者との争いなどを調停するはたらき），③代弁的機能（利用者に代わって，援助者が利用者の権利擁護を求めるはたらき），④教育的機能（利用者に必要な情報や知識を提供し，学習の機会をつくるはたらき），⑤協働的機能（利用者と援助者が対等な関係のなかで，問題解決を図るはたらき），などがあげられる。

Ⅲ. 福祉・養護編

---

word

◆スーパービジョン

　経験豊富な援助者（スーパーバイザー）が経験の浅い援助者（スーパーバイジー）などの職務遂行能力を向上させるために，助言指導や教育訓練を行う指導法をいう。個人を対象としたスーパービジョンと集団を対象としたスーパービジョンがあり，面接やロールプレイを通してスーパーバイジーが自らのスキルの盲点に気づくよう支援する。

---

person

＊バイステック（Biestek, F.P. 1912-1994）

　アメリカの社会福祉学者。ケースワーカーの基本原則を7つにまとめた。主著『ケースワークの原則』

▶ 社会福祉援助技術

117 社会福祉援助技術の形成と発展

1．慈善事業から専門的援助の萌芽

　社会福祉援助技術の起源は，18世紀後半から20世紀初頭にかけてイギリスやアメリカで生まれた慈善組織協会活動や青少年健全育成活動，セツルメント活動の社会改良運動などにあるといわれる。

　その後，社会福祉援助技術の母体となる先駆的援助方法が各々の諸活動のなかで編み出され，諸学問的発達の成果を積極的に取り入れ，理論的体系化を目指していった。例えば，この時期に，リッチモンド*は，個別援助技術理論の体系化と基本的枠組みを示した。

2．個別援助技術の展開

　一般的に，個別援助技術の展開は，①インテーク（その機関が扱うのかどうかを決定するという段階），②スタディ（問題解決に必要な資料を収集する段階），③社会診断（総合的な判断のもとに，解決すべき問題に対する援助計画を作成する段階），④社会的援助（援助計画を実行していく段階），の順に展開される。なお，近年，最も関心が向けられている援助方法のひとつにケアマネジメントがあげられるが，ケアマネジメントの展開は，入り口→アセスメント→ケアの目標設定とケア計画の作成→ケア計画の実施→モニタリング→再アセスメント→終結，の7つの局面である。

3．集団援助技術の展開

　集団援助技術の展開は，シュワルツ*によると，①準備期（ニーズや問題を把握し，グループのあり方や目標を設定し，参加への動機づけを行う段階），②開始期（最初の会合から集団として動き始めるまでの段階），③作業期（目的達成のために明確な成果が出るように進めていく段階），④終結・移行期（グループ活動がメンバー個人にとってどのような意義があったのか，何を得たのかなどを評価できるように援助する段階），の4段階であると説いている。

4．地域援助技術の展開

　地域援助技術は，地域住民が地域の福祉問題などを地域住民自身の手で解決しようとする諸活動を側面から援助する方法で，その展開は，①問題把握，②計画策定，③計画実施，④活動評価，の4局面である。

－286－

社会福祉援助技術の近年の動向

1970年代になって，社会福祉援助技術の統合化への動きがみられたり，伝統的な社会福祉援助技術の考え方である医療モデルが批判され，新たな生活モデルが登場してくる。また，1980年代以降になって台頭してくるアプローチとしては，エンパワメント・アプローチ*とストレングス視点*などがあげられる。

さらに，個別援助技術の新たな援助方法として，ケアマネジメントに関心が向けられている。

日本での社会福祉援助技術の展開

第二次世界大戦前においては，ケースワークやグループワークなどの導入が図られたが，実現には至らなかった。戦後に至り，アメリカから社会福祉援助技術が新たに紹介され，福祉事務所や児童相談所などの公的機関にケースワークなどが導入され，大学などにおける社会福祉専門教育なども整備された。

また，今日，最も関心が示されている新たな援助方法のひとつであるケアマネジメントが，2000（平成12）年の『介護保険法』，2006（平成18）年の『障害者自立支援法』（現『障害者総合支援法』）の具体的援助方法のひとつに取り上げられた。

word

*エンパワメント・アプローチ
人が生まれながらにして有している多様なパワーを活用する可能性を支援することを通して，人間として尊厳ある生活を送れるようにすること。

*ストレングス視点
利用者本人や利用者をとりまく環境などがもっている強みを生かして，利用者の自己実現を図ること。

person

*リッチモンド（Richmond, M.E. 1861-1928）
ケースワークの母と呼ばれ，ケースワーク理論を最初に体系化した。主著『社会診断』『ソーシャル・ケース・ワークとは何か』

*シュワルツ（Schwartz, W. 1916-1982）
1960年代以降の北米を代表する人物で，相互交流作用モデルを提唱し，グループワーク理論を体系化した。主著『グループワークの実際』

▶ 社会福祉援助技術

118 社会福祉援助技術の形態と方法

1．個別援助技術の形態と方法

　個別援助技術（ケースワーク）が展開される場として，社会福祉専門機関，社会福祉施設，社会福祉関連機関があり，それぞれの機関・施設の目的・機能によって援助方法も異なってくる。

2．集団援助技術の形態と方法

　集団援助技術（グループワーク）は保育所，児童館などの社会福祉施設，子ども会，ボーイスカウトなどの青少年団体活動など，さまざまなプログラム活動を通してそれぞれの目的達成が目指されている。

3．地域援助技術の形態と方法

　地域援助技術（コミュニティワーク）は，主に社会福祉協議会（社協）や社会福祉施設，保健所などで取り組まれている。とくに，市町村社協は専門的に地域援助技術を活用して，地域福祉活動を展開している。

4．その他の間接援助技術

　地域の福祉ニーズを把握するための社会福祉調査，地域や利用者のニーズに応えて，効率的，効果的に社会福祉機関，施設，団体を運営・管理するための社会福祉運営管理，社会福祉制度・サービスの開発，改善を求めて行う要請，陳情運動を中心とした社会活動法，地域住民・当事者参加によって社会福祉目標を計画的に達成するための社会福祉計画がある。

5．その他の関連援助技術

　カウンセリング：面接を通しての心理的な援助（☞p.344）

　コンサルテーション：援助者が必要に応じて弁護士などの他の専門家の助言を受けて行う。

　ケアマネジメント：介護支援専門員の援助技術として定着してきている。

　ネットワーク：ソーシャル・サポートネットワークと地域の関係機関・団体・施設の連絡調整機能としてのネットワークがある（☞p.353）。

－288－

社会福祉機関の機能とケースワーク：児童虐待ケースワーク

個別援助技術は，社会福祉機関等の機能によって規定される。それを児童相談所の児童虐待対応でみてみよう。児童虐待には，強制的な立ち入り調査，一時保護などの親子分離といった法的介入が行われる。そこで，保護者のなかには，児童相談所の介入を拒否し，威圧的・攻撃的な態度を示す者も少なくない。児童虐待対応においては，法的介入によって生じたこのような「保護者との対立関係すら援助関係として活用していく」[1] 視点が必要である。

アプテカーのケースワークとカウンセリング

ケースワーク，カウンセリングおよび心理療法の援助は，人格の内面化の度合いに対応して行われる。カウンセリングはケースワークと心理療法の中間に位置し，具体的なサービスによる援助を行うケースワークとは，外在化された問題についての援助で重なっており，無意識界に入ってより内面の精神身体病的要因について援助する心理療法とは，内面化された問題についての援助で重なっている。

図表118-1　ケースワーク，カウンセリングおよび心理療法の重なり

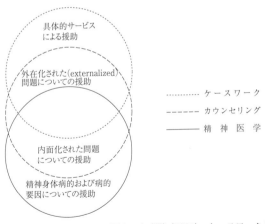

（アプテカー H.H., 坪上　宏（訳）(1964)．ケースワークとカウセリング　誠信書房　p.122）

▶ 社会福祉援助技術

119 相談援助の動向

1. 相談ニーズの高まりと地域ネットワークの重要性

　従来はあらゆる児童家庭相談について児童相談所が対応することとされてきたが，近年，児童虐待相談件数の急増等により緊急かつより高度な専門的対応が求められる一方で，育児不安等を背景に身近な子育て相談ニーズも増大しており，こうした幅広い相談全てを児童相談所のみが受け止めることは必ずしも効率的ではなく，市町村をはじめ多様な機関によるきめ細やかな対応が求められている。

　地域における相談援助は，多様なサービスと関連づけて行うことが効果的であり，地域ネットワークが重要となる。市町村は多様な児童福祉サービスの実施主体であり，母子保健サービス・保育サービス，子育て支援サービスに加えて，虐待の防止や早期発見を行う観点も踏まえて乳児家庭全戸訪問事業＊や養育支援訪問事業等を実施している。このようなサービスの過程で関係機関が把握したケースについては，必要に応じて市町村における児童家庭相談の窓口へつなぐことを要請するなど，ケースの積極的な把握と相談窓口との連携を図ることが重要である。

2. 権利の代弁者としての相談援助

　子どもにとって親に養育されることは，基本的な人権のひとつであり，親と愛着関係を形成できない状況にある要保護児童に対しては，親に代わって長期間にわたって継続的な関係を結ぶおとなを確保することが必要となる。

　児童福祉の相談援助は子どもの生命や一生に直接かかわるものであり，また子どもは自身で権利を行使することが難しいことから援助者は権利の代弁者としての役割も担っている。このような責務の重大性を考えれば，相談・援助活動に携わる職員は，相談援助活動に必要な専門的態度・知識技術を獲得していることが不可欠である。相談を行う機関・施設等は研修の実施や，専門機関や外部の専門家からの助言・指導を受けることなどにより相談援助の質的向上に努めなければならない。また，同時に援助者自身も自己研鑽をし，専門性の向上に努めなければならない。

－290－

図表119-1　市町村・児童相談所における相談援助活動系統図

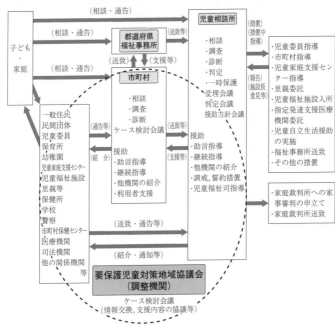

(厚生労働省（2016）．児童相談所運営指針　p.162)

word
＊乳児家庭全戸訪問事業

　乳児のいるすべての家庭を訪問し，さまざまな不安や悩みを聞き，子育て支援に関する情報提供等を行うとともに，親子の心身の状況や養育環境等の把握や助言を行い，支援が必要な家庭に対しては適切なサービス提供につなげる。

　このようにして，乳児のいる家庭と地域社会をつなぐ最初の機会とすることにより，乳児家庭の孤立化を防ぎ，乳児の健全な育成環境の確保を図るものである。

▶社会福祉の動向

120 少子高齢社会への対応

1．少子化の定義
　一般的には，15歳から49歳までの女子の年齢別出生率を合計し，1人の女性が生涯に産む子どもの数に相当するとされている合計特殊出生率が人口を維持するために必要な水準（人口置換水準約2.07～2.08）を下回る減少が続いている状態を指す。

2．少子化の進展
　日本では，大幅に出生が減少した丙午（☞p.243）の1966（昭和41）年の1.58を，1989（平成元）年に1.57と下回った，いわゆる「1.57」ショックの頃から広く社会に少子化の進展が認知され，少子化問題が政策に重要課題として浮上した（図表120-1）。少子化の主な要因として未婚化，晩婚化，夫婦の出生力の低下があげられており，その背景には，①子育て期にある世代の男女の労働環境の未整備，②若年層の雇用環境の不安による社会的自立の困難性，③社会全体での保育サービスを含めた子育て支援体制の不足，などの課題が指摘されている。

3．高齢化の現状
　2016（平成28）年10月現在の日本の総人口は1億2,693万人で，65歳以上の高齢者は3,259万人となり，27.3％を占めている（図表120-2）。日本の高齢化は諸外国に比べても例のない急速さで進行している。高齢化の主な要因には，①生活環境・食生活と栄養の改善，②医療技術の進歩による死亡率の低下，③平均寿命の延伸，④少子化の進行による若年人口の減少，があげられる。

4．人口減少社会と今後の動向
　このまま，少子高齢化が進行した場合の日本の将来予測を，国立社会保障・人口問題研究所が2017（平成29）年4月に発表した。2065年において，総人口は8,808万人，出生数56万人，高齢化率は38.4％とし，国民の2.6人に一人が65歳以上の高齢者が占める社会と推計している。今後，人口構造の変化がわが国の社会保障，産業，労働などの将来設計に大きな影響を及ぼすことが懸念されている。

―292―

120　少子高齢社会への対応

図表120-1　出生数および合計特殊出生率の年次推移

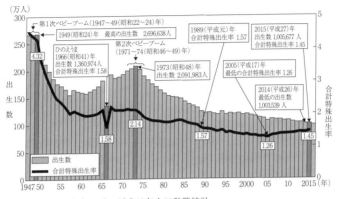

資料）厚生労働省（2016）．平成28年人口動態統計
（内閣府（2017）．平成29年度版 少子化社会対策白書）

図表120-2　高齢化の推移と将来推計

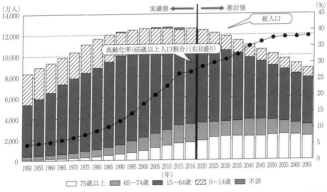

（内閣府（2017）．平成29年度版 高齢社会白書）

▶ 社会福祉の動向

121 地域福祉・在宅福祉

1．地域福祉の台頭

在宅福祉が地域福祉政策として登場するのが，1960年代末から1970年代初めにかけてである。1971（昭和46）年に中央社会福祉審議会は「コミュニティ形成と社会福祉」を答申したが，在宅福祉が法制化され，市町村事業として位置づけられたのは1990（平成2）年の社会福祉関係八法の改正においてである。

2．地域福祉施策の進展

地域福祉施策の実体化に大きな影響を与えたのが2000（平成12）年の『社会福祉事業法』の改正（改称）であるが，同年の『介護保険法』の実施によって，在宅福祉サービスは飛躍的に整備された。また，市町村の地域福祉計画策定も進み，地域福祉の基盤整備とともに地域での自立生活支援サービスの拡充が行われている。

3．地域福祉施策の動向

2016（平成28）年の『社会福祉法』の改正によって，社会福祉法人は「地域における公益的事業」を実施することが義務づけられた。また，同年，厚生労働省は「我が事・丸ごと」地域共生社会実現本部を設置し，今後の地域福祉施策として地域共生社会の構築を目指すことが方向づけられた。

4．地域福祉サービス推進の担い手

『社会福祉法』第4条には，民生委員，ボランティアとともに，地域住民も地域福祉の推進主体者として位置づけられている。地域福祉サービスの専門的な担い手としてのコミュニティワーカーは，福祉・保健・医療などの他の専門家と連携・協力して支援している。

5．コミュニティワーカーと地域福祉

コミュニティワーカーには，社会福祉協議会職員のように一義的にコミュニティワークを行う職員と，福祉事務所のように二義的にコミュニティワークを行う職員がいて，相互に連携して地域福祉を推進する。社会福祉協議会には，福祉活動専門員，コミュニティ・ソーシャルワーカー，ボランティアコーディネーターなどが配置されている。

—294—

121 地域福祉・在宅福祉

図表121-1 社会福祉基礎構造改革と社会福祉法の改正

```
社会福祉基礎構造改革について(中間まとめ)〔1998(平成元)年〕
```

【改革の基本的方向】
1. サービス利用者と提供者との対等の関係の確立
2. 個人の多様な需要への地域での総合的な支援
3. 幅広い需要に応える多様な主体の参入促進
4. 信頼と納得の得られるサービスの質と効率性の向上
5. 情報公開等による事業運営の透明性の確保
6. 増大する費用の公平かつ公正な負担
7. 住民の積極的な参加による福祉の文化の創造

```
社会福祉法〔2000(平成12)年〕
```

図表121-2 「我が事・丸ごと」地域共生社会実現本部

〔2016(平成28)年7月〕

```
2035年の保健医療システムの構築に向けて
```

【地域包括ケアの深化・地域共生社会の実現】
・高齢者・障害者・子どもなど全ての人びとが、一人ひとりの暮らしと生きがいを、ともに創り、高め合う社会(「地域共生社会」)の実現
・対象者ごとの福祉サービスを「タテワリ」から「まるごと」へと転換
 改革の骨格
1. 地域課題の解決力の強化
2. 地域を基盤とする包括的支援の強化
3. 地域丸ごとのつながりの強化
4. 専門人材の機能強化・最大活用

▶ 社会福祉の動向

122 社会福祉基礎構造改革

1．社会福祉基礎構造改革の背景

　公的責任を基軸とした社会福祉の制度が確立したのは，第二次世界大戦の終戦後間もない頃である。

　それから半世紀が経過して，社会福祉を利用する人がサービスを選択できない，福祉サービスを提供する施設などがサービスの質を向上させることが問われないなど，制度としての問題が生じてきた。例えば知的障害のある人が本人の意思とはかかわりなく一方的に行政機関が決めた施設に入所させられるなど，結果的に福祉サービスを利用する人たちの尊厳や権利を剥奪してしまうことになってしまっていた。

2．社会福祉基礎構造改革の経緯

　こうした問題の改善を図るために，中央社会福祉審議会社会福祉構造改革分科会において議論が行われた。その結果，「個人の尊厳」を掲げ，①主体者である福祉サービス利用者が選択できる制度の確立，②質の高いサービスの確保，③地域福祉の充実などを柱とする「社会福祉基礎構造改革について（中間まとめ）」（図表122-1）が1998（平成10）年6月に，「社会福祉基礎構造改革を進めるに当たって（追加意見）」が12月に提案された。

　さらに，2000（平成12）年5月29日に『社会福祉の増進のための社会福祉事業法の一部を改正する等の法律』が成立，『社会福祉事業法』が『社会福祉法』に改められ，新しい社会福祉制度による新たな日本の社会福祉が進められることになった。

3．社会福祉基礎構造改革の実際

　利用者が保育所を選択できるようになるといった先取りした1997（平成9）年の『児童福祉法』の改正もあったが，2000（平成12）年6月の『社会福祉法』の施行によって，措置制度から利用制度への変更，地域福祉計画の策定，介護保険制度の推進，成年後見制度，苦情解決，第三者評価の充実など，わが国の社会福祉制度が戦後に整備されてから初めての大きな変革となる社会福祉基礎構造改革が進められた。

122 社会福祉基礎構造改革

📖 公的責任

わが国では、『日本国憲法』(第25条)に「健康で文化的な最低限度の生活を営む権利を有する」と、すべての国民の生存権が示されている(☞p.267)。さらに、それを国が社会福祉、社会保障、公衆衛生の向上や増進に努める、いわゆる国家責任によって保障することを明記している。

📖 措置制度

措置制度とは、福祉サービスの利用を希望する人に対して、行政がその適否を判断し、社会福祉施設への入所や在宅サービスの内容などを行政処分によって決定する仕組みのことである。

図表122-1 「社会福祉基礎構造改革について(中間まとめ)」の要点

I 改革の必要性

〈福祉を取り巻く状況〉
○少子・高齢化、家庭機能の変化、低成長経済への移行
○社会福祉に対する国民の意識の変化
○国民全体の生活の安定を支える社会福祉制度への期待

〈社会福祉制度〉
○現行の基本的枠組みは、終戦直後の生活困窮者対策を前提としたものであり、今日まで50年間維持
○現状のままでは増大、多様化する福祉需要に十分に対応していくことは困難
○この間、児童福祉法の改正、介護保険法の制定を実施

社会福祉の基礎構造を抜本的に改革

II 改革の理念

改革の基本的方向
① サービスの利用者と提供者の対等な関係の確立
② 個人の多様な需要への地域での総合的な支援
③ 幅広い需要に応える多様な主体の参入促進
④ 信頼と納得が得られるサービスの質と効率性の向上
⑤ 情報公開等による事業運営の透明性の確保
⑥ 増大する費用の公平かつ公正な負担
⑦ 住民の積極的な参加による福祉の文化の創造

社会福祉の理念
○国民が自らの生活を自らの責任で営むことが基本
○自らの努力だけでは自立した生活を維持できない場合に社会連帯の考え方に立った支援

○個人が人としての尊厳をもって、家庭や地域の中で、その人らしい自立した生活が送れるよう支える

(厚生省(1998).社会福祉基礎構造改革について(中間まとめ))

▶社会福祉の動向

123 ボランティア活動の推進

1. ボランティア活動とは何か

　1990（平成2）年に開催されたボランティア活動推進国際協議会総会において，ボランティアとは「個人が自発的に決意・選択するものであり，人間の持っている潜在的能力や日常生活の質を高め，人間相互の連帯感を高める活動」と定義されている。

　ボランティア活動の基本的な特性は，大きく4つの枠組みで説明されることが多い。一つには，自発性・主体性・自主性といった個人の自由意思による，他から強制されない自己決定に基づく行為であり，最も重要な特性でもある。二つには，無償性・無給性・非営利性であり，活動の金銭的な対価や金銭的利益を目的としないことがその基本である。近年では，交通費や実費，低額の謝礼などによって活動を行う有償ボランティアもある。三つには，社会性・公共性・公益性・連帯性の言葉に表され，個人が社会とかかわりながら活動の成果が広く社会に活かされ，相互に支え合うことが可能となる。四つには，先駆性・開拓性・創造性があり，既存の制度やサービスでは手の届いていないところや新たに生まれた問題やニーズに応える臨機応変で柔軟な活動の展開が求められる。最終的にはボランティアが先駆的な活動を通して顕在化したニーズを社会に発信し，社会化・制度化につなげ，新たな社会的な仕組みをつくりだす働きももつ。

2. ボランティア活動の展開

　ボランティア活動は，古来より時代とともにさまざまな展開をみせているが，現在では分野，場所，方法など多様化し，社会的意義がさらに広がりをみせ，個人が尊重され，生き生きと生活できる社会づくりに欠かせないものとなっている。なかでも1995（平成7）年に起こった阪神・淡路大震災では，被災者同士や全国から集まった多くのボランティアが活躍し，ボランティア元年と呼ばれ，ボランティア活動が個人，団体，企業を問わず，より広がりをみせ，社会的な評価も高まった。また，1998（平成10）年に『特定非営利活動促進法』が施行される契機ともなった。

—298—

📖ボランティアの語源

ボランティア（volunteer）という言葉は，志す，喜んで行動するという意味をもつラテン語の［volo］から派生した自由意思を意味する［voluntas］という言葉が源流といわれている。

📖ボランティア活動における課題

活動のあり方やそのコーディネート，ボランティアコーディネーターの積極的導入，ボランティアがやりがいをもって活動できる環境整備，個人や団体同士の活動調整，活動を実施，継続するための資源（人，資金，もの）調達，活動の普及啓発，プライバシーへの配慮，ボランティアに対する理解向上，行政との連携，教育の場でのボランティア学習活動，ネットワーク作り，市民社会での活動評価など，活動団体側と団体をとりまく地域社会にそれぞれ課題がある。

📖ボランティア国際年（International Year of Volunteers）

2001（平成13）年を「ボランティア国際年」とすることが1997（平成9）年の第52回国際連合総会で，日本の提案に基づき，満場一致で採択された。国際的なキャンペーンとして，世界各地での活動の推進が期待されている。

図表123-1 ボランティアの推移（把握状況）

（単位：団体，人）

調査時期	ボランティア団体数	団体所属ボランティア人数	個人ボランティア人数	ボランティア総人数
1980（昭和55）年4月	16,162	1,552,577	50,875	1,603,452
1995（平成7）年3月	63,406	4,801,118	249,987	5,051,105
2000（平成12）年4月	95,741	6,758,381	362,569	7,120,950
2005（平成17）年4月	123,926	7,009,543	376,085	7,385,628
2009（平成21）年4月	170,284	6,687,611	616,478	7,304,089
2011（平成23）年4月	198,796	7,495,950	1,182,846	8,678,796
2013（平成25）年4月	210,936	6,542,850	1,066,637	7,609,487

（全国社会福祉協議会 全国ボランティア・市民活動振興センター調べ
平成27年3月末時点）

> 今後の社会福祉

124 社会福祉改革の展開

1．社会福祉基礎構造改革

　近年における社会福祉改革の大きなものとして，2000（平成12）年に，『社会福祉事業法』が『社会福祉法』に改正されたことを中心として行われた社会福祉基礎構造改革をあげることができる。これは1951（昭和26）年の『社会福祉事業法』制定以来大きな改正が行われてこなかった社会福祉事業，社会福祉法人，措置制度など社会福祉の共通基盤制度について，近年の社会状況を背景とした国民の福祉ニーズに対応するために見直しを行うものであった。

　個人が尊厳をもってその人らしい自立した生活が送れるよう支えるという社会福祉の理念に基づき，①個人の自立を基本とし，その選択を尊重した制度の確立，②質の高い福祉サービスの拡充，③地域での生活を総合的に支援するための地域福祉の充実を改革の具体的な方向としたものであった。

2．障害児施設の一元化

　2010（平成22）年，『障害者自立支援法』等が改正された。それまでの障害児の施設系が『児童福祉法』，事業系は『障害者自立支援法』によって実施されていたものを『児童福祉法』に根拠規定を一本化し，対象には発達障害も含むことにしたものである。施設体系は，障害種別に分かれていた体系を一元化し，通所支援として①児童発達支援，②医療型児童発達支援，③放課後等デイサービス，④保育所等訪問支援とし，入所支援として①福祉型，②医療型に再編した。特に入所施設は障害種別で分けるのをやめ，複数の障害に対応できるように再編し，従前の施設は医療の提供の有無によって福祉型か医療型のどちらかに移行する〔2012（平成24）年4月施行〕。

3．新しい子ども・子育て支援の施策

　社会保障・税一体改革の中で，2012（平成24）年8月に「子ども・子育て関連3法」が国会で可決され，新たに幼保一元化された「幼保連携型認定こども園」を創設するなど，幼児期の学校教育・保育，地域の子ども・子育て支援を総合的に推進する新しい子ども・子育て支援の体制が2015（平成27）年度からスタートしている。

📖社会福祉基礎構造改革に伴う主な改正

＜供給者サイドの福祉から利用者サイドの福祉へ＞

　福祉サービスの利用制度化：保育所入所に典型的にみられるもので，従来は行政（市町村）が行政処分により保育所入所を決定するという措置制度であったものを，保護者が事業者（保育所）との対等な関係に基づいて，入所させたい保育所を選んで入所させることができるというものである。

　地域福祉権利擁護制度：認知症高齢者など自己決定能力の低下した者の福祉サービス利用支援のため，『民法』の成年後見制度を補完する仕組みである。

＜福祉サービスの質の向上＞

　良質なサービスを支える人材の養成・確保として，「社会福祉士および介護福祉士」等の教育課程を見直す。

　自己評価および第三者評価の実施により，サービスの質の向上を図る。すなわち事業者が提供するサービスについて，事業者自身による自己評価および第三者評価機関による評価を実施する。

📖『障害者自立支援法』から『障害者総合支援法』へ

　『障害者自立支援法』は2012（平成24）年『障害者総合支援法』と名称を変え，内容も一部改正された〔2013（平成25）年4月施行〕。

📖幼保一元化の新たな「幼保連携型認定こども園」

　2010（平成22）年1月に「子ども・子育て新システム検討会議」が設けられ，検討の中で幼保一元化の検討が始まった。2012（平成24）年4月には，「子ども・子育て新システムに関する基本制度とりまとめ」が公表され，保育所や幼稚園，認定こども園などの全てを一元化した「総合こども園」の構想が具体化した。

　しかし，当初のすべてを「総合こども園」に一元化する計画が，検討や国会審議の過程で，従来の保育所，幼稚園，4種類の認定こども園の制度を残すことになり，いわば6元化となってしまった。

　なお，その中の「幼保連携型認定こども園」のみ，内閣府が管轄して認可をするなど，2015（平成27）年度から幼保が1本化することになったが，それが明示されている「子ども・子育て関連3法」が，2012（平成24）年8月に国会で可決された。

▶ 児童養護の基本的な考え方

125 児童養護とは何か

1．『児童福祉法』における児童

　「児童養護」とは，一般的に，養い育てるという意味の「養育」と，護るという意味の「保護」を併せた語，すなわち「養い護り育てる」という意味を有しており，さらには積極的な意味で，「教育」の機能（とくに家庭の機能に位置づけられている教育機能）をも含めて解されている。また，「児童養護」は，満18歳までの児童に対し，それぞれ成長・発達を可能にする社会やおとなの働きかけであり，その社会活動のすべてを意味している。なお，児童養護施設などの入所施設では20歳までの入所を認めている。児童養護における対象の児童は，『児童福祉法』では，次のように定義されている。

第4条　この法律で，児童とは，満18歳に満たない者をいい，児童を
　　左のように分ける。
　一　乳児　満1歳に満たない者
　二　幼児　満1歳から，小学校就学の始期に達するまでの者
　三　少年　小学校就学の始期から，満18歳に達するまでの者
2　この法律で，障害児とは，身体に障害のある児童，知的障害のあ
　る児童，精神に障害のある児童（発達障害者支援法（平成16年法律
　第167号）第2条第2項に規定する発達障害児を含む。）又は治療方
　法が確立していない疾病その他の特殊の疾病であつて障害者の日常
　生活及び社会生活を総合的に支援するための法律（平成17年法律第
　123号）第4条第1項の政令で定めるものによる障害の程度が同項
　の厚生労働大臣が定める程度である児童をいう。

2．児童家庭福祉と子どもの養護

　子どもの養護は，『児童福祉法』第2条第2項「児童の保護者は，児童を心身ともに健やかに育成することについて第一義的責任を負う。」とあるように，通常は家庭で親によって行われるが，それが困難な場合に，里親制度や乳児院，児童養護施設などの児童福祉施設による養護が行われる。

　今後の社会的養護は，主に家庭養護の支援にかかわる地域を基盤とした社会的養護と，施設の機能などを利用した施設を基盤とした社会的養護の両方の視点から考える必要がある。

—302—

養　護

『広辞苑』第六版（岩波書店）では，「①危険がないように保護し育てること。②学校教育で，児童・生徒の健康の保持・増進に努めること。③心身障害または社会的な理由で特に手当を必要とする者を保護し助けること」としている。

『保育所保育指針』は「保育所の役割」として，「保育所は，その目的を達成するために，保育に関する専門性を有する職員が，家庭との緊密な連携の下に，子どもの状況や発達過程を踏まえ，保育所における環境を通して，養護及び教育を一体的に行うことを特性としている」と示し，「保育の目標」で，「十分に養護の行き届いた環境の下に，くつろいだ雰囲気の中で子どもの様々な欲求を満たし，生命の保持及び情緒の安定を図ること」としている。

さらに「養護」について，「子どもの生命の保持及び情緒の安定を図るために保育士等が行う援助や関わり」と定義している。

「生命の保持」に関するねらいとして，①一人一人の子どもの快適な生活，②健康と安全，③生理的欲求の充足，④健康の増進が，「情緒の安定」に関するねらいとして，①一人一人の子どもが安定感を持って過ごす，②自分の気持ちを安心して表す，③周囲から主体として受け止められて育ち，自分を肯定する気持ちが育まれていく，④子どもの心身の疲れが癒されるようにする，が示されている。

要養護児童

保護者のない子どもや保護者に監護させることが不適当であると認められる子どもなど，養育・保護を必要とする子どものことをいう。具体的には，①保護者のない児童：実際に監護する者がいない子どものことで，具体的には，保護者と死別，保護者に遺棄，保護者が長期にわたって入院または拘禁されている，②保護者に虐待されている児童：身体的虐待，心理的虐待，ネグレクト，性的虐待など，保護者から不適切なかかわりをされている子ども，③環境上養護を要する児童：保護者の心身に病気があり，必要な衣・食・住および監護を受けることができない子どもや，子どもの福祉を阻害する行為を受けている子ども，などである。

▶児童養護の基本的な考え方

126 児童養護の体系

1．家庭養護と社会的養護

　児童養護は，本来，子ども自身の所属するそれぞれの家庭において，親による養育・保護を基本としている。そして，子どもが家庭において養育されることを家庭養護と呼んでいる。

　しかし今日，著しい社会や経済状況の変化や，女性の社会進出が一般化し，晩婚化・少子化・離婚・虐待などの増加などによって，家庭における養育機能は低下し，一部の子どもたちの健全な育成が困難になっている。社会的養護とは，このような子どもたちを，公的責任で社会的に養育し，保護するとともに，養育に大きな困難を抱える家庭への支援を行うことである。

　『児童福祉法』第2条第3項には，児童育成の責任は，国および地方公共団体とともに保護者が負うことが明示されている（☞p.215）。したがって児童の養育は，親による家庭の養育とともに，社会および機関や施設などが連携する，すなわち，家庭養護と社会的養護の相互補完によって，児童の養護が全うされる。

2．社会的養護の体系

　社会的養護の体系は，家庭で子どもを養育する形態に近い家庭養護と，児童福祉施設を中心とする施設養護に分けることができる。さらに施設養護は，①子どもが家庭から離れて生活し，施設が家庭の養育を代替したり支援する機能をもつ入所型と，②施設が家庭の養育を補完する機能をもち，一日のうちの一定時間を施設に通所する通所型，③家庭の養育を支援し，子どもの健全な育成を増進したり，問題の発生を予防する機能をもち，施設の専門性を提供していく利用型に分けることができる。

図表126-1　社会的養護の体系

126 児童養護の体系

養子縁組制度

養子縁組には，以下の2種類がある。

普通養子縁組：『民法』第792条以下に規定されており，養親になれる者は20歳以上の者で，独身でも可能である。養子となれる者は養親よりも年長であってはならない。当事者の合意に基づく届出によって養子縁組が成立する。実父母との親子関係はそのまま継続され，戸籍上の記載は「養子」と明記される。

特別養子縁組：『民法』第817条の4以下に規定され，養親となれる者は25歳以上の配偶者がいる者（養親となる夫婦の一方が25歳以上なら他方は20歳以上であればよい）で，養子になれる者は原則として6歳未満の要保護性の顕著な特別な事情にある子どもである。なお，実方親族との関係は消滅し，戸籍には，養親の実子として記載され，養子であることや実父母の名前などは記載されない。

word

◆里親制度

里親の種類は，①養育里親，②専門里親，③親族里親，④養子縁組，里親，である。

> 第6条の4　この法律で，里親とは，養育里親及び厚生労働省令で定める人数以下の要保護児童を養育することを希望する者であつて，養子縁組によつて養親となることを希望するものその他のこれに類する者として厚生労働省令で定めるもののうち，都道府県知事が第27条第1項第3号の規定により児童を委託する者として適当と認めるものをいう。
> 2　この法律で，養育里親とは，前項に規定する厚生労働省令で定める人数以下の要保護児童を養育することを希望し，かつ，都道府県知事が厚生労働省令で定めるところにより行う研修を修了したことその他の厚生労働省令で定める要件を満たす者であつて，第34条の19に規定する養育里親名簿に登録されたものをいう。
>
> （『児童福祉法』）

◆小規模住居型児童養育事業（ファミリーホーム）

『児童福祉法』第6条の3第8項に規定され，里親と同種の事業で，家庭的な環境で養育することを目的としている。委託児童の定員は5人または6人で，養育者の人数は2人の養育者（夫婦であるもの）と1人以上の補助者。

Ⅲ・福祉・養護編

▶ 児童養護の基本的な考え方

127 施設養護の目的・理念

1．施設養護と子どもの権利

　『児童の権利に関する条約』（子どもの権利条約）は，子どもを独立した人間として年齢と成熟度に応じてその意向が尊重され，成長発達しつつある存在としてとらえ，子どもの最善の利益を考え権利擁護に努めるといった，子どもを権利の主体者として保障している。

　施設養護はそのために，入所している子どもたちへのケアに関し，施設職員が遵守すべき事項を定めた「ケア基準」や入所する子どもたちに，施設で生活する子どもたちの権利や約束事を説明した「子どもの権利ノート」を作成する。『児童福祉施設の設備及び運営に関する基準』第9条の3で，施設長が懲戒を行ったり，懲戒を行う場合には子どもに身体的な苦痛を与えたり，人格を辱めたりする等の権限を濫用してはならない等，濫用権の禁止が明記されている。

2．児童福祉施設の援助者の資質

　児童福祉施設の職員は，児童と日常生活をともにし，絶えず児童と接触することから，児童を健全に育成し，よりよき社会の一員として成長させるために，職員自身が児童とともに成長していくという，たゆまぬ努力をする必要がある。何事にも積極的な行動をとり，児童の模範ともなるべき優れた生活指導者でなければならない。

　児童福祉施設の援助者の基本的要素としては5つのH〔①温かな心（Heart）に基づき，利用者の置かれている問題状況や必要なニーズを生活全体から客観的・冷静に判断する，②知性（Head）と，個別ニーズにそって的確かつ柔軟に利用者とともに問題解決に取り組む，③技能(Hand)，自己のみを主張しない，④豊かな人間関係（Human relationship），⑤心身の健康（Health）〕，が必要であるといわれている。

3．倫理の確立と権利擁護

　専門職が守るべき倫理としては，①利用者の利益を最優先し，権利侵害のおそれや侵害された場合には，利用者の側に立ってその権利を代弁し護る（権利擁護），②秘密の厳守，③専門職のとるべき倫理や態度に照らして自身の態度や実践を点検し，よりよくなるように努める（自己覚知），などがあげられる。

📖 倫　理

　社会福祉のサービスを実施するにあたり，サービスの基盤となる道徳的規範のこと。社会福祉は，個人や社会の幸福の追求を目標とするが，そのためには，援助を受ける側の基本的人権が保障されなければならない。

　援助者（保育士など）は，援助の過程において援助を受ける側の生活上の秘密を知り得るが，業務上知り得た秘密を守る義務が課せられている。『児童福祉法』第18条の22の，「保育士は，正当な理由がなく，その業務に関して知り得た人の秘密を漏らしてはならない。保育士でなくなつた後においても，同様とする」や『全国保育士会倫理綱領』『ソーシャルワーカーの倫理綱領』に，その倫理を規定している。

word

◆権利擁護（advocacy＝アドボカシー）

　「支持」，「援護」と訳され，心身に障害のある人や認知症の高齢者などの基本的人権や財産保有権を擁護し，生活の質を高める目的の下に，これらの人びとを代弁して権益を保障するための総称である。

　権利擁護には，①利用可能なサービスを何らかの理由で利用できていない状況に対して利用の促進を図る，②サービスの利用中などにおいて不当な取扱いを受けている場合に，住民自らが苦情・不服を申し立てたり，外部機関がそれに介入する，③社会的に不利益を受けている集団や地域に対してその改善を図るような運動を展開する，といった3つの内容がある。

◆オンブズマン（オンブズパーソン）制度

　オンブズマンとは「代理人」を意味するスウェーデン語で，公的な制度や事業などに不正などがないかを市民の立場から見守る。苦情や不正などがあった場合は，本人に代わって調査・処理する機関・仕組みや監察する人のことである。

◆エンパワメント

　元来は「力を与える」という意味の法律用語であるが，福祉の分野では，クライエントが，自ら抱える問題を，自己実現へ向かうために自らの環境を改善する力を高め，自己に潜在している力を見出し，自らの生活を自らの決定によって作り上げていくこと，またはそのプロセスへの支援として使われる。利用者の能力を開発する福祉サービスとして重要である。

▶ 児童養護の歴史

128 第二次世界大戦前の施設養護

1. 明治時代における施設養護

戦前の日本における施設養護は，主に民間によって行われたが，明治政府も次のような児童養護政策を実施した。1868（明治元）年の『堕胎禁止令』や1871（明治4）年の『棄児養育米給与方』，1873（明治6）年の『三子出産ノ貧困者へ養育料給与方』の制定である。しかしこれらの政策は，実質的にはあまり効果がなかった。

また，救貧行政においても，江戸時代まで諸藩で行われていたさまざまな制度を，明治政府としては，全国一律の政策とする必要があったため，1874（明治7）年に『恤救規則』（☞p.264）を公布した。

国家の児童養護政策が十分でなかったため，宗教家や民間の篤志家が児童養護活動を行った。キリスト教徒であった石井十次（☞p.229）は，1887（明治20）年に「岡山孤児院」を開設し，『岡山孤児院十二則』をまとめた。石井十次は，イギリスのバーナードホームの影響を受け，小舎制や里親制度を取り入れ，近代的施設養護の先駆的役割を果たした。1891（明治24）年に石井亮一が発足した「弧女学院」を，地名にちなんで1897（明治30）年に「滝乃川学園」と改称し，わが国初の知的障害児専門の施設となった。1899（明治32）年には，留岡幸助（☞p.228）が東京に「巣鴨家庭学校」を開設した。

2. 大正時代における施設養護

1916（大正5）年に岩崎佐一が大阪に「桃花塾」を設立し，知的障害者施設の礎を築いた。また，1921（大正10）年には，柏倉松蔵が肢体不自由児施設「柏木学園」を設置した。

3. 昭和時代における施設養護

昭和時代に入ると国民生活は不況にみまわれ，政府は，1929（昭和4）年に『救護法』を制定させた〔施行は1932（昭和7）年〕。そして1933（昭和8）年には，『児童虐待防止法』が公布され，14歳未満の子どもを対象としてその保護を目的とした。

また，1937（昭和12）年に『母子保護法』が公布された。同法は，13歳以下の子どもを養育する母子を対象とし，生活扶助，教育扶助，生業扶助，医療扶助などを行った。

『棄児養育米給与方』

1871（明治4）年に制定された。棄児（捨て子）を養育する者に対して，その子どもが15歳に達するまで，米を年間7斗支給するとした。棄児には，所預（里子として育てられている棄児）として養育している子ども，貰受（わが子として育てられている棄児）として養育している子どもも支給の対象とされた。

　※　10合＝1升　　10升＝1斗　　10斗＝1石

『恤救規則』

1874（明治7）年に制定されたわが国最初の救貧法で，隣保相扶を前提としていたため，救済する対象を血縁や地縁のない極貧者〔①極貧で身寄りも仕事もない廃疾者（不治の病，病気のために身体の機能が不能になった人），②同様の状態にある70歳以上の重病者または老衰者，③同様の状態にある疾病による労働不能者，④同様の状態にある13歳以下の孤児〕に限定した内容であった。

『岡山孤児院十二則』

石井十次は，「岡山孤児院」の施設方針を十二則としてまとめた。
①家族制度：子どもを10人位の小舎で擬似家族的な生活をさせる，②委託制度：近隣の農家に里子として預け，毎月養育費を払う，③満腹主義：子どもに十分な食事を与える，④実行主義：おとなは行動をもって子どもの教育にあたる，⑤非体罰主義：子どもへの指導に体罰を用いない，⑥托鉢主義：広く寄付を募り，施設を運営する，⑦施行教育：子どもを小グループで旅をさせ，見聞を広めさせた，⑧米洗教育：米を洗うように子どもの養育も繰り返していねいに行う，⑨宗教教育：日々感謝の気持を大切に敬虔な宗教心を養う，⑩密室教育：褒めたり叱ったりする時は，他人のいない個室で行う，⑪小学教育：幼児期は十分に遊び，その後尋常高等小学校で学ばせた，⑫実業教育：職業訓練を行い，社会で自立していく技能を学ばせた。

『救護法』

『恤救規則』に替わるもので，初めて救護が国の義務と位置づけられた。救済の範囲も広げられ，13歳以下の子どもや妊産婦，病人も対象とされた。さらにこうした母子を保護する施設（現在の母子生活支援施設）の設置を決めた。

▶児童養護の歴史

129 第二次世界大戦後の施設養護

1．『児童福祉法』に規定された施設養護

　戦前は民間の篤志家や複数の法律の下に行われていた施設養護は，1947（昭和22）年に制定された『児童福祉法』で国の政策として位置づけられ，国が主導してその体系の整備が行われた。

　制定当初の『児童福祉法』では，養護施設，乳児院，母子寮，精神薄弱児施設，療育施設，教護院が施設養護の施設として規定された。1948（昭和23）年には，『児童福祉施設最低基準』〔『児童福祉施設の設備及び運営に関する基準』に2012（平成24）年4月1日より名称変更〕が定められ，施設ごとの設備や職員の基準が明確にされた。

　『児童福祉法』は，その後数次にわたり改正が行われ，現在の『児童福祉法』では，施設養護を行う施設は，児童養護施設，乳児院，母子生活支援施設，障害児入所施設，（「福祉型」と「医療型」に分類されており，「福祉型」は，『児童福祉法』に定められていた知的障害児施設，盲ろうあ児施設であり，「医療型」は，肢体不自由児施設，重症心身障害児施設である），児童発達支援センター（知的障害児通園施設，難聴幼児通園施設，肢体不自由児通園施設），情緒障害児短期治療施設〔「児童心理治療施設」に2017（平成29）年4月1日より名称変更〕，児童自立支援施設が規定され，その内容の充実が図られている。

2．施設養護の役割

　戦後の施設養護は戦争孤児や浮浪児などの保護からスタートしたが，その後の経済の発展や社会状況の変化に伴って，求められる内容が大きく変わってきた。

　従来の親の死亡，経済的困窮による家庭崩壊や心身に障害のある児童への養護に加え，さまざまな家庭問題から家庭で生活できない児童，非行・登校拒否などで家庭・学校・地域社会から阻害され，集団のなかで生活できずにはじき出された児童，以前は心身の障害とはみられなかった児童など，その対象は広がり，その目的も児童の養護にとどまらず，児童の自立を支援し，児童がよき社会人として成長し，社会生活に積極的に参加できるような人間に育成することが最終目標とされている。

—310—

📖 養護施設

戦前の「孤児院」は，当初の『児童福祉法』で「養護施設」となった。1997（平成9）年の『児童福祉法』の改正で「児童養護施設」となり，児童の養護に加え，その自立を支援する施設となった。

📖 母子寮

戦前の「母子寮」は，当初の『児童福祉法』に規定された。1997（平成9）年の『児童福祉法』の改正で「母子生活支援施設」となり，母子の保護に加え，母子の自立を促進するために生活を支援する施設と位置づけられた。

📖 精神薄弱児施設

戦前，石井亮一（☞p.308）などが尽力した「精神薄弱児施設」も当初の『児童福祉法』で規定された。1998（平成10）年の『精神薄弱の用語の整理のための関係法律の一部を改正する法律』により，「知的障害児施設」となった。さらに『児童福祉法』の改正で2012（平成24）年より，入所による支援を行う施設として「障害児入所施設」となった。

📖 療育施設

当初の『児童福祉法』で療育施設は，「身体の虚弱な児童に適正な環境を与えて，その健康増進を図ることを目的とする施設又は身体の機能の不自由な児童を治療するとともに，独立自活に必要な知識技能を与えることを目的とする施設」と規定された。

その後，療育施設は解消となり，1950（昭和25）年に「肢体不自由児施設」，1961（昭和36）年に「情緒障害児短期治療施設」〔「児童心理治療施設」に2017（平成29）年4月1日より名称変更〕，1967（昭和42）年に「重症心身障害児施設」が，それぞれ追認された。

2012（平成24）年より，「盲ろうあ児施設」，「肢体不自由児施設」，「重症心身障害児施設」は，「障害児入所施設」となった。

📖 教護院

戦前の感化院は「教護院」という名称で，当初の『児童福祉法』で規定された。1997（平成9）年の『児童福祉法』の改正で「児童自立支援施設」となり，2003（平成15）年の改正で新たに生活指導等を要する児童が対象に追加された。

▶施設における児童養護

130 施設養護の目標と機能

1．生活指導と教育の機能

　施設では，親と離れて過ごすが，家庭と同じような経験ができることを目指している。児童は保育士，児童指導員などの支援を得て，起床から就寝まで，リズムのある生活を繰り返す。ここで行われる温かさを基盤とした積極的な支援は，過去において自己を発揮できなかった児童が，安定した情緒と主体的な生活態度を身につける場となる。

　児童は，地域または隣接の学校（幼稚園，保育所）で教育を受ける。同時に施設においても家庭教育と同じように教育機能が発揮される。保育士，児童指導員などの支援のもと，自分の問題を解決する力と集団で生活するための知恵を身につけ，家庭復帰，社会的自立を目指す能力が育成される。

2．心理的・精神的治療の機能

　施設によって異なるが，入所児の多くは，過去の生活過程で心理的・精神的な課題を抱えている。養育放棄，虐待を受けた児童の場合は，医療的なケアや心理療法などの専門的な治療が施される。プレイセラピー*やカウンセリングによってトラウマ*を治療することや，深くかかわってくれる人への信頼を構築することも心理的な治療である。

　障害のある児童に対しては，確かな医療診断に基づいた治療的支援を行うとともに，発達を促すための療育・訓練・ケアなどの専門的援助を行う。専門的な治療や療育的支援は，児童の成長・発達を促す。

3．地域福祉活動の機能

　児童福祉施設の養護は，施設内で完結するものではない。蓄えた専門的養護・療育の財産は，地域へ還元されることが求められる。地域家庭支援センターを児童養護施設などに付置して支援を行うところがある。また地域福祉センターを知的障害児（者）施設に付置して，障害のある人びとの居宅介護，行動援護，日中一時支援などに取り組む施設がある。これらが地域との相互連携につながる。

—312—

130　施設養護の目標と機能

図表130-1　T児童養護施設の日課の一例

時　間	幼　児	小学生	中学生	高校生
6：30	起床，布団の始末，洗顔，歯磨き，着替え，身だしなみ			
7：00	朝食，手伝い（牛乳の取込み，ごみ出しなど），弁当詰め（中高生）			
8：00	幼稚園児登園，幼児は施設内保育	小中高生登校		
		小中高生下校		
15：00	おやつ，自由な遊び			
17：00	夕食	部屋の掃除		
17：30	入浴	夕食		
18：00	寛ぎの時間	順次入浴学習，娯楽など	小学生入浴終了後，中高生順次入浴学習，娯楽，談話など	
19：00				
20：30	就寝			
21：00		就寝		
22：00				
23：00			就寝	

word

＊プレイセラピー（play therapy）

　遊戯療法ともいう。子どもが抱える心の問題を，遊びで治療，または治療の方法を探る心理療法。訓練を受けた治療者（セラピスト）の見守りのなかで，プレイルームに準備された遊具で，個別または集団で遊ぶ。心のなかに抑圧されたものが遊びを通して表出し，心が整えられたりする。

＊トラウマ（trauma）

　心的外傷ともいう。虐待などによって強い不安や恐怖体験をした場合，日常生活において精神面，行動面で不安定な状態に陥る。ネグレクト（育児放棄）のように適切な養育がなかった場合にも現れる。心のなかに押し留めていた体験が，後になって不安定な感情や行動として出現する場合もある。

地域福祉活動の機能

　従来の施設は，社会とのつながりが薄かった。近年は，児童福祉施設が培った専門性と技能を生かし，地域に開かれた施設として，福祉的支援を積極的に行い，社会との連携を強めている。このことは併せて，地域，社会からの理解と協力を得ることにつながり，グループホームや小規模児童養護施設等を地域内に設置することへの可能性の広がりとなっている。また，ボランティアとして協力を得ることや，児童の家庭復帰・地域復帰への支援を受けることなどにもつながっている。

▶施設における児童養護

131 養育環境に対応した子どものための施設

1．助産施設

　経済的理由などにより，入院助産を受けることができない妊産婦が入所し，安心して出産できる施設である。助産施設における助産の実施を希望する場合，利用希望者が都道府県等の福祉事務所を通じ，施設と直接契約を行い，自治体の支援費を受ける（『児童福祉法』第36条）。

2．乳児院

　さまざまな事情により家庭で生活ができなくなった乳児が入所し，看護師，保育士による養育を受け，安定した生活を送る。一般に2歳未満の乳幼児が入所し，自立の見通しが立つ場合は，児童養護施設へ移る。発達の状況，施設定員などの関係で2歳を超えても入所が継続する場合もある（『児童福祉法』第37条）。

3．母子生活支援施設

　夫のいない女性が生活に困難をきたした場合，施設入所することによって，母子で独立した居室を得て，安全に暮らし就労を目指すなど，自立した生活へ踏み出す場である（『児童福祉法』第38条）。近年はDV（☞p.251）によって夫から逃れ，居住から遠く離れた施設を利用するケースもある。

4．児童養護施設

　両親の死亡や離婚などで保護者のない児童，また虐待などの理由で家庭での生活が困難な児童を養護し，安定した生活と，必要な教育（地域の学校へ通学）を保障し，併せて将来へ向けて自立した生活のための援助を行う施設である。入所措置は，都道府県知事の委任によって，児童相談所長が親権者の同意を得て行う。原則として満18歳未満の児童が入所する（『児童福祉法』第41条）。

5．児童家庭支援センター

　主たる業務は，地域の児童福祉に関する相談の窓口である。児童養護施設等に付置され，夜間・緊急時の対応や一時保護も行う。児童相談所，児童福祉施設などとの連絡調整や援助を総合的に行う施設で，児童養護の専門スタッフが対応する（『児童福祉法』第44条の2）。

—314—

131　養育環境に対応した子どものための施設

図表131-1　児童福祉施設の分類

役割	施設名	形態
子どもの育ち支援	助産施設	入所
	母子生活支援施設	入所
	児童家庭支援センター	利用
	保育所	通所
	児童厚生施設	利用
	乳児院	入所
	児童養護施設	入所
心と身体の自立支援	福祉型障害児入所施設	入所
	医療型障害児入所施設	入所
	福祉型児童発達支援センター	通所
	医療型児童発達支援センター	通所
	情緒障害児短期治療施設	入所・通所
	児童自立支援施設	入所

図表131-2　児童家庭支援センターの業務内容

・専門スタッフによる休日・夜間の相談も含む相談援助サービス
・児童相談所の委託に基づいて行う児童・家庭等への訪問指導
・児童相談所，福祉事務所，児童委員，学校などとの連携による支援
・付置する児童養護施設等の機能を活用した児童などの緊急保護

児童養護施設などにおける大舎制，小舎制

　大舎制は50名，100名の児童が集団生活を営み，幼児棟，男女別児童棟，男女別中高生棟に分かれて生活する。大舎制は棟を区切るなどして，異年齢生活グループを組んで家庭生活の形態に近づける取組みがある。行事や遠足，外出をグループ単位で実施するなどして児童相互の関係を深める。一方，近年は小舎制を導入する施設が増え，10人前後の異年齢集団で1つの生活グループを組織することが行われている。施設敷地内に建てられた独立した寮（家）で担当の職員（交代勤務）とともに生活する。そこでは，食事，入浴，洗濯なども生活グループ単位で行う。家族の形態に近く，職員と児童の関係も密接になることが期待できる。

III・福祉・養護編

▶ 施設における児童養護

132 心身に障害のある子どものための施設

1．福祉型障害児入所施設

「保護，日常生活の指導及び独立自活に必要な知識技能の付与」
を行う施設とされる（『児童福祉法』第42条第1号）。『児童福祉法』
改正前の主に知的障害児施設，盲ろうあ児施設，肢体不自由児療護
施設に入所する児童が対象となる。入所児童それぞれの個別の支援
計画に基づき，障害特性に対応した専門機能の強化や障害の重度・
重複化への効果的な支援を提供し，ひいては自立生活へ向けての支
援を行う。

2．医療型障害児入所施設

「保護，日常生活の指導，独立自活に必要な知識技能の付与及び
治療」を行う施設とされる（『児童福祉法』第42条第2号）。

『児童福祉法』改正前の主に第一種自閉症児施設，肢体不自由児
施設，重症心身障害児施設に入所する児童が対象となる。入所児童
のさまざまな障害特性に対応した継続的な療育を，個別の支援計画
のもとで行う。

3．福祉型児童発達支援センター

「日常生活における基本動作の指導，独立自活に必要な知識技能
の付与又は集団生活への適応のための訓練」を行う通所施設とされ
る（『児童福祉法』第43条第1号）。

『児童福祉法』改正前の主に知的障害児通園施設，難聴幼児通園
施設に通所する児童が対象となる。できるだけ身近な地域での支援
と障害特性にかかわらずに適切な対応ができることを基本とし，障
害児とその家族への支援を行う。

4．医療型児童発達支援センター

「日常生活における基本動作の指導，独立自活に必要な知識技能
の付与又は集団生活への適応のための訓練及び治療」を行う通所施
設とされる（『児童福祉法』第43条第2号）。

『児童福祉法』改正前の主に肢体不自由児通園施設に通所する児
童が対象となる。福祉型に専門的な医学的治療を行う機能を強化し
た施設である。

— 316 —

132 心身に障害のある子どものための施設

図表132-1　障害児施設・事業の一元化のイメージ

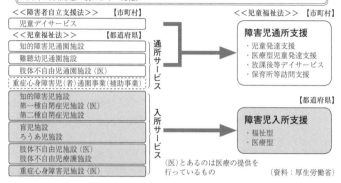

図表132-2　多様な機能を発揮して，地域とつながった活動を展開するS社会福祉法人の事業例

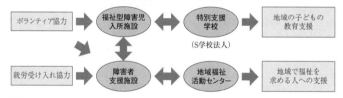

📖放課後等デイサービスと保育所等訪問支援

　放課後等デイサービス：「学校（幼稚園及び大学を除く。）に就学している障害児につき，授業の終了後又は休業日に児童発達支援センターその他の厚生労働省で定める施設に通わせ，生活能力の向上のために必要な訓練，社会との交流の促進その他の便宜を供与すること」（『児童福祉法』第6条の2の2④）とされる。

　保育所等訪問支援：「保育所その他の児童が集団生活を営む施設として厚生労働省令で定めるものに通う障害児につき，当該施設を訪問し，当該施設における障害児以外の児童との集団生活への適応のための専門的な支援その他の便宜を供与すること」（『児童福祉法』第6条の2の2⑤）とされる。

> 施設における児童養護

133 情緒・行動に問題のある子どもおよび健全育成のための施設

1．情緒障害児短期治療施設

　不登校や戦後第二次の非行のピークのなかで，情緒発達のための環境整備とメンタルケアを目的として1961（昭和36）年に法制化された施設である。社会で新たに注目されるようになった子どもの心の問題に取り組んでいる。在籍時の7割以上が虐待を受けているといわれている。「軽度の情緒障害＊を有する児童を，短期間，入所させ，又は保護者の下から通わせて，その情緒障害を治し，あわせて退所した者について相談その他の援助を行うことを目的とする施設」である（『児童福祉法』第43条の2）。問題行動や神経症症状が認められる児童がその治療のために入所する施設である。

2．児童自立支援施設＊

　「不良行為＊をなし，又はなすおそれのある児童及び家庭環境その他の環境上の理由により生活指導等を要する児童を入所させ，又は保護者の下から通わせて，個々の児童の状況に応じて必要な指導を行い，その自立を支援し，あわせて退所した者について相談その他の援助を行うことを目的とする施設」である（『児童福祉法』第44条）。対象となるのはその性格または環境に照らして，現在または将来の健全な心身の発達や社会への適応を害するおそれのある児童である。児童自立支援施設は，その重要性，特殊性から各都道府県に必ず設置されなければならない（『児童福祉法施行令』第36条）。

3．児童厚生施設

　「児童遊園，児童館等児童に健全な遊びを与えて，その健康を増進し，又は情操をゆたかにすることを目的とする施設」である（『児童福祉法』第40条）。0歳から18歳のすべての児童を対象とし，屋内型の児童館（☞p.245），屋外型の児童遊園などがある。児童の遊びを指導する者＊によって，伝承遊びやスポーツ，キャンプなどを行っている。児童の問題に対して保護者への相談窓口を備えるところもある。

—318—

133 情緒・行動に問題のある子どもおよび健全育成のための施設

📖児童自立支援施設に入所する児童〔児童養護施設入所児童等調査の結果（平成25年2月1日現在）から〕

入所時の年齢：13歳と14歳の時に入所する児童が多く，全体の60％以上を占める。入所時年齢は12〜15歳での入所が80％以上となっている。

在所児：在所しているのは8歳から18歳以上の児童で，そのなかでも13〜15歳が80％を占める。在所児の平均年齢は14歳，在所児総数は1,670人である。

在所期間：在所期間は1年未満が全体の59.6％であり，1年未満と1年以上〜2年未満を合わせると全体の90.2％になる。

入所経路：家庭からが最も多く（61％），ついで家庭裁判所（18.3％），児童養護施設（14.1％）となっている。

word

＊情緒障害

情緒障害とは，家庭内や地域・学校などでの対人関係から生じた出来事などによって情緒が不安定で混乱した状態をいう。

＊児童自立支援施設

明治時代，『感化法』のもとで感化院，戦後には『児童福祉法』のもとで教護院と呼ばれ，1998（平成10）年に現在の施設名称となった。入所経路の多くは児童相談所の措置によるものである。

＊不良行為の種類

「不良行為少年　非行少年には該当しないが，飲酒，喫煙，深夜はいかいその他自己又は他人の徳性を害する行為をしている少年をいう。」（『少年警察活動規則』第2条6）

不良行為の具体的なものとしては，飲酒，喫煙，深夜徘徊，薬物乱用，粗暴行為，刃物等所持，金品不正要求などがあげられる。

＊児童の遊びを指導する者

児童厚生員から1999（平成11）年に現在の名称になった。資格の条件として「保育士・社会福祉士・教諭の有資格者または大学において社会福祉学，心理学，教育学，社会学，芸術学，体育学を専修する学科もしくはこれらに相当する課程を修めて卒業した者等」とされている。

Ⅲ. 福祉・養護編

▶ 施設養護の基本原理

134 人間尊重と人間性回復の原理

1．不当な扱いからの保護

　子どもに対する不当な扱いの代表的なものとして，児童労働と児童虐待（子ども虐待）があげられる。児童労働とは15歳以下の子どもの労働，または18歳未満の子どもの危険有害労働（心身の健康を損なう労働，搾取的労働等）のことである。

　この児童労働を行っている5歳から17歳の子どもが1億6,800万人でおよそ世界の子どもの9人に1人であり，そのうち危険で有害な労働をしている子どもが8,500万人いる（ILO，2013年）。また強制的な子ども兵士が25万人以上（チャイルド　ソルディアーズ　グローバルレポート，2008年），買春・ポルノに従事させられている子どもが100万人以上とされ，こうした子どもを不当な扱いから守る責任が私たちにある。

　わが国の児童相談所の児童虐待相談対応件数は増加の一途をたどっている（☞p.180）。子ども虐待は「児童の人権を著しく侵害し，その心身の成長及び人格の形成に重大な影響を与える」（『児童虐待の防止等に関する法律』第1条）ものであり，大切な自尊感情や自己肯定感を奪い，「生きるエネルギー」を減退させることもあり，子どもをその被害から守らなければならない。

2．知る権利・意思の尊重

　『児童の権利に関する条約』（子どもの権利条約）では，子どもを市民的・社会的な権利主体として，第17条で子どもがマス・メディアにアクセスし，知る権利について保障し，また意見表明権（第12条），表現の自由（第13条），思想，良心および宗教の自由（第14条），結社の自由および平和的な集会の自由（第15条）などの条約の内容から，子どもの意思の尊重を明確にしている。施設入所など措置が必要な場合には，児童相談所長が都道府県知事に報告する書類に，児童と保護者の意向を記載しなければならないことが規定（『児童福祉法』第26条第2項）されているが，今後さらに子どもの知る権利や意思の尊重についての配慮が権利として明確に『児童福祉法』などに反映される必要がある。

— *320* —

134　人間尊重と人間性回復の原理

懲戒権濫用および被措置児童等虐待の禁止

　『児童福祉法』第47条によって，児童福祉施設長や小規模住居型児童養育事業の事業者，里親には，懲戒を含む親権（代行）ができる。しかし，『児童福祉施設の設備及び運営に関する基準』第9条の3によって，児童福祉施設長の懲戒権の濫用が禁止されている。懲戒権の濫用とは，①殴る，蹴るなど直接児童の身体に被害を与える行為，②合理的な範囲を超えて長時間一定の姿勢をとるよう求める，③食事を与えない，④必要な睡眠を与えない，⑤適切な休息を与えずに長時間作業を継続させる，⑥施設を退所させる旨脅かす，⑦性的な嫌がらせをする，⑧無視する，などである。里親にも，懲戒権濫用禁止が定められている。また『児童福祉法』第33条の10，第33条の11では施設職員，里親，小規模住居型児童養育事業の事業者による虐待（被措置児童等虐待）を厳密に禁止している。

オンブズマン（オンブズパーソン）制度の広がり

　オンブズマンとは，中立，公正な見地に立って，社会福祉の利用者に対して冷静な判定者の役割を果たす人や委員会のことをいう。1997（平成9）年『児童福祉法』改正によって，施設入所の措置，解除，変更などに際して利用者や子どもの意向と当該措置が一致しないときなど，知事は都道府県児童福祉審議会の意向を聴かなければならない（『児童福祉法第27条第6項，『児童福祉法施行令』第32条）とされ，措置制度でも利用者意向の尊重，措置内容の客観性，施設内ケアの改善が規定された。しかし同時期，施設内虐待が顕在化し，入所児を守る仕組みの改善がさらに求められ，第三者機関によるサービス評価も児童福祉施設でも広がってきている。

苦情解決制度

　2000（平成12）年，『社会福祉法』のなかで，利用者の苦情や要望の解決のための手段を提供することが義務づけられ，福祉サービスの質的向上への取組みが始まった。都道府県の区域内に福祉サービス利用者援助事業を適切に運営し，福祉サービス利用者等からの苦情を適切に解決するため，都道府県社会福祉協議会に運営適正化委員会をおくことが定められた。施設内体制としては，事業所に苦情受付担当者，苦情解決責任者を置き，それに外部の第三者委員で構成される。

— *321* —

▶ 施設養護の基本原理

135 個性の尊重と家族関係の調整

1．アタッチメント（愛着）形成の重要性

　アタッチメント（愛着）とは，子どもと特定の養育者との間に形成される情緒的な愛情の結びつきである。ボウルビィ（☞p.69）は1951年に「乳幼児の精神衛生」をまとめた。乳幼児が家庭からの分離により一貫した母性的養育の機会を奪われる（母性的養育の剥奪：maternal deprivation）ことから，成長後に回復困難な発達の遅れや性格の歪みが生じることがあるとし，家庭で養育できないケースについては養子縁組，あるいは里親養育が必要であるとした。

　また愛着は乳幼児期から原初的な形で存在し，成人から老人に至るまで存在し続ける。乳幼児期に不快や生理的欲求を養育者に受け止められ，「愛されるにふさわしい自己」「信頼に足る他者」という基本的信頼感を獲得するとしている。この自分と他者に対する感覚が「内的作業モデル」（inner working model）であり，その後の対人関係の取り方や自己像に対するひな形となり，人格形成の基盤となる。愛着の形成は社会的養護においてもまず重視しなければならない。

2．パーマネンシーの保障

　社会的養護では，子どもと養育者とのアタッチメントに基づく一貫的，継続的な関係の重要性から，子どもが永続的に発達できる場を保障することを「パーマネンシー（永続性・恒久性）」といい，そのための援助・支援計画を「パーマネンシー・プランニング」という。施設養護では，長期的に特定の養育者による一貫した養育を行うことが難しい。里親委託等，子どもの権利として継続・一環された養育の場の提供が今後一層充実されなければならない。このため，パーマネンシーを保障する試みとして，2000（平成12）年には地域小規模児童養護施設（グループホーム）が制度化され，また乳児院や児童養護施設などではケア単位の小規模化を図る小規模グループケアが推進され，さらに専門里親制度など里親制度改革，2009（平成21）年度からは小規模住居型児童養育事業（ファミリーホーム）が開始されている。2016（平成28）年の『児童福祉法』改正では，里親，グループホーム等による家庭養護推進が明確化された。

—322—

135　個性の尊重と家族関係の調整

📖ファミリーソーシャルワークの展開

　ファミリーソーシャルワークとは，子どもが家族の一員として，適切な養育環境が与えられ，さらに自立した社会の一員として成長発達できるために行われる，さまざまな家族への援助・支援活動である。とくに，社会的養護の現場では，子どもと親・保護者との関係を尊重し，その関係を調整し，明確な計画とアセスメントによって将来的な子どもと家族の再統合を目指した援助・支援を意味する。

　施設養護では，児童相談所（児童福祉司）と共働し，子どもの支援の中心的な役割を担う児童指導員や保育士と，家族にかかわる中心的な存在である家庭支援専門相談員が，子どもと親・保護者双方の感情に受容的に接して援助・支援を行うことが求められる。

📖親子関係

　たとえ子ども虐待があろうと，親子分離を経験する子どもの多くは親を慕い，親からの愛情を求めている。社会的養護では，親子双方にあるアンビバレントな感情にも十分配慮し，安易に親子関係が損なわれないよう，親子関係を積極的に尊重し，関係回復のための支援が求められる。家族の再統合とは，家族が再び同居するだけではなく，親子の間の心の絆が再構築できるようになることも意味している。

📖家庭支援専門相談員

　家庭支援専門相談員は，子どもの施設入所前のアドミッションケアから施設退所後のアフターケアに至るまで，総合的な家庭関係調整を施設現場で担うファミリーソーシャルワーカーである。従来，家庭関係調整は児童相談所の役割とされていたが，児童家庭支援センターが1997（平成9）年の『児童福祉法』改正により新たな児童福祉施設として誕生し，また，1999（平成11）年度には定員20名以上の乳児院に家庭支援専門相談員が配置され，2012（平成24）年4月から『児童福祉施設の設置及び運営に関する基準』に基づいて児童養護施設，児童心理治療施設，児童自立支援施設では必置職員となった。親子分離のためではなく，再び家族として暮らすことができる回復の場として，家庭支援専門相談員が保護者とのパートナーシップを保ち，家族への援助・支援を行うことが求められる。

▶ 施設養護の基本原理

136 集団力学の活用原理

1．グループダイナミックス

　グループダイナミックスとは集団力動であり，社会的養護では集団生活を積極的に活用するという意味で用いられる。複数の援助・支援の対象者が一つのグループを作り，援助・支援者と支援を受ける人が，一対一での個別的な援助・支援とは異なるグループ間相互の励まし，助言などによるさまざまな相互作用や動きを意味する。

　人間は集団として機能する際には，個々人がばらばらに行動するのではなく，集団であることから生まれる力動に従って行動する。これは，個人が集団から影響を受け，逆に個人が集団に影響を与えることを意味する。一つの目標に向けて集団で行動する場合，こうしたグループダイナミックスは円滑に機能する。しかし今日，施設で生活する子どもたちの多くは，子ども虐待などによる心の傷を抱えていることから，集団の力動を活用しようとする前に，まず一個の人間として認められる個別化が前提として必要である。

2．グループワーク実践

　社会的養護におけるグループワークは，グループ内で一定の目標を設定した上でグループ内のメンバーの相互作用を活用するため，一定のプログラムを通して，それぞれの子どもや親などのニーズを解決するために行われることを目的とする援助・支援活動を展開するプロセスである。

　社会的養護では個別の対応や個々の課題解決に主眼が置かれ，個別援助・支援がベースとなる。しかし一方，同様のニーズやさらには地域社会からの疎外感や孤立感からの苦しみを感じている人たちも生活している。そのため，グループワークを経験し，個人のもつ潜在的な力を発揮する原動力となるエンパワメントが必要になる。グループワークはグループの設定目的を達成することで終結するが，それは一つのニーズが達成したことを意味する。そして，グループワークの本質とは，単なる集団主義なのではなく，個を大切にするための集団における相互作用のあり方を実践することによって学んでいくという大きな意義があるものである。

136　集団力学の活用原理

📖職員間の人間関係

　社会的養護にかかわる職員は，子どもの生活援助・支援を行う保育士や児童指導員，施設運営の責任者の施設長，事務員，子どもの食事の献立を作り食育の中心となる栄養士，調理員，子どもの健康診断や病気などへの対応を行う医師（あるいは嘱託医），施設の種別によって子どもの健康的な生活を守る看護師，また理学療法士や作業療法士などのさまざまな専門職が勤務している。

　職員には，職種間または職種を超えた職員集団として健全なチームワークを維持し，それぞれが各人の専門を果たすことができる良好な職員集団の形成と具体的な連携が必要となる。職員間においては，個々の職員の可能性についての芽を摘まないように，信頼し，協調し，ともに施設養護の目的達成のために歩む意識をもっての職務遂行が求められる。そのために円滑な会議や引継ぎの場を多く設定し，子どもの最善の利益を守るという共通目標のもと，職員相互がお互いを尊重しながら役割を分担していく必要がある。

📖子ども集団

　施設は子どもが集団生活する場である。例えば施設入所は，既に機能している子ども集団のなかへ一人で入っていくことであり，子どもによっては計り知れない大きなストレスとなる。施設生活において，子どもと職員との安定した人間関係が形成され，子ども間もそれぞれが尊重し合い，個々を大切にする人間関係が機能することによって，新たに入所する子どもや既に施設で生活している子どものストレスは軽減される。しかし，施設内で「暴力の連鎖」「いじめの連鎖」が起こっている場合には，子どもは危機的な状況に置かれてしまう。子ども集団がこうした負の連鎖を生み出していれば，職員はそれを解消しなければならない。加害児は過去の被害児であることが多く，ただ暴力やいじめを禁止したところで，問題は潜在化しさらに深刻化していく。職員は加害児の気持ちに寄り添い，過去に守ってあげられなかったことを真摯に子どもに詫び，子どもが心の問題解決を図ることができる信頼関係の回復がまず必要となる。さらには，被措置児童等虐待が起こらないよう，地域社会における社会的養護の場がクリアであることが求められる。

III・福祉・養護編

— 325 —

▶ 施設養護の基本原理

137 社会参加と自立支援

1．社会参加，施設の社会化

　児童養護施設などに入所している子どもは，地域の学校教育を受け，地域の子どもたちと友だち関係を築き，地域のスポーツ活動などへの参加，習い事や塾への通い，子ども会などの行事への参加，児童館・図書館などの地域の諸資源の活用，近隣での買い物など，地域社会においてさまざまな経験をすることが求められる。

　施設長をはじめ各職員が地域社会での役割を担うことも重要であり，そこでの活動に積極的に参加することで良好な関係が結ばれ，地域に根差した開かれた施設として認知されることになる。さらに，子どもの家庭には，子どもとその家族が将来家族生活を維持することができるよう，地域社会のネットワークを活用することが求められる。

　また，地域住民が気軽に施設を訪れ，ボランティア活動など協力関係の構築が求められる。施設には専門知識をもつ職員がおり，人的資源として地域社会に還元することが可能であり，ショートステイやトワイライトステイなど地域社会のニーズに応えることも求められている。また，施設にはさまざまな物的資源もあり，それらを開放することもできる。このように地域のネットワークを利用すると同時に，施設が地域社会の社会資源として施設の社会化を実現することが求められるのである。

2．自己決定・自立支援

　ボウルビィ（☞p.69）は，従来ネガティブな意味として用いられることの多い「依存」について，自立のための肯定的な意味を愛着（関係）の視点から論じている[1]。

　従来の「自分のことは自分でできる」ことを求める自助的自立観から，困ったときには相談でき，他者との関係を中心においた関係概念としての自立観に立ち，養護内容や資源・環境の整備が求められている。また，子どもの自立のプロセスでは，失敗経験を含めた自己決定の経験を重ねていくことで自立する力を身につけていくことが重要である。

— 326 —

137 社会参加と自立支援

📖自立支援の理念

「児童の自立を支援していくとは，一人ひとりの児童が個性豊かでたくましく，思いやりのある人間として成長し，健全な社会人として自立した社会生活を営んでいけるよう，自主性や自発性，自ら判断し，決定する力を育て，児童の特性と能力に応じて基本的生活習慣や社会生活技術（ソーシャルスキル），就労習慣と社会規範を身につけ，総合的な生活力が習得できるよう支援していくことである」（厚生労働省，『児童自立支援ハンドブック』）。なお，自立支援計画の策定について，『児童福祉施設の設備及び運営に関する基準』第45条の２で，児童養護施設の長が策定することを定めている。

📖家族との再統合と自立支援

社会的養護の場は，子どもにとって「終の住処」ではなく，将来の自立に備える生活の場である。子どもは新たな生活の場を経験することから，入所前にていねいな事前説明や事前準備としてのアドミッションケア（☞p.332）が求められる。さらに，新規入所する子どもへの働きかけだけでなく，既に生活している子どもにも，一人ひとりの子どもを大切にする関係を築き，温かく子どもを迎え入れる精神的なゆとりが大切である。

📖しつけと自立

施設入所から，日常生活を基盤とした支援であるインケア（☞p.332）が始まる。インケアは，衣食住にかかわる支援，学習の支援，衛生面の支援，子どもとの余暇の共有など子どもの生活全般にかかわる。さらに，インケアとも重なりながら，子どもの「しつけ」など基本的生活習慣の獲得から始まり，施設や家庭からの自立の準備としてのリービングケア（☞p.332）が行われる。この際，自立や社会復帰とは単に「状態概念」として施設を退所することではなく，他者との適切な人間関係を結び，助け合って生きていく「関係概念」としての自立観をもつことが重要である。

施設退所後も，子どもにとっては生活の場であった施設であるから，心の居場所であり，何かあれば相談でき，帰ってくることのできる場として，一人ひとりの心の安全基地となるアフターケア（☞p.332）を行うことが求められる。

Ⅲ. 福祉・養護編

―327―

▶ 施設養護の機能

138 施設の居住環境

1．大舎制

　おおよそ20名以上の入所児童が居住する施設の規模と形態を示している。わが国の児童養護施設の7割近くがこの形態である。入所児童の数，また建物の規模が大きいため，集団形成を中心とした養護が行われることが多い。例えば，性別，年齢，就学の種類などによって一つの集団を形成するのであるが，その集団に対して支援者が担当となり，養護が実践される。

2．中舎制

　小舎制と大舎制の中間に位置する人数（13〜19名）が一つの建物で居宅する施設の規模と形態を示している。一般に，一つの建物がいくつかの独立した空間に区切られ，それぞれの空間で居宅するグループを形成し，そこで生活するスタイルをとるものをいう。いわば，一つの大きな建物に，同様の生活をするグループが複数形成されている形態となる。それぞれのグループに共同使用する食堂や学習場所，寝室，トイレ，浴室が配備される。

3．小舎制

　多くておおよそ12名以下の人数が，一つの建物で居宅するような施設の規模と形態を示している。養護実践の点では，大舎制では実現されにくいとされる個別的なケアをより重視して，個々人のプライバシーの尊重や，主体性の尊重が目指される。

4．グループホーム

　とくに児童養護施設で実施されており，主たる施設を本園として，分園の形態にて入所者6〜8名に対して行うケアを，小規模グループケアと呼ぶ。施設外で行われるものを，小規模グループホームと呼ぶ。家庭的養護と個別化，子どもにとっての「当たり前の生活」の保障を目指すのが，小規模化の意義である。2000（平成12）年より，実の親の死亡，行方不明などの児童を対象とした地域小規模児童養護施設*が制度化されている。この施設では，定員が6名，地域の住宅地のなかで家庭的な環境のもとに生活することが図られている。

— *328* —

138 施設の居住環境

📖居住環境に求められるもの

　児童福祉施設は，その居住環境については，設備の基準と適切な指導者による運営の基準が設けられている。その基準が『児童福祉施設の設備及び運営に関する基準』である。その基準によれば，児童福祉施設に入所している者は，明るくて，衛生的な環境において育成されることが保障されなければならない。

　近年，子どもの権利擁護の観点から，物的環境面でいえば子どもの権利としてのプライバシーを確保するための個室の整備が求められている。しかし，個室を備えている施設は少ない。また人的環境の面でいえば，社会的養護の今後のあり方として目指されている里親やより少人数での家庭的な養護が求められ，地域小規模児童養護施設の試みが期待される。とくに，子どもの心理的なケアを小規模単位で行う居住環境の条件が必要とされている。

word

＊地域小規模児童養護施設

　家庭的な環境のもとでの子どもの自立を目指して，2000（平成12）年に設置運営が制度化された，児童養護施設の一形態である。子どもの定員は6名。

● 大舎制とホスピタリズム ●

　大舎制という，日本における児童養護施設のあり方の再考を迫る考え方が導入されたことにも注目しておこう。それは，施設病ともいい，1950年代から紹介されるようになったホスピタリズムの考え方であり，さらには1980年代頃から導入されるようになったイギリスの小規模施設による児童養護の実践例の紹介である。

　ホスピタリズムは，乳幼児が施設や病院で長期間生活していくなかで生じる発達障害のことである。これは，子どもを全面的に施設養護にゆだねることへの疑念であるといってよい。つまり，集団での施設入所が子どもの発達，そしてパーソナリティの形成にとって障害となる可能性が提起された。このホスピタリズムが，広義のとらえられ方において，大舎制を中心とする施設養護のあり方の長期的な論争点になっている。

　さらに，イギリスの小規模施設による児童養護実践の紹介を通して，具体的にはグループホームの形態での運営方法の紹介によって，その実践のあり方の示唆がもたらされるようになり，大舎制という施設養護のあり方から小規模な施設養護のあり方へと注目が高まるようになっている。

Ⅲ. 福祉・養護編

▶ 施設養護の機能

139 施設養護の機能

1．保護的機能

『児童の権利に関する条約』において，子どもの最善の利益を図るために，児童の福祉に必要な保護や養護を確保することが求められている。そこでは，親による虐待・放任・搾取から保護される措置をとることとされている。

このことから，施設養護では，子どもを保護するという目的を果たすよう機能することが必要になる。実際に，施設養護は，虐待問題にさらされた子どもが生活確保できるために支援するという機能を果たしている。

2．教育的機能

教育の意味を広くとらえれば，施設養護においては教育に関することがさまざまに行われている。例えば，日頃の学習の面倒をみる学習支援や，進路についての相談支援，さらには生活指導を日常的に実践している。

3．治療的機能

治療が施設の目的，機能として実践されている施設には，医療型障害児入所施設（知的障害児，肢体不自由児施設，重症心身障害児のための施設）がある。これらの施設養護においては，治療が行われることはもとより，独立生活や日常生活の知識習得が図られている。医師や看護師などの医療専門職が配備されると同時に，子どもの発達に応じた支援がなされている。この種の施設としては，児童心理治療施設があげられる。

4．社会的機能

施設養護が社会的機能を有するということは，何らかの意味で施設養護が社会，とりわけ地域社会において福祉的な有用性を提供しうることを意味するといってよい。

近年，社会的養護の考え方において，施設養護と里親などの家庭的養護との協働が目指されるようになってきている。その点から，養育の専門知識や経験，地域社会での家庭の養育支援などの役割や機能を今後担うことが期待されている。

— *330* —

139　施設養護の機能

📖養護の現代的課題

　虐待問題の関連でいえば，児童養護施設などの施設入所の措置をとることができる児童相談所が，被虐待児童を一時保護することができることは，広い意味での施設養護の保護的機能のひとつといえる。

　歴史的には，第二次世界大戦以前からの児童養護施設の機能としては，養育できる者がいない子どもを保護する役割を担っているが，そのことだけが現代的な養護施設の保護の機能ではない。施設養護は，保護者のない児童はもとより，虐待問題にさらされている児童が生活をきちんと確保し得るようにすることが現代的な課題となっており，さらに疾病などによって保護者が養育困難になっている子どもを社会的に保護，養育する必要がある。

　厚生労働省の調査報告「児童養護施設入所児童等調査結果の概要」〔2013（平成25）年2月現在〕においては，養護問題の発生の筆頭に虐待問題があることが報告されている。

📖職業指導，生活指導

　子どもたちが将来の社会生活を営むため，また勤労を可能にするためには，職業指導をする必要がある。『児童福祉施設の設備及び運営に関する基準』（第45条）によると，「児童養護施設における生活指導は，児童の自主性を尊重しつつ，基本的生活習慣を確立するとともに豊かな人間性及び社会性を養い，かつ，将来自立した生活を営むために必要な知識及び経験を得ることができるように行わなければならない」とされており，「職業指導は，勤労の基礎的な能力及び態度を育てるとともに，児童がその適性，能力等に応じた職業選択を行うことができるよう」支援するとされている。

　同基準によると，障害児入所施設についても生活指導が重視されており，「福祉型障害児入所施設における生活指導は，児童が日常の起居の間に，当該福祉型障害児入所施設を退所した後，できる限り社会に適応するようこれを行わなければならない」（第50条，第61条で「医療型」に準用）とされている。このように施設養護の目的として，生活指導や職業指導などについての教育的な「指導的観点」に立った支援が重視されており，また機能している。

— 331 —

▶ 施設養護の機能

140 アドミッションケア・インケア・リービングケア・アフターケア

１．施設利用までの経緯

　施設利用のためには，児童相談所での入所の決定が必要となる。そこでは，相談受理，診断，判定会議を経て援助方針が決定される。この間，一時保護所にて生活指導，観察等がなされることもある。入所の決定は，児童相談所所長の援助内容の決定を経てなされる。

２．アドミッションケア

　入所に際して，子どもの監護を行う者や保護者に対して，施設利用に関すること，保護者の課題等の説明が重要となる。子どもに対しては，入所に際してのケア，つまりアドミッションケアとして，施設入所への不安を軽減し，施設での生活のイメージが描けるよう説明することが大切である。とりわけ近年，「権利ノート」を通して権利擁護の意識を芽生えさせる試みの重要性が高まっている。

３．インケア

　施設入所中の生活援助全般のことをいう。そこでは，子どもが意見を表明し得る権利行使の主体であること，また自己肯定を促すことが重要になる。さらに，子どもと家族との関係，とくに親子関係の再構築が図られるよう支援が目指される。

４．リービングケア

　施設の退所準備にかかわる援助をリービングケアという。施設生活から退所後生活への変化に対応できるための社会資源の活用支援，家族との共同生活への準備といったことに意図的に配慮した援助の方法を示している。

５．アフターケア

　2004（平成16）年の『児童福祉法』の改正によって，施設退所者への援助として「相談その他の援助事業を行うこと」が，施設養護に求められるようになった。この援助においては，施設退所者の自立支援やその自助グループの育成などが行われる。また，義務教育を終了した児童や施設入所の措置が解除された者に対して，共同生活を営むことができる児童自立生活援助事業（自立援助ホーム）という生活援助，就労支援が制度化されている。

— 332 —

140 アドミッションケア・インケア・リービングケア・アフターケア

家庭復帰の保障

家庭復帰は，施設の自立支援計画とあわせて短期目標，長期目標を設定し，面会，外泊や保護者援助を重ねることによって，早期に家庭復帰が行われるように見通しを構築することが重要である。

進路の保障

施設退所後の進路の保障においては，就労を確保することと進学の継続を支えることがあげられる。とくに，児童養護施設入所児童の大学進学の意志は年々高まっている傾向にある。したがって，高等学校卒業後の大学や専門学校への進学を支える奨学制度の利用がある。その奨学制度には，大学進学等自立生活支度費がある。

児童自立支援計画

児童自立支援計画とは，児童養護施設，児童自立支援施設などの施設に入所している子どもの成長や発達をふまえた再評価，自立に向けた援助改善を通して，入所から退所に至るまでの中・長期的な支援計画を策定することをいう。児童養護施設や児童自立支援施設には自立支援計画の策定が義務づけられており，児童相談所の指導のもとに作成される。

『児童福祉施設の設備及び運営に関する基準』第45条において，生活指導ならびに職業指導を行うことが義務づけられ，1998（平成10）年の厚生省（現 厚生労働省）通知「児童養護施設等における入所者の自立支援計画について」に基づいて，入所者個別の自立支援計画が策定されることが重要な養護実践の要素となっている。

退所児童等アフターケア事業

施設退所者の社会的自立を促す事業として，2011（平成23）年より「退所児童等アフターケア事業」の実施が推進されている。この事業の特徴は，施設職員以外の者によって展開されている点にある。その重点は「退所に向けた支援」，「事後的対応支援」「当事者支援」「施設職員などへの伴走支援」の四点に置かれている。

このアフターケア事業の顕著な特徴としては，当事者が主体的な中心的役割を担って運営されていることにある。またこの事業が担う重要な役割は，退所者のセーフティーネットを確保することである。

Ⅲ. 福祉・養護編

— 333 —

▶ 施設における養護内容

141 生活リズムと日課

1. 施設入所に至る子どもの状況

　児童福祉施設で生活する子どもの多くは，家族関係や家庭環境に問題があり，家庭の不適切な養育環境の下で不安定な日常生活を送ってきた。また，子どもの心身の障害や行動上の問題などが原因で，家庭での養育が困難となり，施設に入所する子どももいる。さらに，近年は，児童虐待の著しい増加に伴い，入所児童における被虐待児の割合が高くなっている。いずれにせよ，施設で暮らす子どもの多くは，自ら望んで施設に入所して来るわけではない。そのため，子どもが施設入所を家族や学校の友人など大切な人間関係との別離として受け止め，「見捨てられ感」や喪失感を抱く場合も稀ではない。施設入所が，子どもの無力感を強め，自己肯定感を損なう契機にもなり得るのである。

2. 日課・生活サイクルの意義

　施設養護で重要なことは，「子どもの最善の利益」の実現に向けて，人権尊重の姿勢を明確にすることである。何よりも子どもが安全感や安心感を施設の生活にもてるように支援しなければならない。施設の生活を通して衣食住などの基礎的生活ニーズを満たしながら子どもは身体的・情緒的に安定し，自分を「大切な存在」として感じられ自尊心の回復が図られると，施設の生活に対しても肯定的，意欲的に取り組めるようになってくる。

　施設養護の実際は，チャイルドケアワーカー（保育士・児童指導員）などにより，起床から就寝に至る生活日課*や，週・月・年単位で組まれた生活サイクル*を通して行われるが，何よりも職員が子どもとの信頼関係を深めながら，子どもの発達の保障と自立を念頭において支援することが重要である。子どもが職員への信頼感や施設生活への参加意識をもてると，生活日課や生活サイクルを自らの生活の一部として受け止め，自主的，意欲的に施設の生活に参加できるようになる。

— 334 —

141 生活リズムと日課

📖衣生活

衣服の目的は，身体の保護だけではない。肌身につける衣服への職員の細やかな心遣いから，子どもは「温かく見守られている自分」の存在を自然に受け止めることができる。さらに，年齢に応じて衣服を適切に選択し，管理できるように支援することも大切である。なお，衣服が自己表現の大切な手段であり，子どもの自尊心を育むためにも重要なものであることを忘れてはならない。

📖食生活

「子どもたちが豊かな人間性をはぐくみ，生きる力を身に付けていくためには，何よりも『食』が重要である」（『食育基本法』前文）。

大切なことは，子どもは心身の成長・発達の過程にあり，栄養のバランス，食事のマナーや調理に関する知識や技術の習得だけでなく，心和む楽しい食卓になるよう援助することである。

📖住生活

施設の建物，居室などは，子どもの生活の拠点である。個々の子どもが十分な睡眠や休息をとることができ，日々の生活を安全かつ安心して暮らすことができる住環境の提供が求められている（居室面積などは『児童福祉施設の設備及び運営に関する基準』を参照）。

word

＊生活日課

生活日課は，一日を単位とした生活プログラムである。それは，起床から就寝まで子どもの日々の生活リズムを規則正しく支え，子どもが身体的・情緒的に安定した生活を送れるようにすることを目的としている。しかし，日課は施設（集団）の規則として不変，画一的なものではない点に留意すべきである。子どもの身体的・心理的・社会的発達状況などから個別的な理解に立って，柔軟で融通性のある日課の展開ができるような工夫が必要である。

＊生活サイクル

生活サイクルは，週間・月間・年間などの単位で構成された行事やレクリエーションなどの施設のプログラムである。それによって，施設の生活が変化に富み，仲間とともに新たな体験や学習を行い，施設の生活に喜びや楽しみを見出すなど，子どもの生活意欲を高める機会ともなる。そのためには，子どもが参加意識をもって，自発的に取り組めるように支援する必要がある。

Ⅲ. 福祉・養護編

— 335 —

▶ 施設における養護内容

142 しつけと健康管理

１．しつけの意義

　子どもが心身ともに健やかに成長・発達し，自立していくためには，基本的な生活習慣や生活技術を獲得し，自らの身体的・精神的健康を維持，増進していくことができなければならない。それは，睡眠，食事，排泄，衣類の着脱や言語といった基本的な生活習慣の形成から，礼儀作法や経済観念，道徳的態度や健康管理の方法などさまざまな生活領域に及ぶものである。そのような生活の基本的な生活態度や行動様式は，衣食住など日常生活のなかで繰り返し行われる養育者のしつけにより習慣として獲得されていくものである。

２．しつけの実際

　しつけを行う際には，何よりも子どもの発達段階に沿った支援のあり方が大切になる。とくに幼児期の食事，排泄，衣類の着脱などの基本的生活習慣の獲得のプロセスは，子どもの運動機能の発達と深く関連している。そのため，子どもの年齢や障害の程度など個々の発達の状況をよく理解し，練習すれば達成可能なステップを組んでしつけを行わなければならない。そのような職員の配慮と励ましによって新たな生活能力を獲得していくことができれば，子どもは達成感やその喜びを知り，自らの自己肯定感を高めつつ，日々の生活に対して意欲的に取り組めるようになる。そのため，子どもが努力している面やよいところに着目し，認めてほめることからしつけは始まる。叱る場合には，子どもの心に届く言葉でタイムリーに行い，心の動きに添って適切な助言を与え，自ら反省できるように支援したい。

３．保健衛生，健康管理

　『児童福祉施設の設備及び運営に関する基準』（第10条，第12条）では，子どもが使用する設備，食器，飲料水などの衛生的な管理や医薬品の常備，定期的な健康診断の実施などを施設に義務づけている。また個々の子どもの健康への配慮とともに，日頃から施設全体で「手洗い，うがい」などの習慣化を図るなどして，インフルエンザや食中毒など伝染病の予防に取り組まなければならない。

— 336 —

142　しつけと健康管理

📖 しつけの方法と職員のあり方

　しつけの方法は「ほめる，叱る」が基本であるが，叱る場合には
その方法に留意する必要がある。とくに罰を与える場合には，何ら
かの苦痛を伴うだけに反省を深く促す場合もあるが，一方で反感も
招きやすい。子どもが納得できるように説明するなどの配慮が必要
である。また，食事などの制限や体罰などは人権侵害であり，いか
なる理由であっても認められない（『児童福祉施設の設備及び運営に
関する基準』第9条の2）。

　なお，職員の「ほめる，叱る」という言動を子どもが素直に受け
止められるのは，「自分が大切にされている」という安心感や信頼
感があるからである。職員が感情に振り回されず，子どもの行動か
らその心理的・情緒的状況を洞察して子どもの支援を行うなど普段
の職員の支援のあり方が重要である。さらに，子どもが生活習慣や
技術を習得する際に，職員自身の生活のあり方がモデルになってい
ることにも留意したい。

📖 しつけと退行現象

　施設では，虐待などのため家庭で適切な養育を受けられず，自ら
の発達課題を達成できないまま入所してくる子どもがまれではな
い。その場合には，退行現象（赤ちゃん返り）や試し行動など子ど
もの情緒面や行動面で理解しがたい場面に遭遇することもある。そ
の際には，子どもの生活史や心理的側面から子どもを個別的に理解
しつつ，子どもの現状に応じたステップでしつけを行うように留意
しなければならない。

📖 性の問題，飲酒・喫煙の問題

　子どもの性に関する理解と援助は，心身の発達に応じて個別的に
行うのが基本である。しかし，家族をはじめ身近なおとなの性行動
から悪影響を受けた子どもの行動や，施設の子ども間における不適
切な性行動が，深刻な問題になることもある。そのため，個々の子ど
もへの支援とともに，施設として人権尊重の理念に基づいた性教育
への取り組みが必要である。飲酒や喫煙の問題についても同様であ
る。それらの学びを通して，子どもが自尊心や人権意識を高め，正
しい知識や情報に基づいて自立した生活を築けるように支援したい。

III・福祉・養護編

—337—

▶ 施設における養護内容

143 学習指導とレクリエーション活動

1. 学習指導

　施設では，家庭で学習に取り組めず，基礎的な学力を習得できないまま，学習意欲を失って入所する子どもがいる。そのような子どもが，学習の遅れを取り戻し，学齢に見合った学力を獲得できるように支援することは，施設の重要な課題となっている。また，学力の問題は，高校進学や就職などの進路選択にも大きな影響を与えるため，子どもの自立支援の観点から重要である。

　学習指導の留意点として，まず学習に自信を失い無力感や劣等感を抱きがちな子どもが，学ぶ楽しさや喜びあるいは，「わかる，できる」といった達成感を体験できるように支援することがあげられる。そのために，個々の子どもの学力に応じた支援と，自ら学習の方法を学び自発的・意欲的に学習に取り組めるように支援することである。その結果，子どもは自信と自己肯定感を得ることができる。とくに学力の遅れた子どもの場合には，学校の宿題と基礎学力の補習が重なり，負担が重い。学校との連携を図ることが大切である。

2. レクリエーション活動

　余暇やレクリエーション活動は，子どもが集団生活の拘束感や緊張感から解放され，自分の時間を伸び伸びと楽しめる機会であり，施設の単調になりがちな生活を変化に富んだものにする。とくに，スポーツやゲーム，旅行やキャンプなどの活動を通して，同年齢・異年齢の子ども同士が助け合いながら個々の役割を果たし，喜怒哀楽をともにしながら相互に認め合い理解を深めていくことは，子どもが施設に入所するまでは体験できなかった貴重な経験となる。

　なお，レクリエーション活動の実施に際しては，子どもが強制感を抱くことなく自主的に参加できるように支援することが重要である。さらに，子ども会などの自治的活動を通して，子どもが職員とともに行事の企画から実施に至るプロセスにも参加できるように配慮したい。また，その過程で，個別的なかかわりが難しかった子どもと職員の関係が深まり，改善されることも期待できる。

—*338*—

143 学習指導とレクリエーション活動

学習条件の整備

　児童養護施設の高校進学率は全国平均に近づきつつあり改善されてきた。しかし，せっかく高校に進学しても学力不足などが原因で学校に適応できず，中退して進路変更をする子どもたちもいる。学習支援の充実を期して，措置費のなかに学習指導員の配置や中学生が塾に通う経費が計上されている。また，施設の子どもの大学・専門学校などの進学率は，全国平均と比較して極めて低い。子どもの自己実現のニーズに応えるとともに，子どもの貧困問題（貧困の連鎖）解決の観点からも施設から大学に進学するための条件整備が大きな課題となっている。奨学金等諸制度を充実させるとともに，退所者が学業を全うできるようにアフターケアの充実が求められる。

学習と遊び

　学習する能力は，乳幼児期にその基礎が培われる。乳幼児期は，養育者との愛情豊かな触れ合いに支えられながら，周囲の人間や事物，自然などの外界に関心を向けつつ，遊びを通して意欲的に学ぶ態度が培われていく。施設の生活は集団で過ごす場面が多くなりがちであるからこそ，職員は幼児期の子どもとの個別的，受容的な関係を築けるよう工夫し，豊かな生活経験を積めるように支援することが大切である。

ボランティアとの連携

　学習やレクリエーションなどボランティアの支援は，施設の子どもにとって多様な人びとと出会い，社会経験を豊かにする機会をともなり貴重である。しかし，ボランティア活動は善意と自発性に支えられたものであり，施設とボランティアの双方がその活動内容に納得し満足するものでなければ継続することが難しい。そのため，何よりも施設ではボランティア活動に何を求めるか，その内容を明確にする必要がある。ボランティアと施設の連携が進み，施設の現状や役割への理解が深まるにつれ，ボランティア活動に参加した人びとに施設と地域社会をつなぐ貴重な役割を果たすことも期待できる。なお，施設は子どもの生活の拠点であり，ボランティアの受け入れに際し，子どものプライバシーに対する配慮も忘れてはならない。

Ⅲ.
福祉・養護編

— 339 —

▶ 施設における養護内容

144 他職種・他機関との連携・協働

1．連携・協働の重要性

　施設養護の基本は，子どもが日々の生活のなかで安全感・安心感を抱き発達・成長できるように，保育士などケアワーカーがチームワークによって支援することである。家庭や地域の養育機能が著しく低下しつつある今日，被虐待の体験や発達障害など何らかの障害をもって入所する子どもは増加傾向にあり，個々の子どものニーズに対応した特別な配慮が求められる。多くの子どもの家族関係は複雑で多様な課題を抱えている。そのため，個別対応職員，心理療法担当職員，家庭支援専門相談員などの専門職が配置されている。ケアワーカーがその専門性を発揮しつつ他の職種と円滑に連携・協働することにより，施設の専門性を高めつつ，よりよい支援の提供が可能となる。

2．関連機関や地域との連携強化

　施設や学校での適応が困難な子どもの場合には，施設だけの支援で解決するには限界があり，学校や医療機関との相互理解や役割分担が求められる。また，就職や高校・大学への進学など進路の選択や家庭復帰にあたっては家族との関係調整は不可欠である。そのため，個々の子どもの自立支援計画を策定，実施する上で，児童相談所や学校あるいは病院など子どもと家庭にかかわる種々の社会資源と連携・協働しながら支援する必要がある。

　2017（平成29）年4月施行の改正『児童福祉法』では，市町村に児童・家庭に対する支援拠点を整備し，関係機関が連携して包括的な支援を行う基盤整備の必要性を明確にした。それは，養育機能が脆弱化する家庭や地域の下で児童虐待などが増加するなど，子どもと家庭の問題が複雑・多様化する現状を踏まえて，関係機関のネットワークによる総合的な支援が求められているからである。

　社会的養護を行う児童福祉施設は，従来の代替的・補完的機能を生かしつつ，子ども家庭支援における地域ネットワークの一員として，市町村要保護対策地域協議会など地域のニーズに対応した活動に取り組むことが期待されている。

📖 施設養護とチームワーク・ネットワーク

　子どもの養育の方針や方法について一貫性と継続性がなければ，子どもの安定した発達を保障することは困難である。複数の職員が子どもの養護を担当する施設では，職員同士が養護に関する課題を共通に理解し一体感をもって相互に支え合うなどチームワークにより，養育の一貫性と継続性が確保される。また，多様で複雑なニーズを抱えた子どもの場合には，職員一人での対応は困難であっても，チームワークにより専門性の高いサービスが可能になる。なお，子どもや家庭の状況によっては，施設と他の社会資源（フォーマルな施設・機関だけでなく，家族・友人・知人などインフォーマルな社会関係も含まれる）とのネットワークによる支援を検討すべきである。

📖 施設に入所した子どもの背景

　施設に入所した子どもの背景が多様化している（図表144-1, 2）。

図表144-1　被虐待体験の有無

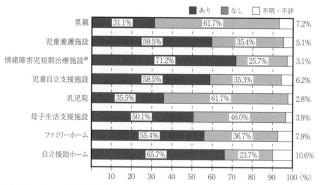

図表144-2　心身の状況

社会的養護の各領域	心身に障害等がある児童の割合	社会的養護の各領域	心身に障害等がある児童の割合
里親	20.6%	乳児院	28.2%
児童養護施設	28.5%	ファミリーホーム	37.9%
情緒障害児短期治療施設※	72.9%	自立援助ホーム	37.0%
児童自立支援施設	46.7%		

※　図表144-1, 2ともに児童福祉法の改正（2017年）で，児童心理治療施設に名称変更された。
　（図表144-1, 2ともに，厚生労働省（2013）. 児童養護施設入所児童等調査結果）

▶施設養護における基本的な援助技術（方法）

145 ケアワーク

1．ケアワークとは

ケア（care）はギリシャ語が語源で，生命の世話・心配，死者に対する悲しみ，哀悼を意味している。また，ケアの対象は，日常生活にあって自立支援を必要とする子どもからおとなまでが含まれ，病気，知的障害，精神障害，身体障害，自立，自己決定などの問題を抱えているすべての人びとであり，援助を必要とする人に対し直接的・具体的な方法を活用して，身体的側面・精神的側面・社会的側面からサービスすることである。

ケアワークの具体的な方法は，①身辺に関する援助として，食事・入浴・排泄などの世話，②日常生活援助としては，調理・掃除・洗濯・家庭環境の整備など，③社会生活の維持・拡大に関する方法としては，レクリエーション・学習指導などの機会の提供が考えられ，住居のあり方，衣のあり方，食のあり方の一つひとつが利用者の要求に沿い，心を癒すものでなければならない。また，施設職員と子どもの間に信頼関係（ラポール*）を形成することは不可欠である。

2．施設におけるケアワークの考え方

要養護児童に対するケアにおいて，日常生活に不可欠な食事や洗面・入浴などの具体的なサービスをすることは大切である。また，自立のためにはこれらの行為を身につけさせることが必要となる。

『児童福祉法』改正〔2009（平成21）年〕により，要保護児童施策は保護から自立支援への転換が行われたが，『児童自立支援ハンドブック』では，施設入所児の自立支援について，「児童が社会人として自立して生活していくための総合的な生活力を育てることであり，基本的生活習慣の習得や職業指導だけを意味するものではない。自立とは孤立ではなく，必要な場合に他者や社会に援助を求めることは自立の不可欠の要素であるから，依存を排除しているものでもない。むしろ発達期における十分な依存体験によって育まれた他者と自己への基本的信頼感は，社会に向かって巣立っていくための基盤となるものである」としている[1]。

—342—

145　ケアワーク

📖 日課とケアワーク

　家庭から施設に入所してくる子どもたちにとり施設での集団生活は，朝の起床から夜の就寝に至る一日の日課に縛られた，なじみにくいものであり，苦痛を感じることも多い。このような子どもたちにとり必要なことは，落ち着きを取り戻し，情緒的な安定を得ることである。そのためには，毎日繰り返されている日常生活が，調和のとれた規律正しい流れにのったものであることが大切である。

```
児童養護施設の平日の日課例
A.M.  6：30  起床・着脱衣・洗面・排泄・清掃・朝食準備
      7：00  朝食・片づけ・歯磨き・登校準備
      8：10  登校
P.M.  3：30  児童下校・学習（宿題）・自由時間（遊び）
      5：30  清掃・夕食準備
      6：00  夕食・片づけ・自由時間（遊び，入浴）
      9：00  就寝・消灯（小・中・高生により異なる）
```

📖 ソーシャルスキル・トレーニング

　人間関係をうまくもてない子どもが，人とのかかわり方を練習し，自信をもって近隣や学校で暮らせるようになるために活用する専門の方法である。施設内での食事や行事，家庭訪問，買い物など，身につけたい生活技術に関し，どのようにしたらよいかがわからない子どもたち皆が解決法を考え，練習し，振り返り，その反復をし，自立に向かっていくトレーニングである。

word

＊ラポール（rapport）

　ラポートともいう。ソーシャルワーカーや心理療法の場面では，ワーカーや治療者（面接者）とクライエント（相談依頼者）との間の親和的で相互信頼的な関係，またそのような雰囲気が存在する状態をラポールがあるといっている。効果的な治療過程が生まれるようにするためには，このようなラポールをつくることが大切である。面接者は，クライエントの人間性を尊重し，クライエントが率直に自己表現できるように，共感的，受容的な態度で接することが必要となる。このラポール関係は，施設の利用者と援助者や学校の教師と子どもとの関係においてもいえる。

Ⅲ.福祉・養護編

— 343 —

▶施設養護における基本的な援助技術（方法）

146 カウンセリングと心理療法

1．カウンセリング

　カウンセリングとは，相談者(クライエント)と被相談者(カウンセラー)とが，信頼関係(ラポール，☞p.343)のもとに行う面談のことである。

　カウンセリングには，①ロジャーズ*が提唱した非指示的カウンセリング（カウンセリング・マインドが必要とされ，問題解決に向かって主役となるのはクライエント自身であることから，来談者中心カウンセリングとも呼ばれる），②ウィリアムソンが提唱した指示的カウンセリング（問題解決のために必要な情報が不足している場合，カウンセラーがクライエントに積極的に情報を提供し，それに基づいてクライエントが考え，決定することで問題が解消される），これら2つの技法を組み合わせた③ソーンの折衷的カウンセリング（カウンセリングの前半には，非指示的カウンセリングによってクライエントの言動を温かく受容し，かつ，共感的理解を示すことによってラポールを形成し，解決への道筋が見えてきた後半には，指示的カウンセリングを用いて解決方法を積極的に提案していく）がある。

2．心理療法

　カウンセリング以外の心理療法には，①ワトソンやスキナー*らの行動療法（人の行動は学習によって変化するものだと考え，行動の具体的改善を行う。例：トークン・エコノミー法，タイム・アウト法），②フロイト（☞p.23）の精神分析〔クライエントの症状や行動は，無意識に潜む未解決の葛藤が引き起こしていると考え，無意識を意識化する（洞察する）ことを援助する〕，③精神分析の立場をとるアンナ・フロイトやクラインによって発展し，その後，アクスラインが来談者中心カウンセリングの考え方を適用した遊戯療法〔子どもは，遊びのなかで，治療者からありのままに受容されていると感じたとき，それまで抑圧していた敵意や攻撃欲求などの否定的感情を，言葉や行動で自由に表現するようになる（カタルシス）。すると，子どもの情緒的緊張や不安は軽減されて精神的安定が得られ，次第に現実的で協調的・親和的な感情を示すことができるようになってくる。通常，遊戯療法（プレイセラピー）は12畳程度の広さのプレイルームで行われる〕などがある。

— 344 —

146 カウンセリングと心理療法

📖カウンセリング・マインド

ロジャーズが提唱した，カウンセラーに必要な3つの態度である。

①無条件の肯定的関心（受容）：クライエントの言動を批判せず，ありのままに温かく受容する。②共感的理解：カウンセラーがクライエントと同じ立場だったら感じるであろう気持ちを感じとり，共有する。③自己一致（純粋性または真実性）：カウンセラーがクライエントの話を聴きながら感じたり考えたりしていることと，クライエントに対して表出している言動に矛盾があってはならない。

📖トークン・エコノミー法とタイム・アウト法

トークン・エコノミー法：現在生じている不適切な行動を消去し，望ましい行動を自発的に行えるよう再学習させるという，オペラント条件づけを応用した行動療法のひとつ。例えば，遊具の順番を待つことができず割り込むなど，衝動性の強い注意欠陥（欠如）／多動性障害（AD/HD）（☞p.25）の子どもがルールを守れたときに，ほめ言葉とともにトークン（集めると自分の好きな玩具などと交換できる）を渡し，今の行動はよいというフィードバックを与えること。

タイム・アウト法：注意を持続して先生の話を聞けず手いたずらを始めたときには，注意して今の行動は悪いというフィードバックを与え，それでも何度か繰り返してしまった場合には，別の場所に移動して，集中力を養うドリル様の課題に数分間取り組むこと。

📖プレイルームの設備

遊具は，丈夫で，操作が容易であり，子どもの想像力を刺激するような物がよい。隣室から，子どもの自然なありのままの行動を観察できるように，ワンウェイミラー（一方視鏡）を設置することもある。

---

person

＊ロジャーズ（Rogers, C.R. 1902-1987）

アメリカの臨床心理学者。クライエントを主体とし，本来クライエント自身に備っている成長力を促す来談者中心カウンセリングを提唱。主著『クライアント中心療法』

＊スキナー（Skinner, B.F. 1904-1990）

アメリカの心理学者。行動分析学を創始した新行動主義の第一人者で，ネズミを使ったオペラント条件づけの実験で有名。主著『行動工学とはなにか』

Ⅲ．福祉・養護編

▶施設養護における基本的な援助技術（方法）

147 療育・リハビリテーション

１．理学療法（Physical Therapy；PT）

　理学療法は『理学療法士及び作業療法士法』第２条に「身体に障害のある者に対し，主としてその基本的動作能力の回復を図るため，治療体操その他の運動を行なわせ，及び電気刺激，マッサージ，温熱その他の物理的手段を加えること」と定義されている。

　理学療法士によって，医師の指示の下に物理的手段を用いることを重点にした療法で，かつては物理療法として，物療，理療などと呼ばれていた。物療（物理療法）は内科的疾患に対して，理療（理学療法）は整形外科的疾患に対して行う場合に使われていたが，現在ではリハビリテーション医学の領域で理学療法が使われている。

２．作業療法（Occupational Therapy；OT）

　作業療法は，『理学療法士及び作業療法士法』第２条に「身体または精神に障害のある者に対し，主としてその応用的動作能力または社会的適応能力の回復を図るため，手芸，工作その他の作業を行なわせること」と定義されている。

　作業療法士によって，医師の指示の下に種々の作業を治療目的に用いて，作業動作能力の回復・改善を目指すものである。

３．言語療法（Speech Therapy；ST）

　言語治療専門職として，言語聴覚士が1997（平成９）年に国家資格化された。言語障害の治療，改善訓練を行うものの総称を「言語療法」という。言語障害は，「言語発達遅滞」と「その他」に分けられる。

　「言語発達遅滞」は，①身体発育不全性言語遅滞，②環境性言語遅滞，③難聴性言語遅滞，④知的障害に関する言語遅滞，⑤脳性麻痺に関する言語遅滞，⑥自閉症に関する言語遅滞，⑦学習障害に関する言語遅滞，⑧単純性言語遅滞の８つ，「その他」には，発声異常，構音障害，吃音などがある。

４．職業指導（Vocational Guidance）

　障害の条件を考えた上で，障害が就労上の不利とならないようにし，自身の勤労意欲や作業態度の養成を行う。

－346－

147 療育・リハビリテーション

📖理学療法の実際

　運動療法が重要な要素となり，物理療法は運動療法の補助的手段として使われることが多い。実際には，身体外部からさまざまな物理的刺激を与えることで，身体機能の回復を目的としている。手指訓練などの運動療法の果たす役割は重視されている。指のつまみや手の握りといった小さな運動から始めて，腕の上下運動，上肢の動きといった大きな運動へ進めていくことや，自分で動かせない手足を他者の助けによって動かす他動運動から自動運動へと展開させていく療育技術となる。子どもへの運動療法では，音楽やリズムに合わせて運動するように，興味をもたせながら行う工夫もある。

📖作業療法の実際

　作業療法では，動作の組合せ，協応動作，知覚機能など，動作の構成要素にも配慮しながら工夫された比較的単純な作業内容から，日常生活場面での動作，作業内容へと進めていき，動作経験を繰り返すことを行う。日常生活動作能力（ADL；Activities of Daily Living）の訓練や評価も含まれる。身体的障害のある人に対して，リハビリテーションの一環として行われている。精神的な障害がある人に対しては，障害の慢性期または回復期の患者に対して適切な作業を行わせることで，病気の回復や社会復帰を促進するための治療法になる。

📖言語療法の実際

　言語療法は，言葉の発声という問題ではなく，話す・聴くなどの日常生活でのコミュニケーションの手段としての機能も考えて治療を進めていくことと，知的レベル・聴力・生活環境・親の養育態度などの要因の綿密な調査を行う。言語聴覚士はコミュニケーション障害の軽減を目指して，患者および周囲への専門的働きかけを行い，言語発達遅滞，脳損傷による失語症，聴覚障害，発声発語障害，吃音などあらゆる年齢層の症状を対象としている。

📖職業指導の実際

　近年，発達障害などが社会に理解されつつあり，障害のある子どもの支援行動が進められてきている。なかでも特別支援教育の導入は，学習面でのきめの細かい指導がなされるように，修学終了後も視野に入れた支援対策が，優れた職業指導となるよう期待される。

Ⅲ・福祉・養護編

—*347*—

▶ 施設養護の職員

148 施設職員の基本的要件および適性

1. 施設職員の基本的要件・資質

　児童福祉施設における職員の一般的要件について『児童福祉施設の設備及び運営に関する基準』第7条では，「児童福祉施設に入所している者の保護に従事する職員は，健全な心身を有し，（略）児童福祉事業に熱意のある者であつて，できる限り児童福祉事業の理論及び実際について訓練を受けた者でなければならない」と規定している。児童は生まれながらにそれぞれが異なった素質をもち，違った環境の下で育てられるといった，いわばその出発点からまちまちである。職員はこのような児童の生育歴・生活環境を十分に理解し，児童の一人ひとりについてその個性を把握し，児童のもつ無限の可能性を最大限に発揮させ，児童の最善の利益について絶えず正しい児童観をもつ必要がある。また「福祉は人なり」といわれるが，施設職員の基本的要件の有無は，問題解決を求める子どものニーズに沿って，適切かつ柔軟に対処できる主体的能力にかかっている。

2. 施設職員の専門性

　子どもの福祉にかかわる仕事をする上で必要なことは，その人間性が豊かで情熱があり，謙虚に学ぼうとする姿勢があることは当然であるが，以下のような専門性も求められる。

①子ども自身から信頼され，問題をともに考えたり解決しようと努力する姿勢。

②子どもの権利を，子どもの立場になって守ろうとする姿勢。

③子ども自身の身体的，精神的，社会的状況を子どもの立場に立って把握できる。また，家庭のなかの子どもという視点から，できるだけ家庭を含めた援助・調整ができる。

④施設や児童福祉にかかわる機関のなかで，利用者に，最大限のサービス内容を保障できるような努力ができる。

⑤職員同士については，地域のさまざまな機関や他職種とのチームワークを育成し，協力関係を形成するための努力ができる。

⑥できるだけ専門知識をもち，さらに深く習得しようと努める。

⑦常に自分自身を客観的に理解し，自己を見つめ，反省できる。

148 施設職員の基本的要件および適性

児童福祉施設における職員の一般的要件
『児童福祉施設の設備及び運営に関する基準』第7条以外

> 第7条の2　児童福祉施設の職員は，常に自己研鑽に励み，法に定める
> それぞれの施設の目的を達成するために必要な知識及び技能の修得，
> 維持及び向上に努めなければならない。
> 2　児童福祉施設は，職員に対し，その資質の向上のための研修の機
> 会を確保しなければならない。
> 第9条　児童福祉施設においては，入所している者の国籍，信条，社
> 会的身分又は入所に要する費用を負担するか否かによって，差別的取
> 扱いをしてはならない。
> 第14条の2　児童福祉施設の職員は，正当な理由がなく，その業務上
> 知り得た利用者又はその家族の秘密を漏らしてはならない。
> 2　児童福祉施設は，職員であつた者が，正当な理由がなく，その業
> 務上知り得た利用者又はその家族の秘密を漏らすことがないよう，必
> 要な措置を講じなければならない。

社会福祉におけるサービスの特質
①社会福祉サービスを受けようとする者は，社会的・経済的・身体
的・精神的ハンディキャップを有している。
②社会福祉にかかわる仕事の職種内容は，対象者の生命・健康・財
産・生活や，個人のプライバシーに直接かかわる。
③個人または家族を対象とするサービスが中心であり，対象者の生
育歴や生活歴による個人差が大きいため，その人または家族に応じ
たきめ細かなサービスを必要とする。

児童福祉施設の長
　施設長の資格は，『児童福祉施設の設備及び運営に関する基準』
第8条第2項に定められていたが，同基準の一部改正〔1987（昭和
62）年〕により，公の児童福祉施設長の要件は緩和されたが，原則
的な考え方を変更するものではないとしている。『児童福祉施設の
設備及び運営に関する基準』では，母子生活支援施設（27条の2），
児童養護施設（42条の2），医療型障害児入所施設（58条4項，7
項），児童心理治療施設（74条），児童自立支援施設（81条第1項）
に施設長の資格要件が定められている。

— 349 —

> 施設養護の職員

149 施設職員の研修と研究

1．研修の意義

　社会的養護の最終目標は，「子どもが最終的に自立して社会に巣立ち健全な社会の一員」となるよう支援することであるが，現在，社会的養護を必要とする子どもたちやその家庭の抱える課題は多様化して，対応が難しくなっている。そのため，施設職員は，現状に甘んじることなく絶えず最新の状況を把握するための研修が必要になる。研修には，大別すると，初任者研修，現任研修がある。

　初任者研修の内容は，施設種別によって異なるものの最低限，そのカリキュラムは，①施設の業務内容，要覧や運営計画書などに示される内容，②施設の設立理念や基本方針，『児童福祉法』等とのかかわり合いなど，③生活指導や生活管理，作業指導などの仕方，④施設内の関連部署（給食・医務など）の活動の内容と連携，⑤施設外の関連機関や他の専門職，社会資源とのかかわり合い，⑥必要な資料の利用法・記録や報告レポートの作り方，⑦施設内外の必要部署の訪問・見学，⑧基本図書や関係視聴覚教材の学習などがあげられる。

　現任研修には，①ケースカンファレンス，②学習会，③他施設研修，④交換研修，⑤海外研修，⑥セミナー・研究大会等への出席，⑦他資格や上位資格の取得などが考えられる。

2．研究の意義

　研究は，学問的に新しい事実を発見し，それを科学的に実証したり，理論的に解明していくことであり，いろいろな学問分野で積み重ねられている。研修は，現体制維持に不可欠の要素であるが，施設の現状に不満と疑問をもったとき，改善と変革のために貢献する要素として研究が位置づけられる。もちろん施設の研究実践研究であり，研修と表裏一体の関係にある。

　実践研究の内容は，①時間的追求（(1)個別対象，(2)集団対象），集団対象（知能・社会性・体力の発達等），②横断的追求〔(1)利用者，(2)施設養護者対象，(3)その他（環境，法制・財政等）〕が考えられる。方法は，①個人研究，②グループ研究（研究意欲のある職種の集まり），③施設内研究（施設内職員がチームとなって研究する）が考えられる。

149 施設職員の研修と研究

📖 基幹的職員研修の運営について

　施設入所の児童と家庭への支援の質を高めていくために，養護施設等で10年以上の勤務経験のある職員への研修は今日，ますます必要となっている。研修の主目的は，基幹的職員（入所児童の自立支援計画の立案や進行の管理，また他職員への適切な教育・支援が主な業務となる職員）の養成である。

　基幹的職員（スーパーバイザー）養成の研修の実施については，都道府県が実施主体となり，研修内容は講義と事例を用いた演習で行われるが，以下にその内容を紹介する。

・施設の管理・運営（マネジメント）に関すること。
・職員への指導（スーパーバイズ）やメンタルヘルスに関すること。
・子どもの権利擁護に関すること。
・施設における日常的なケアに関すること。
・施設における専門的なケア（心理治療等）に関すること。
・子どもの発達に関すること。
・アセスメントに関すること。
・ケースカンファレンス，チームアプローチに関すること。
・家族支援やソーシャルワークに関すること。
・関係機関との連携に関すること。
・社会的養護における高度な専門性を必要とする知識や援助技術に関すること。
・その他基幹的職員に必要と思われる内容に関すること。

📖 研修の種類

　ケースカンファレンス：施設で起こった事例を用いてさまざまな角度から問題点を掘り下げ，改善するために検討する会議。

　学習会：施設内で定期的にテーマを決めて，職員間の問題意識を高めるための会合。

　交換研修：それぞれの施設職員を期間を決めて交換する研修。他施設の長所・短所をつぶさに体験・観察することができることがポイント。

　この他にも，他施設研修（出張して他施設を訪問し，話を聞かせてもらったり内部を観察）や海外研修短期留学制度がある。

— 351 —

> 施設養護の職員

150 施設職員の資質と役割

1．施設職員の人間性

　一般に，施設に入所している子どもの多くは，望ましい生活環境や人間関係が望まれない場合が多く，そのため，温かい家庭的な愛情を体験していないため，生活感情に豊かさを欠き，人間関係に対して好ましくない感情を抱いている場合が少なくない。また，温かな家庭生活を体験してきた子どもが，何らかの事情でその生活を維持できなくなったことから情緒的障害に陥り，施設での生活になじめない場合もある。これらの子どもを健全な社会の一員として成長させるためには，施設職員の豊かな人間性が求められる。

　児童福祉の向上は，施設の充実とともに人にあり，とよくいわれているように，児童の健全な成長・発達にとって最も重要なことは，職員の愛と共感の心である。

2．施設職員の専門性

　一般的に専門職とは，①公共性の高い職業であり，②人間に直接関係し，③高度の特有な理論的体系をもち，④免許・資格に対し社会的承認があり，⑤その職が組織化（専門職団体）され，⑥倫理綱領をもっていることなどが要件となっている。

　施設職員は，ただ単に子どもの健康と安全を確立し，衣食住を与え，その日その日を大過なく過ごし，ただ子どもが好きであれば十分であるという消極的で安易な気持ちであってはならない。施設職員という職業を真剣に考え，努力し，常に社会を代表し，保護者や社会に代わって子どもの養護にあたっているということを自覚すると同時に，施設職員としての誇りと喜びを感じ，職務を全うするよう務めなければならない。

3．他職種・他機関との協働による業務

　児童福祉施設は，その施設種別によってさまざまな職種によって運営されている。児童指導員，保育士，母子支援員，児童の遊びを指導する者，児童自立支援専門員，児童生活支援員，心理療法を担当する職員，家庭支援専門相談員，被虐待児個別対応職員等との協働，児童相談所，保健所等の他機関との協働業務はとくに大切である。

—352—

📖チームワーク

　最近の施設職員，とくに保育士は，「叱らない，走らない，動かない」とか「歌わない，弾かない，書かない，考えない」などといわれているが，施設職員は，子どもの生活の全体の世話と生活指導を，よりよいチームワークで行うことがその基本であるため，まずその人間性が重要視される。この人間性こそが，子どもとの間に結ばれる信頼に満ちた人間関係の基礎となるべきものである。

　社会福祉の仕事は，社会福祉の固有の目標の下に，多様な領域の専門職・ボランティア・社会福祉専門職が，それぞれの特質や長所を生かし，対等な関係（独立の原則）で，密接に協力しながら遂行（協働の原則）する，社会的活動である。その際よくいわれているのが「ほうれんそう」，すなわち報告，連絡，相談である。

📖ネットワーク

　直訳すると網状組織で，社会福祉で使用する場合には生活を支える「安全網」を意味し，いわば施設内でのチームワークを地域社会に拡大したものがネットワークである。

　地域生活を支えるために，地域でバラバラに散在している社会福祉の専門機関や専門職・ボランティアの援助を，利用者サイドから，ひとつのまとまりのある統合化されたサービス（サービスのパッケージ化）として提供するためにつくられた，各種援助機関・職種・資源の連携組織である。ネットワークがとくに有効なのは，虐待のケースのように，社会的孤立などから緊急介入が必要な場合であるが，同時に，問題の防止にも有効である。

📖児童福祉施設における自立支援

　児童養護施設において，施設内において入所児童の自立に向けた指導を行うことのほか，入所児童の家庭復帰や社会的自立を支援することと，自立支援のための活動を積極的に求めている。この他にも，児童自立支援施設，母子生活支援施設でも同様である。

　子どもが24時間その施設で生活するため施設内での指導（インケア＝学習指導等）は当然のことながら，退所前後の指導（リービングケア＝衣食住や健康管理などの基本的生活技能等）も自立支援を進める上で大切である。

▶ 施設の運営・管理

151 物的管理と保健・安全

1．基本的な考え方

　児童福祉施設は『児童福祉法』により施設の目的や役割が定められた，養護や保育などを提供する大切な場所であり，そうした活動を支えるために必要とされる具体的な設備や保健・安全，人的配置などについては『児童福祉施設の設備及び運営に関する基準』に具体的な基準が定められている。さらに各施設毎に作成されている運営指針や運営ハンドブックに詳細な基準等が示されている。施設の所有する設備などは，施設を利用する人たちの生活支援や保育活動を目的として整備されるものであるという認識をもって，適切な管理をすることが必要である。

2．施設の資産の種類と管理

　施設の所有すべき資産としては，土地や建物などの固定資産から，毎日の生活のために供する調理設備や冷暖房器具，テレビなどの物品や，環境や保健衛生，安全管理に関する設備の整備と維持管理が必要である。固定資産や法律上登記が必要とされる規定などに関しては，社会福祉法人の場合には理事会の審議を経た上で法務局への登記を行う必要がある。建物の維持管理については，『建築基準法』などの規定に従って定期的な点検を行うことが必要である。

3．生活を支えるための安全管理

　自然災害や不審者などにより，施設を利用する人たちの安全が脅かされることがあり，災害や不審者対策などの安全管理は極めて大切な取り組みとなっている。さまざまな災害や事故などへの対応に関しては，管轄する消防署や警察署などの指導を受け「防災計画」を作成し，設備の設定，保守・点検を実施し，安全な生活環境の確保に努めることが必要である。保健衛生に関しては，施設利用者が健康を害することなく，安心して生活できる環境をつくることが必要である。施設では，利用者の病気やけがの治療，消毒などのために各種の薬剤が利用されることがあるが，安全な管理に努めるとともに，必要に応じて保健所や嘱託医などの指導を受けることが必要である。

151 物的管理と保健・安全

📖『児童福祉施設の設備及び運営に関する基準』と施設の運営・管理

　児童福祉施設の設備基準や管理・運営，設備に関する基準は，国の定めた『児童福祉施設の設備及び運営に関する基準』などにより詳細に定められている。

　『児童福祉施設の設備及び運営に関する基準』は，『児童福祉法』で定められている保育所や児童養護施設などの設備や運営に関し国が「これを下回ってはいけない」と定めた基準（省令）である。入所した児童を平等に取り扱う原則や虐待などの禁止，懲戒にかかわる権限の濫用禁止，衛生管理，食事，入所した者および職員の健康診断，秘密保持，苦情への対応など幅広い基準が定められている。基準を満たさない場合には，施設を監督する行政機関から施設の設置者に対して改善勧告や，改善命令，事業の停止命令，閉鎖命令などの措置がとられることとなっている。

📖用地（土地）の管理と建物の整備

　児童福祉施設を設置する土地は長期間にわたり継続して利用できることが必要で，設置者の所有登記した土地か，施設の活動のために使用登記した土地が必要である。建物については，福祉施設は家庭に代わる「生活の場」であることから，生活するために必要な「安らぎ」を感じることのできる環境が必要となるため，建物の広さや基本的な設備についての詳細な基準が定められている。

📖食事提供のあり方

　児童福祉施設を利用する子どもたちに，食事を提供する意味は大きい。献立は，栄養士が入所者の健全な発育に必要な栄養量や栄養バランス，食品の種類や調理方法，入所者の身体的状況や嗜好などを考慮して作成し，調理することが義務づけられている(同基準第11条)。

📖環境衛生の確保

　児童福祉施設では，児童に安全で安心できる生活環境の提供が不可欠である。『児童福祉施設の設備及び運営に関する基準』では福祉施設に入所している者の使用する設備や食器，飲用水などについての衛生的管理，感染症などの疾病対策，入所者の入浴や清拭などの指導，必要な医薬品や医療品の準備を行い，環境衛生や生活環境の改善に努めることが求められている（同基準第10条）。

Ⅲ．福祉・養護編

—355—

▶ 施設の運営・管理

152 施設の運営・管理と財源・費用

1．福祉施設の運営主体

　児童福祉施設は，『児童福祉法』に定められた「社会的養護」を必要とする人たちの生活をサポートすることを目的としており，施設の運営・管理に関しては国や都道府県などの地方公共団体が責任をもって推進すべき活動である。実際の運営・管理については，地方自治体や『社会福祉法』に定められた社会福祉法人などが施設の設置や運営・管理を行っている場合が多いが，『特定非営利活動促進法』に基づく特定非営利活動法人（NPO法人）による施設の運営活動も増加している。

2．福祉施設の財源と利用者負担

　施設の運営・管理における費用は，主に国や地方公共団体から支払われる費用と，施設を利用する家族などが支払う費用（自己負担金，利用者負担金という）を財源として年間の予算計画を作成し，施設の活動に活用される。乳児院や児童養護施設などの利用には，国や地方公共団体が法に基づいて施設利用の有無を決定する「措置制度」が利用されている。措置制度の下では施設の運営財源として都道府県などから「措置費」といわれる費用が支出される。利用者の支払う費用は，その人の支払い能力に応じて費用を負担する「応能負担」という方法がとられている。措置費は「事務費」と「事業費」に分けられ，施設利用者の生活支援や職員の人件費などに使用される。障害児の施設利用については，『障害者の日常生活及び社会生活を総合的に支援するための法律』，（以下，『障害者総合支援法』）により，施設を利用するための契約を結び利用する利用契約制度に変更され，『障害者総合支援法』に基づく自立支援給付制度により施設の運営が行われている。利用負担金も「利用したサービス料の一定額を負担」する「応益負担」という方法に変更された。

3．予算の適切な執行と管理

　社会福祉施設で使用される財源には多くの国民の納める税金が使用されている。施設の設置者は費用を目的に合わせて活用していく責務がある。予算の執行にあたっては社会福祉法人の会計準則など

に従い，施設の運営・管理に必要な基本的財産や財源の管理については関係する法律に基づいて帳簿類の整備や管理，関係各所の指導・監査を受け，適切な予算の執行・管理に努めることが必要である。『社会福祉法』の改正や社会福祉法人の会計制度改正，社会福祉法人制度の改正などに伴い，施設を運営する社会福祉法人の資産状況や毎年の事業報告や決算報告などを公開し，施設の運営が適切に執行，管理されていることを示すことが強く求められている。

📖措置制度

戦後，国が責任をもって国民の生活保障と社会福祉制度を進めていくという理念のもとに作られた制度であり，国や自治体が福祉サービスを受ける要件を判断し，サービスの利用開始・廃止を法令に基づいた行政権限（行政処分）として提供し，費用については「措置費」として行政が保障する。戦後の日本の社会福祉制度の発展に寄与してきたが，利用者側の意向が尊重されにくいなど課題が指摘され，児童虐待などの保護の必要がある子どもの福祉分野以外では，「措置制度」から「契約制度」への移行が進行している。

📖障害者総合支援法による自立支援給付制度

自立支援給付制度は『障害者総合支援法』の施行に伴い導入された給付制度で，「介護給付」と「訓練等給付」という2つの給付制度で構成されており，必要経費の1割は原則自己負担することとなっている（応益負担制度）。『障害者総合支援法』を利用する際には障害程度区分の判定をうけ居宅介護，重度訪問介護，療養介護，生活介護，短期入所，施設入所支援などの障害福祉サービスや障害福祉サービス事業等を利用することが可能であり，個別に作成された支援計画に基づくサービスの提供を受けることが可能である。

介護給付は居宅介護（ホームヘルプ）や重度訪問介護，行動援護，重度障害者包括支援，児童デイサービス，短期入所（ショートステイ），療養介護，生活介護などのほか，障害児・者支援施設での夜間ケアなど（施設入所支援）や共同生活介護（ケアホーム）などを利用する際に給付される費用である。訓練等給付は自立訓練（機能訓練や生活訓練など），就労移行支援，就労継続支援，共同生活援助として給付される費用である。

▶ 施設養護の今日的課題

153 施設で暮らす子どもの権利擁護

1．子どもが生まれながらもつ権利と擁護

　すべての子どもは，人間が人間として生きていく基本的人権を享有しており，これは施設に入所しても擁護されなければならない。子どもの権利擁護では一般原則として，「差別の禁止」「生命，生存および発達」「子どもの意見の尊重」「子どもの最善の利益」を最大限配慮される必要がある。子どもは「自分は大切な存在である」ことを意識し，「自己肯定感」をもって育まれていく権利がある。これは，どのような環境に生まれようが生得的に無条件で享有している基本的人権である。

2．受動的権利と能動的権利

　その権利には２つの側面がある。第一は義務教育を受ける権利，適切な医療を受ける権利，差別されない権利など権利主体としておとなや社会の側から提供を受けることから成立する，「養育を受ける権利」であり受動的権利という。第二は，権利主体として自分の権利を積極的に行使できる「意見表明権」であり能動的権利といい，子どもが自分の気持ちをその年齢に応じた表現や言葉によって表す権利のことである。

3．子どもの権利ノート

　施設に入所する子どもたちに，自分たちが権利の主体者であることを自覚してもらうために，施設で生活する上での権利や約束事について，わかりやすく解説された「子どもの権利ノート」が施設ごとに作成され，入所時に配付されている。

　「子どもの権利ノート」には，児童相談所や外部の権利擁護機関への連絡先なども記されており，子どもたちに対する虐待などの人権侵害を施設内で隠すことがないように配慮もされている。

　また，第三者委員会，意見箱の設置など制度的改善が進められている。児童福祉施設の最終的な目標は，子どもが自立した社会人として責任をもった人生を送ることができるように支援していくことである。人権が守られ，よりよい社会的自立ができるように退所後に向けた自立支援策の見直しも行われてきている。

— 358 —

153 施設で暮らす子どもの権利擁護

📖法的な基準

児童福祉施設の最低基準は『児童福祉法』第45条に規定され，厚生労働省令『児童福祉施設の設備及び運営に関する基準』によって，構造設備の一般原則，設備の基準，職員，処遇などが具体的に示されている。1997（平成9）年の『児童福祉施設最低基準』（現『児童福祉施設の設備及び運営に関する基準』）の改正では，施設長の懲戒権の濫用が禁止され，以後は施設長研修の義務，第三者評価の受審などが義務づけられた。

📖発達障害・虐待への対応

近年，児童養護施設には発達障害（LD，AD/HD，高機能自閉症など，☞p.25）と虐待との関連がいわれ，情緒障害児短期治療施設レベルに基準を引き上げていくことが望ましいと考えられている。

図表153-1 『児童福祉施設の設備及び運営に関する基準』に示されている主な職員配置

職員	児童養護施設	情緒障害児短期治療施設
児童指導員・保育士	定員5.5名につき1人。ただし，定員45人以下の施設については，この定数のほか1人を加算する（2歳未満児1.6人につき1人，3歳未満児2人につき1人，年少児4人につき1人）	通じて定員4.5名に1人
医師	嘱託医1人	常勤医1人
心理療法担当職員	被虐待児が10人以上いる場合，1人を配置	定員10人につき1人
看護師	医療的ケアが必要と認められた児童が15名以上の場合，1名を配置	1人

🔵 子どもの権利ノート—和光学園生活ノートの主な目次より 🔵

和光学園生活ノートから目次を紹介する。子どもたちが施設で生活していくなかでのさまざまな疑問や不安に答える内容になっている。

はじめに：子どもの権利条約には，どんなことが書かれているのですか？　1．何のために和光学園を利用するのですか？　2．和光学園ではどんな生活をするのですか？　3．和光学園の職員はどんなお世話をしてくれるのですか？　4．家族に会いたい時や家族に連絡をとりたい時はどうすればいいのですか？　5．和光学園ではどんな人が生活をしているのですか？　6．いつまで和光学園で生活するのですか？……

Ⅲ・福祉・養護編

— 359 —

▶ 施設養護の今日的課題

154 専門性の向上と地域支援

1．保育士の国家資格化

　各種児童福祉施設の働き手の中心である保育士の資格が，2001（平成13）年11月の『児童福祉法』の改正〔2003（平成15）年11月施行〕で法定化（国家資格化）された。すなわち，「保育士とは，第18条の18第1項の登録を受け，保育士の名称を用いて，専門的知識及び技術をもって，児童の保育及び児童の保護者に対する保育に関する指導を行うことを業とする者をいう」（第18条の4）と定義されている。また，同法では保育士としての信用失墜行為の禁止，守秘義務，保育士資格所有者以外の者が保育士の名称を使用することの禁止（名称独占）ならびに罰則規定などを明確に示している。

　保育士の職務の独自性として，児童の生活に直接かかわり援助しながら，個々の児童の発達を支援することがあげられるが，この児童の保育・養護に加えて，保護者への保育に関する指導，すなわち親，家族に対する相談援助や，地域社会での子育て支援が保育士の職務として要請されるにいたっている。保育所を中心とした多くの児童福祉施設のなかで，保育士という職務が，児童・家族を，そして地域をより身近にとらえて総合的に支援することができる可能性のあることを踏まえてのことである。

2．保護者支援

　保育の専門性を生かした保護者への支援は，保護者を受け止める，保護者の気持ちに共感し寄り添うなどという，保護者等との信頼関係構築のための知識，技術等に基づいて行われる社会福祉援助の技術，すなわちソーシャルワーク，とくにソーシャルケースワーク（個別援助技術）の実践そのものである。また，保育所，児童養護施設等の児童福祉施設では児童が集団で生活している。このような集団の場で，集団のもっているよさ，プラス面を活用しながら，児童や親の抱えている困難や課題を解決したり，あるいは成長や変化を促す援助の技術がソーシャルグループワーク（集団援助技術）と呼ばれるものであり，これらの援助技術の理解，習得が，専門性の向上のためには不可欠である。

— 360 —

154　専門性の向上と地域支援

専門職と専門性

　保育士資格が法定化され，専門職としての専門性がますます強く要求されるようになっている。社会福祉専門職の職業的専門性の構造について，京極高宣は，三点（三角形）に整理している[1]。三角形の一番下に来るもの，基底には「基礎知識（一般教養・関連知識）」があげられている。いわゆる福祉的実践の担い手にまず要請されるのは，専門家として，その個人の幅広い，豊かな人間性である。2番目（二段目）に「専門的知識（社会福祉の理論，対象者理解，各種社会福祉制度等に関する知識）と「専門的技術（社会福祉援助技術，施設援助の方法・技術等）」の2つがあり，それらの上（一番上）に「倫理（守秘義務，人権擁護や自立支援等の視座）」があるとしている。社会福祉の分野における専門職，専門性の構造についての見方であるが，保育士においてもこれらの原則は基本的には同じである。

地域における支援

　『保育所保育指針』第4章は，保護者に対する子育て支援に関するものである。保育所における保護者への支援は保育士の業務であり，その専門性を生かした子育て支援の役割は重要なものである。その上で，保育所はその特性を生かし，保育所に入所する子どもの保護者に対する支援および地域の子育て家庭への支援について，積極的に取り組むことが求められる。

　保護者支援の原則として，『児童福祉法』第18条の4の保育士の定義をもとに，保育士の重要な専門性のひとつは保育であり，ふたつは児童の保護者に対する指導であることから，保育士等の保護者に対する支援は，何よりもこの保育という業務と一体的に深く関連していることを常に考慮しておく必要があることも強調される。

　また，保育士の入所者への保護者支援，地域での子育て家庭への支援は，保育士の業務の一環であることから，『児童福祉施設の設備及び運営に関する基準』に置くべき職員として位置づけられている施設（保育所，乳児院，児童養護施設，障害児施設等の児童福祉施設）における入所者の保護者および地域における相談支援をも指している。

Ⅲ. 福祉・養護編

— 361 —

文　献

注：1）　は引用文献
　・　は参考文献　を表す。

81
1）網野武博（2008）．児童の権利に関する条約が与えた変化，大場幸夫・網野武博他（編著）平成20年改定保育所保育指針解説―保育を創る8つのキーワード― フレーベル館　90-91
・小原敏郎（2006）．共に育つ保育，武藤安子・吉川晴美・松永あけみ（編著）家族支援の保育学　建帛社　131-162

82
・小原敏郎・橋本好市・三浦主博（編著）（2016）．演習・保育と保護者への支援　みらい

83
1）清水浩昭（2004）．家族機能の変化，日本家政学会（編）家政学事典　朝倉書店　61-62
2）牧野カツコ（2004）．家族と家庭，日本家政学会（編）家政学事典　朝倉書店　5
3）小原敏郎・武藤安子（2005）．「保育の質」と「レジリエンス」概念との関連　日本家政学会誌　**56**（9）　643-652

84
1）武藤安子（2002）．子どもの育ちを学ぶ　小児看護　**25**（3）　392-395
2）武藤安子（2006）．人間関係発展の技法，金田利子・斉藤政子（編著）保育内容・人間関係　同文書院　77-89

85
1）岩上真珠（2004）．家族の個人化，清水浩昭・森　健二　他（著）家族革命　弘文堂　93-94

91
・保育小六法編集委員会（2010）．平成22年版　保育小六法　中央法規出版　21-22

99
・庄司順一ほか編（2011）．子ども虐待の理解・対応・ケア　福村出版
・久保健二（2016）．児童相談所における子ども虐待事案への法的対応　常勤弁護士の視点から　日本加除出版

101
・汐見稔幸（編著）（2008）．子育て支援シリーズ1　子育て支援の潮流と課題　ぎょうせい
・内閣府子ども・子育て本部（2017）．子ども・子育て支援新制度について（平成29年6月）p.94-95

115
・社会福祉士養成講座編集委員会（編）（2009）．新・社会福祉士養成講座8　相談援助の理論と方法Ⅱ　中央法規出版
・日本地域福祉学会（編）（2006）．新版地域福祉事典　中央法規出版
・地域包括ケア研究会（2009）．地域包括ケア研究会報告書～今後の検討のための論点整理～　厚生労働省
・厚生統計協会（編）（2009）．国民衛生の動向　**56**（9）

文　献

- 改訂・保育士養成講座編纂委員会（編）（2009）．改訂4版　保育士養成講座第1巻　社会福祉　全国社会福祉協議会
- 松本寿昭（編著）（2008）．保育・教育ネオシリーズ8　社会福祉援助技術　同文書院

116

- 改訂・保育士養成講座編纂委員会（編）（2009）．改訂4版　保育士養成講座第1巻　社会福祉　全国社会福祉協議会
- 松本寿昭（編著）（2008）．保育・教育ネオシリーズ8　社会福祉援助技術　同文書院

117

- 1）才村　純（2005）．子ども虐待ソーシャルワーク論　有斐閣　20
- アプテカー，H．坪上　宏（訳）（1964）．ケースワークとカウンセリング　誠信書房
- 小林郁子・大嶋恭二・神里博武（2007）．社会福祉援助技術　ミネルヴァ書房

118

- 社会福祉養成講座編集委員会（編集）（2015）．地域福祉の理論と方法　第3版　中央法規出版
- 全国社会福祉協議会（1999）．社会福祉関係施策資料集17（1998年）　全国社会福祉協議会

121

- 米山岳廣（編著）（2006）．ボランティア活動の基礎と実際　文化書房博文社
- 三本松政之・朝倉美江（編）（2007）．福祉ボランティア論　有斐閣アルマ
- 社会福祉法人全国社会福祉協議会全国ボランティア・市民活動振興センター（2015）．市区町村社会福祉協議会ボランティア・市民活動センター　強化方策2015　65

123

- 大島　侑監修・遠藤和佳子・松宮　満（編著）（2006）．児童福祉論　ミネルヴァ書房
- 川地智子（編著）（2006）．児童家庭福祉論　学文社
- 菊池正治・細井　勇・柿本　誠（編著）（2008）．児童福祉論　ミネルヴァ書房
- 北川清一（編著）（2007）．児童福祉施設と実践方法　中央法規出版
- 櫻井奈津子（編著）（2008）．養護原理　青踏社
- 右田紀久恵・高澤武司・古川孝順（編著）（2008）．社会福祉の歴史　新版　有斐閣
- 日本子どもを守る会（編）（1996）．子どもの権利条約―条約の具体化のために―草土文化
- 古川孝順・金子光一（編著）（2009）．社会福祉発達史キーワード　有斐閣
- 松本峰雄（2007）．保育者のための子ども家庭福祉　萌文書林
- ミネルヴァ書房編集部（編）（2009）．社会福祉小六法　ミネルヴァ書房
- 保田井進・長谷川彰・小尾義則（編）（1994）．社会福祉セミナー2　児童福祉　中央法規出版
- 社会福祉法人大阪ボランティア協会（編集）（2016）．福祉小六法2017　中央法規出版

129

III．福祉・養護編

— 363 —

- (132) ・『新保育士養成講座』編纂委員会（編）（2015）．児童家庭福祉　全国社会福祉協議会
  - ・『新保育士養成講座』編纂委員会（編）（2015）．社会的養護　全国社会福祉協議会
  - ・高橋一弘・村田紋子・吉田眞理（2008）．演習・養護内容　萌文書林
  - ・松本峰雄（編著）（2013）．教育・保育・施設実習の手引　建帛社
  - ・松本峰雄（編著）（2001）．新版　子どもの養護　建帛社
  - ・三重県施設実習研究協議会（2016）．福祉施設実習ガイドブック
  - ・吉澤英子・小舘静枝（編）（2006）．養護原理　ミネルヴァ書房
  - ・吉田眞理（2010）．児童福祉　青踏社
  - ・E乳児院・児童養護施設資料，N母子生活支援施設資料，S知的障害児施設資料

- (133) ・厚生労働省雇用均等・児童家庭局改訂福祉課（2014）．情緒障害児短期治療施設（児童心理治療施設）運営ハンドブック　2

- (137) 1）ボウルビィ，J．（1993）．母と子のアタッチメント―心の安全基地　医歯薬出版　15
  - ・厚生省児童家庭局家庭福祉課（監修）（1998）．児童自立支援ハンドブック　日本児童福祉協会　18

- (141) ・松本峰雄（編）（2016）．子どもの養護　第3版　建帛社

- (145) 1）厚生省児童家庭局家庭福祉課（監修）（1998）．児童自立支援ハンドブック　日本児童福祉協会

- (153) ・小堀哲郎（2016）．施設における子どもの社会的養護　松本峰雄（編）　子どもの養護―社会的養護の原理と内容―　第3版　建帛社　50-64
  - ・高玉和子（2009）．子どもの権利　林邦雄・谷田貝公昭（監修）　子ども学講座4　子どもと福祉　一藝社　10-38

- (154) 1）京極高宣（1987）．社会福祉の専門性について　月刊福祉　8月号　全国社会福祉協議会　44

人名・事項索引

〔 ア 〕

愛着形成	68, 70, 322
赤沢鍾美	194
赤沢ナカ	194
アプテカー, H. H.	289
「アヴェロンの野生児」	17
預かり保育	94, 119
アスペルガー症候群	24
遊 び	3, 34, 38, 78
——の理論	35
アタッチメント形成	68, 70, 322
アドボカシー	307
アドミッションケア	332
アニマ	19
アニミズム	19
アニメ	43
アフターケア	332
「アマラとカマラ」	17
安全管理	134, 354

〔 イ 〕

石井十次	228, 308
石井亮一	308, 311
糸賀一雄	9
育 児	5
イクメンパパ	71
いじめ	26
衣生活	335

一時預かり事業	94
一貫教育	13
一斉活動形態	100
一斉保育	102
医療型児童発達支援センター	316
医療型障害児入所施設	316
インクルージョン	88
インケア	332
インターネット	28
インテグレーション	88
院内保育	93

〔 ウ 〕

ヴィゴツキー, L.	17
ウェルビーイング	252
ウェルフェア	252

〔 エ 〕

エリクソン, E.	16, 23
エレン・ケイ	227
映 画	43
英才教育	33
衛生管理	132
映像メディア	42
栄養士	144
AD/HD	25, 345, 359
絵描き歌	39
エコマーク	31
SIDS	69, 73, 134, 159

ＳＴ	346	外部評価	127
NAEYC	176	カウンセリング	288, 312, 344
NPO法人	275	科学館	37
絵　本	38, 53	『学事奨励に関する被仰出書』	7
『エミール』	13	学習会	351
エリザベス救貧法	262	学習指導	338
ＬＤ	25, 359	学習指導要領	207
エンゼルプラン	242	学習障害	24
延長保育	94	学習到達度	179
エンパワメント	252, 307	学　制	7, 196
──・アプローチ	287	「カスパー・ハウザー」	17

〔　オ　〕

オーエン, R.	194	家　族	218
		課題活動	77
応益負担	356	学　校	12, 192, 198
応能負担	356	──化社会	28
OECD	168	──関係者評価	127
ＯＴ	346	──教育法	
オープン保育	107	11, 61, 108, 122, 150, 207	
岡山孤児院十二則	308	──教育法施行規則	122, 124
おけいこごと	29	家　庭	218
親子関係	32, 323	──環境	33
音楽表現	80	──機能	222
オンブズマン（オンブズパーソ		──支援専門相談員	323
ン）制度	307, 321	──養護	304
恩　物	196	紙芝居	39
		カリキュラム・マネジメント	108

〔　カ　〕

		「環境」（5領域）	66
カイヨワ, R.	78	環　境	54, 61, 96
カント, I.	2	──構成	184
		──整備	132
介護給付	357	間接援助技術	288
介護保険法	278, 294	感染症	73
解体保育	106		

〔　キ　〕

		基幹的職員	351

― 366 ―

人名・事項索引

危機管理	136
棄児養育米給与方	308
基本的生活習慣	75
基本的な権利の保障	7
義務教育	13, 192
虐　待	180, 250, 334, 359
QOL	130
救護法	9, 264, 308
救貧法	262
教育課程	108, 209
教育基本法	11, 204, 207
教育内容	208
教育に関する法規	206
共感的理解	85
教護院	311
教　師	204
共同募金会	269
緊急保育対策等5か年事業	242

〔 ク 〕

倉橋惣三	196
苦情解決制度	321
具体的思考	19
クラス保育	105
グループダイナミックス	324
グループ保育	103
グループホーム	328
グループワーク	324
訓練等給付	357

〔 ケ 〕

ゲゼル, A.	23
ケアマネジメント	288

ケアワーク	342
携帯電話	29
契約制度	357
ケースカンファレンス	351
研　究	350
「健康」（5領域）	64
健康管理	336
言語療法	346
研　修	350
健全育成	244
権利擁護	307

〔 コ 〕

交換研修	351
高機能自閉症	24, 359
合計特殊出生率	242, 292
公私ミックス体制	274
公的責任	297
交流保育	105
高齢化	292
高齢者保健福祉推進十か年戦略	
	274
コーナー保育	106
ゴールドプラン	274
子育て	5, 32
——支援	216, 254
国庫補助金	234
「言葉」（5領域）	66
子ども	225
——安全マップ	167
——・子育て応援プラン	242
——・子育て関連3法	300
——・子育て支援新制度	
	248, 254
——・子育て支援法	230

— 367 —

——の権利ノート 358
——を守る地域ネットワーク　92,165
個別援助技術 286,288
個別指導 98
個別保育 103
コミュニティワーカー 294
5領域 64
混合保育 102,104
コンサルテーション 288

〔 サ 〕

災　害 134,159,166
在宅福祉サービス 274
作業療法 346
里親制度 305
里　山 30
3歳児神話 68,71

〔 シ 〕

シモン,Th 20
シュワルツ,W. 286

COS 262
事　故 73
自己決定 257,326
自己中心性 19
自己負担金 356
自己評価 120,122,124,301
事故防止マニュアル 136
自傷行為 26
次世代育成支援対策推進法　216,242
施設職員 348,350
施設養護 306,308,310,330

自然環境 30
慈善事業 286
慈善組織協会 262
市町村地域福祉計画 275
しつけ 327,336
実念論 19
指導案 184
指導計画 111,112,114,117,143
児　童 224
——委員 165,233
——絵画展 37
——家庭支援センター 233,314
——観 227
——館 244
——虐待 → 虐待
——虐待の防止等に関する法律　164,230,250
——劇 37
——憲章 11,226
——厚生施設 318
——指導員 334
——自立支援計画 333
——自立支援施設 318
——センター 245
——相談所　15,164,232,269
——の遊びを指導する者 318
——の権利に関する条約　10,214,226,238,243,320
——の権利保障 214,227
——の最善の利益 13
児童福祉 224
——援助 238
——関係法制 231
——司 165

人名・事項索引

——施設　14, 304, 306, 352
——施設職員　190
——施設の設備及び運営に関する基準　57,
　182, 207, 271, 310, 348, 355
——審議会　15, 232
——専門職　236
——法
　11, 214, 224, 226, 230, 234,
　238, 254, 260, 278, 282, 296,
　300, 302, 304, 310, 342, 360
——六法　230
児童文化　36, 38
——センター　37
児童遊園　318
児童養護　302
——施設　180, 314
——施設運営指針　181
——施設保育士　180
自発性　96
社会環境　57
社会教育　36
社会参加　326
社会事業　265
社会的養護　304, 356
社会福祉　8, 256, 260
——援助技術　261, 284
——基礎構造改革
　256, 266, 268, 296, 300
——協議会　269
——サービス　268, 270
——士及び介護福祉士法　278
——施設の長　349
——従事者　278, 280
——の財政　272

——のニーズ　260
——の費用負担　272
——法　14,
　266, 268, 282, 294, 296, 300
——法人　269
——六法　267
社会保障制度審議会　276
就学前教育　168
アメリカの——　176
オーストラリアの——　170
韓国の——　168
スウェーデンの——　174
ドイツの——　172
就学前の子どもに関する教育, 保育等の総合的な提供の推進に関する法律　→　認定こども園法
自由活動形態　100
住生活　335
自由保育　102
集団援助技術　286, 288
集団指導　98
塾　29
受験競争　29
恤救規則　9, 264, 308
主任児童委員　165, 233
小1プログレム　150
障害者総合支援法　301, 356
障害のある子ども
　24, 118, 146, 162, 260
小学校　150
——学習指導要領　152
小規模住宅型児童養育事業　305
少子化　216, 242, 292
——社会対策基本法　242
——対策　216

— 369 —

少子高齢社会	292
小舎制	315, 328
情　緒	18
——障害	318
——障害児短期治療施設	318
——の安定	62
少年法	224
食　育	138, 142, 144, 148, 160
——基本法	138
——推進基本計画	
	138, 144, 148
職業指導	331, 346
食生活	335
食生活相談	149
食中毒	132
職務基準	186
食物アレルギー	146
助産施設	314
自　立	256, 327
——支援	326, 342, 353
——支援給付制度	356
知る権利	320
新エンゼルプラン	242
親　権	48, 51
人　権	86
人工論	19
身体遊び	78
身体表現	82
人的環境	54, 97
心理的離乳	32
心理療法	344
神　話	41

〔　ス　〕

スキナー, B. F.	344

スピッツ, R.	69
水族館	37
スーパーバイザー	351
スーパービジョン	285
スタートカリキュラム	152
ストレングス視点	287
スマートフォン	29

〔　セ　〕

性　格	18
生　活	
——サイクル	334
——指導	312, 331
——日課	334
——の質	130
——リズム	52
精神薄弱児施設	311
生命の保持	62
生理的早産	2
世界保健機関	129
世　帯	218
設定保育	103
全国社会福祉協議会	274
全国保育士会倫理綱領	182, 281
センス・オブ・ワンダー	31
全体的な計画	108, 110, 209
全米幼児教育学会	176

〔　ソ　〕

早期教育	33
造形遊び	78
造形表現	80
総合こども園	301
創作文学	40

人名・事項索引

相談援助	252, 290
相貌的知覚	19
ソーシャルスキル・トレーニング	
	343
措置制度	234, 270, 297, 356
措置費	234, 356

〔 タ 〕

退行現象	337
第三者評価	126, 261, 270, 301
大舎制	315, 328
待機児童	248
退所児童等アフターケア事業	333
たい肥作り	31
タイム・アウト法	345
縦割り保育	102, 104
WHO	129

〔 チ 〕

チャルマーズ, T.	262
地域安全マップ	166
地域援助技術	286, 288
地域子育て支援	254
地域小規模児童養護施設	328
地域福祉	294
――権利擁護制度	301
地域包括ケアシステム	282
チームワーク	341, 353
知 能	18, 20
知能検査	20
個人式――	22
集団式――	22
チャイルドケアワーカー	334

注意欠陥（欠如）／多動性障害	
	24, 345
中央教育審議会	202
中央社会福祉審議会	294, 296
中舎制	328
中等教育学校	193
懲戒権濫用の禁止	321
長時間保育	119
調理員	144
調理室	145
調和的発達	5
直接体験	96

〔 ツ 〕

通告義務	165

〔 テ 〕

ＤＶ	250
テレビ	43
伝承文学	40
伝 説	41

〔 ト 〕

留岡幸助	228, 308
動物園	37
童 話	40
トークン・エコノミー法	345
特殊教育	88
特別支援学校	199
特別支援教育	24, 88
ドメスティックバイオレンス	251
トラウマ	312

〔 ナ 〕

ならし保育	107

〔 ニ 〕

ニーリエ, B.	9
日本国憲法	
11, 206, 230, 256, 264, 266	
乳児	69
——院	314
——家庭全戸訪問事業	290
——死亡率	69
——保育	70
乳幼児突然死症候群	
69, 73, 134, 159	
乳幼児健康診査	161
認可外保育所	48
「人間関係」(5領域)	64
認証保育所	48
認定こども園	48, 127, 249
——法	49, 206
——こども要録	119

〔 ネ 〕

ネットワーク	288, 341, 353
年齢別保育	105

〔 ノ 〕

野口幽香	194
ノーマライゼーション	8

〔 ハ 〕

バイステック, F. P.	284

ハヴィガースト, R.	16, 23, 38
パストレ婦人	194
バンクーミケルセン, N. E.	8
配 慮	84
発 達	16, 52
——課題	16
——障害	24, 359
——障害者支援法	24
——の概念	5
——の最近接領域	17
——論	22
パーマネンシー	322

〔 ヒ 〕

ピアジェ, J.	19, 78
ビネー, A.	20
P T	346
PDCAサイクル	121, 123, 142
ビオトープ	31
被措置児童等虐待の禁止	321
悲田院	9
ひとり親家庭	33
避難訓練	134, 166
丙 午	243, 292
病院内保育	90
「表現」(5領域)	66
表 現	78
病後児保育	92
病児デイケア	90
病児保育	90

〔 フ 〕

ブース, C.	262

人名・事項索引

フレーベル, F. W. A.	2, 196, 227
フロイト, S.	23, 344
ファミリーソーシャルワーク	323
ファミリーホーム	305
福祉型児童発達支援センター	316
福祉型障害児入所施設	316
福祉観	8
福祉サービス	270
——第三者評価	127
福祉事務所	15, 232, 269
物的環境	56, 97
不登校	26
不良行為	319
プレイセラピー	312
プレイルーム	345
雰囲気という環境	97

〔 ヘ 〕

ペスタロッチー, J. H.	2, 227
ベヴァリッジ報告	262

〔 ホ 〕

ボウルビィ, J.	69, 322, 326
ポルトマン, A.	2, 32
ホワイト, B. L.	32
保 育	5, 248
——課程	209
——観	4
——計画	143
——形態	100
——内容	58, 208

——の記録	121
——の方法	97
保育士	178, 182, 200, 236, 238, 280, 334, 360
保育室	57
保育所	48, 57, 110, 122, 126, 150, 186, 193, 194, 201, 260
——児童保育要録	119, 154
——等訪問支援	317
——における自己評価ガイドライン	123
——における食育に関する指針	139, 140, 142
——における食事の提供ガイドライン	143, 148
——保育指針	16, 34, 48, 54, 58, 63, 78, 84, 97, 110, 112, 120, 122, 129, 140, 150, 207, 209, 214
——保育指針解説	55, 110, 142, 178, 201
——保育に関する法規	206
保育ママ	48, 248
放課後子ども総合プラン	245
放課後等デイサービス	317
ホーリングワース	32
保 険	137
保健衛生	336
保健所	15, 161, 233
保健センター	161
保護者支援	360
母子及び父子並びに寡婦福祉法	230
母子健康手帳	161, 247
母子生活支援施設	314

母子保健	93, 246
——サービス	160
母子寮	311
ホスピタリズム	329
ボランティア	298, 339
——国際年	299

〔 マ 〕

マクミラン姉妹	194
漫 画	40
慢性疾患	130, 159

〔 ム・メ 〕

昔 話	41
メディアリテラシー	29

〔 モ 〕

モンテッソーリ, M.	33
問題行動	26

〔 ヤ 〕

山本鼎	37
野生児	17

〔 ヨ 〕

養育院	264
養 護	59, 303
——施設	311
養子縁組制度	305
幼児期の終わりまでに育ってほしい姿	108

幼稚園	48, 108, 122, 126, 150, 188, 193, 196
——教育課程	108
——教育要領	34, 49, 54, 58, 60, 64, 78, 84, 97, 108, 112, 140, 150, 202, 207
——教育要領解説	188, 202
——教諭	202
——勤務年数別到達度	189
——における学校評価ガイドライン	123
——幼児指導要録	119, 156
幼保一体化施設	249
要保護児童対策地域協議会	92, 165, 228, 250, 282
幼保連携型認定こども園	110, 114, 122, 150, 300
——教育・保育要領	49, 54, 58, 78, 84, 151
——園児指導要録	156
要養護児童	303

〔 ラ 〕

ラウントリー, B. S.	262
ランゲフェルド, M. J.	5
ラポール	342, 344

〔 リ 〕

リッチモンド, M. E.	286
リービングケア	332
理学療法	346
リストカット	26
離乳食	68

人名・事項索引

療育施設	311
料理講習会	149
利用者負担	356
利用制度	270
倫　理	307

〔　ル・レ　〕

ルソー.J. J.	2, 13, 227
レクリエーション活動	338
レジリエンス	219

連　携	
	72, 92, 119, 150, 152, 158,
	160, 162, 164, 166, 240, 340
連絡帳	73

〔　ロ　〕

ロジャーズ, C. R.	344

〔　ワ　〕

わらべ歌	41

執筆分担

1 …………… 岡本　富郎	40 …………… 戸江　茂博
2 …………… 岡本　富郎	41 …………… 岸井　慶子
3 …………… 岡本　富郎	42 …………… 真宮美奈子
4 …………… 大嶋　恭二	43 …………… 内藤　知美
5 …………… 岡本　富郎	44 …………… 山内　淳子
6 …………… 岡本　富郎	45 …………… 山内　淳子
7 …………… 大嶋　恭二	46 …………… 山内　淳子
8 …………… 松本　　敦	47 …………… 加藤　忠明
9 …………… 佐藤　信雄	48 …………… 加藤　忠明
10 …………… 倉戸　直実	49 …………… 山岸　道子
11 …………… 清水　益治	50 …………… 松本　晴美
12 …………… 鈴岡　昌宏	51 …………… 松本　晴美
13 …………… 山本真由美	52 …………… 松本　晴美
14 …………… 橘　　セツ	53 …………… 松本　晴美
15 …………… 橘　　セツ	54 …………… 松本　晴美
16 …………… 渡邉のゆり	55 …………… 真宮美奈子
17 …………… 千葉　武夫	56 …………… 真宮美奈子
18 …………… 橘　　弘文	57 …………… 加藤　忠明
19 …………… 渡邉のゆり	58 …………… 加藤　忠明
20 …………… 市毛　愛子	59 …………… 山岸　道子
21 …………… 川勝　泰介	60 …………… 山岸　道子
22 …………… 山岸　道子	61 …………… 内藤　知美
23 …………… 山岸　道子	62-1 ………… 韓　　在熙
24 …………… 山岸　道子	62-2 ………… 林　　悠子
25 …………… 山岸　道子	63-1 ………… 中西さやか
26 …………… 石田　一彦	63-2 ………… 白石　淑江
27 …………… 石田　一彦	64 …………… 鈴木　正敏
28 …………… 石田　一彦	65 …………… 中西　利恵
29 …………… 石田　一彦	66 …………… 山田　勝美
30 …………… 山岸　道子	67 …………… 橋本　好市
31 …………… 内藤　知美	68 …………… 淀澤　勝治
32 …………… 岸井　慶子	69 …………… 今西　博嗣
33 …………… 岸井　慶子	70 …………… 淀澤　郁代
34 …………… 真宮美奈子	71 …………… 直島　正樹
35 …………… 山岸　道子	72 …………… 古橋　和夫
36 …………… 山岸　道子	73 …………… 松川　秀夫
37 …………… 加藤　忠明	74 …………… 松川　秀夫
38 …………… 山内　淳子	75 …………… 松川　秀夫
39 …………… 戸江　茂博	76 …………… 師岡　　章

77 ⋯⋯⋯⋯⋯ 師岡　章	116 ⋯⋯⋯⋯⋯ 横倉　聡
78 ⋯⋯⋯⋯⋯ 師岡　章	117 ⋯⋯⋯⋯⋯ 横倉　聡
79 ⋯⋯⋯⋯⋯ 廣嶋龍太郎	118 ⋯⋯⋯⋯⋯ 神里　博武
80 ⋯⋯⋯⋯⋯ 廣嶋龍太郎	119 ⋯⋯⋯⋯⋯ 金子　恵美
81 ⋯⋯⋯⋯⋯ 小原　敏郎	120 ⋯⋯⋯⋯⋯ 太田　敬子
82 ⋯⋯⋯⋯⋯ 小原　敏郎	121 ⋯⋯⋯⋯⋯ 神里　博武
83 ⋯⋯⋯⋯⋯ 小原　敏郎	122 ⋯⋯⋯⋯⋯ 小沼　肇
84 ⋯⋯⋯⋯⋯ 小原　敏郎	123 ⋯⋯⋯⋯⋯ 金森　三枝
85 ⋯⋯⋯⋯⋯ 小原　敏郎	124 ⋯⋯⋯⋯⋯ 大嶋　恭二
86 ⋯⋯⋯⋯⋯ 河津　英彦	125 ⋯⋯⋯⋯⋯ 松本　峰雄
87 ⋯⋯⋯⋯⋯ 河津　英彦	126 ⋯⋯⋯⋯⋯ 松本　峰雄
88 ⋯⋯⋯⋯⋯ 河津　英彦	127 ⋯⋯⋯⋯⋯ 松本　峰雄
89 ⋯⋯⋯⋯⋯ 佐久間美智雄	128 ⋯⋯⋯⋯⋯ 藤　京子
90 ⋯⋯⋯⋯⋯ 佐久間美智雄	129 ⋯⋯⋯⋯⋯ 藤　京子
91 ⋯⋯⋯⋯⋯ 佐久間美智雄	130 ⋯⋯⋯⋯⋯ 田口　鉄久
92 ⋯⋯⋯⋯⋯ 金子　恵美	131 ⋯⋯⋯⋯⋯ 田口　鉄久
93 ⋯⋯⋯⋯⋯ 金子　恵美	132 ⋯⋯⋯⋯⋯ 田口　鉄久
94 ⋯⋯⋯⋯⋯ 金子　恵美	133 ⋯⋯⋯⋯⋯ 鴫原　晶子
95 ⋯⋯⋯⋯⋯ 高橋　貴志	134 ⋯⋯⋯⋯⋯ 鈴木　力
96 ⋯⋯⋯⋯⋯ 高橋　貴志	135 ⋯⋯⋯⋯⋯ 鈴木　力
97 ⋯⋯⋯⋯⋯ 高橋　貴志	136 ⋯⋯⋯⋯⋯ 鈴木　力
98 ⋯⋯⋯⋯⋯ 高橋　貴志	137 ⋯⋯⋯⋯⋯ 鈴木　力
99 ⋯⋯⋯⋯⋯ 横堀　昌子	138 ⋯⋯⋯⋯⋯ 阿部　孝志
100 ⋯⋯⋯⋯⋯ 金子　恵美	139 ⋯⋯⋯⋯⋯ 阿部　孝志
101 ⋯⋯⋯⋯⋯ 金森　三枝	140 ⋯⋯⋯⋯⋯ 阿部　孝志
102 ⋯⋯⋯⋯⋯ 後藤　昌彦	141 ⋯⋯⋯⋯⋯ 神戸　信行
103 ⋯⋯⋯⋯⋯ 後藤　昌彦	142 ⋯⋯⋯⋯⋯ 神戸　信行
104 ⋯⋯⋯⋯⋯ 石井　章仁	143 ⋯⋯⋯⋯⋯ 神戸　信行
105 ⋯⋯⋯⋯⋯ 塩野　敬祐	144 ⋯⋯⋯⋯⋯ 神戸　信行
106 ⋯⋯⋯⋯⋯ 塩野　敬祐	145 ⋯⋯⋯⋯⋯ 松本　峰雄
107 ⋯⋯⋯⋯⋯ 佐久間美智雄	146 ⋯⋯⋯⋯⋯ 吉村真理子
108 ⋯⋯⋯⋯⋯ 佐久間美智雄	147 ⋯⋯⋯⋯⋯ 小池　庸生
109 ⋯⋯⋯⋯⋯ 小沼　肇	148 ⋯⋯⋯⋯⋯ 松本　峰雄
110 ⋯⋯⋯⋯⋯ 塩野　敬祐	149 ⋯⋯⋯⋯⋯ 松本　峰雄
111 ⋯⋯⋯⋯⋯ 塩野　敬祐	150 ⋯⋯⋯⋯⋯ 松本　峰雄
112 ⋯⋯⋯⋯⋯ 戸田　隆一	151 ⋯⋯⋯⋯⋯ 小野澤　昇
113 ⋯⋯⋯⋯⋯ 小沼　肇	152 ⋯⋯⋯⋯⋯ 小野澤　昇
114 ⋯⋯⋯⋯⋯ 小沼　肇	153 ⋯⋯⋯⋯⋯ 嶋野　重行
115 ⋯⋯⋯⋯⋯ 横倉　聡	154 ⋯⋯⋯⋯⋯ 大嶋　恭二

改訂　保育者のための 教育と福祉の事典

2012年（平成24年）5月10日　初 版 発 行～第 2 刷
2018年（平成30年）4月20日　改訂版発行

編　　者　　大嶋恭二 ほか
発 行 者　　筑 紫 和 男
発 行 所　　株式会社 建 帛 社
　　　　　　KENPAKUSHA

〒112-0011　東京都文京区千石 4 丁目 2 番15号
　　　　　TEL（03）3944―2611
　　　　　FAX（03）3946―4377
　　　　　http://www.kenpakusha.co.jp/

ISBN 978-4-7679-5078-5　C3037　　　　　亜細亜印刷／常川製本
ⓒ大嶋恭二ほか，2012，2018.　　　　　　Printed in Japan
（定価はカバーに表示してあります）

本書の複製権・翻訳権・上映権・公衆送信権等は株式会社建帛社が保有します。
JCOPY〈出版者著作権管理機構　委託出版物〉
本書の無断複製は著作権法上での例外を除き禁じられています。複製される
場合は，そのつど事前に，出版者著作権管理機構（TEL03-3513-6969，
FAX03-3513-6979，e-mail：info@jcopy.or.jp）の許諾を得て下さい。